《司法疑难案件法律适用丛书》

编 委 会

丛书总主编　袁其国

司法疑难案件法律适用丛书 4

SIFA YINAN ANJIAN FALV SHIYONG CONGSHU

破坏社会主义市场经济秩序罪

POHUAI SHEHUI ZHUYI SHICHANG JINGJI ZHIXU ZUI

张利兆/主编

中国检察出版社

司法疑难案件法律适用丛书

《破坏社会主义市场经济秩序罪》编 委 会

主　编　张利兆

副主编　邓　强

撰稿人（按章节顺序）

谢如程　汪剑歆　李　丹　邓　强　曾国祥

王　英　陈永明　邬永忠　曹忠杰　刘新锋

《司法疑难案件法律适用丛书》总序

《司法疑难案件法律适用丛书》是一套经过精心策划、认真组织、由工作在司法实践第一线的检察官所撰写的书籍。丛书的作者来自上海市人民检察院第一分院、上海市浦东新区人民检察院和浙江省宁波市人民检察院。这套图书是对司法工作经验的总结和提炼。丛书所选的案例具有很强的真实性、复杂性、全面性、权威性和可读性，是一套对司法实践有指导作用的案例丛书，可供司法人员、警察、高等院校教师和学生研究与参考。

真实性：丛书所收集的案例是全国各地检察机关在司法实践中所办理的真实案件。

复杂性：所收集的案例在认定事实和适用法律方面存在争议，是司法实践中遇到的重点、疑点和难点问题。

全面性：丛书包括程序法和实体法两个部分，不仅包括传统案例丛书对实体法的重视，而且对司法实践中经常遇到的程序方面的问题进行了深入研究和探讨，这也是本丛书的特点之一。

权威性：作者对所收集的案例进行了深入分析和研究，同时也给出了司法结论，既开阔了读者的思路，又给出了问题的答案，对第一线司法办案人员的工作具有指导意义。

可读性：丛书于法有据，针对真实生动的案例，由从事检察业务实践的检察官严格按照法律要求对案例的重点、疑点和难点问题进行了深入浅出的分析、探讨和总结，具有很强的可读性。

《司法疑难案件法律适用丛书》包括：

1. 司法疑难案件法律适用丛书——刑事证据运用

2. 司法疑难案件法律适用丛书——不起诉实务

3. 司法疑难案件法律适用丛书——刑法总则适用

4. 司法疑难案件法律适用丛书——破坏社会主义市场经济秩序罪

5. 司法疑难案件法律适用丛书——贪污贿赂罪·渎职罪

丛书对干部培训工作也具有参考作用。中央颁布了《干部教育培训工作条例》，作出了《关于进一步加强人民法院、人民检察院工作的决定》，为“十一五”期间全面加强检察队伍的专业化建设提出了新的更高的要求。为此，高检院制定了《检察官培训条例》和《“十一五”期间全国检察干部教育培训规划》，明确了检察队伍建设的指导思想，确定了以提高广大检察干警的素质和能力为重点，加强针对性和实效性的职业培训要求。中国检察出版社组织策划的《司法疑难案件法律适用丛书》以提高执法办案能力、服务一线干警为宗旨，对落实中央和高检院的干部培训部署具有重要的践行意义。

最高人民检察院副检察长　赵虹

目 录 Catalogue

三、妨害对公司、企业的管理秩序罪

四、破坏金融管理秩序罪

五、金融诈骗罪

六、危害税收征管罪

七、侵犯知识产权罪

八、扰乱市场秩序罪

一　生产、销售伪劣商品罪

生产、销售伪劣产品罪的犯罪形态应如何认定

一、要旨提示

生产、销售伪劣产品犯罪不仅严重破坏了国家的经济秩序，还侵犯了广大消费者的合法权益，为了打击此类犯罪，我国《刑法》第三章第一节专门设置了“生产、销售伪劣商品罪”，该节的第1条即《刑法》第140条就规定了生产、销售伪劣产品罪，为司法机关查处此类犯罪提供了重要依据。但是，由于刑法规定比较原则、笼统，在认定该罪的犯罪形态时容易发生争议，特别对生产、销售伪劣产品罪是否存在预备形态、对生产伪劣产品后尚未销售的能否以生产伪劣产品罪定性、部分伪劣产品已经实际销售、部分尚未销售时如何认定犯罪形态等问题，意见分歧较大，司法操作不统一。这种状况亟须加以解决。

二、基本案情及处理结果

案例一：何某一、何某二在杭州租用房屋，于2003年始共同生产质量劣于真品的打印机硒鼓、墨盒。2004年初至2004年7月，何某一多次将劣质打印机硒鼓、墨盒销售给他人，累计销售金额为49294元。2004年7月8日，杭州市公安、质量监督部门在租房现场查获了打印机硒鼓、墨盒1500余个，经评估，共价值930393元。经质量监督检验中心比对测试，两人生产、销售的打印机硒鼓、墨盒质量劣于真品。

检察机关以何某一、何某二的行为构成生产、销售伪劣产品罪提起公诉，但未明确是否属于犯罪未遂。法院认为：二被告人生产、销售伪劣产品，已销售金额达49294元，未销售金额达930393元，其行为构成生产、销售伪劣产品罪，其中未销售部分是犯罪未遂，已销售部分金额应与未遂数额累计处罚。即以全案认定为犯罪未遂，并判处何某一有期徒刑3年、缓刑4年，并处罚金

4万元，判处何某二有期徒刑2年6个月、缓刑3年，并处罚金4万元。

案例二：2005年1月8日，朱某以非法谋利为目的，以每条45元的价格，从伪劣卷烟生产者李某住处购得假冒84'S软壳中华牌卷烟800条（总价款为36000元）。朱某离开李某住处后，即被烟草稽查人员查获。根据烟草专卖局提供的烟草价格行情表，该中华牌卷烟的市场中间价为每条550元（以此标准计算，朱某以36000元购得卷烟的货值金额为44万元）。

检察机关指控朱某犯销售伪劣产品罪，未明确其犯罪形态。法院判决朱某犯销售伪劣产品罪（未遂）。

案例三：2003年11月至2004年3月期间，游某先后从他人处大量购进假冒"中华"、"芙蓉"等品牌卷烟共计6000余条并予以销售。截止到2004年3月5日，被告人共销售假冒卷烟1000余条，销售金额共计8万余元。其余尚未销售而被查扣的假冒卷烟5000余条，经鉴定为价值45万余元。

检察机关指控游某犯销售伪劣产品罪，但未明确是既遂还是未遂。法院认为被告人游某"销售假冒卷烟，销售金额达到8万余元，且其未销售部分货值金额达到45万余元，其行为构成销售伪劣产品罪，公诉机关指控罪名成立，应予支持。被告人游某在实施部分犯罪过程中，由于意志以外的原因，而未能得逞的，依法应当认定为未遂，可以予以从轻处罚"。最后以销售伪劣产品罪判处游某有期徒刑1年6个月，罚金30万元。

三、关键问题及争议

从以上案例可以看出，其关键问题在于：

生产、销售伪劣产品的犯罪形态应如何认定？

具体问题是：

1. 生产、销售伪劣产品罪是否存在预备形态？购买伪劣产品之后将其存放于一定场所（租房、仓库）或在购买伪劣产品之后的运输途中，尚未实际开始销售的，是否应一概认定为生产、销售伪劣产品罪未遂？

2. 生产伪劣产品之后存放在生产场所尚未销售，能否认定为生产伪劣产品罪既遂？

3. 销售伪劣产品的行为，在案发时部分伪劣产品已经销售、部分未销售的，如何认定其犯罪形态？

对于以上第1个问题，主要有以下不同观点：

第一种意见认为，生产、销售伪劣产品罪不存在犯罪预备形态，伪劣产品尚未销售，应一律认定为犯罪未遂。上述案例二中，伪劣产品在运输途中，行为人尚未着手销售即被查获，法院将其认定为犯罪未遂是正确的。

第二种意见认为，生产、销售伪劣产品罪存在犯罪预备形态，例如销售伪劣产品的行为，尚未着手销售，仍存放于仓库、刚购进而在运回仓库途中，或者为销售伪劣产品租用仓库等情形，就应认定为犯罪预备。伪劣产品尚在租房等住处及运输途中，行为人尚未着手销售即被查获，要区分具体情况才能准确定性，不能一概认定为犯罪未遂。

对于以上第 2 个问题，主要存在以下不同观点：

第一种意见认为，生产伪劣产品之后存放在生产场所尚未销售，不能认定为生产伪劣产品罪既遂，只能定性为生产、销售伪劣产品罪未遂。

第二种意见认为，生产伪劣产品之后存放在生产场所尚未销售，应认定为生产伪劣产品罪既遂。

对于以上第 3 个问题，主要存在以下互有不同、互有交叉的多种观点：

第一种意见认为，应以是否有实际销售作为既遂、未遂的判断标准。其中又有"有实际销售即既遂说"和"未销售完毕即未遂说"两种观点。前者认为，不论未销售部分是否达到构罪标准，案发时只要有部分伪劣产品已销售的，就应认定为全案属于犯罪既遂。后者则认为，不论已经销售部分是否达到构罪标准，案发时只要有部分伪劣产品未销售的，就应认定为全案属于犯罪未遂。

第二种意见认为，行为是否属于犯罪既遂，应以实际销售的部分是否符合《刑法》第 140 条规定的构罪标准进行判断，即"已销售部分构罪即既遂说"，不论未销售部分是否达到定罪起点，只要已销售部分的销售金额已经达到定罪起点，全案就应认定为犯罪既遂。在已经销售部分的金额未达到构罪标准的情况下，则不构成既遂，已销售的金额应累计到未销售的货值金额中，一并考虑量刑（即案例一中法院所持观点）。

第三种意见认为，应以未销售部分是否单独构罪为标准来判断行为整体是未遂还是既遂，即"未销售部分构罪即未遂说"。不论已销售部分是否达到定罪起点，只要未销售部分的货值金额已经达到定罪起点，全案就应认定为犯罪未遂。在未销售部分的货值金额未达到构罪标准的情况下，如果已经销售部分的金额达到构罪标准，则全案为既遂，否则为未遂。

第四种意见认为，既遂和未遂可以并存于一个行为中，即"既遂未遂并存说"。已经实际销售部分的金额及未销售部分的金额均已经分别达到定罪起点，应同时认定为既遂和未遂（即案例三中法院所持观点）。

第五种意见认为，已经销售部分的金额和尚未销售的货值金额均单独符合构罪标准的，应认定为行为整体属于既遂，即“单独均可构罪的既遂说”。其他情形则不能认定为既遂。

四、评析意见

（一）生产、销售伪劣产品罪是否存在犯罪预备形态，生产伪劣产品之后存放在生产场所尚未销售应能否认定为生产伪劣产品罪既遂

1. 从刑事法理的应然角度分析，作为直接故意犯罪的生产、销售伪劣产品罪存在犯罪预备、中止、未遂等形态，以销售谋利为目的的生产伪劣产品后尚未销售的应认定为生产伪劣产品罪既遂。

首先，从本罪的罪名考察。根据刑法关于罪名的理论，生产、销售伪劣产品罪属于选择性罪名。如果行为人既有生产伪劣产品的行为，又有销售产品的行为的，应认定为生产、销售伪劣产品罪；如果行为仅有生产伪劣产品的行为，则应构成生产伪劣产品罪；如果行为人没有生产伪劣产品的行为，只是明知是他人生产的伪劣产品予以销售的行为，则构成销售伪劣产品罪。也就是说，这一罪名实质上可以分解为三个罪名。

其次，从法定犯角度分析本罪的故意犯罪类属特点。应当看到，本罪的三个分解罪名都是直接故意犯罪，不论是生产伪劣产品、销售伪劣产品还是既生产又销售伪劣产品，行为人在主观上都明确自己的行为会发生危害社会的结果，都积极追求结果的发生。从自然犯和法定犯的分类看，生产、销售伪劣产品罪属于法定犯，其以违反国家产品质量管理法律法规为前提，而此类犯罪的行为人在主观上往往有双重目的：深层目的是谋取非法利益，而行为人为了实现这一目的，又必须直接追求违反有关产品质量管理法规，破坏国家法律所保护的产品质量管理秩序这一表层目的。不管是深层目的还是表层目的，行为人都在积极追求其危害社会结果的发生，这是典型的直接故意犯罪。而在这一直接故意犯罪中，存在犯罪的预备、中止、未遂和既遂形态。

就生产伪劣产品罪而言，如果行为人以销售谋利为目的，为生产伪劣产品而筹备资金、准备生产场所、生产设备就属于犯罪预备阶段，其即时被查获的，应成立犯罪预备；如果行为人在生产过程中由于原料配方错误、停电等意志之外原因而未有产成品的，应认为属于未遂；如果行为人在生产过程中及时悔悟彻底放弃生产，尚未产出伪劣产品的，应成立犯罪中止；如果已经将伪劣

产品生产出来，则应认为已对国家的产品质量管理秩序构成了威胁，此时成立生产伪劣产品罪的既遂。因此，生产伪劣产品罪存在犯罪预备、中止、未遂等形态，在刑法理论上应该是没有疑问的。而就销售伪劣产品罪而言，其实行行为是销售行为。如行为人公开出售或秘密联系买主等。当然，如果行为人联系了买主，则不论伪劣产品是处于仓库还是处在运往约定交货地点的路途中，此时查获则成立销售伪劣产品的未遂而不是预备。但是，如果行为人刚购进伪劣产品存放于仓库，甚至仍只处于购进伪劣产品之后的运送回来的路途中，尚未联系买主，亦未以公开或秘密展示其产品等方式进行销售，则应认为属于尚未着手进行销售，此时查获构成的是犯罪预备。

根据以上的理论分析，可以看出，案例一中，行为人何某一、何某二已经生产出了1500多个劣质打印机硒鼓、墨盒，应认定为属于生产伪劣产品行为的既遂。其大部分产品仍存放于生产场所（租房内）尚未销售，则行为人销售金额未达到《刑法》第140条所规定构罪标准，可视为生产伪劣产品的附随行为，应认为被生产行为所吸收，不再对此单独定罪，最后应以生产伪劣产品（既遂）罪定性，法院认定为生产、销售伪劣产品罪（未遂）是不妥的。案例二中，朱某以非法谋利为目的，向他人购买假冒卷烟，但正在运送回保管场所的途中，尚未着手进行销售，属于销售伪劣产品的预备阶段，此时就被查获，不应认定为未遂，法院的认定亦值得商榷。

2. 从司法的实然角度分析，因目前有司法解释的明确规定，生产、销售伪劣产品的行为人尚未销售伪劣产品的，应统一认定为犯罪未遂，不能认定为犯罪预备；以销售谋利为目的，生产伪劣产品后尚未销售，应认定为生产、销售伪劣产品罪未遂。

尽管按照刑法理论分析生产销售伪劣产品罪存在预备、中止、未遂等形态，但在司法实践中，则应遵循有关法律和司法解释的明文规定，即便是目前的有关规定不尽科学。《刑法》第140条规定，生产者、销售者在产品中掺杂、掺假，以假充真，以次充好，或者以不合格产品冒充合格产品，销售金额在5万元以上的，应以生产、销售伪劣产品罪追究刑事责任。由此可知，认定生产销售伪劣产品罪的标准，在于“5万元以上的销售金额”，如果销售金额不到5万元，则不能认定。但在现实生活中，有的行为人生产、销售大量伪劣产品，但在案发时只有少量产品实际销售，而大量的伪劣产品尚未实际销售。在此情况下，由于其“销售金额”不足5万元，根据罪刑法定原则，司法机关就无法适用刑法追究行为人的刑事责任，而在这一情形中，数量巨大的伪劣产品的存在，就对国家产品质量管理等构成了严重威胁，其行为的危害性较大，以刑罚处罚此类行为的犯罪预备及未遂形态就显得有必要。由此看来，《刑法》第140条规定的生产、销售伪劣产品罪的表述并不符合社会实际需要，给打击生产、销售伪劣产品犯罪制造了法律依据空当，也由此导致了学界关于“销售金额”如何确定的争论。有鉴于此，最高人民法院、最高人民检察院于2001年4月10日下发了《关于办理生产、销售伪劣商品刑事案件应用法律若干问题的解释》（法释〔2001〕10号，以下简称为《解释》），其第2条第1款和第2款就明确规定，“刑法第140条、第149条规定的‘销售金额’，是指生产者、销售者出售伪劣产品后所得和应得的全部违法收入”。“伪劣产品尚未销售，货值金额达到刑法第140条规定的销售金额3倍以上的，以生产、销售伪劣产品罪（未遂）定罪处罚。”另外，除《解释》对生产、销售伪劣产品未销售如何认定处理作出规定之外，2003年12月23日最高人民法院、最高人民检察院与公安部、国家烟草专卖局发布的《关于办理假冒伪劣烟草制品等刑事案件适用法律问题座谈会纪要》（高检会〔2003〕4号，以下简称为《纪要》）第1条也重申了《解释》的上述规定，即“伪劣烟草制品尚未销售，货值金额达到刑法第140条规定的销售金额3倍（15万元）以上的，以生产、销售伪劣产品罪（未遂）定罪处罚。”

应当认为，《解释》条文的内容非常明确，对于生产、销售伪劣产品行为不符合《刑法》第140条规定的“销售金额5万元以上”这一构罪标准的，应当作如下认定：（1）不管是生产者还是销售者，只要其伪劣产品尚未销售，其货值金额达到15万元以上的，就应以生产、销售伪劣产品罪（未遂）定性，并不存在能否认定为犯罪预备的余地，推而广之，凡是伪劣产品未实际销售完毕的，不管是何种具体情形，均不能认定为犯罪预备；（2）这一解释也明确否定了单独以生产伪劣产品罪既遂定性的可能，对于以销售谋利为目的，已经生产出伪劣产品尚未销售，货值金额在15万元以上的，就应认定为生产、销售伪劣产品罪未遂而不能认定为生产伪劣产品罪既遂；（3）对于仅有销售伪劣产品行为而无生产行为的，其未销售的货值金额达到15万元的，应以销售伪劣产品罪未遂定性。

尽管《解释》的上述规定与前述刑法理论分析多有不合，其科学性值得作进一步研究，但由于司法解释是对司法工作有约束力的规定，司法机关应准确理解并在当前的司法实践中认真贯彻落实。因此，我们认为：上述案例一中，行为人已经生产出大量伪劣产品但大部分存放于生产场所尚未销售、已经销售的金额未达构罪标准，法院将其认定为生产、销售伪劣产品罪（未遂），是有明确依据的。案例二中，行为人为谋取非法利益刚购进伪劣产品处于往回运途中尚未着手销售，货值金额达44 万元，法院认定为销售伪劣产品罪（未遂），也是正确的。

（二）在生产、销售伪劣产品案件中部分伪劣产品已经实际销售、部分未销售，应如何认定其犯罪形态

在司法实践中，行为人在实施生产销售伪劣产品的犯罪中，会出现部分伪劣产品已经实际销售，而部分未销售的情形，对此，有人称之为“部分既遂、部分未遂”。应当说，在现实生活中由于生产、销售伪劣产品往往有多个具体的行为，它们之间往往有一定的时间跨度，具体的生产、销售行为还可能因为交通、资金、行政执法部门查处等原因出现路途停顿的情形，因此从表面上看来可以认为存在多个行为，可以成立“部分既遂、部分未遂”。但是我们应当明确，既遂、未遂是对作为刑法适用对象的某个行为的整体评价，认为刑法适用领域内存在某个“部分既遂、部分未遂”行为，是不科学的。“部分既遂、部分未遂”只是我们为了描述的方便而采用的一种权宜表述方式。在查处生产、销售伪劣产品犯罪案件过程中，部分产品已经销售、部分尚未实际销售的生产、销售伪劣产品的情形，在刑法评价的视野下仍只是一个行为而不是多个行为。

由于缺乏明确的法律条文，加之刑法理论对此问题的研究欠深入、具体，在司法实践中对于“部分既遂、部分未遂”行为应如何认定犯罪形态争议较大，前文所述的多种分歧意见已经充分说明了这点。

我们知道，事物的性质是由其主要矛盾决定的，这是一个基本哲学原理，同时，在刑法的吸收犯理论中，重行为吸收轻行为也是一个被认可的通行规则。据此，对于如何认定“部分既遂、部分未遂”犯罪形态的问题，我们有理由认为，在无法从整体上判断某复合行为的既遂、未遂形态时，就应在剖析其组成部分的社会危害性基础上再作出判断，对行为人实施的多个具体行为进行有刑法评价意义上的分类，然后以重行为即社会危害性大的某类行为来评定该行为整体的性质。

但不容回避的是，这里又产生了一个新问题：在生产、销售伪劣产品犯罪案件中，应如何评价和比较已经销售和尚未销售情形的行为社会危害性大小？或者说，行为人已销售伪劣产品与尚未销售伪劣产品相比，二者对社会的危害性孰大孰小？两种情形的危害性大小有何比例关系？

对此，应按照“既遂部分”优先的原则进行比较。在通常情况下，未遂的社会危害性比既遂的社会危害性要小，既遂的社会危害性要重于或大于未

遂，这也是《刑法》第 23 条“对于未遂犯，可以比照既遂犯从轻或者减轻处罚”的立法理由。同时要注意到，以销售金额达 5 万元作为构罪标准，是《刑法》第 140 条的明文规定，而以未销售产品的货值金额作为构罪标准，还只是最高司法机关为方便操作提出的意见，目前也只是体现在《解释》和《纪要》中，还未上升为立法者的明确主张，显然，后者的效力等级不如前者。因此，只要销售金额已经达到构罪标准，应以全案既遂认定，未销售的货值金额作为量刑情节予以考虑。对于已销售部分的金额即销售金额未达 5 万元的，全案则应认定为未遂，根据《纪要》第 1 条的规定（伪劣烟草制品的销售金额不满 5 万元，但与尚未销售的伪劣烟草制品的货值金额合计达到 15 万元以上的，以生产、销售伪劣产品罪未遂定罪处罚），其已经销售产品形成的销售金额应直接累计到未遂数额之中，由此确定全案的货值金额，并在此基础上定性处理。当然，如果销售金额未达 5 万元，且其与未销售产品的货值金额的总和未达到 15 万元的，此生产、销售伪劣产品的行为则不构成生产、销售伪劣产品罪。

可见，前述对第 3 个问题的分歧意见中的第一种意见并不正确。其中，“有实际销售即既遂说”忽略了数额犯必须实现、完成一定的犯罪数额才成立既遂这一基本要求，因而是不当的。“未销售完毕即未遂说”则将已销售数额达到构罪标准，仅因有部分产品尚未销售完毕就认定为未遂，过分评价行为人的销售故意对犯罪形态的作用，有放纵犯罪之嫌。对第 3 个问题的分歧意见中的第三种观点，即“未销售部分构罪即未遂说”，其主张不论已销售部分是否到达定罪起点，只要未销售部分的货值金额已经达到定罪起点，全案就应认定为犯罪未遂，第五种观点“单独均可构罪的既遂说”主张将已经销售部分的金额和尚未销售的货值金额均单独符合构罪标准的情形认定为行为既遂，其他情形则不能认定为既遂，这两种观点都未考虑到“销售金额”对事物特性的主导作用和《刑法》第 140 条的明文规定，都是不当的。第四种观点，即“既遂未遂并存说”，其主张既遂和未遂可以并存于一个行为中，可以同时认定为既遂和未遂，违反了“一行为只有一种犯罪形态”的定罪基本原理，是不正确的。第二种意见，即“已销售部分构罪即既遂说”，符合上述分析，是正确的。

因此，我们认为，在一般情况下，对“部分既遂、部分未遂”的生产销售伪劣产品行为，应做如下处理：（1）对于已销售部分的金额已经达到 5 万元的，全案应认定为既遂，其未销售部分的货值金额作为量刑情节予以考虑；（2）对于已经销售部分的金额即销售金额未达 5 万元的，全案应认定为未遂，其已经销售产品的销售金额应直接计入未遂数额之中，累计确定全案的货值金额。同时应当明确的是，在量刑时，要考虑销售金额在犯罪金额中的比例，销售金额占比例越大，在量刑幅度内决定刑罚时从重的幅度就越大。

案例一中，被告人已销售金额达49294元，不足《刑法》第140条规定的5万元的构罪标准，其未销售金额达930393元，超过未销售产品的货值金额15万元以上的构罪标准，法院认定其行为构成生产、销售伪劣产品罪（未遂），并将已销售部分金额与未遂数额累计处罚，是正确的。案例三中，游某销售假冒卷烟，销售金额达到8万余元，未销售部分货值金额达到45万余元，其行为已构成生产、销售伪劣产品罪既遂，其未销售部分的货值金额45万元应作为量刑情节，法院以游某行为构成销售伪劣产品罪并同时认定为既遂和未遂，并不妥当。

（执笔人：谢如程　汪剑歆）

尚未销售的伪劣产品，其“货值金额”应如何计算

一、要旨提示

《刑法》第140条对生产、销售伪劣产品罪规定了“销售金额5万元以上”这一构罪标准，但没有明确“销售金额”应如何计算，亦没有明确对于行为人尚未销售伪劣产品的应如何认定。2001年4月10日最高人民法院、最高人民检察院下发了《关于办理生产、销售伪劣商品刑事案件应用法律若干问题的解释》（法释〔2001〕10号，以下简称为《解释》），其第2条规定，“伪劣产品尚未销售，货值金额达到刑法第140条规定的销售金额3倍以上的，以生产、销售伪劣产品罪（未遂）定罪处罚”。“货值金额以违法生产、销售的伪劣产品的标价计算；没有标价的，按照同类合格产品的市场中间价格计算。货值金额难以确定的，按照国家计划委员会、最高人民法院、最高人民检察院、公安部1997年4月22日联合发布的《扣押、追缴、没收物品估价管理办法》的规定，委托指定的估价机构确定。”2003年12月23日最高人民法院、最高人民检察院与公安部、国家烟草专卖局发布的《关于办理假冒伪劣烟草制品等刑事案件适用法律问题座谈会纪要》（高检会〔2003〕4号，以下简称为《纪要》）也重申了这一点。应该说，《解释》和《纪要》在一定程度上解决了《刑法》第140条操作性不强的问题，但是，现实中伪劣产品的情况各不相同，即便是司法实践中较常见的伪劣卷烟，也有多种具体类型，另外，行为人对其标价的情况也常不明确，生产销售伪劣产品案件因此更具复杂性，导致在适用《解释》准确认定“货值金额”时，特别是在销售金额未达5万元的构罪标准时，对未销售的货值金额应如何计算，经常出现意见分歧。

二、基本案情及处理结果

案例一：叶某等三人购得伪劣散支卷烟、辅料等制假原料，加工成“中华”、“红双喜”成品卷烟，销售得赃款14.75万元。2004年2月有关部门查获叶某等三人假冒“中华”、“红双喜”成品卷烟1205条，价值39.3420万元；假冒“中华”、“红双喜”散支烟90箱，散支烟价值95.2717万元（以上货值金额均按同类合格卷烟的市场中间价格计价确定；其未销售的伪劣香烟货值金额总数为134.6137万元）。

检察机关以上述事实指控叶某等人犯生产、销售伪劣产品罪。在庭审过程中，叶某等三人供述他们将对被查获的假冒伪劣中华牌卷烟按每条50元价格销售、对假冒伪劣红双喜牌卷烟按每条16元价格销售。法院对尚未销售的假冒伪劣中华牌卷烟以实际销售价格为标价确定该部分烟草制品的货值金额，对尚未销售的假冒伪劣红双喜牌卷烟以三人在庭审中供述的每条16元销售价格计算其货值金额，认定叶某等的假冒伪劣烟草制品销售金额为14.75万元，未销售的货值金额为15.75万元，以生产、销售假冒伪劣产品罪分别判处叶某等三人有期徒刑3年、2年6个月、2年6个月，均并处罚金10万元。

案例二：干某、沈某等人为谋取暴利，于2001年1月起购进散支“中华”、“熊猫”、“红双喜”等假烟及制假工具制造成品假烟并部分销售。案发后有关部门查获的成品卷烟、散支卷烟等货值金额为200余万元（按合格卷烟的市场中间价计算）。经鉴定，上述被查获的卷烟均属不能吸用的假冒卷烟。

检察机关提出指控后，辩护人认为应以查获账本上记载的销售价格认定该案的货值金额。法院采纳检察机关指控意见，认为因被查获的假烟并无标价，按同类合格产品的市场中间价计算其货值金额是正确的，判决干某犯生产、销售伪劣产品罪，判处有期徒刑7年，并处罚金50万元；沈某犯生产、销售伪劣产品罪，判处有期徒刑4年，并处罚金30万元。

案例三：自2000年9月始，程某购买大批假烟进行销售。2001年，有关部门查获程某尚未销售的假烟11734条，其中市场上并不存在同等规格正品产品的假熊猫牌香烟588条。经涉案物品价格鉴定中心等部门鉴定，本案查扣的假烟属于伪劣产品，价值为3023319元（其中假冒熊猫牌香烟每条价格为3000元，588条假冒熊猫牌香烟价值则为1764000元）。另证实程某以比鉴定价格更低的价格销售过假烟。

检察机关以上述事实提出指控，程某的辩护人认为公诉机关货值计算依据错误，一审法院对该辩护意见不予采信，以销售伪劣产品罪，判处程某有期徒刑8年，并处罚金51万元。二审法院否定了一审以正品熊猫牌香烟的价格为依据进行的货值金额评估结果，委托市价格认定中心作重新鉴定，结论为假熊猫牌香烟的货值金额为每条240元，据此认定本案总货值金额则为1400439元，最后以销售伪劣产品罪改判程某有期徒刑4年，并处罚金25万元。

案例四：2005年1月8日，为非法谋利，朱某以每条45元的价格从伪劣卷烟生产者李某住处购得假冒84'S软壳中华牌卷烟800条（总价款为36000元）。朱某离开李某住处后，即被烟草稽查人员查获，后在朱某的带领下抓获了李某，并在李某住处查获上述同一类型的假冒中华牌卷烟300条。根据烟草专卖局提供的烟草价格行情表，该中华牌卷烟的市场中间价为每条550元（以此标准计算，在李某住处查获的卷烟货值金额为165000元；朱某以36000元购得卷烟的货值金额为440000元）。

检察机关指控朱某、李某犯销售伪劣产品罪。法院认定朱某有立功表现，其已购进尚未实际销售的800条伪劣卷烟的货值金额为44万元（以中华牌卷烟合格产品的市场中间价计算），以销售伪劣产品罪（未遂）判处有期徒刑1年、缓刑2年，并处罚金6万元；认定李某的销售金额为36000元（即销售给朱某的800条伪劣卷烟的价款），未销售部分（即查获的300条伪劣卷烟，以中华牌卷烟合格产品的市场中间价计算）的货值金额为165000元，以生产、销售伪劣产品罪（未遂）判处有期徒刑1年、缓刑2年，并处罚金50000元。该判决未明确表述李某的犯罪金额总额，但从有立功表现且仅从李某处购买了800条卷烟尚未销售的朱某所受的刑罚重于李某刑罚这一罪刑失衡的结果可以推断出，法院认为李某生产、销售伪劣产品罪（未遂）的货值金额为销售金额36000元与尚未销售的卷烟的货值金额165000元之和，即为201000元，少于朱某的货值金额44万元。

三、关键问题及争议

从以上案例可以看出，关键问题是：

尚未销售的伪劣产品，其“货值金额”应如何计算？

具体问题有：

1. 对未销售的伪劣产品，能否将被告人在法庭上供称的预定销售价格视为“标价”，并以此计算货值金额？

对此，存在以下不同观点：

第一种意见（案例一中法院所持观点）认为，某类产品已经实际销售的，该同类产品尚未销售部分的货值金额就应以实际销售的价格进行计算；对未进行实际销售的某类产品，则应将其在法庭上供述的预定销售价格视为标价，以此计算其货值金额。

第二种意见（案例一中检察机关所持观点）认为，不论行为人以何价格实际销售过伪劣产品，也不考虑行为人在诉讼中供称的预定销售价格，对尚未销售的伪劣产品应一律按同类合格产品的市场中间价格计算其货值金额。

2. 生产、销售的伪劣产品无标价，且不具备该类产品的基本性能，应如何计算其货值金额?

对此有三种不同观点：

第一种观点（案例二中辩护人所持观点）认为，应按行为人已经实际销售的价格计算货值金额。

第二种意见（案例二中检察机关与法院均持这一观点）认为，应按同类合格产品的市场中间价格计算其货值金额。

第三种意见认为，由于伪劣产品根本不具备该类产品应有的基本性能，没有任何使用价值，难以真正销售出去，其货值金额应为零，此案属于不能犯未遂，全案应在考虑其他情节的基础上作无罪处理。

3. 生产、销售市场上并无同等规格正品产品的伪劣产品，如何计算其货值金额？能否以同类合格产品的市场中间价格计算货值金额?

对此，有两种不同意见：

第一种观点（案例三中检察机关和一审法院均持这一观点）认为，应按同类合格产品的市场中间价格计算其货值金额。

第二种观点（案例三中二审法院所持观点）认为，此属于货值金额难以确定的情形，应按《扣押、追缴、没收物品估价管理办法》的规定，委托指定的估价机构按该伪劣产品的实际价值情况计算其货值金额。

4. 为防止罪刑失衡，对部分销售、部分未销售伪劣产品，且销售金额未达到构罪标准的案件，是否应把销售金额与未销售部分的货值金额按《解释》确定的1∶3的对应关系进行折算？如果进行折算，应以何者为基准？是将销售金额折算成货值金额，还是该将货值金额折算成销售金额?

对此，有以下不同观点：

第一种意见（即案例四中法院所持观点）认为，应将销售金额直接加入货值金额，计算出的总额即为全案的货值金额。

第二种意见认为，应将销售金额乘以3折算之后，与未销售部分的货值金额累计确定全案的货值金额。

四、评析意见

我们认为，确定货值金额，要严格按照《解释》和《纪要》的规定进行，由此可以看出，计算尚未销售的伪劣产品的货值金额，应按照以下顺序进行：首先应考虑以标价计算，如果无法查明或无法确定标价，则应以同类合格产品的市场中间价计算。如果仍不能确定，则按照《扣押、追缴、没收物品估价管理办法》的规定，委托指定的估价机构确定。在司法实践中应注意解决以下问题：

（一）如何认定“标价”，能否把“实际销售价格”或被告人供称的“待售价格”视作“标价”

按照通常的理解，《解释》和《纪要》中所称的“标价”，应当是以明示等方式对产品进行价格标示而形成的明确且相对稳定的产品价格。如在伪劣产品或其外包装上粘贴有明确价格的标签或直接在产品外壳或包装上写明，或者是以其他方式向他人明示的较为稳定的价格。并且，从办案的自然进程考察，“标价”这一事物应早在案件被查获前就已经存在，而不能是案发之后由行为人随意确定。由此我们认为，明确性、相对稳定性及案发前存在性应是“标价”的重要特性，三者缺一不可。对于如何认定“标价”，应当注意：

1. 不能仅凭行为人在案发后所供述的预定销售价格认定“标价”。在司法实践中，在生产、销售伪劣产品案件被查获之后，行为人出于自我保护的目的就会避重就轻，在供述时故意压低尚未销售的伪劣产品的待售价格，甚至远远低于其实际销售的伪劣烟草制品的销售价格。这种“标价”的表现形式是口供，不具有稳定性，其形成时间也不是在案发之前，因此不能认定为“标价”。假如司法机关以此作为行为人被查获的尚未销售的伪劣产品的“标价”，并以此来确定其货值金额，就会放纵犯罪。

2. 在行为人实际交易价格不稳定的情况下，其“标价”也不能轻易认定。在现实生活中，生产、销售伪劣产品的行为人由于非法交易的风险、生产成本等因素，其以明确标价形式出售伪劣产品的情形并不多见，而即便有此类形式上的“标价”，其实际上也常未得到全面执行，行为人在与不特定的购买者及不同的交易行为中，经常会因交易对象、时间、数量等具体因素的不同而采用不同的价格，甚至出现不同的价格之间差额非常巨大的情况，实际上难以形成较为稳定的价格。并且，即便查明了行为人出售部分产品形成的销售金额，也只是一个销售总额，其具体的每笔交易的价格常常是不一致的，仍无法认定“标价”。因此，在通常情况下，把实际销售价当做“标价”，并以此计算货值金额，是不科学的。这也应是最高司法机关在制定司法解释时没有采用以实际销售价格来确定未销售部分产品的货值金额的原因。

因此，在案例一中，对未进行实际销售的某类产品，法院认为应将行为人在法庭上供述的预定销售价格视为标价，以此计算其货值金额，是不妥当的。法院还认为某类产品已经实际销售的，该同类产品尚未销售部分的货值金额就应以实际销售的价格进行计算，这一观点实际上就是将“销售价格”视作“标价”，明显与《解释》的规定不符，于法无据，因而是错误的。办理该案的检察机关认为不论行为人以何种价格实际销售过伪劣产品，也不论行为人在诉讼中供称的预定销售价格，对尚未销售的伪劣产品应一律按同类合格产品的市场中间价格计算其货值金额，符合《解释》的规定，是正确的。

（二）未销售的伪劣产品无标价，且不具备该类产品基本性能，应如何计算其货值金额

对此，首先应当明确，在未销售的伪劣产品没有标价的情况下，就应按照《解释》的规定，按同类合格产品的市场中间价格计算其货值金额，并以此定罪量刑。这里的问题是，如果某伪劣产品根本不具备该类产品应具备的基本性能，正如案例二中行为人生产、销售的是无法吸用的假冒香烟，是否还应按其同类合格产品的市场中间价格计算其货值金额？

我们认为，生产、销售伪劣产品犯罪，侵犯的客体是国家对产品的质量监管秩序和消费者的合法权益，其产品应具有最基本的使用价值，如果该伪劣产品根本不具有基本性能，如不可能供人吸用的香烟、根本无法打火的打火机、通电后也不发热的电饭锅、无法收听的收音机等，就不易大量销售，购买者、消费者容易发现其中的问题，退货、报案处理也会更加及时，此类伪劣产品的生产者、销售者的经营规模就更容易因购买者的抵制而在执法机关介入前自行萎缩，因此，应认为与生产、销售伪劣产品罪的“伪劣产品”存在重大差别。此类生产、销售伪劣产品的行为，对国家产品质量监管秩序及消费者权益的侵犯，与其他类伪劣产品的危害相比，后者更具有隐蔽性，危害更深远，前者的社会危害性则较小，甚至可以认为尽管此类“产品”可能侵犯他人的财产权或商标权等权利，但难以破坏国家对产品的质量监管秩序。因此，我们认为，

尽管《产品质量法》第2条第2款规定的产品是“经过加工、制作，用于销售的产品”，但严格说来，由于该类伪劣产品根本不具备该类产品应有的基本性能，没有任何使用价值，实际上除非行为人通过欺诈手段，否则是无法真正销售成功的，因此，其货值金额就应认定为零，那种以同类合格产品的市场中间价计算其货值金额的主张，是不切合实际、不公正的。对于此类生产、销售根本不具有基本性能伪劣产品的行为，可以考虑以诈骗或假冒注册商标等犯罪进行追究。综上分析，我们认为，案例二中检察机关及法院的观点值得商榷。

（三）市场上并无同等规格正品产品的伪劣产品，应如何计算其货值金额

能否以同类合格产品的市场中间价格计算此类产品的货值金额？关键之处有两点：一是此类产品能否认定为生产、销售伪劣产品犯罪中的“伪劣产品”？二是对《解释》“按同类合格产品的市场中间价格计算其货值金额”中的“市场中间价”应怎样把握？

按照一般理解，“伪劣”中的“伪”，是指“假”或“不合法”，如“伪造”、“伪政府”等。[①]“劣”是“不好”，跟“优”相对。[②]同时，我国实行生产经营许可制及产品质量标准等制度，据此我们认为：“伪劣产品”是指假冒他人产品的产品、非法生产的产品、质量不符合法定标准的产品。因此，市场上并无同等规格正品产品的假冒熊猫牌香烟等产品，也属于生产、销售伪劣产品罪的“伪劣产品”，其未销售的货值金额，应依照《解释》规定，按同类合格产品的市场中间价计算。但是，《解释》“按同类合格产品的市场中间价格计算其货值金额”中的“市场中间价”是以市场上存在同等规格正品产品为前提的，由于市场上并无同等规格正品产品，故无法适用“市场中间价”计算此类伪劣产品的货值金额。

综上，在案例三中，检察机关和一审法院均认为：应按同类合格产品的市场中间价格计算该假冒熊猫牌香烟的货值金额，是不正确的。本案程某待以销售的假熊猫牌香烟，因市场上并不存在同等规格的正品产品，原以正品熊猫牌香烟的价格为依据进行的估价，因估价依据的对象适用错误，所作估价结论是不当的，后经二审法院委托市价格认定中心鉴定该假熊猫牌香烟的货值金额为每条240元，588条假熊猫牌香烟的货值金额应为141120元，符合实际，也符合《解释》“货值金额难以确定的，应按《扣押、追缴、没收物品估价管理

① 《新华字典》（第10版），商务印书馆2006年版，第501页。

② 《新华字典》（第10版），商务印书馆2006年版，第298页。

办法》规定委托指定的估价机构按该伪劣产品的实际价值情况计算其货值金额”的规定，二审法院重新认定的货值金额是正确的。

（四）对部分销售、部分未销售伪劣产品且销售金额未达构罪标准（5万元）的案件，是否应把销售金额与未销售部分的货值金额按《解释》确定的1∶3对应关系进行折算

在销售金额已经达到5万元这一构罪标准时，未销售部分的货值金额不计入销售金额，但应作为量刑情节，这样处理符合刑法犯罪构成理论，应该不会引起争议。但是，在部分销售、部分未销售伪劣产品且销售金额未达构罪标准（5万元）的案件中，其未销售的货值金额应如何计算？是将销售金额直接加入未销售的货值金额以此确定全案的犯罪数额，还是应把销售金额与未销售部分的货值金额按《解释》确定的1∶3对应关系折算之后再累计？

我们认为，应在全面理解《解释》和《纪要》规定的基础上确定货值金额的计算方法。

首先，要注意到《解释》第2条第2款的规定：“伪劣产品尚未销售，货值金额达到刑法第140条规定的销售金额3倍以上的，以生产、销售伪劣产品罪（未遂）定罪处罚。”《纪要》也重申了这一规定。由此可以推断出，最高人民法院、最高人民检察院等权威部门认为未实际销售伪劣产品的生产、销售伪劣产品行为的社会危害性，相当于已实际销售伪劣产品行为危害性的1/3，而为了方便司法操作，未销售的货值金额与销售金额可以以1∶3的对应关系在特定的情况下相互“折算”。《解释》和《纪要》确立的销售金额与未销售部分货值金额的折算对应关系，有助于实现司法公正，对司法实践有很重要的指导作用。

其次，也要看到《纪要》对此折算方法的立场并不稳定的情况。(1)《纪要》第1条（一）第4款规定“伪劣烟草制品的销售金额不满5万元，但与尚未销售的伪劣烟草制品的货值金额合计达到15万元以上的，以生产、销售伪劣产品罪（未遂）定罪处罚”。在这里，销售金额计入未销售产品的货值金额，是直接计入，而不是乘以3再计入，未体现两者1∶3的对应关系。(2)《纪要》第1条（一）第3款规定：“伪劣烟草制品尚未销售，货值金额分别达到15万元以上不满20万元、20万元以上不满50万元、50万元以上不满200万元、200万元以上的，分别依照刑法第140条规定的各量刑档次定罪处罚。”刑法规定的量刑档次分别是销售金额在5万元以上不满20万元、20万元以上不满50万元、50万元以上不满200万元、200万元以上。由此可见，

两者亦无1∶3的对应关系。

最后，要结合在法律规定不明时应作有利于被告人解释的司法原则考虑。按照有利于被告人的原则，既遂数额与未遂数额不能简单相加，这一精神已经体现在有关司法解释中。例如，最高人民法院于1998年3月17日下发的《关于审理盗窃案件具体应用法律若干问题的解释》（法释〔1998〕4号），其第5条第（二）项规定：盗窃记名的有价支付凭证、有价证券、有价票证，如果票面价值未定，但已经兑现的，按实际兑现的财物价值计算；尚未兑现的，可作为定罪量刑的情节。显然，该司法解释的精神是，盗窃行为未遂比盗窃行为既遂的社会危害性也要小，两者在质和量两方面均有区别，对于盗窃未遂的数额，只是作为一种定罪量刑的情节来考虑，而不能把该盗窃未遂数额和盗窃既遂的数额累计计算。基于同样道理，对生产、销售伪劣产品的行为，其销售金额与未销售部分的货值金额也不能简单相加，但在犯罪行为认定为未遂的情况下，为有利于被告人，可将销售金额计入未销售部分的货值金额累计为未遂行为的总体货值金额，而不能按1∶3的对应关系将销售金额乘以3之后再累计为货值金额。

综上，根据适用特别规定优于普通规定、明确规定优于模糊规定及在法律规定不明时应作有利于被告人解释的原则，我们认为，对于部分销售、部分未销售且销售金额未达构罪标准（5万元）的生产、销售伪劣产品案件，其销售金额与未销售部分的货值金额不按1∶3的对应关系折算，而应直接将销售金额加入货值金额进行累计确定其货值金额。

案例四中，朱某只从李某处购进800条伪劣卷烟，尚未出售，其仅是销售者，且又有立功表现。而李某则已实际销售了伪劣卷烟800条、持有待售伪劣卷烟300条、没有立功等从轻量刑表现，此外，李某还同时属于伪劣卷烟的生产者和销售者。相比较可知，李某的罪行显然更重，理应适用比朱某更重的刑罚。但是，法院作出的判决结果却是相反：朱某与李某适用的是同样的有期徒刑，但适用于朱某的罚金刑比李某的更重。这一罪刑失衡的结果显然是不公正的。必须提及的是，出现这种结果的根本原因不在司法层面，而在于伪劣产品的实际销售价格和同类合格产品的市场中间价之间有巨大差异这一事实以及立法考虑欠周详。从依法办案的司法角度看，因有《纪要》规定的精神作为依据，对法院作出的这一判决应予以理解和肯定。

（执笔人：谢如程）

以危险方法危害公共安全罪与生产、销售有毒、有害食品罪，生产、销售不符合卫生标准的食品罪与生产、销售有毒、有害食品罪应如何区分

一、要旨提示

生产、销售有毒、有害食品罪是指违反食品卫生法规，在生产、销售的食品中掺入有毒、有害的非食品原料的，或者销售明知掺有有毒、有害的非食品原料的食品的行为。该罪与生产、销售不符合卫生标准的食品罪同属危害食品安全方面的犯罪，在犯罪客体、主体及主观方面都是基本相同的，与以危险方法危害公共安全罪在表现形式和危害结果上也非常类似，因此在实践中常常会出现将此罪与他罪相混淆的情况。为了更好地解决实践中出现的这种困惑，必须对生产、销售有毒、有害食品罪构成要件中的主观方面、客观行为、犯罪对象等各个方面作更加清晰的分析和认识，从而做到准确地定罪量刑。

二、基本案情及处理结果

1998年12月，被告人林某群、林某坤连续几次将其以每吨1400港币从香港进口的大量无商标、无生产厂家、无生产日期、无合格证的工业用猪油（其中部分被有机锡污染，但林某群、林某坤并不知情）冒充食用猪油，以每吨7600元批发给江西省定南县的某食油经销商被告人何某。被告人何某加价后再批发给被告人黄某、吴某等人销售。同年12月16日之后，定南县龙塘、月子、老城等乡镇和龙南县的文龙镇等地相继出现大批群众食用猪油后中毒现象。被告人林某群等人的行为共造成1002人中毒，其中3人中毒死亡，57人重度中毒。

公诉机关以被告人林某群、林某坤犯以危险方法危害公共安全罪，被告人何某、黄某、吴某等犯销售不符合卫生标准的食品罪起诉至法院。法院认定被

告人林某群、林某坤犯销售有害食品罪，被告人何某、黄某、吴某犯销售不符合卫生标准的食品罪。

三、关键问题及争议

本案的关键问题在于：

1. 以危险方法危害公共安全罪与生产、销售有毒、有害食品罪应如何区分?

2. 生产、销售不符合卫生标准的食品罪与生产、销售有毒、有害食品罪应如何区分?

鉴于对上述问题的不同观点，对本案的定性就形成了以下几种分歧意见：

第一种意见认为被告人林某群、林某坤的行为构成以危险方法危害公共安全罪，而被告人何某、黄某、吴某的行为构成销售不符合卫生标准的食品罪。

第二种意见认为被告人林某群、林某坤的行为构成以危险方法危害公共安全罪，而被告人何某、黄某、吴某的行为构成销售有害食品罪。

第三种意见认为被告人林某群、林某坤、何某、黄某、吴某的行为均属于同一性质，均触犯同一罪名。其中一种意见认为都构成销售有害食品罪；另一种意见则认为构成销售不符合卫生标准的食品罪。

第四种意见认为被告人林某群、林某坤的行为构成销售有害食品罪，而被告人何某、黄某、吴某的行为构成销售不符合卫生标准的食品罪。

四、评析意见

（一）第一种意见及评析

第一种意见认为本案中的被告人林某群和林某坤的行为已经构成了以危险方法危害公共安全罪，同时被告人何某、黄某、吴某的行为构成销售不符合卫生标准的食品罪。理由如下：被告人林某群与林某坤为了谋取非法利润，擅自将非食品冒充食品予以销售，置广大消费者的生命、健康于不顾，对可能造成社会上不特定多人死亡或重伤的后果听之任之，漠不关心，主观上具有放任的间接故意，并且导致了1002人中毒（其中死亡3人）的后果，其行为已经符合《刑法》第115条第1款规定的“以其他危险方法致人重伤、死亡”，构成以危险方法危害公共安全罪；被告人何某、黄某、吴某虽不知所购猪油系工业用猪油，但违反《中华人民共和国食品卫生法》的规定，在明知所购猪油没有食品卫生检验合格证，且盛装猪油的容器上未标明品名、产地、厂名、生产日期、保质期限等内容的情况下，为了谋利而予以销售，造成多人中毒，并且导致死亡、重伤等严重后果，根据最高人民法院、最高人民检察院《关于办理生产、销售伪劣商品刑事案件具体应用法律若干问题的解释》的规定，已经达到了《刑法》第143条规定的“后果特别严重”的标准，对被告人何某、黄某、吴某的行为应以销售不符合卫生标准的食品罪来定罪处罚。

当行为人在生产、销售食品过程中故意在食品中添加有毒、有害的非食品原料或者以有毒、有害的非食品冒充食品予以生产、销售，从而造成社会上多人中毒，或者人身遭受损害，对于这种行为到底应如何认定呢？是构成生产、销售有毒、有害食品罪，还是构成以危险方法危害公共安全罪？

我们认为，在这种情况下区分两罪主要要看以下几个方面：（1）主观目的。生产、销售有毒、有害食品罪的行为人主观目的一般是为了获取非法利润。行为人在食品中掺入有毒、有害的非食品原料，往往是为了增加食品的数量或改变食品的色、香、味，以获取更大的非法利润。而以危险方法危害公共安全罪则在主观上大多是出于泄愤报复等非经济目的。（2）主观罪过。生产、销售有毒、有害食品罪的行为人对危害结果的发生持放任的态度，不包括希望的态度（即直接故意）。若行为人明知自己生产、销售有毒、有害食品的行为会发生危害社会的结果，并希望这种结果发生，对这种结果持积极追求的态度，可认定行为人主观上有危害公共安全的故意，行为人的行为可构成危害公共安全罪。当然除以上两点区别以外，生产、销售有毒、有害食品罪仅仅发生在生产、销售领域，而危害公共安全罪则不受此限制。结合本案来看，被告人林某群、林某坤在销售过程中，为了谋取非法的经济利益，将非食用的工业用猪油冒充食用猪油销售给他人，在主观上仅仅是为了获取一定的非法利润，没有泄愤报复等其他动机，并且对造成多人中毒的这一严重后果也只是一种放任的态度，即只是间接故意，而非积极追求危害后果发生的直接故意。并且，以危险方法危害公共安全罪与生产、销售有毒、有害食品罪两个罪属于法条竞合（罪名竞合）关系，前者是一般法条，后者是特别法条，因此，对被告人林某群、林某坤的这种行为应认定为销售有害食品罪，而不应当按照以危险方法危害公共安全罪来定罪。第一种意见混淆了以危险方法危害公共安全罪与生产、销售有毒、有害食品罪的界限，因而是不当的。

（二）第二种意见及评析

第二种意见对被告人林某群、林某坤的行为定性与第一种意见相同，其与第一种意见的不同之处在于，认为被告人何某、黄某、吴某的行为构成销售有害食品罪而非销售不符合卫生标准的食品罪。因为本案中被告人何某、黄某、吴某虽然对从被告人林某群等处所购得的猪油系工业用猪油并不知情，但该三位被告人对所购得猪油无食品卫生检验合格证、也无生产日期、生产厂家等标识的情况却是明知的，凭借其多年销售猪油等食用油的经营经验，应当意识到猪油中可能含有有毒、有害的非食品原料，在主观上该三名被告人是一种“应知”的心理状态。虽然《刑法》第144条条文中对于生产、销售有毒、有害食品罪的主观方面的规定是“明知”，但是，“明知”不但包括“确知”，还应包括“应知”。这一点在司法实践中已经有所体现，如1992年12月11日最高人民法院、最高人民检察院发布的《关于办理盗窃案件具体应用法律的若干问题的解释》第8条规定，认定窝赃、销赃罪的“明知”，不能仅凭行为人的口供，应当根据案件的客观事实予以分析。只要证明行为人知道或应当知道是犯罪所得的赃物而予以窝藏或代为销售的，就完全可以认定明知。由此可知，在本案中对于被告人何某、黄某、吴某的这种不确切知道，但“应知”食品中可能掺有有毒、有害物质而进行销售，造成严重后果的，应以销售有害食品罪来定罪处罚，否则就有放纵犯罪之嫌。

对于被告人何某、黄某、吴某的行为如何定性，我们应当分析生产、销售有毒、有害食品罪在主观上的要求。生产、销售有毒、有害食品罪在主观方面对于食品中掺入有毒、有害的非食品原料必须出于故意，对于造成的危害结果则是一种放任的态度。具体内容为明知是有毒、有害的非食品原料而故意掺入其所生产、销售的食品中，或明知是掺有有毒、有害的非食品原料的食品而故意予以销售。行为人是否“明知”，是该罪罪与非罪的重要界限。而从本案现有证据来看，被告人何某、黄某、吴某对于被告人林某群、林某坤销售给他们的猪油是工业用猪油的事实并不知情，故不能认定构成销售有害食品罪。

（三）第三种意见及评析

第三种意见认为被告人林某群、林某坤、何某、黄某、吴某的行为均属于同一性质，要么均构成销售有害食品罪，要么均构成销售不符合卫生标准的食品罪。这里实际上有两种不同观点。

主张五被告人的行为均构成销售有害食品罪的观点，理由是，被告人林某群、林某坤明知工业用猪油是一种工业原料而非食用猪油，被人食用后会危害人体健康，却为了谋取暴利，将大量工业用猪油冒充食用猪油批发给被告人何某等人销售，致使3人死亡，1002人中毒，其行为符合销售有害食品罪的构成要件，应以销售有害食品罪来定罪处罚。被告人何某、黄某、吴某从被告人林某群、林某坤处购买的猪油没有卫生检验合格证、包装上也没有生产日期、合格证书等标识，就应当知道销售给他们的猪油系可能掺有有毒、有害物质的食品，但为了谋取非法利润，仍然再次对外销售，他们对可能造成他人中毒或食源性疾患的后果持放任的心态，因此，被告人何某、黄某、吴某的行为也构成销售有害食品罪。

认为本案所有被告人的行为均构成销售不符合卫生标准的食品罪的观点，则主要是从分析该罪与生产、销售有毒、有害食品罪在客观方面以及犯罪对象上的不同而得出的。生产、销售有毒、有害食品罪在客观上表现为行为人实施了在生产、销售的食品中掺入有毒、有害的非食品原料或销售明知是掺入有毒、有害的非食品原料的食品的行为。被告人林某群、林某坤以工业用猪油假冒食用猪油进行销售的行为，不属于“在销售的食品中掺入有毒、有害的非食品原料”的行为，也不属于“销售明知是掺入有毒、有害的非食品原料的食品”的行为，与销售有害食品罪的客观要件不符。而生产、销售不符合卫生标准的食品罪在客观上表现为实施生产、销售不符合卫生标准的食品的行为，其犯罪对象是“食品”，而这里“食品”是指通过人体消化系统，被人体消化、吸收，能满足人体生理要求和营养需要的一切物品，既包括一般食物，也包括食物添加剂、调味品、调色素、保鲜剂，还包括油类和饮料等。根据《中华人民共和国食品卫生法》的规定：“不符合卫生标准的食品”是指：(1)腐败变质、油脂酸败、霉变、生虫、污秽不洁、混有异物或者其他感官性状异常，可能对人体健康有害的；(2)含有毒、有害物质或者被有毒、有害物质污染，可能对人体健康有害的；(3)含有致病性寄生虫、微生物的，或者微生物毒素含量超过国家限定标准的；(4)未经兽医卫生检验或者检验不合格的肉类及其制品；(5)病死、毒死或者死因不明的禽、畜、兽、水产动物及其制品；(6)容器包装污秽不洁、严重破损或者运输工具不洁造成污染的；(7)掺假、掺杂、伪造，影响营养、卫生的；(8)用非食品原料加工的，加入非食品用化学物质的或者将非食品当作食品的；(9)超过保质期限的；(10)为防病等特殊需要，国务院卫生行政部门或者省、自治区、直辖市人民政府专门规定禁止出售的；(11)含有未经国务院卫生行政部门批准使用的添加剂的或者农药残留超过国家规定容许量的。工业用猪油显然属于“非食品当作食品”的情形，可认定为是不符合卫生标准的食品，而且被告人林某群等人的行为又造成了1002人中毒，3人死亡的严重后果，因此，被告人林某群、林某坤的行为构成销售不符合卫生标准的食品罪。同样，被告人何某、黄某、吴某的行为也当然构成销售不符合卫生标准的食品罪。

我们认为，本案的一个重要事实就是，五名被告人对于所销售的工业用猪油的主观认识是不同的。林某群与林某坤是在明知是工业用猪油的前提下，为谋取非法利益而将其作为食用猪油批发给他人。而何某、黄某以及吴某只是在没有卫生检测合格证的情况下购进该批猪油并予以销售，从案件证据来看，只能推定经营食用猪油的何某、黄某、吴某对无卫生检测合格证等证明的该批猪油并不符合卫生标准这一情况是明知的，但我们不能推定其对该批猪油是工业用猪油也是明知。因此，前两名被告人与后三名被告人的主观认识因素不同。而根据《刑法》的规定，对因不同的主观认识销售此类产品的，其触犯的罪名并不相同，第三种观点混同两者，不加区分地认定五名被告人均触犯同一罪名，是不妥当的。

（四）第四种意见及评析

第四种意见认为被告人林某群、林某坤的行为构成销售有害食品罪，而被告人何某、黄某、吴某的行为构成销售不符合卫生标准的食品罪。

1. 该种意见认为，被告人林某群、林某坤明知从香港进口的猪油系工业用猪油，为谋取非法利益，而将这种猪油批发给了被告人何某，何某又销给了被告人黄某、吴某等人，造成了3人死亡、1002人中毒的严重后果。被告人林某群、林某坤的行为在主观上属于故意，认识到了自己销售的系有毒、有害的食品，并且认识到了这一行为可能对他人的人体健康造成危害却采取了放任的态度；在客观行为上，被告人林某坤、林某群直接将非食用的工业用猪油冒充食用猪油销售给了他人，虽然期间没有实施“掺入有毒、有害的非食品原料”的行为，但是对《刑法》第144条规定的“掺入”行为并不能仅从字面上去解释，“掺入”不仅包括将有毒、有害的非食品原料加入到生产、销售的食品中，而且还包括把这些有毒、有害的非食品原料直接当作食品或者食品原料出售。其表现为：（1）直接当作食品添加剂向消费者出售；（2）作为食品添加剂加入食品；（3）当作食品原料配制成食品出售；（4）直接当作食品出售。[①] 所以，被告人林某群、林某坤的行为也符合销售有害食品罪的客观要求，故对这两名被告人的行为应认定为销售有害食品罪。

2. 该种意见还认为，本案中被告人何某、黄某、吴某违反《中华人民共和国食品卫生法》的规定，在明知所购猪油没有食品卫生检验合格证，且盛装猪油的容器上未标明品名、产地、厂名、生产日期、保质期限等内容的情况下，为了谋利而予以销售，造成多人中毒，并且导致死亡、重伤等严重后果，显然构成了销售不符合卫生标准的食品罪。

我们赞同这一意见。本案中对几名被告人的行为如何准确定性，关键还要

① 刘明祥主编：《假冒伪劣商品犯罪研究》，武汉大学出版社2000年版，第178页。

对生产、销售不符合卫生标准的食品罪与生产、销售有毒、有害食品罪两罪进行比较区分。这两罪虽然同属食品方面的犯罪，在犯罪客体、主体及主观方面也基本相同，但是还是存在着诸多不同之处：（1）行为方式不同。前者在客观上表现为实施生产、销售不符合卫生标准的食品的行为；后者在客观上表现为实施在生产、销售的食品中掺入有毒、有害的非食品原料或销售明知是掺入有毒、有害的非食品原料的食品的行为。（2）构成标准不同。前者属于危险犯，即行为人生产、销售不符合卫生标准的食品，须达到"足以造成严重食物中毒事故或其他严重食源性疾患"程度，才构成犯罪；后者属于行为犯，即只要行为人实施了在生产、销售的食品中掺入有毒、有害的非食品原料或销售明知是掺入有毒、有害的非食品原料的食品的行为，即构成犯罪既遂。（3）犯罪对象不同。前者的犯罪对象范围较为广泛，其包括《食品卫生法》禁止生产经营的一切不符合卫生标准的食品；后者的犯罪对象仅限于有毒、有害食品。此外，两罪的区别点在于，生产、销售不符合卫生标准的食品罪的行为人在食品中掺入的原料也可能有毒、有害，但其本身是食品原料，其毒害性是由于食品原料污染或者腐败变质所引起的，而生产、销售有毒、有害食品罪的行为人往食品中掺入的则是有毒、有害的非食品原料。

本案中，被告人林某群、林某坤与被告人何某、黄某、吴某在销售该批猪油时的主观认识方面存在重大差异，其实施的行为分别符合销售有害食品罪和销售不符合卫生标准的食品罪这两罪的特征，因此应当准确界定，分别确定罪名。

综上所述，我们认为法院判决最终采纳第四种意见，对五名被告人的行为分别认定为销售有害食品罪和销售不符合卫生标准的食品罪，是正确的。应当提及的是，本案中还有一个问题，即被告人林某群等人对工业用猪油部分被有机锡污染的事实并不知情，但是有机锡污染却是造成本案 1002 人中毒、3 人死亡严重后果的主要原因。有机锡污染这一事实的介入是否导致林某群等人销售有害食品及不符合卫生标准的食品行为与危害结果之间因果关系的中断呢？我们认为，对于销售有害食品罪而言，其是行为犯，因此因果关系的中断与否只对行为产生量上的影响，并不影响构罪，法院在判决中也肯定了这一点，在量刑上对被告人林某群和林某坤的行为作了酌情从轻的处理；而对于被告人何某、黄某、吴某犯销售不符合卫生标准的食品罪来说，由于其实施的是擅自销售未经卫生检验的猪油，这与最终危害结果的发生有直接的因果关系，因而该批猪油被有机锡污染的事实不影响对该三名被告人的定罪量刑。

（执笔人：李　丹）

为他人加工伪劣产品的行为应如何定性

一、要旨提示

生产、销售伪劣产品罪，是指生产者、销售者违反国家产品质量管理法规，在生产、销售的产品中掺杂、掺假，以假充真，以次充好，或者以不合格产品冒充合格产品，销售金额较大的行为。由于生产、销售伪劣产品罪具体罪状方面一定程度存在着规定的模糊性、认定的困难性等问题，这给司法实践中准确认定生产、销售伪劣产品罪带来一定影响，因此，如何结合有关的法律知识正确理解和适用该犯罪规定，对于准确认定和有效惩治生产、销售伪劣产品犯罪行为具有关键性意义。

二、基本案情及处理结果

2000年春，被告人韩某在河南省尉氏县大桥乡大苏村筹建棉花加工厂，并指派被告人付某、郑某从外地购回一套棉花加工设备。在为崔某、于某等人（均在逃）加工棉花的过程中，应崔某、于某等人的要求，韩某从他人处借得一台打麦机专门用于加工回收棉，并同意在籽棉中掺入回收棉，共计加工劣质棉163.445吨，价值170余万元，全部由崔某、于某等人销出。韩某获取加工费7.24万元。在共同生产经营过程中，韩某负责全面工作；付某负责维修机器，并购买了部分生产用品；郑某购买了部分生产用品。2000年12月3日，被告人付某到尉氏县公安局投案。

检察院指控：被告人韩某、付某在无任何证照手续的情况下从事棉花加工业务，并在生产过程中掺杂使假，销售金额在5万元以上，其行为均已构成生产伪劣产品罪。被告人郑某违反国家规定，未经许可经营法律规定的专营物品，扰乱市场秩序，情节严重，其行为已构成非法经营罪。在共同犯罪中，被告人付某起次要作用，系从犯，且案发后投案自首，应依法从轻惩处。

法院认为：被告人韩某、付某、郑某违反国家规定从事棉花加工业务，在生产过程中，向籽棉中掺入回收棉，以次充好，销售金额达170余万元，三被告人的行为均已构成生产伪劣产品罪。公诉机关指控三被告人犯罪的事实清楚，证据确实、充分，但对被告人郑某的定性不当。被告人付某虽在犯罪后向公安机关投案，但未能如实供述自己的犯罪事实，因此，其自首情节不能认定。在共同犯罪中，各被告人只是分工不同，对被告人付某不能认定为从犯。三被告人及其辩护人无罪的辩护理由不能成立。宣判后，韩某、付某、郑某均不服，以“不构成生产伪劣产品罪，应宣告无罪”为由，向上级人民法院提出上诉，该法院维持原判。

三、关键问题及争议

本案关键问题在于：

1. 为他人加工伪劣产品的行为是否属于生产伪劣产品的行为?

2. 仅有伪劣产品的生产行为，但没有销售行为的，能否认定为伪劣产品犯罪?

对此，主要有以下两种不同的意见：

第一种意见认为，本案被告人只是应他人的要求掺入回收棉，没有销售故意，其加工回收棉是为了收取加工费，而不是销售谋利，因此，被告人的行为不构成犯罪。

第二种意见认为，本案被告人应他人要求掺入回收棉的行为，就是生产伪劣产品的行为，虽然没有销售行为，但根据《刑法》第140条之规定，应以生产伪劣产品罪定罪处罚。

四、评析意见

我们认为，本案被告人能否以伪劣产品犯罪定罪处罚，主要涉及如何认识以下几个问题：

（一）为他人加工伪劣产品的行为是否属于生产伪劣产品的行为

我们认为，为他人加工伪劣产品的行为，属于生产伪劣产品的行为。因为：其一，该行为符合《刑法》及相关司法解释规定的生产伪劣产品的行为特征。根据《刑法》的规定，生产伪劣产品行为的具体表现形式有四种，即在产品中掺杂掺假、以假充真、以次充好、以不合格产品冒充合格产品。其中，根据最高人民法院、最高人民检察院《关于办理生产、销售伪劣商品刑事案件具体应用法律若干问题的解释》（以下简称《解释》）的规定，掺杂掺假指的是在产品的生产过程中掺入杂质或者异物，致使产品质量不符合国家法律、法规或者产品明示标准规定的质量要求，降低、失去应有使用性能的行为。半假半真是掺杂掺假行为的基本特征。其二，加工伪劣产品致使产品违反国家法律、法规的规定，质量不合格或者失去了使用价值，理应由《刑法》来调整。所有在产品中掺入杂质或者异物的行为，从字面上看，都可以称之为“在产品中掺杂、掺假”。而《产品质量法》第37条、第38条、第40条规定的伪劣产品则包括：（1）不符合保障人体健康、人身、财产安全的国家标准、行业标准的产品；（2）掺杂掺假、以假充真、以次充好的产品；（3）不合格的产品；（4）失效、变质的产品。根据该规定，生产、销售的伪劣产品是指违反国家法律、法规的规定，质量不合格或者失去了使用价值。因此，从立法本意考虑，刑法打击的重点，应该是该种行为“致使产品不符合质量要求，降低、失去应有的使用性能”。

本案三被告人在加工的籽棉中掺入回收棉，将严重损坏消费者的人身健康，理应成为刑法的打击对象。因为，三被告人明知崔某、于某是伪劣产品的销售者，而在崔某、于某的要求下仍然为崔某、于某加工，应对其行为负责。在具体的加工生产过程中，三被告人尽管各自分工不同，但构成了生产伪劣产品的整体行为应属无疑。至于为他人加工，还是为自己加工，并不影响其生产伪劣产品这一行为性质的认定。

（二）仅有生产伪劣产品的行为能否构成伪劣产品犯罪

司法实践中对单纯的伪劣产品生产行为是否构成伪劣产品犯罪有两种不同意见：一是认为生产、销售两种行为不论是同时具备，还是实施了其中一种行为，均不影响本罪的构成，如果行为人只生产不销售，可定生产伪劣产品罪；二是认为单纯的生产伪劣产品的行为很难独立成罪的，不能仅考虑罪名的选择性，更重要的是应当以刑法规定的犯罪构成要件为依据。我们同意第二种意见，理由如下：

第一，生产、销售伪劣产品犯罪对象“伪劣产品”中的“产品”必须是用于销售的产品。伪劣产品中的产品，首先，具有商品的一般特征，如果行为人生产伪劣产品不是为了交换，而是为了自用，则不构成生产伪劣产品犯罪。因此，《产品质量法》第2条规定：“本法所称产品是指经过加工、制作，用于销售的产品。”其次，作为犯罪对象的伪劣产品，有一定的外延限制。一般说来，排除了房屋、桥梁、地下矿藏等不动产，也不包括国防军工产品和诸如毒品、淫秽物品等禁止自由流通的物品，而是指可以流通的工业、农业、日常生活等动产（包括建设不动产使用的建筑材料、建筑构配件和设备），以及军转民产品、可流通的高科技产品等。

第二，从《刑法》及相关法律规定来看，单纯生产伪劣产品的行为难以入罪。《产品质量法》第41条规定：因产品存在缺陷造成人身、缺陷产品以外的其他财产（以下简称他人财产）损害的，生产者应当承担赔偿责任。生产者能够证明有下列情形之一的，不承担赔偿责任：（1）未将产品投入流通的；（2）产品投入流通时，引起损害的缺陷尚不存在的；（3）将产品投入流通时的科学技术水平尚不能发现缺陷的存在的。从该法条所规定的抗辩（免责）事由看，只要生产者未将产品投入流通（当然包括销售），就可以免责，其生产行为不具有《产品质量法》上的违法性。同时，从刑法自身规定看，只能处罚既生产又销售伪劣产品的犯罪和销售伪劣产品的犯罪，对单纯生产伪劣产品的犯罪却无法予以惩处。因为《刑法》第140条的四个法定量刑档次均是依据“销售金额”来划分的，定罪起点为“销售金额五万元以上的”行为。《解释》第2条第2款对生产、销售伪劣产品罪的销售金额规定为“生产者、销售者出售伪劣产品后所得和应得的全部违法收入”，对于单纯生产伪劣产品而没有实施销售行为的行为人，因为没有实施“出售”行为，“所得和应得的全部违法收入”就不存在，没有销售金额，不能用刑法处罚。有观点认为，《解释》第2条规定：生产伪劣产品尚未销售，货值金额达到《刑法》第140条规定的销售金额3倍的，可以生产伪劣产品罪（未遂）论处。我们认为，该观点对该条解释理解有误，在这一司法解释的条文中，虽然对生产的尚未销售的伪劣产品作出了定性和处罚的原则规定，但我们认为对这种情况是定性为“生产、销售伪劣产品罪（未遂）”，而不是定性为“生产伪劣产品罪（未遂）”，而且定性为“生产、销售伪劣产品罪（未遂）”要有相关证据证实生产的伪劣产品是准备用于销售，否则不能定罪处罚（如不能以不准备销售而存放于车间、仓库的伪劣产品来处罚伪劣产品生产者），这更进一步说明，单纯的生产伪劣产品的行为不能定性为生产伪劣产品罪。

第三，从刑法理论上来看，虽然从字面上讲，《刑法》第140条规定的行为可以分解为“生产”行为、“销售”行为、“生产”与“销售”的并列行为，但理论上对行为予以分类，是为了更准确地运用法律，不等于说《刑法》第140条的罪名可以或一定要对应性地分解为生产伪劣产品罪、销售伪劣产品罪与生产、销售伪劣产品罪三个罪名。理论上的思考，不能有违罪刑法定的基本理论。刑法分则中的具体犯罪构成是评价行为是否构成犯罪的唯一标准。违法行为是否成立犯罪，就看是否符合分则规定的具体犯罪构成。尽管有学者很有见地地提出现行《刑法》将销售金额作为生产伪劣产品罪的犯罪数额来认定生产伪劣产品犯罪行为是立法的一个疏漏，生产伪劣产品罪犯罪数额似乎用经营数额予以认定比用销售金额认定更为合理一些，并提出了具体认定与处理的办法，但我们认为，在《刑法》未修订以前，“当时行为适用当时法律”是确定无疑的。此外，如果将不具有《产品质量法》上违法性的“未将产品投入流通的”生产行为认定为犯罪，有悖犯罪是严重的违法之法理，也与生产、销售伪劣产品罪是法定犯罪的理论认识不符。刑法作为公法，不应过度干预社会经济生活，否则会在一定程度上限制市场经济的自由发展。就法定犯罪而言，法定犯罪纯粹是因为违反国家某一时期特殊的禁止性规定而构成的犯罪。对于这类犯罪应当在考察其实质危害性后谨慎介入，不能轻易地认定为犯罪。在刑事司法上对那些严重危害社会、用其他法律难以有效处理的行为，才有必要作为犯罪来处理。总之，对经济违法行为的入罪应当严格限制。应当遵循部门法前置原则。

就本案而言，如果单纯地看待三被告人的行为，似不应定罪。因为，三被告人的行为表现为为他人加工，不具有销售的直接故意，客观上没有实际的销售行为，也不具有销售谋利的目的，只是加工取酬，获取加工费。而来料加工行为与买卖（销售）行为在民法上是有着明确界定的两类不同性质的行为，两者不容混淆，不得将交付加工成果的行为视为销售行为。加工承揽行为指的是承揽人以自己的工作用定作人提供的原材料，为定作人加工成成品，定作人接受该产品并支付报酬的行为；加工承揽行为的标的是工作行为，买卖行为的标的是物；加工承揽行为中的标的物只能是严格按照定作人的要求而完成的工作成果，买卖行为的标的物则是双方约定的出卖人应交付的物；加工承揽方收取的是酬金或者说是加工费，买卖行为收取的是物的价款。通常情况下，物的价款大大高于工作酬金。在本案中，加工生产的劣质棉价值170余万元，而韩某等三被告人获取的加工费仅为7.24万元。

（三）本案三被告人之行为是否属于单纯的生产伪劣产品的行为

如前所述，单纯的生产伪劣产品的行为难以构罪，那么本案三被告人的行为是否属于单纯生产伪劣产品的行为呢？答案是否定的。因为，参与实施本案行为的并不限于本案三被告人，另有崔某、于某等在逃同案犯，他们的行为构成生产、销售伪劣产品的共同犯罪。首先，本案各行为人具有共同的犯罪行为。在本案中，崔某、于某等人不仅以加工定作方的名义，授意、指使本案三被告人在棉花加工过程中，在籽棉中掺入回收棉，并将三被告人所加工生产的劣质皮棉163.445吨全部售出。因此，崔某、于某等人所实施的教唆生产劣质皮棉行为、销售劣质皮棉行为与本案三被告人分别实施的加工、生产劣质皮棉行为及购买设备、生产用品等帮助加工行为互为联结，共同构成了生产、销售伪劣产品的完整行为。其次，各行为人具有共同的犯罪故意。在本案中，对上列行为人具有共同行为的认定不成问题，有可能引起分歧的是，本案是否存在共同犯罪故意？在本案中，三被告人与崔某、于某等人在明知所加工生产的劣质皮棉是用于销售这一点上是一致的，但两者在销售故意的具体内容上存在不同，集中体现在：后者出于销售“谋利”的目的，而前者不具有该目的，仅仅是加工取酬。这种目的上的不同，决定了本案三被告人对于销售行为所持的是一种不同于崔某、于某等人的放任的态度。对于这种主观意志、目的不同的情形，能否认定共同犯罪故意？答案是肯定的。共同犯罪故意并不要求各共同犯罪人在故意内容上完全一致，而且，在存在组织犯、教唆犯、实行犯、帮助犯等多种类型的犯罪人的共同犯罪中，组织故意、教唆故意、实行故意、帮助故意，其故意内容也必将是有所不同的。认定共同犯罪故意的关键在于，各共同犯罪人是否均出于故意，并且彼此之间是否存在犯意联络。对于具体犯罪故意的内容及犯意联络的内容，则不要求保持一致。也就是说，在有认识的前提下，在具体犯罪的内容以及犯意联络的故意内容上，各共同犯罪人既可以是“希望”的，也可以是“放任”的，既可以是出于这种目的，也可以是出于那种目的，均不影响共同犯罪故意的认定。

综上所述，尽管涉及本案的崔某、于某等案犯在逃，但是认定该案件的性质仍应综合考虑各共同犯罪人的行为事实。法院在查清事实的基础上，认定本案三被告人构成犯罪，是完全正确的。基于同样的理由，对于本案三被告人应以既遂处理，不能因三被告人未参与销售行为就定未遂。

（执笔人：邓　强）

无药品经营资格者销售假药，如何处理

一、要旨提示

行为人无药品经营资格时销售假药，其行为可能同时触犯生产、销售假药罪，生产、销售伪劣产品罪及非法经营罪。为了正确适用法律，准确判断行为人行为的性质，必须确定生产、销售假药罪，生产、销售伪劣产品罪及非法经营罪的界限。

二、基本案情及处理结果

案例一：被告人潘某从广东省普宁县的詹某（另案处理）处购得假药，并在浙江省青田县海口镇非法从事假药经营。2003年5月8日，被告人潘某在浙江省青田县海口镇进行假药交易时被人赃并获。被扣押的药品经鉴定，确定为假药的有酚麻美敏片、多维元素片（21金维他）等20个品种，涉案假药价值为15.17万元。被告人刘某自2003年年初以来，从被告人潘某处购买假药多维元素片（21金维他）3000瓶、严迪（罗红霉素）90盒，并将假药销往建德等地。经鉴定，涉案假药价值达5.67万元。

公诉机关指控两被告人构成销售假药罪，法院采纳了公诉意见。

案例二：被告人刘某虚构“著名皮肤病专家束学成”的身份，在国内数家报刊、杂志及网页中刊登“癣康宁”（其宣称的批号为部〔1996〕第168号）能够治愈牛皮癣的虚假宣传广告，并通过在北京市东城区建内大街邮局设立的信箱，向全国各省市求购者邮寄销售“癣康宁”。2001年7月至2003年8月间，刘某销售大量“癣康宁1、2、3号”，销售金额达人民币154374元。据北京市药品监督管理局出具的“关于癣康宁1等药品问题的复函”证实，癣康宁1、癣康宁2、癣康宁3等系非该局所准配制的医疗机构制剂，“〔1996〕第168号”不符合药品批准文号编制要求，依据《中华人民共和国药品管理法》第31条第2款、第48条第1款、第3款第2项，上述药品因未经批准，应按假药论处。

公诉机关指控被告人构成销售伪劣产品罪，法院采纳了公诉意见。

三、关键问题及争议

上述两案例的关键问题在于：

无药品经营资格者购买、销售假药，如何处理？该问题的关键，在于如何确定生产、销售假药罪与生产、销售伪劣产品罪，非法经营罪的界限。

就案例的处理，有下列三种意见：

第一种意见认为，两案例中被告人以假药冒充真药，严重危害公民健康，其行为符合销售假药罪的特征，成立销售假药罪。

第二种意见认为，两案例中被告人以假产品（假药）冒充真产品（真药），销售金额在5万元以上，其行为符合生产、销售伪劣产品罪的特征，成立生产、销售伪劣产品罪。

第三种意见认为，两案例中被告人在无药品生产、销售许可证件的情况下，经营必须具备专门资格才可销售的药品，其行为符合非法经营罪的特征，成立非法经营罪。

四、评析意见

（一）第一种意见及评析

该意见认为两案例均应按销售假药罪处理。根据《刑法》第141条的规定，生产、销售假药罪，是指生产、销售假药，足以严重危害人体健康的行为。据此，生产、销售假药罪的客观特征主要在于两个方面：第一，行为人生产、销售了假药。所谓假药，根据《刑法》第141条的规定，是指依照《中华人民共和国药品管理法》的规定属于假药和按假药处理的药品、非药品。《中华人民共和国药品管理法》第48条规定，有下列情形之一的，为假药：（1）药品所含成分与国家药品标准规定的成分不符的；（2）以非药品冒充药品或者以他种药品冒充此种药品的。有下列情形之一的药品，按假药论处：（1）国务院药品监督管理部门规定禁止使用的；（2）依照本法必须批准而未经批准生产、进口，或者依照本法必须检验而未经检验即销售的；（3）变质的；（4）被污染的；（5）使用依照本法必须取得批准文号而未取得批准文号的原料药生产的；（6）所标明的适应症或者功能主治超出规定范围的。显然，假药通常没有预期的疗效，一方面延误患者的治疗；另一方面，假药可能含有有毒、有害成分，直接对人体造成损害。故假药严重威胁着公民的生命与健康。所谓生产假药，是指一切制造、加工、配制、采集、收集某种物品充当合格或特定药品的行为；所谓销售假药，是指一切有偿提供假药的行为①。第二，行为人生产、销售假药的行为足以严重危害人体健康。所谓足以严重危害人体健康，是指具有严重危害人体健康的危险，尚未对人体健康造成实际危害的情形。② 已经造成损害，则是本罪加重处罚的条件。这表明，生产、销售假药罪是危险犯，只要客观上存在造成严重危害人体健康的危害性，即成立本罪。通常而言，假药一旦被生产、销售，就很可能作用于人体，对人体产生危害，此时就足以严重危害人体健康。本文两案例中，被告人所购买、销售的药品，已被鉴定为假药，由于已进行销售，药品可能被公民使用或者已被使用，这显然已足以严重危害人体健康。结合《刑法》第 141 条的规定，生产、销售假药罪为选择性罪名，被告人只实施购买、销售行为，故成立销售假药罪。

另一方面，案例中被告人的行为也符合生产、销售伪劣产品罪的特征，也成立生产、销售伪劣产品罪，但在罪名选择上，应选择适用销售假药罪。因为，生产、销售伪劣产品罪与生产、销售假药罪存在一般与特别的关系。根据《刑法》第 140 条的规定，生产、销售伪劣产品罪，是指在产品中掺杂、掺假，以假充真，以次充好或者以不合格产品冒充合格产品，销售金额达到一定数量的行为。药品也是产品，由此，任何一种生产、销售假药的行为，必然是一种以假充真、以次充好的行为。因此，生产、销售假药行为被生产、销售伪劣产品行为所包含，生产、销售假药行为是特殊的生产、销售伪劣产品行为。《刑法》专门对这种行为加以规定，体现了对这种行为的特殊打击。当行为人的行为同时符合生产、销售假药罪与生产、销售伪劣产品罪的规定时，根据特别法优于普通法的原则，应选择适用生产、销售假药罪特别法条。这就进一步表明，案例中被告人应构成销售假药罪。

这种观点从生产、销售假药罪的客观特征及该罪与生产、销售伪劣产品罪的比较两个方面，得出案例中被告人的行为成立销售假药罪，有一定道理。但是，该观点在论述该两个方面时，着重强调生产、销售假药罪与生产、销售伪劣产品罪相同的一面（即行为上的包容关系），没有分析两罪的差异，不够全面。

（二）第二种意见及评析

该意见认为两案例均应按生产、销售伪劣产品罪处理。上已述知，生产、

---

① 张明楷：《刑法学》，法律出版社 2003 年版，第 583 页。

② 高铭暄、马克昌主编：《刑法学》，北京大学出版社、高等教育出版社 2007 年版，第 420 页。

销售伪劣产品罪，是指在产品中掺杂、掺假，以假充真，以次充好或者以不合格产品冒充合格产品，销售金额达到一定数量的行为。生产、销售假药罪是指生产、销售假药，足以严重危害人体健康的行为。诚然，单纯从行为上看，两罪存在包容关系。但是，在犯罪客观方面，两者并不完全包容。因为，生产、销售伪劣产品罪的定罪标准是销售金额在5万元以上，而生产、销售假药罪的定罪标准是足以严重危害人体健康。这样，生产、销售假药罪的行为就未必是生产、销售伪劣产品罪的行为，两罪的客观方面不是包容，而是交叉。这种交叉表现在以下三个方面：第一，当行为人生产、销售假药，销售数额达到5万元，但尚不足以严重危害人体健康，此时行为人只触犯生产、销售伪劣产品罪罪名；第二，当行为人生产、销售假药，销售数额不到5万元，但足以严重危害人体健康，此时行为人只触犯生产、销售假药罪罪名；第三，当行为人生产、销售假药，销售数额达到5万元，且足以严重危害人体健康，此时行为人既触犯生产、销售伪劣产品罪罪名，也触犯生产、销售假药罪罪名。显然，只有在第三种情况下，才存在罪名的选择问题。一般情况下，根据特别法优于普通法的原则，应选择适用生产、销售假药罪。但在特殊情况下，如果按生产、销售伪劣产品罪处刑更重，则应根据重法优于轻法的原则选择适用生产、销售伪劣产品罪。为了在司法实践中正确处理上述三个方面等情况，《刑法》第149条规定："生产、销售本节第141条至第148条所列产品（其中包括假药），不构成各该条规定的犯罪，但是销售金额在5万元以上的，依照本法第140条（生产、销售伪劣产品罪）的规定定罪处罚。该条还规定，生产、销售本节第141条至第148条所列产品，构成各该条规定的犯罪，同时又构成本节第140条规定之罪的，依照处罚较重的规定定罪处罚。"

既然生产、销售伪劣产品罪与生产、销售假药罪的区别在于客观方面之定罪标准，那么如何理解这一标准之销售金额及足以严重危害人体健康，就尤为重要。对此，关于销售金额，最高人民法院、最高人民检察院2001年4月10日施行的《关于办理生产、销售伪劣商品刑事案件具体应用法律若干问题的解释》（以下简称《解释》）第2条规定："销售金额"，是指生产者、销售者出售伪劣产品后所得和应得的全部违法收入。而何为严重危害人体健康，上述《解释》第3条规定：经省级以上药品监督管理部门设置或者确定的药品检验机构鉴定，生产、销售的假药具有下列情形之一的，应认定为"足以严重危害人体健康"：（1）含有超标准的有毒有害物质的；（2）不含所标明的有效成分，可能贻误诊治的；（3）所标明的适应症或者功能主治超出规定范围，可能造成贻误诊治的；（4）缺乏所标明的急救必需的有效成分的。司法实践中，大部分假药的表现为不含有所标明的有效成分，这样的假药通常就足以严重危害人体健康。但是，有些假药，如以假药论处的药品，或者没有获得批准即生产，或者没有经过检验即销售，此时其成分可能与真药一样，与真药也可能具有相同的效果，这些假药就未必足以严重危害人体健康。因此，办理案件时，如果对涉案的药品进行鉴定，鉴定结论必须明确是否为假药及是否足以严重危害人体健康。

本文两案例中被告人所购买、销售的药品，经鉴定均为假药，但鉴定结论均没有指明这些假药足以严重危害人体健康。据此，从有利于被告人的原则出发，应推定为不足以严重危害人体健康，被告人的行为便不符合生产、销售假药罪的构成特征，不成立销售假药罪。被告人销售的假药金额均已超过 5 万元，其行为已符合生产、销售伪劣产品罪的构成要件，应当依照该条进行处罚。

这种观点全面考察了生产、销售伪劣产品罪与生产、销售假药罪的客观方面，分析了两罪的实质区别，并联系具体司法解释，确定被告人的行为所适用的法条，最后结合概括性罪名的特点，确定具体的罪名。整个过程是科学的，其观点也是可取的。

（三）第三种意见及评析

该意见认为两案例中被告人成立非法经营罪。对于非法经营罪，我国《刑法》第 225 条规定："违反国家规定，有下列违法经营行为之一，扰乱市场秩序，情节严重的，处五年以下有期徒刑或者拘役，并处或者单处违法所得一倍以上五倍以下罚金；情节特别严重的，处五年以上有期徒刑，并处违法所得一倍以上五倍以下罚金或者没收财产：（一）未经许可经营法律、行政法规规定的专营、专卖物品或者其他限制买卖的物品的；（二）买卖进出口许可证、进出口原产地证明以及其他法律、行政法规规定的经营许可证或者批准文件的；（三）未经国家有关主管部门批准，非法经营证券、期货或者保险业务的；（四）其他严重扰乱市场秩序的非法经营行为。"据此，非法经营罪是指违反国家规定，进行非法经营活动，扰乱市场秩序，情节严重的行为。《药品管理法》第 8 条、第 15 条规定了参与药品生产、销售必须具备的条件，要求经营者必须具备相应技术人员、资金、设备，才能参与药品的生产或销售。这些规定将不具有相应资格的人排除在外，如果这些人参与药品生产、销售，便是一种非法经营行为。本文两案例中被告人在没有药品经营资格的情况下销售药品，数额达数万元，应属于上述第（四）项其他严重扰乱市场秩序的非法经营行为，成立非法经营罪。当然，被告人的行为也成立生产、销售伪劣产品罪，属于想象竞合犯，由于非法经营罪处刑更重，根据从一重处断原则，两案例中被告人均成立非法经营罪。

这种观点在情理上有一定的道理，无证卖药当然不是合法经营，但在法理上，将被告人的行为纳入非法经营罪的范畴，依据不足。第一，众所周知，非法经营罪具有小口袋罪的性质，依照罪刑法定原则的要求，应严格限制该罪的适用范围。对于何种行为可以纳入非法经营罪，应按照相关的立法或者司法解释进行判断，不能随意入罪。当前，相关司法解释有最高人民法院的《关于审理非法出版物刑事案件具体应用法律若干问题的解释》、《关于情节严重的传销或者变相传销行为如何定性问题的批复》，最高人民检察院的《关于办理非法经营食盐刑事案件具体应用法律若干问题的解释》等文件。这些司法解释对哪些行为属于非法经营行为进行了界定。在这些文件之外，不能将其他行为纳入非法经营罪。第二，即使无证经营药品行为可以纳入非法经营罪范畴，也缺少定罪标准。非法经营罪目前尚无统一的定罪标准，均是针对不同的行为、不同对象，由相应的法律解释分别认定，如外汇买卖为20万美元、食盐经营20吨等。这样，由于没有具体的法律解释，如果将非法经营药品纳入非法经营罪，其定罪标准就无据可依，给本案被告人定罪的法律依据显然不足。因此，第三种观点不妥。

综上，在处理行为人无药品经营资格销售假药的案件时，应根据生产、销售假药罪，生产、销售伪劣产品罪及非法经营罪的特点，进行分析判定。鉴于案例中被告人所购买、销售的药品，虽然经鉴定均为假药，但鉴定结论均没有指明这些假药足以严重危害人体健康，因而不能对被告人以生产、销售假药罪论处，而均应认定为生产、销售伪劣产品罪。案例一中法院判决被告人成立销售假药罪，值得商榷。案例二中法院判决被告人成立销售伪劣产品罪，法条适用正确，但罪名认定为生产、销售伪劣产品罪更妥。

（执笔人：曾国祥）

二 走私罪

间接故意能否构成走私犯罪，如何认定走私犯罪行为人主观上的“明知”

一、要旨提示

行为人明知自己的行为违反国家法律法规，逃避海关监管，偷逃进出境货物、物品的应缴税额，或者逃避国家有关进出境的禁止性管理，并且希望或者放任危害结果发生的，应认定为具有走私的主观故意。走私罪只能由故意构成，过失不构成应不存在疑义，但间接故意能否构成走私犯罪，刑事立法及相关研究对走私犯罪的故意类型并未予以明确界定，仅指出走私是故意犯罪，是否存在间接故意的类型则大都语焉不详。从查处的走私案件的案情来看，许多走私当事人虽不具有实施欺瞒海关的走私情节，但却参与其中，利用自身外贸经营、报关代理等便利条件与走私分子做交易获取非法利益，在明知自己的行为会导致走私违法犯罪的情况下，仍放任这种危害结果的发生。因此，为准确打击走私犯罪，需要正确认识这类问题，如“包税”案件中如何判定包税人走私的主观故意，对其故意是否应追究走私的法律责任等。

二、基本案情及处理结果

被告单位珠阳皮革有限公司，法定代表人郑某。被告人郑某，系珠阳皮革有限公司法定代表人兼总经理。被告单位珠阳皮革有限公司于 2001 年 10 月 15 日成立，经营销售皮革制品。被告人郑某在经营该公司期间，与加工贸易企业新盛皮革厂老板梁某、总经理韩某商定，由新盛厂代珠阳皮革有限公司进口生牛皮，并收取人民币 1 万元/20 尺柜的“代理费”，再将进口的牛皮加工成蓝湿牛皮后交给珠阳皮革公司。2002 年 5 月至 6 月间，新盛厂使用该厂的来料加工合同进口 8 个 20 尺柜生牛皮，共计 151630 公斤，并依约定加工成蓝湿牛皮后交给被告单位珠阳皮革公司。经核定，偷逃应缴税额 71.8 万元。

检察院以被告单位犯走私普通货物罪将此案诉至人民法院，法院认定被告单位珠阳皮革有限公司在被告人郑某负责经营期间，以明显低于货物正常进口应缴税额的价格委托他人代理进口皮革业务,① 偷逃税额较大，行为构成走私普通货物罪，被告人应负直接负责的主管人员的责任。

三、关键问题及争议

从上述案例可以看出，本案的关键问题在于：

1. 间接故意能否构成走私犯罪?

2. 如何认定走私犯罪行为人主观上的“明知”?

对走私故意只能是直接故意，还是可以是间接故意，如何认定走私犯罪行为人主观上的“明知”，司法实践和理论对此认识不一，主要有两种意见：

第一种意见认为，走私犯罪是直接故意犯罪，是一种故意逃避海关监管、破坏国家对外贸易管制的行为，若行为人主观上只是判断可能是走私，而放纵该行为的发生，不应认为是走私。本案被告单位和被告人仅委托新盛厂代进牛皮，对其走私不知情，也未实际参与走私过程，因此，不能以推断认定被告单位和被告人犯走私罪。

第二种意见认为，走私犯罪主观方面由故意构成，它包括直接故意和间接故意，虽然有些走私犯罪行为人并未直接实施逃避海关监管的行为，但其主观上明显可以判断行为人实际上是通过走私来降低其进口货物费用，而对其持放任的态度，是一种间接故意，应追究其走私的法律责任。本案被告单位作为货物所有权人，在代理费用明显低于正常应缴税额的情况下，仍然委托他人代理进口，可以推断认定被告单位和被告人犯走私罪。

四、评析意见

对本案被告单位和被告人是否构成走私犯罪，我们认为，实际上涉及如何认识以下两个问题：

（一）间接故意能否构成走私犯罪

走私故意只能是直接故意，还是可以为间接故意，学理解释不尽一致。一种观点认为，走私只能是直接故意，即明知自己行为会发生危害社会的结果，希望该结果的发生，间接故意不在其列。理由是：走私犯罪一般为直接故意犯

① 认定包税价格明显低于正常的进口税费及合理利润，各地情况应有差别，需要综合行为人在包税前、货物进口报关程序中，以及货物入境后的销售等环节，从中确定包税价格明显低于正常价格。

罪，是一种故意逃避海关监管，破坏国家对外贸易管制的行为。其中涉税的走私犯罪还应具有非法谋利的目的。非涉税的走私犯罪通常也具有非法谋利的目的，如走私淫秽物品、文物等，但不是必然以谋利为目的。然而，依刑法通说，目的犯只存在于直接故意犯罪中，间接故意犯罪没有犯罪目的。因此，该观点一方面认为所有的走私犯罪是直接故意犯罪；另一方面又认为并不是所有的非涉税走私犯罪都具有非法谋利的目的，这就产生了理论上的悖论。如果某一走私犯罪不具备犯罪目的要件，其主观上就难以认定是直接故意。从我国刑法规定的有关故意犯罪罪名来看，目的犯主要分为法定的目的犯和非法定的目的犯。从走私罪一节的规定看，走私犯罪包括走私武器、弹药罪，走私核材料罪，走私假币罪，走私文物罪，走私贵重金属罪，走私珍贵动物、珍贵动物制品罪，走私珍稀植物、珍稀植物制品罪，走私淫秽物品罪，走私废物罪，走私普通货物、物品罪。其中，仅走私淫秽物品罪规定必须以谋利或者传播为目的，系法定目的犯，其他走私罪名是否属于非法定的目的犯，须具体分析。而有人针对2002年最高人民法院、最高人民检察院、海关总署《关于办理走私刑事案件适用法律若干问题的意见》（以下简称《意见》）第5条的规定对该观点作出进一步论证：走私犯罪这种直接故意形态实际上是包括两种类型的直接故意心态：一种是典型的直接故意心态，即明知自己的行为会发生危害社会的结果（包括危害结果必然发生和可能发生两种情形），希望危害结果发生的一种故意犯罪心态，这也即是《意见》中表述的“行为人明知自己……并且希望危害结果的发生”的情形；另一种是非典型的直接故意心态，即行为人明知危害结果必然发生而持放任态度的一种故意心态，即是《意见》中表述的“行为人明知自己……并且放任危害结果的发生”之情形。在此种情形中，行为人这种“放任”是建立在明知自己行为必然会发生危害社会结果的基础上而表现出的一种意志因素。因为行为人是在“明知自己行为违反国家法律法规”的情况下，实施“逃避海关监管，偷逃进出境货物、物品的应缴税额或逃避国家有关进出境的禁止性管理”的行为。行为人这种行为直接侵犯了海关法规所保护的社会关系或法益，造成对外贸易监管秩序的破坏，进而必然会侵犯刑法所保护的客体，导致社会危害结果的必然发生。因此，在此种认识前提下实施看似“放任”的行为，实际上乃具有“希望”之意志因素的特征，故应属于直接故意之心态，而这种直接故意心态又不同于典型的直接故意。正如有学者指出的，在认识到危害结果必然发生的前提下，“放任”危害结果发生的心态属于直接故意，颠覆了刑法理论中对间接故意的经典定义。① 主观结果的必然发生和可能发生，是犯罪人对犯罪行为和危害结果之间的因果关系的认识，而希望或放任是行为人对必然或可能发生的危害结果的一种需要性的选择态度。同一主观结果，从认识的程度看，间接故意的犯罪人是可以明白其必然发生，从选择态度看，是可以对其放任。在行为人意识到走私的危害结果必然发生的场合，其主观上可以是放任的心态，因此间接故意的存在也就成为可能。理论上有称这种间接故意为积极的放任，即当行为人认识到自己的行为一定（必然）会发生某种危害社会的结果，而仍放任这种结果发生时，便是积极放任的心理态度。②

另有观点认为，走私故意包括间接故意在内，以走私文物为例，对文物的鉴定需要专门知识，非一般人能明确判断是否为国家禁止进出境的文物，但若根据自己的经验和知识，能推测可能为国家禁止进出境的文物，并放任跨越关境、逃避海关监管行为的发生，就可以构成走私文物罪。我们同意此种观点，因为对国家禁止或限制的货物、物品，尽管有国家规章的列举规定，但对特定、须具有专业知识方能甄别的对象，不应要求行为人故意内容如此明确，只要有可能性判断就可以了。2002 年的《意见》第 5 条规定："行为人明知自己的行为违反国家法律法规，逃避海关监管，偷逃进出境货物、物品的应缴税额，或者逃避国家有关进出境的禁止性管理，并且希望或者放任危害结果发生的，应认定为具有走私的主观故意。"该条即认为走私罪的故意包括直接故意和间接故意。对走私犯罪的认定须考察其他要件，综合情节来决定。在司法实践中，走私的间接故意往往是与共同犯罪交织在一起的，具备走私间接故意的犯罪嫌疑人主要存在于海关管理相对人之中，即接受海关管理并向海关负有特定义务的企业或者个人，应对其放任行为或者不作为承担法律责任。

就本案而言，被告单位作为货物所有权人，在代理费明显低于正常应缴税额的情况下，仍然委托他人代理进口，这实际上是代理人通过走私来降低进口货物费用，而对其持放任的态度，是一种间接故意，被告单位与新盛厂实际上是共同故意犯罪，应追究他们共同走私的法律责任。

（二）如何认定走私犯罪行为人主观上的"明知"

在我国的犯罪论体系中，作为犯罪故意的认识因素的"明知"是犯罪主

① 曹坚："以主客观相一致的视角检视走私犯罪的主观故意"，载《政治与法律》2007 年第2 期。
② 高铭暄主编：《刑法学原理》（第二卷），中国人民大学出版社 1993 年版，第 57 页。

观方面的重要内容，是犯罪构成总体性评价的一个对象。当某一行为具备了主观方面的要件，并且也具备犯罪构成的其他要件时，则该行为不仅符合犯罪构成，而且具有违法性和有责性。反之，当某一行为由于缺乏“明知”的要求，而导致主观方面欠缺时，即使齐备其他犯罪构成的要件，该行为仍然不符合犯罪构成，也就不具有违法性，更不具备有责性。可见，考察“明知”，对行为人行为的评价具有十分重要的作用。在司法实践中，一种观点认为，对“明知”的认定应当以嫌疑人主观上明确的意思表示作为标准；另一观点认为，刑法中规定的“明知”包括“已知”与“应知”，我们同意此种观点。前种观点将“明知”绝对化，只看行为人是否有明确的意思表示，忽视了“主观见之客观”的原理，对客观的证据材料的显示或者案件事实的反映不予考察，在嫌疑人拒不招供的情况下，该种认定“标准”往往使案件陷入僵局。后种观点符合思维方式的规律和刑事诉讼活动的需要：（1）反映人类行为活动的主观意识的证明方式不是唯一的，除行为人本人的自觉表示外，与行为人活动相关的事实同样能反映行为人的主观意识状态，如夹藏毒品过关，反映行为人知悉其行为的违法性。所谓“应知”，实际是在确认客观事实与行为人主观的认识与意识因素之间具有必然联系的前提下，对支配行为的认知状态的一种肯定。（2）犯罪嫌疑人为逃避法律制裁，其抗拒心理和自我保护意识较强，在依法不能取得嫌疑人有效口供的情况下，根据证据事实，从“应知”角度确认犯罪嫌疑人主观故意因素的存在，符合《刑事诉讼法》有关规定的精神，即“没有被告人口供、证据充分确定的，可以认定被告人有罪和处以刑罚”。（3）现行法律及有关规定对犯罪嫌疑人主观故意的确认已引入“应知”的概念。如《刑法》第219条第2款，在描述“侵犯商业秘密罪”时，就使用了“应知”的概念。最高人民法院、最高人民检察院、公安部、国家工商行政管理局于1998年5月联合发布的《关于依法查处盗窃、抢劫机动车案件的规定》中，对“明知”给出了一种解释，即“本规定所称的明知，是指知道或者应当知道”。[①] 因此，行为人主观上是否具有“明知”并不是行为人自己说了算，行为人否认自己明知，但有证据证明其“明知”，仍然可以定罪。在缺乏直接证据（一般表现为行为人的自供）证明行为人主观上是明知时，可以从“应知”来推定、证明行为人主观上的“明知”，从证明的角度来看，“应当知道”是一种推定的认知，即根据一定的客观情况推导出其主观上是明知。比如行为人用特制的设备或者运输工具走私货物、物品，足以证明行为人主观

① 张穹主编：《解读最高人民检察院司法解释》，人民法院出版社2003年版，第279页。

上明知自己走私。因为特制的设备或者运输工具并不是为方便运输该种货物、物品而特制，而是为了逃避海关的检查才特制。如果存在行为人应当知道而不知道的情形，这显然是被排除在“应知”之外，也就当然不能认定是“明知”。所以，2002 年的《意见》对此也作出了明确的提示，在适用《意见》关于走私“应当知道”的规定时，在出现《意见》第 5 条列举的情形时，如果有证据证明行为人主观上是受到蒙骗，或者确实不知是在走私，就不能认定是“明知”。

就本案来看，依据2002 年的《意见》第 5 条列举的可以认定为“明知”的第 5 种情形，即“以明显低于货物正常进（出）口的应缴税额委托他人代理进（出）口业务的”，被告单位珠阳皮革有限公司支付给新盛厂的进口费用明显低于货物正常进口应缴税额，可以推定其具有走私的故意。

综上，被告单位辩称其仅是将货物进口工作委托给代理方完成，并且已缴纳关税（含在包税费中），自己对走私偷逃应缴税额主观上没有故意，应以被告人主观故意内容为准进行认定的辩解不成立。被告单位珠阳皮革有限公司在被告人负责经营期间，以明显低于货物正常进口应缴税额的价格委托他人代理进口皮革业务，应追究被告单位和被告人走私普通货物罪的责任，法院判决是正确的。

（执笔人：邓　强）

走私进口“进料加工”的保税货物，尚未构成“擅自在境内销售谋利的”，应当如何适用法律

一、要旨提示

后续走私不是一个独立的罪名，而是走私的一种较为特殊的方式，是指违反海关后续管理的走私活动，主要是指《刑法》第154条规定的两种行为。后续走私行为与典型的走私行为，即瞒关走私、绕关走私如何区分，“保税货物”是否包括进料加工，以及尚未在境内将走私的“保税货物”销售谋利的能否定罪，对这些问题的正确认识，有助于在司法实践中处理涉嫌后续走私犯罪的案件时，正确地把握罪与非罪的界限。

二、基本案情及处理结果

2000年3月底，犯罪嫌疑人余某得知自己公司C53209300090号“登记手册”①（该手册于2000年4月9日到期）出现进出口不平衡情况，少进口麻棉布1万余米，原因是该公司在实际生产中减少了成品的用料。为达到平衡，余某主动与进出口合同人刘某联系，达成由犯罪嫌疑人余某与犯罪嫌疑人刘某负责组织货源并以深圳服饰有限公司的名义进口2万米以下的麻棉布后自行处理的口头约定。2000年4月5日，据犯罪嫌疑人刘某的交代，其找到香港人张某，由张某提供56号麻棉布12717米用深圳服饰有限公司的“进料指标”申

① 该类手册为加工贸易纸质手册，是加工贸易合同从备案、进口、出口、核销、结案整个过程的书面记录，是海关进料加工贸易监管的书面依据之一。编号“C”表示进料加工。该手册只是经营单位进口加工贸易保税货物暂缓办理纳税手续的凭证，进口货物能不能纳入手册管理要由海关根据国家的有关规定来决定。经营企业在办理加工贸易合同备案时，应当向主管海关如实申报贸易方式、单耗、进出口岸以及进口料件和出口成品的商品名称、商品编码、规格型号、价格和原产地等。

报进口后先存放于笋岗仓库，再联系国内买主，由犯罪嫌疑人刘某赚实际销售价与张某给定价格之间的差价。同年4月6日，犯罪嫌疑人刘某通过深圳安达顺运输公司委托南港荣运输公司司机杨某运货进口时于文锦渡口岸监管现场被海关查扣。经海关有关部门估税，该批货物涉嫌偷逃税额人民币7万元。

检察机关认为应直接适用《刑法》第156条“与走私罪犯通谋……以走私罪的共犯论处”之规定，法院采纳检察机关的认定。

三、关键问题及争议

本案关键问题在于：

1. 走私进口“进料加工”的保税货物，尚未构成擅自在境内销售谋利的，是否应追究法律责任?

2. 若需追究法律责任，又如何适用法律?

对上述问题的认识，形成两种意见：

第一种意见认为，由于本案涉嫌走私进口的货物属“进料加工”的保税货物，同时该货物进口时属现场查获，尚未构成擅自在境内销售谋利的客观事实，因此，不适用《刑法》第154条的规定。而且《刑法》第154条第（一）项所列举的保税货物中并未包括“进料加工”保税货物，对该项规定中的保税货物是否包括“进料加工”保税货物以及对擅自销售“进料加工”保税货物的行为如何处罚问题，应通过立法解释加以解决，因此，对犯罪嫌疑人余某、刘某的行为，由于法律没有明文规定为犯罪行为，因此不宜作犯罪处理。

第二种意见认为，犯罪嫌疑人余某、刘某逃避海关监管、偷逃应缴税额的主观故意非常明显，他们的行为与倒卖来料加工企业报关单证、来料加工保税货物本质上是相同的，已构成走私普通货物、物品罪。

四、评析意见

我们认为，要解决本案余某、刘某行为的定性问题，需要准确把握下列问题：

（一）如何区分后续走私行为与典型的走私行为

后续走私行为，是指《刑法》第154条规定的两种行为，即：（1）未经海关许可并且未补缴应缴税额，擅自将批准进口的来料加工、来件装配、补偿贸易的原材料、零件、制成品、设备等保税货物，在境内销售谋利的；（2）未经海关许可并且未补缴应缴税额，擅自将特定减税、免税进口的货物、物品，在境内销售谋利的。与典型的走私行为，即瞒关走私、绕关走私相比，后续走私行为的主要特征在于：（1）后续走私的对象只能是经批准进口的保税货物和特定减税、免税进口的货物、物品。这里所谓的“保税货物”，根据《海关法》第57条第4款的规定，是指经海关批准未办理纳税手续进境，在境内储存、加工、装配后复运出境的货物。保税货物入境时未缴纳关税，因此，不能像其他国内商品一样可以在市场上自由流通，如果确实由于情况发生变化，保税货物不能复运出境而需转入国内市场销售的，必须事先经过海关批准并补缴应缴关税，如果行为人不经允许擅自采取隐瞒、欺骗等手段在境内出售的，即属于走私行为。（2）后续走私的行为方式表现为，未经海关许可并且未补缴应缴税额，擅自将批准进口的保税货物在境内销售；或者未经海关许可并且未补缴应缴税额，擅自将特定减税、免税进口的货物、物品在境内销售。与典型走私行为不同，后续走私从货物、物品进口这一环节来看，行为人的行为是经过有关机关批准的，并且其在申报进口和报关时通常也没有采用瞒报、伪报、少报多进等欺骗手段，其违反海关法规、逃避海关监管的行为出现在货物、物品进境后，表现为未经海关许可并补缴应缴税额，便擅自将这些特殊的货物、物品在境内销售。“合法进境后未经海关许可并补缴应缴税额擅自在境内销售”是构成后续走私不可或缺的条件。（3）后续走私的主观方面表现为故意性。后续走私人在主观上也有走私故意，表现为明知自己未经海关许可并补缴应缴税额，而擅自将批准进口的保税货物或者特定减税、免税的货物、物品在境内销售的行为危害国家的对外贸易管制，仍决意为之。行为人实施这一行为的目的在于谋利。出于其他目的实施这一行为的，不构成犯罪。

就本案来看，余某、刘某进口布料未经海关许可，因此从进口这一环节看，余某、刘某的行为就具有逃避海关监管的性质，不符合后续走私行为的特征。

（二）《刑法》第154条中的“保税货物”是否包括进料加工货物

《刑法》第154条第1款第（二）项规定，未经海关许可并且未补缴应缴税额，擅自将批准进口的来料加工、来件装配、补偿贸易的原材料、零件、制成品、设备等保税货物，在境内销售谋利的，按照走私普通货物物品罪定罪处罚。这里列举规定的保税货物中未列举规定进料加工货物，而《海关法》中保税货物包含了进料加工货物。有观点认为，按照罪刑法定原则对擅自销售进料加工保税货物的行为不适用该条，而另有观点认为，该条是概括规定，留了“等保税货物”的字眼，因此应将进料加工包含其中。

进料加工是指我国有关经营单位用外汇购买进口部分或全部原料、材料、辅料、元器件、零部件、配套件和包装物料，加工成品或半成品再销往国外的贸易方式；来料加工是由国外厂商提供原材料、辅助材料及包装材料等，委托我方企业加工成品，国外厂商负责销售，我方按合同收取加工费的贸易方式。可见，进料加工和来料加工是有区别的，不能简单地将进料加工等同为来料加工，其中，进料的所有权属于境内单位，而来料则属于境（国）外单位。但是作为加工贸易的两种具体形式，两者实质上有共同之处，“两头在外”，实行保税；未经许可并补缴税额，不得将进料、来料加工的保税货物在境内销售。若在境内销售，必须补税。擅自在境内销售进料加工的保税货物，不仅侵害国家的海关监管制度，给国家关税造成损失，而且还将因为竞争的不公平，严重扰乱我国的市场经济秩序。这一点，与擅自在境内销售来料加工保税货物的行为是完全相同的。《刑法》第 154 条规定的后续走私行为共同点均是未经海关许可，擅自将保税货物在境内销售谋利的行为。因此，来料加工和进料加工均应在其中。对擅自在境内销售进料加工保税货物的行为以走私普通货物、物品罪处理，有关的司法解释作了进一步明确。最高人民法院 2000 年发布的《关于审理走私刑事案件具体应用法律若干问题的解释》第 7 条关于保税货物的解释，采取了与《海关法》规定完全一致的意见：《刑法》第 154 条规定的“保税货物”是指经海关批准，未办理纳税手续进境，在境内储存、加工、装配后应予复运出境的货物。保税货物包括通过加工贸易、补偿贸易等方式进口的货物以及在保税仓库、保税工厂、保税区或者免税商店内等储存、加工、寄售的货物。最高人民检察院于同年发布的《关于擅自销售进料加工保税货物的行为法律适用问题的解释》则规定得更为明确：经海关批准进口的进料加工的货物属于保税货物。未经海关许可并且未补缴应缴税额，擅自将批准进口的进料加工的原材料、零件、制成品、设备等保税货物，在境内销售谋利，偷逃应缴税额在 5 万元以上的，依照《刑法》第 154 条、第 153 条的规定，以走私普通货物、物品罪追究刑事责任。

因此，就本案而言，走私进料加工的进口货物与走私来料加工的保税货物一样，应以走私罪定罪处罚。

（三）本案是适用《刑法》第 154 条关于后续走私行为的规定，还是应适用《刑法》第 156 条的规定

我们认为，根据本案情况，应直接适用《刑法》第 156 条之规定。（1）从主观方面来看，余、刘两人具有逃避海关监管的故意。余某明知企业性质为进

料加工企业，应接受海关监管，按海关有关进料加工企业的规定申报进出口，而为了达到进出口合同平衡的目的，主动与刘某联系，提供本企业的进料指标给刘某进货倒卖，其逃避海关监管的目的明显。余某与刘某之间存在通谋情节，符合《刑法》第156条的规定。(2) 从客观方面来看，余某与刘某的行为违反了海关法规和其他有关法律、法规，其行为是意图逃避海关监管、偷逃应缴税额，其行为符合典型走私罪的客观方面法律特征。进料加工是我国对外开放以来，采取“以进养出”政策，大力开展加工贸易的一种主要形式，为了扶持进料加工企业的发展，国家给予了较大优惠政策。同时，为了防止不法分子利用这些优惠来偷逃税额，海关对进料加工企业的进口货物有严格的监管规定，其主要的监管措施有登记备案、按不同产品企业确定进口货物征免税比例、监管进口料件和出口产品。在合同核销时，余某发现进出口不平衡，为了逃避海关监管，而和刘某通谋实施了伪报走私行为，明显违反了海关的有关法律法规。(3) 从犯罪构成的概念来看，余某和刘某的行为侵犯的客体是国家的对外贸易管理体制，具有社会危害性；他们违反海关法规走私进口的货物涉嫌偷逃税额7万元人民币，已超过刑法对走私犯罪的5万元人民币的起点，具有刑事违法性和应受刑事处罚性。所以，余某和刘某的行为应该以走私普通货物罪追究刑事责任。

综上，我们认为，该两人的行为不应适用《刑法》第154条。《刑法》第154条规定的是后续走私，而在“未经海关许可，并且未补缴应缴税额，擅自将批准进口的来料加工、来件装配、补偿贸易的原材料、零件、制成品、设备等保税货物，在境内销售谋利”的情况下进口的保税货物，在进口的环节上，是合法的，只是在合法进口后，在境内逃避海关的监管非法销售谋利的，才构成后续走私犯罪。本案中，该批货物在进口环节中便是违法的，同时该批货物在进口时被现场查获，尚未有在境内擅自销售谋利的情节，应属于典型走私犯罪而非后续走私犯罪，不应适用《刑法》第154条。法院的判决是正确的。

（执笔人：邓　强）

收受贿赂又放纵走私的应当如何定罪

一、要旨提示

海关工作人员受贿后又徇私舞弊，放纵走私的，应当如何处理？在司法实践中各地的做法并不相同。有的认为放纵走私行为和受贿行为基于不同的犯罪目的，构成独立的两罪，应当数罪并罚。而有的则认为是牵连犯，应当按照处理牵连犯的一般原则，从一重罪处罚。因此，正确理解和处理收受贿赂又放纵走私行为二者关系，有助于统一司法操作。

二、基本案情及处理结果

被告人缪某原系上海市外高桥保税区海关稽查科调查员。1997 年 4 月 17 日，上海市外高桥保税区海关发现上海益申贸易有限公司副总经理钱某涉嫌通过吴某等人购买福建省南平海关进料加工手册走私涤纶长丝，即与外高桥保税区公安处联合立案展开调查，并将吴某抓获，缴获了部分走私的涤纶长丝，钱某则在逃，同年 6 月，作为该案承办人之一的被告人缪某在认识了钱某之后，缪明知钱系在逃的走私犯罪嫌疑人而未履行其调查职责，反而告诉钱其住址已被海关及公安处查明，正在追捕他。由于缪某的行为，致使钱某未被及时抓获，钱将其走私的 108 吨涤纶长丝变卖，造成偷逃国家关税和增值税 68 万余元至今未被追缴的后果。1998 年 4 月，被告人缪某在得知钱某将其以进料加工方式进口的 198 吨印度芝麻内销的情况下，不仅不履行其稽查走私的工作职责，反而联系他人为钱某提供伪造的出口报关单据。意图将这批进口加工原材料予以核销，以掩盖钱的走私行为。由于缪某的行为，致使钱某走私 198 吨印度芝麻的行为未能被及时发现。造成偷逃国家关税及增值税 32 万余元至今未能追缴的后果。在此过程中，缪某还利用职务便利，收受钱某所送的贿赂人民币 1 万元。

检察院以被告人缪某涉嫌放纵走私罪、受贿罪依法向浦东新区人民法院提起公诉，法院以犯放纵走私罪，判处缪某有期徒刑 2 年 6 个月；犯受贿罪，判处有期徒刑6个月。

三、关键问题及争议

从上述两个案例可以看出，关键问题在于：

1. 收受贿赂又放纵走私的，是否应认定为出于两个故意，实施两个犯罪行为，构成独立的两个罪名?

2. 若构成牵连犯，是否应当从一重罪处罚?

海关工作人员受贿后又徇私舞弊，放纵走私的，是构成独立的两罪，还是属于牵连犯，若构成牵连犯，又如何处罚，司法实践中对此认识并不一致。归纳起来，主要有以下分歧意见：

第一种意见认为，不属于牵连犯，构成独立的两罪，依法应予数罪并罚；

第二种意见认为，属于“法条竞合”，应按照法条竞合时适用法律的原则处理；

第三种意见认为，构成牵连犯，应按照处理牵连犯的一般原则，即“从一重处罚”；

第四种意见认为，构成牵连犯，但应予以数罪并罚。

四、评析意见

（一）第一种意见及评析

第一种意见认为应按被告人犯受贿罪和放纵走私罪数罪并罚。在海关稽查活动中放纵走私并收受他人给予的好处费是基于不同的犯罪目的而实施了彼此不相联系的犯罪行为，侵犯了不同客体，故被告人的受贿行为和放纵走私行为之间不存在牵连关系，不属于牵连犯，对其应予数罪并罚。牵连犯是指以实施某一犯罪为目的，而其犯罪的方法行为或结果行为，又触犯了其他罪名的情况。结合上述案例可以看出，被告人的行为并不符合牵连犯的规定。结合受贿罪法条与放纵走私罪法条内涵来看，被告人是具有为他人谋取利用的故意，利用职务便利非法收受他人贿赂并有放纵走私的行为。假设上述案例的受贿与放纵走私之间存在牵连关系，那只能是方法（手段）行为与目的行为的牵连关系。被告人在收受贿赂的情况下，目的行为是收受贿赂，手段行为应是利用职务便利来收受贿赂，而并不是放纵走私的实行行为。可见，被告人受贿罪的手段行为并未触及放纵走私，两者之间并无必然的牵连关系。不能将受贿并有放纵走私的行为在犯罪形态上解释为牵连犯。在上述案例中，被告人既有放纵走私的故意，又有获取非法利益的故意；客观上，既有利用职权放纵走私的行为，又有从走私分子处获得贿赂款的行为。其出于两个故意，实施两个行为，同时侵害了国家海关正常活动和国家工作人员职务行为的廉洁性，应构成两个罪名，即前者构成放纵走私罪，后者构成受贿罪，依法应数罪并罚。

结合上述案例，我们认为，海关工作人员收受贿赂又放纵走私的，应当认定为牵连犯。上述第一种意见及分析是不能成立的。在司法实践中，收受贿赂的行为往往是放纵走私行为的原因行为，行为人往往是因为收受了走私人的不义之财，才有其放纵走私的结果行为；或者反过来说，行为人是为了收受贿赂，而将放纵走私作为实现其谋取贿赂的手段。在这里，行为人收受贿赂与放纵走私的行为实际上呈现出一种原因行为与结果行为的牵连关系抑或手段行为与目的行为的牵连关系。因此，行为人受贿又放私的行为性质应定性为刑法理论上的牵连犯。

（二）第二种意见及评析

第二种意见认为海关工作人员收受贿赂后又徇私舞弊放纵走私的，应以受贿罪或者放纵走私罪择一重罪处罚。就本案而言，根据《刑法》第411条的规定："海关工作人员徇私舞弊，放纵走私，情节严重的，处五年以下有期徒刑或拘役；情节特别严重的，处五年以上有期徒刑。"显然本案中缪某的行为符合放纵走私罪的特征。至于案件中缪某利用职务之便，收受走私嫌疑人所送贿赂人民币1万元的情况，这只是缪某放纵走私的一个"徇私"情节，"徇私"包括收受贿赂。而《刑法》及两高解释在"徇私"问题上没有对数额加以规定，因此这种属于"法条竞合"的情况，根据特殊条款优先适用的一般法理原则，对"徇私"情节不单独认为是受贿，而作为放纵走私罪的从重情节加以处罚。

如前所述，我们认为，海关工作人员收受贿赂又放纵走私的，应当认定为牵连犯，而把放纵走私罪与受贿罪认定为"法条竞合"，这表明对法律的认识还不够全面。虽然放纵走私罪中的"徇私"情节包括收受钱物，但我们认为那仅是收受钱物未达到犯罪的标准的情况，一旦达到犯罪标准便应认定为受贿犯罪，否则有悖刑法"罪刑相适应"基本原则；另外，按照法条竞合适用的原则来看，特殊法条优先于普通法条适用，重法优先于轻法适用一般只是在法律有明文规定的情况下适用。如《刑法》第399条第4款对司法工作人员因受贿而渎职的行为的定罪问题专门作出规定："司法工作人员收受贿赂，有前三款行为的，同时又构成本法第三百八十五条规定之罪的，依照处罚较重的规定定罪处罚。”而在无明文规定的情况下，应以特殊法条优先于普通法条适用。[①] 但就受贿罪与放纵走私罪两罪量刑情况看，受贿罪显然高于放纵走私罪，受贿罪最高可判处死刑，而放纵走私罪最高只能判处 15 年有期徒刑，试想如果一名犯罪嫌疑人因收受巨额贿赂（罪及死刑）而放纵走私，以“法条竞合”的观点来适用特别条款——最高可判 15 年有期徒刑的放纵走私罪，这显然与“罪刑相适应”基本原则背道而驰。

（三）第三种意见及理由

第三种意见认为被告人在履行职务过程中，不但利用职务便利收受贿赂，而且徇私舞弊放纵走私，同时触犯了《刑法》第 411 条和第 385 条之规定，构成放纵走私罪和受贿罪。由于被告人的犯意仅有一个，因此其行为符合刑法理论中有关牵连犯的特征。根据法理中牵连犯的一般处罚原则“重罪吸收轻罪”，且这一精神在现行《刑法》第 399 条第 4 款已有体现，结合本案的实际情况，其所犯的放纵走私罪情节严重，还造成国家税款重大损失的后果，该罪的量刑应该高于其受贿情节，根据“从一重处罚”的一般做法，以处罚较重的放纵走私罪对被告人定罪量刑较为妥当。因为，对牵连犯的处断应该按牵连犯的处断原则进行处理，根据传统观点，牵连犯是裁判上的一罪，实行从一重罪从重处断原则，这也是理论上的观点和司法实践中的惯常做法。在《刑法》修订后，对牵连犯处断原则并未在总则中作明文规定，仅是在分则少数条款中规定了对极少数牵连犯以数罪并罚，如《刑法》第 157 条规定以暴力威胁方法抗拒缉私的，以走私罪和妨害公务罪数罪并罚。按照罪刑法定原则中刑之法定要求，现行立法实际上是在告诉我们，对牵连犯在通常情况下应以从一重罪从重处断为原则，在法律有明文规定情况下实行数罪并罚为补充。若以放纵走私罪和受贿罪实行数罪并罚，则不符合对同一行为不得进行重复评价的刑法原理。另外，对海关工作人员受贿又放私行为按从一重罪从重处断也可以从我国惩治贿赂犯罪的历史发展得以佐证。早在 1988 年全国人大常委会《关于惩治贪污罪贿赂罪的补充规定》中就曾对受贿罪牵连犯处理有一个明确规定：“因受贿而进行违法活动构成其他罪的，依照数罪并罚规定处罚”，其后在修订的《刑法》中并未对因受贿而构成牵连犯的情况规定要实行数罪并罚。根据修订《刑法》确立的罪刑法定基本原则精神——法无明文规定不为罪，法无明文规定不处罚，以及修订《刑法》附则明确规定废除 1988 年《关于惩治贪污罪贿

① 陈忠林主编：《刑法（总论）》，中国人民大学出版社 2003 年版，第 242 页。

赂罪的补充规定》的要求，表明了修订后的《刑法》实际上是对“因受贿而进行违法活动构成其他罪的”不再实行数罪并罚的立法态度。并且为了提醒人们强调这一立法变更，还特地在《刑法》第399条第3款规定：“司法工作人员因索取或者收受贿赂而枉法裁判的，依照处罚较重的规定定罪处罚。”

（四）第四种意见及评析

第四种意见认为被告人的行为同时构成放纵走私罪和受贿罪。上述案例中被告人实施了放纵走私的行为，造成国家税款的重大损失；同时还利用职务便利收受贿赂，且达到受贿罪的立案标准。虽然犯罪嫌疑人的犯意是唯一的，但他所实施的犯罪手段和造成的犯罪结果又都不是唯一的，而犯罪手段和犯罪结果又是衡量一罪还是数罪的标准，所以，犯罪嫌疑人显然同时构成放纵走私罪和受贿罪，具有牵连犯的特征，并且在《刑法》第411条中也没有“重罪吸收轻罪”的有关规定。因此应根据《刑法》第69条之规定，对被告人以放纵走私罪和受贿罪数罪并罚。

我们认为，《刑法》第399条第4款的规定，对其他渎职罪既不能适用，也无指导作用，其他渎职犯罪牵连受贿犯罪的，应数罪并罚。《刑法》第399条第4款仅是一条分则特别条款，区别于总则条款和普通条款，因而它只能适用于该条，而不能适用于渎职罪中的其他分则条款，没有普遍指导作用。因为：（1）被告人的行为同时触犯了《刑法》第411条和第385条之规定，同时构成放纵走私罪和受贿罪。其一，被告人的行为符合放纵走私罪的特征。首先，被告人系海关工作人员，符合放纵走私罪的主体要求；其次，被告人的主观方面是故意的，其明知自己的行为会造成走私嫌疑人逃避处罚和国家税款重大损失的后果，显然是明知而为之；再次，客观方面被告人与走私嫌疑人有一定联系，并帮助走私嫌疑人掩盖其走私行为，造成国家税款重大损失，情节严重；最后，被告人的行为侵犯了国家海关正常的管理活动。综上所述，被告人的行为已经构成放纵走私罪。其二，被告人的行为同时符合受贿罪的特征。首先，被告人的海关工作人员身份，属于刑法规定的国家工作人员范畴，即符合受贿罪的主体要求；其次，主观方面被告人也是明知而为之，明知自己的行为已损害了其职务行为的廉洁性、侵犯国家机关正常管理活动的行为；再次，客观方面被告人利用查缉走私的职务便利收受走私嫌疑人的贿赂，数额较大，并为其谋取不正当利益，造成国家税款的重大损失；最后，被告人的行为显已损害了国家工作人员行为的廉洁性，侵犯国家机关的声誉和正常管理活动。因此，被告人的行为已经构成受贿罪。（2）对被告人的行为以放纵走私罪和受贿罪实行并罚，有充分的立法和法理依据：其一，对收受贿赂又放纵走私的行为认定为两罪、实行并罚，与《刑法》第399条第4款的特别规定并不矛盾。有观点认为，对国家工作人员受贿后又徇私舞弊犯渎职罪的，应比照《刑法》第399条第4款的规定以受贿罪（重罪）一罪定罪处罚，不宜以受贿罪与有关的渎职罪实行并罚。其实，立法单独规定对司法工作人员徇私枉法、枉法裁判、枉法执行同时又有受贿的只定一罪，而对国家机关工作人员受贿兼有其他徇私舞弊行为的却没有作这样的规定，此恰恰表明《刑法》第399条第4款是一种特别规定，特别规定只能适用于特定情形，不具有普遍意义。其二，对牵连犯是数罪并罚，还是从一重罪处断，需要考虑行为的社会危害性。当牵连犯中手段行为和目的行为之间，存在轻重关系可以比较时，只按重罪处断，而对轻罪不给予处罚，并不会带来实质的不合理，也不会放纵犯罪，此时，贯彻“从一重罪处断”就不会有问题，在这种情况下，我们主张法律无明文规定时对牵连犯应从一重罪处断。但是，当目的行为、手段行为的危害性都比较大，理应给予严肃处理之时，采用从一重罪处断原则，可能有悖于罪刑相适应原则（受贿后徇私舞弊犯渎职罪的大多数场合即属该种情况）。而渎职犯罪、受贿犯罪都是国家公职人员利用职务上便利或者职权实施的犯罪，对这类犯罪进行严厉打击一直是立法者和司法机关都给予特别强调的。所以，对《刑法》明确列举的徇私枉法、枉法裁判、枉法执行等少数渎职罪以外的贪赃枉法行为数罪并罚，符合立法旨趣，也符合历来的司法立场。

综上，我们认为，海关工作人员受贿后又徇私舞弊，放纵走私的，依据2002年《关于办理走私刑事案件适用法律若干问题的意见》第16条的规定，应以受贿罪和放纵走私罪数罪并罚。因此，法院对被告人数罪并罚的判决是正确的。

（执笔人：邓　强）

海关工作人员利用职务便利和走私分子勾结进行走私活动，是认定为走私共同犯罪还是对海关工作人员单独以职务犯罪论处

一、要旨提示

依照《刑法》第411条的规定，负有特定监管义务的海关工作人员徇私舞弊，利用职权，放任、纵容走私犯罪行为，情节严重的，构成放纵走私罪。在司法实践中，当放纵走私行为与走私犯罪行为相伴随而产生时，放纵走私行为和走私罪的共犯就显得难以区分。如海关工作人员利用职务便利，和走私分子勾结，进行走私活动，是定走私共同犯罪，还是对海关工作人员单独以职务犯罪论处等。因此，正确认识这些问题，有助于对该类问题的司法认定。

二、基本案情及处理结果

1994年夏季，被告人高某（济南海关副关长）经人介绍认识了香港达升贸易公司总经理李某（在逃），此后两人交往频繁。1996年春，李某为与济南亨得利钟表眼镜有限公司合作经营进口手表，找到被告人高某商量不报关直接从香港走私进口手表，高表示同意。之后，李某先后两次将575只瑞士产梅花、欧米茄、雷达牌手表从香港空运至济南入境。受高某的指使，身为监管科副科长的被告人刘某明知该批货物未办理任何报关手续，却两次放行。经济南海关核定，该批手表价值人民币1774746.24元，偷逃关税763494.8元。案发后，济南海关从济南亨得利钟表眼镜有限公司扣留了尚未售出的手表272只，价值人民币962903元。1996年8月，被告人高某和李某一起来到卡西欧浪潮通信电子有限公司。高某要求该公司与李某合作进口传呼机散件，李某则向该公司提出可将从日本进口到青岛再由青岛发往济南的传呼机散件改由日本直发

香港，由他负责将货物自香港进口到济南。该公司以这样做必将增加运费为由不同意，李某便提议在报关时可将关税高的传呼机成套散件（税率25%）伪报成关税低的集成电路（税率6%），降低报关费用，用以弥补增加的运费。高某当即表示同意。同年9月15日至12月6日，李某先后12次将47200套传呼机成套散件伪报成集成电路入境。第一次进货时，高某还亲自到济南机场接货。被告人刘某受高某的指使，也先后3次去接货，以使货物不受查验顺利通关。经济南海关核定，该批货物共价值人民币19867110.3元，偷逃关税3019800.9元。案发后，济南海关扣留了5000套传呼机成套散件；对已进入生产销售环节无法扣留的42200套，依法追缴了3060875元的货款。

检察机关以被告人高某犯走私普通货物罪、刘某犯放纵走私罪诉至济南市中级人民法院，法院以被告人高某犯走私普通货物罪，判处无期徒刑；刘某犯放纵走私罪，判处有期徒刑3年。

三、关键问题及争议

本案的关键问题是：

海关工作人员利用职务便利和走私分子勾结，进行走私活动，是定走私共同犯罪，还是对海关工作人员单独以职务犯罪论处？

对此主要出现以下分歧意见：

第一种意见认为，海关工作人员事前与走私罪犯通谋为走私罪犯提供方便的，应认定为走私罪的共犯，而不能认定为放纵走私罪；

第二种意见认为，海关工作人员只要利用职权，徇私情、私利，故意违背事实和法律，弄虚作假，隐瞒事实，放纵走私，情节严重的，均应根据《刑法》第411条规定认定为放纵走私罪；

第三种意见认为，是否符合不作为的成立条件，如不符合不作为的成立条件，海关工作人员则不构成走私罪共犯；

第四种意见认为，在这种情况下，海关工作人员的渎职行为实际上兼有渎职罪构成要件和共犯构成要件的双重性质，属于想象竞合犯形态，依照想象竞合犯的处罚原则，对行为人应择一重罪处断。

四、评析意见

（一）第一种意见及评析

第一种意见认为海关工作人员事前与走私罪犯通谋为走私罪犯提供方便

的，应认定为走私罪的共犯，而不能认定为放纵走私罪。其主要理由是：《刑法》第156条规定，与走私罪犯通谋，为其提供贷款、资金、账号、发票、证明，或者为其提供运输、保管、邮寄或者其他方便的，以走私罪的共犯论处。区别放纵走私与走私，关键是看海关工作人员是否与走私分子存在通谋，是否参与了走私行为。如果海关工作人员仅仅因徇私而舞弊放纵走私，并不存在事前通谋，情节严重的，按照放纵走私罪处理。而如果海关人员事前存在与走私分子通谋而放纵走私的，则应按照走私犯罪的共犯处理。2002年《关于办理走私刑事案件适用法律若干问题的意见》（以下简称《意见》）第16条第1款规定：依照《刑法》第411条的规定，负有特定监管义务的海关工作人员徇私舞弊，利用职权，放任、纵容走私犯罪行为，情节严重的，构成放纵走私罪。放纵走私行为，一般是消极的不作为。如果海关工作人员与走私分子通谋，在放纵走私过程中以积极的行为配合走私分子逃避海关监管或者在放纵走私后分得赃物的，应以共同走私犯罪追究刑事责任。

我们认为，该理由值得商榷：其一，《刑法》第156条之走私罪共犯的规定并不能完全涵盖放纵走私罪。例如有学者指出，《刑法》第411条的内容包含了走私罪的部分实行行为和走私罪的帮助行为，具有共同走私行为和明知他人走私的事前、事中帮助行为，当然可以成立共同犯罪。但是，对于走私实行行为终了，但走私结果未发生或未实现，而采取的事后帮助走私或放纵走私的行为，依照共同犯罪的一般理论，不构成走私罪的共犯。① 换言之，放纵走私罪与走私罪之间并不具有必然的共同犯罪关系。如果认为《刑法》第156条能够适用于《刑法》第411条，那么《刑法》第411条就没有存在的价值。其二，将放纵走私行为定性为“一般是消极的不作为”并以此区分放纵走私罪与走私罪，将“海关工作人员与走私分子通谋，在放纵走私过程中以积极的行为配合走私分子逃避海关监管或者在放纵走私之后分得赃款”的行为，界定为共同走私犯罪不合理。根据《刑法》第411条的规定，放纵走私罪以徇私舞弊为必备构成要件，因此，该罪在客观方面并不限于消极的不作为，海关工作人员完全可以利用职务之便采取积极的作为方式帮助走私分子逃避海关监管，故《意见》实际上是对法条作了不当的限制解释，不仅在逻辑上自相矛盾，而且在理论上也站不住脚，不利于打击此种犯罪。从理论上看，消极的不作为可理解为间接故意，而与走私分子通谋，在放纵走私过程中以积极的行

① 沈宇峻：“放纵走私罪与走私罪共犯认定中若干疑难问题”，载《华东政法学院学报》2003年第4期。

为配合走私分子逃避海关监管或者在放纵走私之后分得赃款则可理解为是直接故意，刑法总论规定共同犯罪必须要有共同的故意，共同故意要求各共犯人都明知共同犯罪行为的性质、危害社会的结果，并希望或者放任危害结果的发生，就故意形式而言，双方均为直接故意、双方均为间接故意以及一方为直接故意、另一方为间接故意时，只要是同一犯罪的故意，皆可成立共同犯罪。而《意见》将双方均为直接故意的情况认定为共同犯罪，而将一方为直接故意，另一方为间接故意的情况单独认定为徇私舞弊犯罪，显然缺乏理论依据。其三，对于海关工作人员放纵走私后的获利，应严格依照其获利的性质和形式予以区分，不应一概以“分赃所得”论。因为走私罪的犯罪行为人一般都具有谋取非法利润或者其他非法利益的犯罪目的，这是犯罪行为人走私犯罪主观故意的外在表现形式之一。而放纵走私的特征主要表现为犯罪行为人屈从私情，利用本人的职权放纵走私，是与职权紧密相连的。在两者的利益分配上，也存在较大的差距，走私罪共犯的利益一般是共有的或相对稳定的分配方式，是参与者犯罪后所应得的部分，而行为人放纵走私后的获利是以一种感谢形式出现。放纵走私的犯罪目的是为徇私，而非走私谋利，因此大多数的海关工作人员放私得利案件不宜以“在放纵走私之后分得赃款”认定。

（二）第二种意见及评析

第二种意见认为海关工作人员只要利用职权，徇私情、私利，故意违背事实和法律，弄虚作假，隐瞒事实，放纵走私，情节严重的，均应根据《刑法》第411条规定认定为放纵走私罪。现行《刑法》实际上是将某些共同犯罪中与职务相联系的部分实行行为、帮助行为单独列为渎职罪，从而使某些渎职罪如放纵走私罪与走私罪的共犯形成了法条竞合关系，根据特别法优于普通法的原则对海关工作人员应以放纵走私罪论处，而不应定性为走私罪的共犯。其主要理由是：海关工作人员与走私分子通谋，在放纵走私过程中以积极行为配合走私分子逃避海关监管或者在放纵走私之后分得赃款的行为，既符合放纵走私罪的构成要件，又符合走私罪共犯的构成要件，系法条竞合。放纵走私罪在客体上既侵犯了国家的海关监督管理制度，同时又侵害了国家对普通货物、物品进出口监管、征收关税的制度；在客观方面，既表现为徇私舞弊、放纵走私情节严重的行为，又表现为帮助犯罪分子违反海关法规，逃避海关监督、检查，运输普通货物入境，偷逃应缴税款的行为；在主观方面，行为人表现为明知是走私行为而故意帮助、放纵。因此，放纵走私罪在大多数情况下与走私罪形成了典型的法条竞合。从形成原因上看，这种情况属于因犯罪对象形成的法条竞合。当法条竞合时，首先应严格依照特别法优于普通法的原则论处，这是由特别刑法与普通刑法的关系决定的。国家在普通刑法之外，又制定特别刑法，是为了惩治特定犯罪，保护特殊的社会关系，其用意是将特定犯罪依特别刑法论处，从而对特殊的社会关系予以特殊保护。所以，行为符合特别刑法的规定时，应适用特别刑法，而不适用普通刑法，否则特别刑法就失去了意义。只有在特殊情况下，法条竞合适用重法优于轻法的原则，即按行为所触犯的法条中法定刑最重的法条定罪量刑，但适用重法优于轻法的原则的前提条件必须符合立法精神，否则禁止适用。

渎职罪是新《刑法》修订的重点内容之一，针对修订前刑法对渎职罪规定过于笼统，司法实践难以操作的弊端，立法者对渎职罪一章在以第 397 条作为统领性规定的基础上，将具体的渎职行为予以分解细化，其范围涉及多个领域。于是就出现了把某些特定共同犯罪中与职务相联系的部分实行行为、帮助行为单独列为渎职犯罪的情形，如放纵走私罪的主体必须是海关工作人员这一特殊主体才能构成，而走私罪的主体则是一般主体均可构成，因此立法对主体身份特殊的放纵走私行为作出了单独定罪的特别规定，当放纵走私罪与走私罪两者竞合时，当然应适用放纵走私罪。海关工作人员与走私分子通谋，在放纵走私过程中以积极的行为配合走私分子逃避海关监管或者在放纵走私之后分得赃款的情况，显然也符合法条竞合的概念，将这种情况定性为共同走私犯罪，显然违背了特殊法优于普通法的原则。

我们认为，该观点仍不能很好地解释案件中的问题，因为放纵走私罪与走私犯罪相比较，放纵走私罪的法定刑较轻，并且放纵走私罪要求“情节严重”才能构成犯罪，这说明放纵走私罪是轻罪。那么立法者规定放纵走私罪的目的只能是为了轻纵海关工作人员的犯罪行为，而轻纵海关工作人员的渎职行为不但没有现实的依据而且还与从严治吏的刑事政策根本矛盾。所以，该观点同样不具有解释论上的合理性。

（三）第三种意见及评析

第三种意见认为根据是否符合不作为的成立条件，如不符合不作为的成立条件，海关工作人员则不构成走私罪共犯。理由是：依据传统刑法理论，不作为构成犯罪在客观方面需具备以下三个条件：（1）行为人负有特定的作为义务；（2）行为人有能力履行特定义务却没有履行；（3）行为人没有履行特定义务造成危害结果的发生。但依据当前刑法理论，上述三个条件仅仅是不作为构成犯罪在客观方面的必要条件，却不是充分条件；成立不作为犯罪在客观方面除了上述三个条件外，还要求不作为和作为在构成要件上具有相同的价值，这就是不作为犯罪的等值性问题。不作为犯罪可以分为纯正的不作为犯和不纯正的不作为犯。纯正的不作为犯是指刑法明确规定只能以不作为的方式构成的犯罪，例如遗弃罪。对于纯正的不作为犯而言，由于《刑法》已经作了明确的规定，在法律上的等价性已经获得圆满的解决，所以就没有必要进行等值。而不纯正的不作为犯就不同了。不纯正的不作为犯是指以不作为的形式构成通常以作为的形式实施的犯罪。然而，不作为和作为之间是存在差异的。作为可以直接引发向侵害法益方向发展的因果关系，并能够支配、操纵这一因果关系。而不作为显然不具备这一特性，在自然意义上不作为和危害结果之间没有因果关系，即使在规范意义上，不作为也仅仅是利用向侵害法益方向发展的因果关系而已，本身不具备支配、操纵因果关系的特性，在因果关系发展过程中处于从属性地位。

由于不作为和作为在结构上存在这种差异，这需要将价值等值规定为不纯正的不作为犯的成立条件之一。不纯正的不作为犯本质上是属于“不作为”，要符合以“作为”为模本的构成要件，就必须加入一定的要素，使得不纯正的不作为犯在价值的天平上获得平衡。但是加入何种要素，如何实现平衡却有不同的主张。一种观点认为应当从主观方面着手，即要求行为人或者出于卑劣的动机、或者对危害结果的发生具有高度认识、或者对危害结果的发生具有坚定的意志，以弥补不纯正的不作为犯在结构上的间隙。然而，作为和不作为的等值在本质上是对行为的客观方面进行衡量判断，行为人的主观罪过是在客观方面等值之后才予以考虑的问题，两者不是同一层面上的问题。而且，过分地倚重行为人的主观心理罪过，一方面增加了司法实践操作的难度；另一方面也可能导致法官判断的恣意。所以，这种观点并不妥当。另外一种观点认为既然不作为和作为的差异主要表现在因果关系上，那么不真正不作为犯为了跨越这种构造上的差别而同作为犯在构成要件上等值，就必须是限定于不作为者具有原因设定的场合。换言之，只有行为人在实施不作为以前已经设定了向侵害法益的方向发展的因果关系，才可能成立不作为犯罪。这种方法一方面直接填补了不纯正的不作为犯在结构上的间隙；另一方面又是依据事实判断来明确界定不真正不作为犯的成立范围，在犯罪的客观方面内解决不纯正不作为犯的等值问题，客观性强并易于操作。因而该观点是恰当的，并成为刑法理论中的主流观点。本案中，刘某虽然没有履行查禁走私物品的法定职责，但是由于刘某并没有设定走私犯罪因果关系的发展方向，只是被动地、消极地不履行法定职责，这和以作为方式实施走私犯罪的行为之间在构成要件上无法等同。因此，刘某并不构成走私普通货物罪。

我们认为，该观点有一定道理，可以作为处理上述案件问题的一种思路，但由于无相对应的法条和相关司法解释，因而司法实践中不易操作。

（四）第四种意见及评析

第四种意见认为海关工作人员的渎职行为实际上兼有渎职罪构成要件和共犯构成要件的双重性质，属于想象竞合犯形态，依照想象竞合犯的处罚原则，对行为人应择一重罪处断。而认定海关工作人员是否构成走私罪的共犯，根据我国的共犯理论，关键在于查明行为人与走私犯罪分子是否具有共同的走私故意和共同的走私行为。

我们赞成该意见。在实践中区分放纵走私罪与走私罪的共犯很容易产生认识分歧，我们认为应当分以下几种情况进行处理：（1）海关工作人员与走私犯罪分子事先并无通谋，只是明知他人实施走私行为，而出于徇私情、私利等原因不依法查纠，对走私犯罪采取放任态度的。此种情况，在刑法理论上类似于片面共犯，根据我国的刑法理论，不能因为海关工作人员明知并在客观上起了帮助作用而定为走私罪的共犯，而应认定海关工作人员构成放纵走私罪，因为双方并没有共同的走私故意。（2）海关工作人员与走私犯罪分子事先通谋，并在走私过程中利用本人职务之便积极配合，放纵走私的。根据共犯理论，海关工作人员的行为一方面构成走私罪的共犯；另一方面也符合放纵走私罪的犯罪构成，属于一行为触犯两个罪名，在理论上更符合想象竞合犯的特征，而非法条竞合，对之应根据想象竞合犯的处罚原则择一重罪处断。这也符合罪责刑相适应原则和刑法从严治吏的立法精神。但是，如果海关工作人员并未利用自己的职务之便，而只是利用自己熟悉海关工作流程等条件为走私分子通风报信，帮助犯罪分子逃避海关监管的，对其应以走私罪的共犯论处。（3）犯罪分子在走私过程中被查获，通过向海关工作人员说情，海关工作人员予以放行的，对这种情况应分别进行处理：如果海关工作人员明知是或可能是走私行为，只是出于徇私情、私利或对领导不满伺机泄愤报复等原因而予以放行的，对其应以放纵走私罪论处；如果其明知是走私行为，而接受他人的请托，并利用本人职权积极帮助走私分子逃避海关监管或者约定于事后分赃的，这时海关工作人员的行为就成了走私行为的一部分，从而使海关工作人员成为走私罪的共犯，同时海关工作人员的行为也触犯了放纵走私罪，对其应依照想象竞合犯的处罚原则择一重罪处罚。

我们认为，就本案案情而言，与上述第二种情况相类似。被告人高某对李某要求不报关从香港进口手表以及提议将关税高的传呼机成套散件以关税低的集成电路报关当即表示同意，而且还要求卡西欧浪潮通信电子有限公司与李某合作进口传呼机散件，这实为通谋或共谋行为，这表明高某与李某具有共同走私的故意。而高某指使刘某接货和对走私货物放行，以及自己曾亲自到济南机场接货等行为，表明其与李某有共同的走私行为。因此，高某与李某事前有共谋，并与其有共同的犯罪行为，应认定为走私普通货物罪共犯，而刘某则不构成走私普通货物罪的共犯。理由是：其一，刘某与李某、高某没有走私普通货物的共同故意。在本案中，刘某所实施的犯罪行为均受高某指使：在走私手表案中，是对该批货物放行；在走私传呼机配件案中是为使货物不受检验顺利通关而去接货。换言之，被告人刘某只有放纵走私的故意，没有走私普通货物的犯罪故意。其二，李某是走私普通货物的实行犯，而通常实行犯与帮助犯之间要有犯罪意思联络，本案中刘某与李某并没有这样的犯意联络。根据共同犯罪理论，实施犯罪时故意内容不同的，不构成共同犯罪。本案中，高某是走私普通货物罪的犯罪故意，刘某是放纵走私罪的故意，两人故意内容不同，不构成共同犯罪。但根据部分犯罪共同说，由于刘某放纵走私是在高某指使下实施的，在放纵走私这一环节，两人有共同的犯罪故意和共同的犯罪行为，从而在放纵走私罪的范围内成立共同犯罪。对刘某应追究放纵走私罪的刑事责任，而高某虽构成走私普通货物罪，但并不意味着构成数罪，而是放纵走私罪与走私普通货物罪的想象竞合，以从重原则按走私普通货物罪处理。因而法院判决是正确的。

（执笔人：邓　强）

如何认定行为人是否具有走私淫秽物品的故意，利用走私的淫秽物品复制后贩卖应认定为一罪还是数罪

一、要旨提示

走私淫秽物品罪是指违反海关法规，逃避海关监管，以谋利或者传播为目的，走私淫秽的影片、录像带、录音带、图片、书刊或者其他淫秽物品的行为。在司法实践中，走私淫秽物品的犯罪常常会与相关的制作、贩卖、传播淫秽物品罪夹杂在一起，从而呈现出复杂的罪数形态；犯罪分子又常常会辩称是供自己看的，不会承认自己主观目的是谋利或传播。因此，正确认定走私淫秽物品罪行为人是否具有谋利或传播的目的以及有关的罪数形态，对犯罪分子正确定罪量刑具有重要意义。

二、基本案情及处理结果

案例一：季某原是浙江省青田县人，1991 年出国到欧洲打工、经商，并持西班牙国居留证，在西班牙和葡萄牙一直经营日用品商店。2002 年 4 月，在国内采购商品的季某到一小商品城准备购买一些日用小商品，他觉得裸体扑克在欧洲国家可以自由买卖，而且销售量很大，利润也十分丰厚，于是便偷偷购买了一批品名为“花旗”、“钓鱼”、“含情妹”等印有裸体女性图案扑克，夹藏在装有大量日用品的集装箱内，准备出口葡萄牙国销售。在出口报关时，被细心的海关人员查获，经宁波市公安局鉴定，在 4000 多副印有女性裸体人像画面的扑克中有 841 副属淫秽物品。

检察院以被告人季某犯走私淫秽物品罪诉至人民法院。法院认为，被告人季某违反海关法规，逃避海关监管，为了谋取非法利润，走私出口淫秽物品，其行为已构成走私淫秽物品罪。浙江省宁波市中级人民法院一审判决，被告人季某犯走私淫秽物品罪，判处有期徒刑 1 年，并处罚金人民币 5000 元。

案例二：被告人何某原系某制药厂网络管理员，2003 年 3 月，何某在网上向台湾人吴某购得淫秽光盘 26 张，由吴某从台湾邮寄给何某。何某收到淫秽光盘后，将这些淫秽光盘作为母盘进行复制，共复制了 771 张淫秽光盘并销售至北京等地，得赃款人民币 61893 元。2003 年 4 月至 5 月，被告人何某又让吴某分两次从台湾邮寄淫秽光盘 89 张，均被海关查获并扣押。2003 年 5 月 21 日，海关缉私局将何某抓获。

检察院以被告人犯走私淫秽物品罪以及复制、贩卖、传播淫秽物品谋利罪两罪诉至人民法院，法院认定被告人构成复制、贩卖、传播淫秽物品谋利罪。

三、关键问题及争议

从上述两个案例可以看出，关键问题在于：

1. 如何认定走私淫秽物品的行为人是否具有谋利或者传播的主观目的?

2. 利用走私的淫秽物品复制后贩卖如何定性?

对上述两案如何处理，主要形成以下几种意见：

第一种意见认为，因被告人季某供述“扑克”是供自己看的，可见其没有谋利的故意，故不能认定为走私淫秽物品罪；

第二种意见认为，被告人季某走私的淫秽“扑克”数量较大，构成走私淫秽物品罪；

第三种意见认为，被告人何某违反海关法规，逃避海关监管，以谋利为目的，走私国家禁止进口的淫秽光盘，应当以走私淫秽物品罪追究其刑事责任。被告人何某以谋利为目的复制淫秽光盘并向国内销售，情节严重，应当以复制、贩卖、传播淫秽物品谋利罪追究其刑事责任。故被告人何某的行为构成走私淫秽物品罪及复制、贩卖、传播淫秽物品谋利罪，应予数罪并罚；

第四种意见认为，被告人何某以走私淫秽物品为手段，通过复制走私的淫秽物品进行贩卖谋利，根据牵连犯罪的理论，其行为构成复制、贩卖、传播淫秽物品谋利罪，不构成走私淫秽物品罪。

四、评析意见

我们认为对上述两案的处理，主要涉及以下几个问题：

（一）如何认定行为人是否具有“谋利目的”或“传播目的”

构成走私淫秽物品罪要求行为人主观上必须具有谋利或者传播的目的。只有行为人是出于谋利或者传播的目的，非法运输、携带、邮寄淫秽物品进出国（边）境的，才可能被认定为本罪。因此，认定行为人是否具有谋利或者传播的主观目的是判断该行为是否构成本罪的关键。

“以谋利为目的”是指行为人走私淫秽物品，主观上具有企图通过贩卖、出租、放映或其他方式而获得金钱或其他非法利益。“以传播为目的”是指行为人走私淫秽物品不是为了自己使用，而是希望通过出借、播放等使之在一定范围内流传。《刑法》之所以规定本罪的成立要求行为人主观上具有谋利或传播的目的，是因为这种行为不仅侵犯了国家对外贸易管制中禁止淫秽物品进出口的管理制度，而且以谋利或传播为目的走私淫秽物品会造成淫秽物品的蔓延和泛滥，严重腐蚀人们的思想，毒害人们的心灵，破坏社会主义精神文明建设，从而在一定程度上妨害了社会治安秩序，给社会造成极大的危害。如果行为人并不是以谋利或者传播为目的，而只是非法运输、携带、邮寄一些淫秽物品自己观看，并不拿到社会上去扩散，其行为虽然也有一定的社会危害性，如不利于自己的身心健康，容易诱发其他犯罪等，但是与那些以谋利或者传播为目的的非法运输、携带、邮寄淫秽物品的行为相比，其社会危害性显然小得多。对此不能施之以严厉的刑罚。因此：（1）如果行为人确实没有走私淫秽物品的故意，例如行为人因受他人蒙蔽或者因不懂外文等原因而错将淫秽物品当做非淫秽物品运输、携带、邮寄进出境的，那么，即使他有逃避海关监管的行为，即使其走私的物品在客观上属于淫秽物品，也不能构成本罪。满足其他走私犯罪（未遂）构成条件的，以其他走私犯罪论处，否则，应视为一般违法的走私行为。（2）如果行为人不是为了谋利或者传播，而是为了自己观看、玩赏、阅读、使用等而逃避海关监管，非法将少量淫秽物品运输、携带、邮寄进出境的，也不能认为其已构成走私淫秽物品罪，而应依照海关法律、法规以一般违法行为处理。

在司法实践中，为了逃避应有罪责，犯罪人往往采取各种手段掩盖、否认其犯罪事实，把走私淫秽物品的故意说成是过失或者意外，把谋利或传播目的歪曲为自用，等等。遇有这种情况，则应当坚持以“重证据不轻信口供”的刑事诉讼基本原则作为指导，依照主观见诸客观的基本原理，通过全面、综合、审慎地分析案件的其他证据，揭示行为人的真实心理状态。

（二）能否以走私淫秽物品的数量来界定行为人是否具有谋利或传播的目的

以谋利或传播为目的是走私淫秽物品罪的必要条件，然而，谋利或传播的目的属于行为人主观心理活动的范畴，也只有行为人自己最清楚自己走私淫秽物品到底要干什么。如前所述，行为人为规避法律，减轻自己的罪责，是不会承认自己主观目的是谋利或传播的。所以，认定行为人的主观目的，不能只依靠行为人的供述或者辩解。我们认为，从走私淫秽物品的数量上来界定行为人是否具有谋利或传播的目的，是合理的。首先，主观目的虽然属于主观心理活动，但是，主观心理活动必然要外化为客观行为活动。而行为人的客观活动也反映着行为人的主观心理活动。所以，从客观行为活动来把握行为人的主观心理活动是科学的，也是唯一的正确途径。其次，行为人的主观心理活动决定着其客观外在活动。如果行为人以谋利或传播为目的走私淫秽物品，其在数量上必然要多，因为如果自用根本不需要那么多的数量，而要谋利或传播，量小了就达不到目的。所以，从数量上来认定行为人的主观目的，是把握住了问题的实质。实践中，行为人为规避法律，虽然是谋利或传播，却携带少量淫秽物品，按照上述数量标准来认定主观目的，其就不具有谋利或传播目的，也就不构成犯罪，这是否轻纵了犯罪分子？我们认为不会。因为犯罪的社会危害性体现在行为人的主观恶性和行为的客观危害上。虽然行为人主观上具有谋利或传播的目的，表明其主观恶性大，但其携带的淫秽物品数量小，客观危害就小。从总体上说，这类行为的社会危害性并不大，达不到犯罪的程度。对于走私淫秽物品罪来说，其成立犯罪要求行为人主观上具有谋利或传播的目的，但是，并不是说只要行为人主观上具有了谋利或传播目的，就一律构成犯罪。这里还有一个客观危害的问题。

另外，应当看到，对走私一定数量以上的淫秽物品，也不能绝对认定行为人具有谋利或者传播目的。因为，一般而言，如果行为人走私淫秽物品的数量达到一定标准，往往就可以推定或者说“可以认为”他具有谋利或者传播目的。但是，情况又非一概如此。在某些特殊情况下，行为人所走私的淫秽物品虽达到上述标准，但不一定就是为了谋利或传播。此时，如果行为人能提出确凿的反证，则可以而且应当认为行为人不具有谋利或者传播的目的。只有这样，才符合主客观相统一之刑法基本原则。

因而，在案例一中，法院根据被告人走私淫秽物品的数量来认定其具有谋利的目的，而不予采信被告人的辩解，是合理的。

（三）如何处理走私淫秽物品罪与相关犯罪的复杂的罪数形态

在司法实践中，走私淫秽物品的犯罪常常会与相关的制作、贩卖、传播淫秽物品罪夹杂在一起，从而呈现出复杂的罪数形态。例如，行为人为了走私而制作、复制、购买淫秽物品；行为人将淫秽物品走私进境后又予以出售、传播；行为人不仅贩卖、传播其所走私的淫秽物品，而且还将这些淫秽物品复制；等等。对此，要以刑法理论上的行为理论和罪数形态理论做指导，作出正确处理。

其一，如果行为人是通过走私淫秽物品谋利而制作、复制、购买淫秽物品的，则属于刑法理论上的牵连犯，即形成走私淫秽物品罪与制作、复制、贩卖淫秽物品谋利罪的牵连，对之，刑法典没有明确规定相应的处罚原则，因此，应当按照刑法理论上牵连犯之从一重处断的原则定罪量刑。如果在制作、复制、购买过程中即被发觉，此时走私淫秽物品犯罪尚处于预备阶段，故应以制作、复制、贩卖淫秽物品谋利罪定罪处罚；如果是在走私过程中被查获，走私行为未能得逞的，也应以制作、复制、贩卖淫秽物品谋利罪定罪处罚；如果是在走私既遂后被查获的，因走私淫秽物品罪与制作、复制、贩卖淫秽物品谋利罪的法定刑基本相同，走私行为是目的行为，故应以走私淫秽物品罪定罪处罚。

其二，如果行为人是为了通过走私、传播淫秽物品而制作、复制、购买淫秽物品的，则因其主观上不具有谋利目的，故其制作、复制、购买淫秽物品的行为不能构成制作、复制、贩卖淫秽物品谋利罪，全案只能构成单纯的走私淫秽物品罪一罪。至于是构成犯罪预备、犯罪未遂还是犯罪既遂，则要视具体案情而定。

其三，如果行为人出于谋利或者传播目的将淫秽物品走私进境后，又出售、传播该淫秽物品的，只能构成走私淫秽物品罪一罪。因为，在这种情况下，行为人出售、传播其走私的淫秽物品的行为是其走私淫秽物品的后续行为，这一行为可以看作是刑法理论上的事后不可罚行为，已经作为走私淫秽物品罪的构成要件来评价了，故不能再另外适用贩卖、传播淫秽物品谋利罪，传播淫秽物品罪或者组织播放淫秽音像制品罪进行重复评价了。

其四，如果行为人在将淫秽物品走私进境前并无谋利或者传播目的，而是为了自己观看、阅读、收听等，在走私得逞后始生谋利或者传播目的，随之将淫秽物品出售、传播的，则只能构成贩卖、传播淫秽物品谋利罪，传播淫秽物品罪或者组织播放淫秽音像制品罪单纯一罪。理由在于，在这种情况下，因为行为人的走私行为不是在谋利或者传播目的的支配下实施的，故而不符合走私淫秽物品罪的主观特征，不能构成该罪。

其五，如果行为人出于谋利或者传播目的将淫秽物品走私进境后（设其情节已达到走私淫秽物品罪的构成标准），在出售、传播该淫秽物品的同时，又将其复制而予以贩卖、传播的，或者还制作、复制、出版、贩卖、传播其他淫秽物品的（设其情节已达到相关的制作、复制、出版、贩卖、传播淫秽物品罪的构成标准），则构成走私淫秽物品罪与相关的制作、复制、出版、贩卖、传播淫秽物品罪数罪，应依法实行并罚。因为在这些情况下，行为人出于数个犯罪故意，实施了数个犯罪行为，且该数行为之间不存在牵连或者吸收关系，故而符合实质数罪的特征，应当以数罪论处。当然，如果行为人在走私之前就有复制故意，或者说其走私就是为了大量复制，则应成立走私淫秽物品罪与相关的制作、贩卖、传播淫秽物品罪的牵连犯，应择其中重者定性，从重处罚。但是，如果行为人走私的淫秽物品数量极少，尚未达到走私淫秽物品罪的入罪标准，而其制作、复制、出版、贩卖、传播走私进境的淫秽物品的数量较大，已达到相关制作、复制、出版、贩卖、传播淫秽物品罪的入罪标准的，则只能构成相关的制作、复制、出版、贩卖、传播淫秽物品罪一罪；反之亦然。

因此，就案例二来看，何某并没有直接贩卖走私进口的淫秽物品谋利，其谋利故意的实现是通过复制该批走私进口的淫秽物品进行贩卖而达到的，走私进口淫秽光盘只是其复制、贩卖谋利的一种手段，其犯罪目的只有一个，如果对其按两罪数罪并罚，对其“谋利”的犯罪故意实际就是重复评价，既处罚了其走私进口淫秽物品谋利的故意，又处罚了其复制、贩卖淫秽物品谋利的故意，不符合刑法原理。

综上，我们认为，在案例二中何某在走私之前就有复制故意，其走私就是为了大量复制，应成立走私淫秽物品罪与复制、贩卖、传播淫秽物品罪的牵连犯，应择其中重者定性，从重处罚。按照牵连犯的一般原理，行为人的主观意识中直接实现犯罪目的的犯罪行为是主行为，为实现犯罪目的创造条件的行为是从行为。本案中走私淫秽物品罪和复制、贩卖、传播淫秽物品谋利罪的法定刑及相关刑度完全一样。根据牵连犯的理论，应以其目的行为所触犯的罪名对其定罪处罚，即认定被告人何某构成复制、贩卖、传播淫秽物品谋利罪。因而，法院判决是正确的。

（执笔人：邓　强）

走私假币罪是否以谋利为目的，走私假币罪与伪造货币罪及出售、购买、运输假币罪的界限如何区分

一、要旨提示

走私假币罪，是指故意违反海关法规，逃避海关监管，非法运输、携带、邮寄伪造的货币进出境的行为。在司法实践中，走私假币罪的罪犯往往会否认其犯罪故意，而且走私假币行为的前后，行为人通常还会有相关联的行为，如伪造货币行为，出售、购买、运输假币行为等，这就涉及如何区分走私假币罪与伪造货币罪，出售、购买、运输假币罪的界限以及是定一罪还是数罪的问题，对这些问题的正确认识，有助于对走私假币罪的正确定罪量刑。

二、基本案情及处理结果

案例一：被告人李某利用其受雇于台湾某海运公司之机，结识了台湾人余某，后两人伪造了50万元人民币准备拿回大陆销售，被告人李某为打探假币在大陆销售情况，于2004年3月16日，将2万元伪造的人民币藏在行李箱中，并乘坐当日航班到达厦门高崎国际机场时，被海关人员当场查获。

检察院以伪造货币罪、走私假币罪诉至人民法院，法院认定被告人构成伪造货币罪。

案例二：2000年2月，被告人秦某从他人那里购得20万元伪造的人民币，然后又转手以10万元卖给他人，从中谋利1万元。秦某准备将剩下的10万元携带至香港，在经过深圳海关时，被人赃俱获。

检察院以秦某涉嫌购买、出售假币罪和走私假币罪起诉到法院，法院认定被告人秦某构成购买、出售假币罪和走私假币罪，依法应当数罪并罚。

三、关键问题及争议

从上述两个案例可以看出，关键问题在于：

1. 走私假币罪是否应以谋利为目的?

2. 如何区分走私假币罪与伪造货币罪及出售、购买、运输假币罪?

上述案例的争议焦点集中在对两名被告人定性及罪名认定上，由此出现以下分歧意见：

第一种意见认为，被告人李某辩解其携带的假币是为了收藏，不是为了谋利，因此不构成走私假币罪；

第二种意见认为，被告人李某构成走私假币罪与伪造货币罪，但应以伪造货币罪从重处罚；

第三种意见认为，被告人赵某的行为应构成购买、出售假币罪；

第四种意见认为，被告人赵某的行为应构成走私假币罪；

第五种意见认为，被告人赵某的行为构成购买、出售假币罪和走私假币罪，应予以数罪并罚。

四、评析意见

我们认为，要对上述案件作出正确处理，需要正确认识下列问题：

（一）走私假币罪是否以谋利为目的

走私假币罪在主观方面表现为故意，即明知假币不允许进出境而仍违反海关法规、逃避海关监管进行走私。过失不构成本罪。如果行为人不知是伪造的货币而携带进出境，由于不具有走私假币的故意，也不构成本罪。但是，构成走私假币罪是否需要行为人主观上具有谋利的目的呢？对此，理论上有不同意见：有的认为，构成走私假币罪，行为人主观上必须是直接故意，而且是以谋取非法利益为目的，否则不构成走私假币罪；有的则认为，以谋利为目的并不是构成走私假币罪的必备条件，因为主观上是否具有谋取非法利益的目的，并不能反映走私假币罪的本质特征，同时也不能反映所有走私假币犯罪分子的主观动机，我国法律也并没有明确规定谋取非法利益的目的是构成走私假币罪的要件。因此，将以谋利为目的作为走私假币罪构成的必要条件，缺乏法律上的根据。对犯罪目的是否构成某种犯罪的必备条件的认识与把握，一般应建立在刑法明文规定的基础上，否则就容易造成对刑法规定的缩小解释。

我们认为，以谋利为目的不是走私假币罪的构成要件，这主要是从罪刑法定原则着眼的，但也不能否认“以谋利为目的”在认定走私假币罪的作用以及其对走私假币罪的本质特征的体现。我们知道，走私假币罪侵害的不仅仅是国家对外贸易管制秩序，其还侵害了我国货币管理秩序。可以说，正是由于走私假币行为侵害了我国货币管理秩序，法律才禁止走私假币行为，由此才谈得上其侵害我国对外贸易管制秩序。如果假币不影响我国货币管理秩序，国家也就不会禁止走私假币行为。所以说，走私假币罪的最本质的特征还在于其对我国货币管理秩序的破坏。如果走私假币行为人不是以谋利为目的，那么，这些假币就不会在我国市场流通，也就谈不上对我国货币管理秩序的破坏。那么，《刑法》为什么没有规定走私假币罪需要以谋利为目的呢？这是由于走私假币行为人的主观目的不过是谋利、送人和收藏自用三种目的，但是，对于后两种目的，显然是极少数。这是由假币的性质决定的。因为假币除了使用能给人带来经济利益之外，它不能给人带来其他享受和好处。当然，对于极个别的收藏爱好者是例外。法律关注的是普遍的东西，它并不注意极个别的特例。这就是《刑法》没有明确规定走私假币罪要以谋利为目的的原因。对于走私假币者来说，如果其以谋利为目的，显然在量上就大，而如果其以收藏为目的，在量上就很少，这种行为本身社会危害就很小，构不成犯罪。所以，在司法实践中，认定走私假币罪就没有必要关注行为人主观上是否具有谋利的目的了。

因此，走私假币罪的行为人不是将伪造的货币用于使用和流通的目的而只是为了收藏，就不应该追究刑事责任。实践中如何来判断行为人走私假币的目的是为了收藏，还是为了使用或流通？主观目的只能通过客观行为表现出来，如果行为人走私假币的数量少，可以判断是为了收藏；如果行为人走私假币的数量多，尽管行为人辩解是为了收藏，也不应采信。最高人民法院《关于审理走私刑事案件具体应用法律若干问题的解释》第2条第2款规定：“走私伪造的货币，总面额二千元以上不足二万元或者币量二百张（枚）以上不足二千张（枚）的，属走私假币罪‘情节较轻’，处三年以上七年以下有期徒刑，并处罚金。”这里实际上规定了追究走私伪造的货币的行为刑事责任的下限为总额2000元或币量200张（枚），在这个数量以上的就可以认为是以使用或流通为目的，就应该追究刑事责任。

因而，就案例一而言，由于被告人李某走私的假币数量已超过应追究刑事责任的下限，因此应认定其是以使用或流通为目的。对被告人李某的辩解，法院未予采信是合理的。

（二）如何区分走私假币罪与伪造货币罪

伪造货币罪，是指行为人通过伪造货币的图案、形状、色彩等，以印刷、复印、拓印等方法非法制造假的货币以冒充真币的行为。伪造假币罪与走私假币罪二者在构成上的区别如下：（1）犯罪客体不同。伪造货币罪侵犯的是国家金融管理秩序，具体是国家的货币管理秩序。走私假币罪侵犯的不仅是国家货币管理秩序，更主要是国家的对外贸易管理秩序。（2）犯罪对象不同。伪造货币罪的犯罪对象是货币，走私假币罪的犯罪对象是伪造的货币。（3）客观方面不同。伪造货币罪客观上表现为行为人实施伪造货币的行为，不涉及跨越关境问题。走私假币罪表现为违反海关法规，逃避海关监管，非法运输、携带、邮寄伪造的货币进出境的行为。（4）犯罪主体不同。伪造货币罪只能由自然人构成，走私假币罪的犯罪主体可以是自然人，也可以是单位。

司法实践中，如果行为人伪造、走私一条龙，则就存在定何罪的问题。对此，如果伪造、走私行为为两个不同犯罪集团或组织所为，二者只是交易上的联络，则分别定罪；如果伪造、走私行为均为一个犯罪集团或组织所为，则属于牵连犯，应从一重罪处断，即按照伪造货币罪论处。对此，有观点认为属于牵连犯，走私行为系伪造行为的后续，应按走私假币罪一罪处理。也有观点认为应当以伪造货币罪和走私假币罪，实行数罪并罚。因为这种情况既侵犯了国家的货币管理秩序，又侵犯了国家的对外贸易管制。那种认为是属于牵连犯，走私行为系伪造行为的后续行为的说法，是不能成立的。该说进一步论述到，牵连犯有两种形式：一种是目的行为与方法行为的牵连，即以犯一罪的意思而实施犯罪，其使用的方法行为触犯他项罪名，即目的行为与方法行为的牵连，如为了实施诈骗而伪造公文，并以伪造的文书实施诈骗，目的行为触犯诈骗罪，方法行为触犯伪造公文罪。另一种是原因行为与结果行为的牵连，如盗窃邮政部门包裹，而后将其中一包信件毁弃，目的行为触犯盗窃罪，而后采取的结果行为触犯了侵犯他人通讯自由罪。然而，走私假币罪与伪造货币罪之间既非目的行为与方法行为的牵连（走私假币罪的客观方面表现为违反海关法规，逃避海监管，非法运输、携带、邮寄伪造的货币的行为，伪造货币的行为并不是其方法行为，反之亦然），也非原因行为与结果行为之间的牵连（走私假币罪与伪造货币罪无原因行为与结果行为之分，二者无原因与结果之间的逻辑关系），行为人实施伪造货币的行为和走私伪造的货币的行为，并非基于犯一罪的主观意思，而是基于两种主观意思：伪造的故意和走私的故意，因此不属于牵连犯的情形，不能按走私假币罪一罪处理。

我们认为，这两种观点都是不正确的。牵连犯的成立需要行为人主观上具有牵连意图，客观上行为之间具有牵连关系。牵连意图是指行为人认识到自己所实施的行为之间的牵连关系，即知道自己要实施多个犯罪行为，并且知道犯罪行为之间具有原因与结果、目的与方法的联系。牵连犯的主观罪过是多个，不是说仅一个，否则牵连犯也不会构成数罪。牵连犯属于实质的数罪，只是处断上按一罪处理。正是由于行为人主观上具有伪造货币的故意和走私假币的故意，才有可能构成牵连犯。另外，牵连犯的行为之间的牵连关系包括原因与结果、目的与方法的关系。结果行为一般要求必须是原因行为的必然结果，否则不能成为牵连犯的结果行为。当然，何为必然结果，是从社会一般观念来判断的。对于目的与方法的关系，并不要求方法行为必须是目的行为的必然方法，也即舍此种方法，就不会达到目的。目的与方法的关系是从行为人的角度来考察的，即只要行为人认为自己所实施的行为是达到自己目的的方法即可。由此观之，行为人为走私假币而伪造货币，主观上显然认识到自己伪造货币是为了走私假币，具有牵连意图。客观上，虽然伪造货币不是走私的方法，但牵连犯并不要求方法行为是目的犯罪的构成要件，否则，就不是两个法律行为，而是一个法律行为，要成立想象竞合犯了。为走私假币而伪造货币，构成牵连犯，应按照伪造货币罪处断，而不是按照走私假币罪处理。这是因为，根据《刑法》第170条的规定，伪造货币罪的法定刑分两个档次：3年以上10年以下有期徒刑，并处5万元以上50万元以下罚金；10年以上有期徒刑、无期徒刑或者死刑，并处5万元以上50万元以下罚金或者没收财产。走私假币罪的法定刑分三个档次：情节较轻的，处3年以上7年以下有期徒刑，并处罚金；情节严重的，处7年以上有期徒刑，并处罚金或者没收财产；情节特别严重的，处无期徒刑或者死刑，并处没收财产。可见，伪造货币罪的法定刑重于走私假币罪，故应按伪造货币罪处理。

由此，就案例一来看，李某为走私假币而伪造货币，构成牵连犯，应从一重罪处断，即按伪造货币罪处理。

（三）走私假币罪和出售、购买、运输假币罪的界限如何区分

出售、购买、运输假币罪是指行为人明知是伪造的货币而予以出售、购买或运输，数额较大的行为。走私假币罪与出售、购买、运输假币罪在构成上的区别如下：（1）犯罪客体不同。出售、购买、运输假币罪侵犯的客体是我国的货币管理秩序，走私假币罪侵犯的客体是我国货币管理秩序和我国的对外贸易秩序。（2）客观方面不同。出售、购买、运输假币罪在客观上表现为在我国境内出售、购买、运输伪造的货币的行为。犯罪地点是我国境内，行为是出售、购买、运输伪造的货币。走私假币罪客观上表现为违反海关法规，逃避海关监管，非法运输、携带、邮寄伪造的货币进出境的行为。（3）犯罪主体不

同。出售、购买、运输伪造假币罪只能由自然人构成，走私假币罪的犯罪主体既可以是自然人也可以是单位。实践中，走私假币常表现为运输假币行为，定何罪主要是看这种运输行为发生在境内还是跨境。如果只是在境内运输，则按照运输假币罪定罪；如果是跨境运输，则按照走私假币罪定罪。当然，行为人在内海、领海、界河、界湖运输假币，则按走私假币罪论处。行为人直接从走私分子手中购买走私的假币或者在内海、领海、界河、界湖买卖假币，也按照走私假币罪定罪处罚，不能定出售、购买假币罪。另外，行为人既有购买假币行为，又有走私假币行为的，如何处理？对此，有观点认为，这要看购买、销售行为与走私行为之间是否存在手段与目的或原因与结果的关系。如果行为人购买假币，就是为了将假币走私入境或出境，购买的假币与走私的假币具有同一性，则虽然行为触犯了两个罪名，但因为购买行为与走私行为之间存在吸收与被吸收的关系，根据吸收犯理论，重行为吸收轻行为，此种情况应当以走私假币罪从重处理。如果行为人购买假币除用来走私外，还予以使用，则对走私的部分，以走私假币罪论处，对于购买假币予以使用的部分，因为使用是购买行为的后续部分，只定为购买假币罪，然后以走私假币罪与购买假币罪并罚。

我们认为，行为人如果为走私而购买假币，后又出售假币的，构成牵连犯，不属于吸收犯。吸收犯是指行为人实施数个犯罪行为，因其所符合的犯罪构成之间具有特定的依附与被依附关系，从而导致其中一个不具有独立性的犯罪被另一个具有独立性的犯罪所吸收，对行为人仅以吸收之罪论处，而对被吸收之罪置之不论的犯罪形态。成立吸收犯，需具备如下特征：（1）行为人必须实施数个均符合犯罪构成要件的危害行为。这是构成吸收犯的前提性条件。该前提性条件具体表现为犯罪行为的复数性、危害行为的构成符合性、犯罪行为基本性质的一致性三个具体特征。（2）行为人实施数个犯罪行为，必须基于其内在的独立性与非独立性的对立统一特性，而彼此形成一种吸收关系。（3）行为人实施的数个犯罪行为必须侵犯同一或相同的直接客体，并且指向同一的具体犯罪对象。（4）行为人必须基于一个犯意，为了实现一个具体的犯罪目的而实施数个犯罪行为。[①] 而吸收犯与牵连犯的区别在于：（1）吸收犯必须基于一个犯意，为了实现一个具体的犯罪目的而实施数个犯罪行为，犯意的同一性和单一性，是吸收犯的显著特征之一。而牵连犯虽然也必须基于一个犯罪目的实施数个犯罪行为，但行为人在一个犯罪目的的制约下，形成了与牵

① 赵秉志主编：《中国刑法案例与学理研究》（第一卷），法律出版社 2004 年版，第 418 ~ 421 页。

连犯罪的目的行为、方法行为、结果行为为相对应的数个犯罪故意，故意的异质性和复数性，是牵连犯的构成特征之一。（2）数个犯罪行为的特定联系的形成机制不同。牵连犯是行为人为了达到某一犯罪目的而实施犯罪行为（目的行为），在实施犯罪行为的过程中，其所采取的方法行为（或手段行为）或结果行为又构成另一个独立的犯罪，其之所以构成牵连犯在于，行为人实施的数个危害社会行为之间具有手段与目的或原因与结果的内在联系，亦即牵连关系。而吸收犯是指行为人实施数个犯罪行为，因其所符合的犯罪构成之间具有特定的依附与被依附关系，从而导致其中一个不具有独立性的犯罪，被另一个具有独立性的犯罪所吸收，其之所以构成吸收犯在于，行为人实施的数个犯罪行为具有其内在的独立性与非内在独立性的对立统一特性，即在行为人实施的数个犯罪行为中（以行为人实施两个犯罪行为为标准论述），一个犯罪行为不具有独立性，而另一犯罪行为具有独立性，前者以不同的表现形式依附于后者而存在，这种基于依附关系而产生的数个犯罪行为的吸收关系，最终取决于类型不同、但基本性质一致的犯罪构成所固有的特定联系。（3）侵犯的客体和作用的对象不同。构成吸收犯的数个犯罪行为必须侵犯同一或相同的直接客体，并且指向同一的具体犯罪对象；而构成牵连犯的数个犯罪行为侵犯的直接客体必然是不同的，也不必作用于同一的具体犯罪对象。虽然行为人为走私而购买假币，其作用的对象具有同一性，行为具有复数性，主观上也是基于一个犯意，但其侵犯的直接客体不具有同一性，两个行为所符合的犯罪构成都是独立的，不存在依附性和被依附性，不符合吸收犯的特征。相反，这种情况符合牵连犯的特征。对于行为人购买假币后，又出售假币和走私假币的情况，我们认为，如果行为人购买假币就想用于走私和出售假币的，应将购买、出售假币罪与走私假币罪按照牵连犯的原则处理；如果行为人购买假币不想用于走私或出售，在购买后才又产生出售或走私的意图的，则应将购买、出售假币罪与走私假币罪进行数罪并罚。

因此，在案例二中，秦某先购买假币 20 万元，然后卖掉其中的 10 万元从中谋利，并将另外的 10 万元走私，这表明秦某在购买假币时，并不是单纯以走私为目的，购买行为与走私行为之间并不完全是手段行为与目的行为的关系。应对秦某的行为分别定罪，秦某的购买、出售行为构成购买、出售假币罪，走私假币的行为构成走私假币罪，数罪并罚。

（执笔人：邓　强）

三　妨害对公司、企业的管理秩序罪

对为成立公司借款验资，在通过验资后再抽逃出资的，应当如何认定

一、要旨提示

虚报注册资本罪，是指申请公司登记的个人或单位，使用虚假证明文件或者采用其他欺诈手段虚报注册资本，欺骗公司登记主管部门，取得公司登记，虚报注册资本数额巨大，后果严重或者有其他严重情节的行为。随着现代公司制度的建立和发展，经济犯罪率不断增长，犯罪形式也日益呈多样化发展，申请公司登记成立这一过程中的犯罪也是层出不穷。在司法实践中，虚报注册资本犯罪与虚假出资、抽逃出资等犯罪的表现形式有时极为相似，极易混淆。准确界定这几种犯罪的犯罪构成，对正确地定罪量刑具有重要的现实意义

二、基本案情及处理结果

案例一：2000 年 6 月 26 日，被告人陈某被任命为某医药公司经理（法定代表人）。陈某接任时，医药公司已资不抵债。2001 年初，经该市人民政府同意，陈某、蔡某、黄某、李某、吴某 5 人着手对医药公司进行体制改革，即将全民所有制的医药公司变更为有限公司，陈某、蔡某等 5 人为股东。同年 2 月 18 日，被告人陈某、蔡某等 5 名股东委托某经济代理事务所副主任陆某代为办理工商登记注册事宜。被告人陈某、蔡某等 5 名股东为了维持原公司 180 万元人民币的注册资本额不变，在没有实际投入注册资本的情况下，被告人陈某、蔡某与被告人陆某共同商定，预付 30600 元人民币的利息，由被告人陆某向李某借人民币 180 万元以假出资的方法，骗取该市某会计师事务所的验资报告。次日，存入该医药有限公司的注册资金 180 万元全部被抽走。同年 5 月，该市工商行政管理局对有限公司核发企业法人营业执照。

公诉机关于 2002 年 7 月 5 日就该案向当地法院提起公诉，指控被告人陈某、蔡某、陆某的上述行为均已触犯《中华人民共和国刑法》第 158 条第 1

款之规定，构成虚报注册资本罪。当地法院认为，被告人陈某、蔡某身为医药有限公司的股东，违反《公司法》的规定未交付货币，虚假出资，数额巨大，其行为均已构成虚假出资罪。被告人陆某身为公司登记的申请人，采取欺诈手段虚报注册资本，骗取了验资报告书和营业执照，且虚报注册资本数额巨大，其行为已构成虚报注册资本罪。后被告人陈某上诉，二审法院经审理认为，原审认定的事实清楚，但认定陈某、蔡某的行为构成虚假出资罪不当。上诉人陈某和原审被告人蔡某、陆某采用假借他人资金获取验资报告的方法虚报注册资本，欺骗公司登记主管部门，取得公司登记，且虚报注册资本数额巨大，其行为均构成虚报注册资本罪。

案例二：1998 年下半年，被告人谈某、俞某作为出资人欲共同出资成立某实业有限公司，但因两人实际上都无资本注册公司，俞某就找到被告人沈某要求沈帮忙办理营业执照，沈答应并叫被告人李某帮忙。李某于 1998 年 11 月 4 日自筹 50 万元打入该实业有限公司在农行的临时账号作为验资资金，被告人谈某、俞某的某实业有限公司于次日通过验资，并且取得公司注册登记。被告人李某于 6 日即将资金抽回。

公诉机关指控被告人谈某、俞某、沈某、李某的行为构成虚报注册资本罪，法院认为该四被告人的行为构成虚假出资罪。

案例三：1996 年 6 月，被告人王某在申请设立公司过程中，仅提供其购买某地块所付的 60 万元土地出让金收据，以其拥有多家店铺及大量资金为名，骗得某审计事务所审计人员的信任，于 1996 年 6 月 17 日为其出具了注册资本为人民币 1058 万元的验证报告。同年 6 月 19 日，被告人王某持此验证报告以及上述地块的出让合同等从工商局部门领取了公司营业执照。被告人王某明知其注册资本严重不足，为骗取到审计事务所的正式验资报告，又于同年 8 月 6 日向某信用合作社贷款人民币 1000 万元，加上公司账上原有的 5000 元，由该信用社为其开出一张金额为 1000.5 万元的定期整存整取储蓄存单。被告人王某持此存单复印件到原审计事务所重新验资，骗取了该所出具的注册资本为 1058 万元的验资报告，补办了资金证明材料，其编号与 1996 年 6 月 17 日出具的验证报告相同。验资后，被告人王林于 8 月 8 日将 1000 万元的贷款归还给原该市城市信用合作社。被告人王某实际仅出资人民币 60.5 万元。

公诉机关以被告人王某犯虚报注册资本罪起诉到法院，后法院采纳了公诉机关的意见，认定被告人王某犯虚报注册资本罪，判处有期徒刑 1 年 3 个月，并处罚金 35 万元。

三、关键问题及争议

从上述三个案例中可以看出，关键问题在于：

1. 对借款验资的行为如何定性？

2. 虚报资本罪与抽逃出资罪、虚假出资罪如何区分？

3. 对公司发起人或者股东借款验资后在公司登记注册前即抽逃出资的，应如何认定？借款验资后在公司登记注册后抽逃出资的，又如何认定？

对上述几个问题，在学界有不同的认识，司法实践中也出现了不同的做法，以上三个案例就足以说明了这一点。但概而言之，主要有以下三种意见：

第一种意见认为，借款验资后又抽回出资的行为，在本质上都是虚假出资，都应以虚假出资罪来定罪处罚；

第二种意见认为，借款验资，通过验资后申请公司成立，若在公司登记注册前即抽回出资的，即构成虚报注册资本罪，若在公司登记注册后抽回出资的，则构成抽逃出资罪。对到底是构成虚报注册资本罪还是构成抽逃出资罪应以抽回出资行为的发生时间是在公司登记注册前还是在公司登记注册后来区分；

第三种意见认为，借款验资，在通过验资后或公司登记成立后即抽回资金的行为，实质上都是采取其他欺诈手段欺骗公司登记主管部门，取得公司登记的行为，均构成虚报注册资本罪。

四、评析意见

（一）对公司发起人或者股东为了公司登记注册而向他人借款以通过验资的行为如何定性

现实中很多公司在登记注册时，公司的发起人或者股东往往会使用从银行或者他人那里借贷而来的资金作为自己的投资，这种现象目前已经十分普遍了。如何看待这一问题，就要从我国法律对注册资本的要求来分析。我国《公司法》在修改之前规定，注册资金采取实缴制，即要求公司成立时股东必须缴清全部注册资本才能成立公司，而修改后的《公司法》取消了这一规定，开始允许公司的股东成立后分期缴纳出资。但是，即使如此，我国法律对于股东缴纳的出资一直要求必须是自己拥有所有权的资金或财产，这又被称为“资本真实原则”。“资本真实”标准的不同，直接影响了对公司发起人或者股东用他人的借款作为出资行为性质的认定。对此，一般有以下两种观点：第一种观点采用的是“实质真实”的标准，即认为股东的出资必须在实质上是其自己真实的资金或者财产，利用借贷资金出资的行为违反了这一要求，应认为是一种虚假的出资行为；第二种观点采用了“形式真实”的标准，认为公司借贷相当于民法上的借款行为，进到公司账上，就应当视同公司自己的钱，股东用借来的钱出资，仍应视为已经交付资本金，从民法的角度来说，货币所有权的归属是与占有事实密切联系在一起的，即使投资者借入一笔款项，只要它将款项存入自己的账号或实际占有，该笔资金就是投资者的资金，而不是出借方的资金。因此，以借贷资金作为投资的行为都应视为已经履行了出资义务。

我们认为上述两种观点均有一定的道理，但是在实践中，利用借贷资金注册公司的情况非常普遍，如果真的采取“实质真实”的标准，对此类公司的发起人或股东都一律采取法律惩罚似乎不太现实，反之，如若完全采取“形式真实”标准，则有放宽股东出资义务之嫌。因此，在这一问题上，应当根据实际情况，将正常的借款投资与仅仅利用借款通过验资，在验资后马上抽回的“走账”行为区分开来，对前者应认定为股东已履行了出资义务，该借款可以视为出资人自己的资金，而后者仅是想把资金当作注册资金，而不是将这笔款项变成公司财产，这背离了公司法上的资本确定原则，是把投入资金当作换取营业执照的手段，一旦取得营业执照，资金即归还给投资方或出借方，因而根本就没有准备将货币所有权转给公司所有，也就不能视为真实地履行了出资义务。对于这种可以证实借款只用于验资且在验资后马上归还的可以认定为是一种虚假的出资行为。

现在再来看上述三个案例，案例一中的被告人陈某、蔡某作为公司股东，明知自己没有实际资金，为通过验资而由陆某出面向他人借款，在取得验资报告后马上归还了该笔资金，这种行为显然就是利用借贷资金“走账”的行为，应认定其出资是虚假的。同样，在案例二与案例三中，几名被告人均是为了通过验资而向他人或金融机构借款，将借贷资金存入自己的出资账号，在取得验资通过或者公司登记后马上将资金抽回，这都是虚假的出资行为。

（二）如何区别虚报注册资本罪、虚假出资罪、抽逃出资罪

由于虚报注册资本罪、虚假出资罪、抽逃出资罪这三个罪名在行为方式上有很多相似之处，甚至在很多方面交叉重合，故容易混淆，因此，在弄清楚了借款验资的行为性质后，为了对具体案件中行为人行为准确定性，有必要理顺这三种罪名之间的关系。

首先，三者的相同之处。这三个罪名要求行为人主观上具有获取非法经济

利益的目的，而且在构成犯罪的数额、后果、情节方面的要求也基本相同。另外，虚报注册资本罪与虚假出资罪在行为手段上具有相似性，在行为性质上，均是在没有出资或出资不够的情况下谎称已经出资或已经充足地出资，而且还可能因虚假出资而造成虚报注册资本的结果。抽逃出资罪与虚假出资罪在犯罪客体、主体和主观方面也基本相同。其次，三者的主要区别：一是主体及代表的利益不同。虚报注册资本罪的犯罪主体必须是申请公司登记的个人或者单位，所代表的是全体股东、董事的意志和利益，在虚报注册资本这一行为上，各个股东、董事是一致行为，彼此之间不存在利益冲突。而虚假出资、抽逃出资罪的犯罪主体则是公司的发起人或者股东，不能代表全体出资人或股东的意志，只代表本人的意志，实行的虚假出资行为势必要损害其他股东的利益；二是客观行为不同。虚报注册资本罪的行为人是实施了使用虚假的证明文件或者采取其他欺诈手段，欺骗公司登记主管部门，取得公司登记的行为，其只能发生于公司注册登记过程中。而虚假出资、抽逃出资罪指公司发起人、股东违反公司法的规定未交付货币、实物或者未转移财产权，虚假出资，或者在公司成立后又抽逃其出资，数额巨大、后果严重或者有其他严重情节的行为。其中抽逃出资罪与虚报注册资本罪、虚假出资罪在客观行为上最本质的区别在于前者行为人具备注册公司的资本条件，在设立登记前即已实际出资且有真实的验资证明，公司通过正常的设立登记，成立时是健全的法人组织，但在公司成立后，行为人便通过各种手段抽回出资，使公司的经营资本名不符实，而后者行为人则在申请公司成立时就根本不具备注册公司的资本条件。三是行为侵犯的客体不同。虚报注册资本罪侵犯的客体是国家对公司的登记管理制度；而虚假出资罪与抽逃出资罪侵犯的是国家对公司出资的管理制度。四是行为目的不同。对于虚报注册资本罪的行为人而言，其根本目的在于欺骗公司登记主管部门，骗取公司登记。而作为虚假出资罪与抽逃出资罪的主体，其目的在于欺骗有关部门和公司其他股东，少出资，甚至不出资，而达到与公司其他股东享有同样权益。

（三）对于公司发起人或者股东借款通过验资后再抽逃出资的行为如何定罪

既然虚报注册资本罪、抽逃出资罪、虚假出资罪三者既存在着相似之处，又存在着明显的区别，有时还会产生相互交叉的情况，那么对于公司的发起人或者股东采取借用他人资金用于注册成立公司，在通过验资后或者公司成立后又将该款抽出的行为应如何定罪处罚呢？目前对此问题，主要存在以下三种观点：（1）认为构成虚假出资罪；（2）认为均应以虚报注册资本罪来认定；（3）认为应区分两种情况分别认定，即对于借款验资，在公司成立前即抽回资金应认定为虚报注册资本罪；而在公司成立后抽回的则认定为构成抽逃出资罪。那到底该如何来认定呢？

我们认为虽然在公司成立后才抽回验资所用的资金的行为在形式上符合抽逃出资罪在客观方面的要求，但是这里应该注意抽逃出资罪的前提必须是存在真实合法的出资，而通过前面对为了成立公司而借款通过验资行为性质的分析可以明白，这种出资实质上是一种虚假的出资行为，从而就排除了成立抽逃出资罪的可能。因此，第三种所谓用抽逃资金的时间是在公司成立前还是公司成立后来区分认定罪名的观点也就不成立了。那么，是构成虚假出资罪还是虚报注册资本罪？从虚报注册资本罪与虚假出资罪两者在法律上的表述来看，似乎很不相同，但其内容上却有很多相似之处，两者均属公司登记过程中的犯罪，目的均是骗取公司登记，直接针对的对象必然都将是公司登记管理部门，区分这两者的关键就在于行为的主体和侵犯的客体不同。虚报注册资本为公司发起人、股东的整体行为，侵犯的是公司的登记管理制度；虚假出资的行为属于公司发起人、股东的个体行为，它侵犯的是国家对公司的出资管理制度以及其他股东的经济利益。故对于公司发起人或者股东借款通过验资后抽逃出资的行为的定罪就要看做为该行为主体的发起人或者股东是否代表了公司股东的整体利益，是否系股东整体行为。如果公司的发起人和股东全体合谋利用借款虚假出资，骗取公司登记，那么就构成虚报注册资本罪；如果公司的部分股东利用借款虚假出资，但代表发起人、股东整体办理公司登记申请的人未参与合谋并且不知情的，因属个体行为，应以虚假出资罪追究该虚假出资的发起人或者股东的刑事责任。

综上，结合上述的三个案例来分析，无论是案例一中的被告人陈某、蔡某还是案例二中的被告人谈某、俞某以及案例三中的被告人王某，均系申请公司登记成立的发起人或者股东，在主体上既符合虚报注册资本罪的主体要求，也符合虚假出资罪的要求。但是上述被告人在申请成立公司的过程中均代表了公司全体股东的整体利益；在客观行为上，上述三个案例中的这几位被告人都利用了借贷资金来通过验资并且在取得验资报告后或者公司成立后马上抽回了这部分的资金用于归还债权人，而且均用此种手段骗取了公司的登记注册；几位被告人的行为都只侵害了国家对公司的登记管理制度，并未对其他股东的利益造成损害。因此，三个案例中的被告人陈某、蔡某、谈某、俞某、王某的行为均应以虚报注册资本罪来认定，其中案例一中的被告人陆某和案例二中的被告人沈某、李某实施了帮助他人虚报注册资本，骗取公司登记的行为，与骗取公司登记的发起人或股东构成共同犯罪，也应以虚报注册资本罪来定罪量刑。

（执笔人：李　丹）

为掩盖其他犯罪事实而故意销毁会计凭证、会计账簿的，是否应数罪并罚

一、要旨提示

隐匿、故意销毁会计凭证、会计账簿、财务会计报告罪是指隐匿、故意销毁依法应当保存的会计凭证、会计账簿、财务会计报告，情节严重的行为。本罪确立于我国第一个《刑法修正案》，其立法宗旨在于有力地打击造成会计信息失真的严重违法行为。在现实中，会计凭证、会计账簿和财务会计报告记录反映了各单位经济活动的来龙去脉，是会计工作最重要的历史资料和书面证明，也是国家机关监督检查财经法纪的实施情况，依法查处违法犯罪案件的重要线索和法律证据。因此，一些犯罪分子在实施了经济犯罪或者职务犯罪之后，往往会设法采用隐匿、故意销毁会计资料等手段以达到毁灭犯罪证据，掩盖犯罪事实，妨碍司法侦破，逃避法律制裁的非法目的。以上这种情况的屡屡发生，使得在司法实践中出现对为掩盖其他犯罪事实而故意销毁会计凭证、会计账簿的行为该认定为一罪还是数罪的困惑，因此有必要对上述情形进行准确定罪，也只有这样才能真正做到使犯罪分子罚当其罪。

二、基本案情及处理结果

2001年10月至2002年1月，被告人吴某在任某信用社分社记账员期间，为了给其男友李某筹钱买车跑运输，利用记账、出纳业务一人办理之机，冒充储户填写活期取款凭条，不记入活期储蓄账和吸收储户存款记入活期储蓄账不记入现金收入登记簿的方法侵占单位资金共计10笔，合计总额为97300元。2001年12月31日，该信用合作联合社决定清退吴某。2002年1月18日，信用社工作人员对被清退的吴某经手的账目进行审核。在审核过程中，发现吴某经手的账目不平。为掩盖其犯罪事实，吴某便产生了毁账的念头。1月20日上午，被告人吴某用电水壶装了柴油藏于自己房间，并寻找理由得以在自己房

间里查账。中午，当查账人员就餐离开时，被告人吴某将事先准备好的柴油倒在账簿上，点火将该信用社分社的部分账目烧毁。

公诉机关以被告人吴某犯职务侵占罪与故意销毁会计凭证、会计账簿罪向法院提起公诉，法院经审理后，采纳了公诉机关对被告人吴某罪名的认定，决定对其数罪并罚。

三、关键问题及争议

本案的关键问题在于：

为掩盖其他犯罪事实而故意销毁会计凭证、会计账簿的，是否构成吸收犯或牵连犯？是否应对其进行数罪并罚？

对此，主要有三种意见：

第一种意见认为，被告人吴某销毁会计凭证、会计账簿的行为与其职务侵占行为之间存在吸收关系，故只应认定职务侵占罪。

第二种意见认为，被告人吴某的前后两种行为具有牵连性，应择一重罪即职务侵占罪认定。

第三种意见认为，被告人吴某的行为应分别认定为职务侵占罪与故意销毁会计凭证、会计账簿罪，数罪并罚。

四、评析意见

（一）第一种意见及评析

第一种意见认为被告人吴某的故意销毁会计凭证、会计账簿的行为与之前的职务侵占行为之间存在明显的吸收关系，因而只能认定被告人吴某犯职务侵占罪，而不再单独认定故意销毁会计凭证、会计账簿罪。本案中的吴某作为信用社的记账员，为了给其男友筹钱买车，冒充储户填写活期取款凭条，侵占了大量的库款，后信用社对被清退的被告人经手的账目进行了审核，发现账目不平。被告人为了掩盖其犯罪事实，销毁了部分账目。被告人吴某销毁部分会计账目的行为，是为了掩盖其上述侵占库款的行为，是侵占库款行为的延伸和结果，两个行为之间存在关联性，因此，被告人吴某的职务侵占行为和故意销毁会计凭证、会计账簿行为之间存在刑法理论中的吸收关系，对被告人吴某的处罚应采取重行为吸收轻行为，即职务侵占罪吸收故意销毁会计凭证、会计账簿罪，只定职务侵占一罪。

这种意见看似有一定的道理，但是从刑法理论来看，一般认为吸收犯是指行为人实施数个犯罪行为，因其所符合的犯罪构成之间具有特定的依附与被依附关系，从而导致其中一个不具有独立性的犯罪，被另一个具有独立性的犯罪所吸收，对行为人仅以吸收之罪论处，而对被吸收之罪置之不论的犯罪形态。[①] 因此，成立吸收犯必须符合以下两个条件：(1) 必须具备数个独立的犯罪行为，这是成立吸收犯的前提条件。(2) 数个独立的犯罪行为之间必须具有吸收关系，这是成立吸收犯的实质条件。如何理解数个犯罪行为之间是否具有吸收关系，理论上认识不完全相同。通说认为，吸收关系是因为密切联系相关的数个犯罪行为一般属于实施某种犯罪的同一过程中。即前行为可能是后行为发展的所经阶段；或者后行为可能是前行为发展的当然结果。而本案中，被告人吴某的职务侵占行为不能认为与故意销毁会计凭证、会计账簿行为是犯罪的同一过程，故意销毁会计凭证、会计账簿的行为是在职务侵占行为实施终了之后所实施的，职务侵占行为不是故意销毁会计凭证、会计账簿行为的预备行为或必经阶段，故意销毁会计凭证、会计账簿行为也不是职务侵占行为的当然结果，这两者之间也不存在相互包含的关系，因此吴某的职务侵占犯罪行为与故意销毁会计凭证、会计账簿行为之间不属于刑法理论上的吸收犯范畴。

（二）第二种意见及评析

第二种意见认为被告人吴某的行为属于牵连犯，应择一重罪即职务侵占罪处罚。本案中的吴某在实施了职务侵占行为后为了掩盖其犯罪事实才实施了用柴油烧毁等方法进行销毁会计凭证、会计账簿的行为，在主观上吴某只有利用职务之便侵占库款的一个犯罪目的，销毁会计凭证、会计账簿的行为只是其实施职务侵占行为后为掩盖前罪行而实施的一种手段行为或方法行为，两者之间存在牵连关系，故只能认定被告人吴某犯职务侵占罪。

按照一般的刑法理论，所谓牵连犯是指犯一罪，其方法行为或结果行为触犯其他罪名的犯罪形态。具体说，行为人的目的，仅意图犯一罪，实施的方法行为或结果行为另外触犯了其他罪名，其方法行为与目的行为，或原因行为与结果行为之间具有牵连关系，这种犯罪现象，就是牵连犯。[②] 牵连犯应当具备四个特征：其一，牵连犯必须基于一个最终目的。这是构成牵连犯的主观要件，而且是认定数个行为之间具有牵连关系的主要标准。其二，牵连犯必须具有两个以上的、相对独立的危害社会行为。这是牵连犯的客观外部特征。其

① 高铭暄主编：《刑法学原理》（第2卷），中国人民大学出版社1993年版，第624页。

② 陈兴良：《刑法适用总论》（上卷），法律出版社1999年版，第705页。

三，牵连犯所包含的数个危害社会行为之间必须具有牵连关系。其四，牵连犯的数个行为必须触犯不同的罪名。[①] 牵连犯是实质的数罪，处断的一罪，而之所以成为处断的一罪，关键就在于罪与罪之间具有牵连关系。对于牵连关系的认定，应从主客观相统一的角度出发。（1）主观上，犯罪人必须有牵连的意图。牵连的意图要求犯罪人必须认识到其所实施的数个行为都是为了一个最终的目的，其所实施的数个行为都不过是实现该目的的手段。牵连犯中行为人对于牵连意图内容的认识，还应包括其对为实现犯罪目的而实施的数个行为之间的手段与目的、原因与结果关系的认识。（2）客观上，牵连犯所涉及的数个行为有一个是主行为，其余行为均为从行为，从行为所产生的效果附着于主行为之上，为主行为之实施或犯罪目的的最终实现提供便利、创造条件。牵连关系不外乎是数个行为之间合乎规律的联系。行为人在实施前一种原因性行为时，就包含着实施后一种结果性行为的现实可能性，在一定条件下，这种可能性转化为现实性。因此，本案中的被告人吴某先实施了职务侵占行为，而后因害怕罪行暴露又实施了故意销毁会计凭证、会计账簿的行为，虽然前后两个犯罪行为在时间上存在连贯性，但是两者分别出自不同的犯罪目的，不存在刑法意义上的牵连关系，本案也不能认定为牵连犯罪。

（三）第三种意见及评析

第三种意见认为被告人吴某的行为分别构成职务侵占罪与故意销毁会计凭证、会计账簿罪。主要理由如下：

1. 被告人吴某的行为已经构成职务侵占罪。根据我国《刑法》第 271 条第 1 款的规定，公司、企业或者其他单位的人员，利用职务上的便利，将本单位财物非法占为己有，数额较大的，构成职务侵占罪。而根据最高人民检察院、公安部《关于经济犯罪案件追诉标准的规定》第 75 条的规定，职务侵占的追诉标准为数额在 5000 元至 1 万元以上。本案中吴某作为信用社分社的工作人员，利用自己在单位担任记账员工作时的职务便利，将单位的库款非法占为己有，且数额达到 97300 元，数额已经达到较大的标准，因此，其行为构成职务侵占罪。

2. 被告人吴某的行为也单独构成故意销毁会计凭证、会计账簿罪。隐匿、故意销毁会计凭证、会计账簿、财务会计报告罪是 1999 年 12 月 25 日《刑法修正案》第 1 条新增设的罪名。该罪属于情节犯，行为人的犯罪情节是否严

① 高铭暄主编：《刑法学原理》（第 2 卷），中国人民大学出版社 1993 年版，第 4 页。

重是构成犯罪的法定要件。只有情节严重的才构成本罪，情节一般或者较轻的则不以犯罪而应以违法论处。至于何种情节属于“情节严重”，1999 年 12 月 25 日《刑法修正案》并无明确规定，目前也无有关司法解释。但是最高人民检察院、公安部在《经济犯罪案件追诉标准的规定》中第 7 条规定，隐匿、销毁会计资料案的立案追诉标准为：隐匿、销毁依法应当保存的上述会计资料涉及金额在 50 万元以上的；为逃避依法查处而隐匿、故意销毁依法应当保存的会计凭证、会计账簿、财务会计报告或者拒不交出会计资料的。吴某被信用社清退，在信用社对其经手的账目审核后发现账目不平，吴某为了掩盖其侵占库款的犯罪事实才销毁了部分的会计账册。被告人吴某的职务侵占行为在前，故意销毁会计账册行为在后，且故意销毁会计账册的目的是为了逃避被依法查处侵占的犯罪事实，故其故意销毁会计账册的行为也符合《经济犯罪案件追诉标准的规定》中有关故意销毁会计凭证、会计账簿罪的追诉标准，应认定为构成故意销毁会计凭证、会计账簿罪。

3. 吴某的前后两罪之间不属于吸收犯或牵连犯的范畴。被告人吴某是在职务侵占的犯罪行为实施终了之后又实施了销毁会计凭证、会计账簿行为，虽然后行为是为了掩盖前行为暴露后被依法查处，但是两者之间不属于犯罪的同一过程，销毁会计凭证、会计账簿的行为也不是职务侵占行为发展的必经阶段或当然结果，同时销毁会计凭证、会计账簿的行为也并不是职务侵占行为的方法行为或手段行为，两者之间不成立刑法理论上的吸收关系或者牵连关系。因此，对被告人吴某的行为应按照《刑法》第 271 条第 1 款和第 162 条之一的规定，分别认定其犯有职务侵占罪和故意销毁会计凭证、会计账簿罪，数罪并罚。

综上所述，法院最终采纳的是第三种意见。对被告人吴某的行为应分别认定为职务侵占罪和故意销毁会计凭证、会计账簿罪，实行数罪并罚。从本案可以看出，在司法实践中贪污、侵占等经济犯罪行为人在犯罪事实暴露后，往往会采取隐匿或故意销毁会计凭证、会计账簿、财务会计报告等行为来达到逃避法律追究的目的，因此，很有必要对其罪数加以认定，以便在刑法定罪和刑罚适用上，科学地把握一罪与数罪的区别与处断原则。1999 年 12 月 25 日《刑法修正案》已明确将隐匿、故意销毁依法应当保存的会计凭证、会计账簿、财务会计报告的行为规定为单独犯罪。因此，对上述情况原则上都应认定为数罪，实行数罪并罚。但是有两种特殊情况值得引起注意：其一是法条竞合的问题，即对于刑法已明文将隐匿或者故意销毁会计资料认定为实施其他犯罪的手段，且前者的确与后者之间存在着手段和目的的牵连关系，应依照刑法特别法条规定定罪处罚。例如，在查处偷税犯罪时，由于《刑法》第 201 条第 1 款已明确将“隐匿、擅自销毁会计账簿、记账凭证”认定为偷税犯罪的手段，如隐匿、销毁会计资料行为与偷税犯罪之间实际上具备刑法所规定的这种手段和目的的牵连关系，则应按法条竞合原则，依照《刑法》第 201 条第 1 款特别法条规定，以偷税罪予以定罪处罚。其二是行为人为了实施隐匿、销毁会计资料的行为，采用的手段又触犯了刑法规定的其他罪名时，则有可能涉及按牵连犯来从一重罪处罚的问题。例如，行为人在采用纵火的手段来销毁会计资料的同时又对公共安全构成了危害，由于纵火行为与销毁会计资料行为之间具备了手段与目的的关系，故应按照牵连犯来予以定罪处罚。

（执笔人：李　丹）

国有企业委派到国有控股公司担任经理职务的人员，私自设立同自己所在公司经营业务相同的公司，从中谋取非法利益的，应当如何定性

一、要旨提示

非法经营同类营业罪是指国有公司、企业的董事、经理利用职务便利，自己经营或者为他人经营与所任职公司、企业同类的营业，获取非法利益，数额巨大的行为。在司法实践中，因本罪与贪污罪、为亲友非法谋利罪等犯罪在行为手段等客观方面存在着很多相类似的地方，给正确判定案件带来了很多障碍。因此，有必要对非法经营同类营业罪的犯罪构成要件进行准确把握，以达到解决区分罪与非罪、此罪与本罪、一罪与数罪等司法难题的目的。

二、基本案情及处理结果

被告人张某于1993年2月至案发，受某文化用品总公司（国有企业）委派，到凯发包装材料有限公司（以下简称包装公司，系国家投资占绝大部分的中外合作经营有限公司）工作，先后担任该公司办公室主任、总经理助理、总经理等职。1998年7月，被告人张某作为包装公司总经理和前任包装公司总经理李某（另案处理）以及另一国有印刷企业副厂长陈某（已死亡）等合谋，成立私营的雄泰包装材料有限公司（以下简称雄泰公司）谋利。之后，被告人张某利用其担任包装公司总经理的职务之便，擅自挪用包装公司公款人民币50万元，用于成立雄泰公司的验资款。该款于1998年8月31日归还包装公司40万元，同年12月7日归还余下的10万元。

在雄泰公司注册成立后，被告人张某又伙同李某以包装公司的名义致函印刷厂，谎称包装公司因内部调整，启用雄泰公司的名义及账号等，致使原由印

刷厂直接发给包装公司的业务转由该厂发给无任何生产能力和设备的雄泰公司，再由雄泰公司转发给包装公司加工，使雄泰公司从中获得非法利润。经司法会计鉴定，雄泰公司在转发加工业务中实际净利润为577994.06元。其中李某以虚报员工工资和运输（包车）费用等方法，从雄泰公司提取现金28.26万元。部分现金由李某以其私人名义存入银行，其中活期存单65018.5元存放于被告人张某处，案发后，已被检察机关扣押。

检察机关以被告人张某犯贪污罪与挪用公款罪向法院提起公诉，法院经过审理后以非法经营同类营业罪和挪用公款罪对被告人进行了数罪并罚。

三、关键问题及争议

本案的关键在于：

1. 国有公司、企业委派到国有控股公司担任经理职务的人员是否能直接认定为国有公司、企业的经理，成为非法经营同类营业罪的主体？

2. 作为国有企业的经理人员，利用职务便利，私自设立与所在公司经营业务相同性质的公司，从中谋取非法利益的，到底是构成贪污罪还是构成非法经营同类营业罪？非法经营同类营业罪与贪污罪如何区分？

本案的焦点主要集中在对被告人罪名的认定上，主要有以下几种观点：

第一种意见认为，对被告人张某的行为应以贪污罪和挪用公款罪论处；

第二种意见认为，对被告人张某的行为只以挪用公款罪论处；

第三种意见认为，对被告人张某的行为以非法经营同类营业罪和挪用公款罪论处。

四、评析意见

（一）第一种意见及评析

认为本案中被告人张某的行为构成贪污罪和挪用公款罪。根据我国《刑法》第93条第2款的规定：“国有公司、企业、事业单位、人民团体中从事公务的人员和国家机关、国有公司、企业、事业单位委派到非国有公司、企业、事业单位、社会团体从事公务的人员，以及其他依照法律从事公务的人员，以国家工作人员论。”依照刑法规定，从事公务是国家工作人员（包括准国家工作人员）的本质属性。所谓从事公务，我国刑法学界一般认为，是指从事组织、领导、监督、管理等公共事务性质的活动，但不包括直接从事于生产劳动的人员、机关勤杂人员等。[①] 被告人张某作为国有公司、企业委派到国有控股公司担任经理职务人员，从事的活动主要为领导、管理公司的事务，具有一定的管理职权，而非劳务或勤杂活动，其完全符合“国家工作人员”的身份特征，因此，也当然符合贪污罪与挪用公款罪的主体要件。被告人张某私自与他人共同成立与所在“包装公司”经营业务相同的“雄泰公司”，为了通过该“雄泰公司”的验资还利用担任总经理的职务之便挪用“包装公司”的公款人民币50万元，此后又采用欺骗等手段截留业务单位对“包装公司”的业务，导致原应归于“包装公司”的577994.06元利润流向“雄泰”公司，变相地占有了国有财产，这一行为既符合挪用公款罪的构成要件，又符合刑法中规定的“以其他手段非法占有公共财物”的贪污罪客观方面和主观要件。因而对张某的行为应以挪用公款罪和贪污罪来定罪处罚。虽然本案中被告人张某设立“雄泰公司”，从中非法谋利的行为在形式上也符合非法经营同类营业罪的构成要件，但是从实质上看，张某设立“雄泰公司”只是其变相的贪污手段，是“以其他手段非法占有公共财物的行为”。检察机关在向法院提起公诉时，采纳的就是这种观点。

像本案中的这种国有公司、企业的董事、经理利用职务上的便利为自己经营时，如果将本单位的盈利性业务交由自己开办的公司、企业进行，实际上是将国有公司、企业本来可以获得的利润转移到自己开办的公司、企业中，与贪污罪侵占国有资产的行为有时确实很相似，我们认为区分的关键应该在于看行为人取得利益是采用何种方式。因为贪污罪是国家工作人员利用职务便利，侵吞、窃取、骗取或者以其他手段非法占有公共财物的行为。在行为表现方式上，贪污的手段很多，有侵吞、窃取、骗取等方式，但是无论采取何种方式，其对公共财物的转移和占有都是直接的。所以，如果行为人通过非法手段将国有公司、企业的财产直接转移到自己经营或者为他人经营的公司、企业，此行为应当认定为贪污行为；如果行为人没有采取直接转移财产的行为，则不能认定为是“以其他手段非法占有公共财物的行为”，也不能构成贪污罪，而是相应地构成其他犯罪。本案中，被告人张某设立“雄泰公司”后，通过欺骗的手段，截留了“包装公司”的部分业务而使“雄泰公司”从中谋取了一定的利润，并没有直接将“包装公司”的财产转移至自己的“雄泰公司”，因此被

① 高铭暄、马克昌：《刑法学（下编）》，中国法制出版社1999年版，第1124页；杨春洗、杨敦先：《中国刑法论》（第二版），北京大学出版社1998年版，第620页；苏惠渔：《刑法学》（修订本），中国政法大学出版社1999年版，第855页。

告人张某的该行为不构成贪污罪。

（二）第二种意见及评析

认为被告人张某的行为只构成挪用公款罪。本案中被告人张某作为国家工作人员为成立“雄泰公司”，挪用“包装公司”的公款50万元用于验资，在随后几月内分两次将该款项归还给“包装公司”。其该行为无疑已构成挪用公款罪。被告人张某在“雄泰公司”成立后，为了能让该公司营利，遂采用对外谎称“包装公司”因内部调整，启用“雄泰公司”的名义及账号等，致使原属“包装公司”的业务先发给无任何生产能力和设备的“雄泰公司”，再由“雄泰公司”转发给包装公司加工，使“雄泰公司”从中获得非法利润，且数额巨大。以上行为从客观方面来看完全符合《刑法》第165条规定的非法经营同类营业罪中“利用职务便利，自己经营或者为他人经营与其所任职公司、企业同类的营业，获取非法利益，数额巨大”的客观方面要件特征。但是，非法经营同类营业罪的主体要求为“国有公司、企业的董事、经理”，而本案被告人张某所在的“包装公司”为国有控股的中外合资公司，张某作为该公司的总经理，并非直接为国有公司的经理。根据2001年5月最高人民法院在《关于在国有资本控股、参股的股份有限公司中从事管理工作的人员利用职务便利非法占有本公司财物如何定罪问题的批复》中指出：“在国有资本控股、参股的股份有限公司中从事管理工作的人员，除受国家机关、国有公司、企业、事业单位委派从事公务的以外，不属于国家工作人员，对其利用职务上的便利，将本单位财物非法占为己有，数额较大的，应当依照《刑法》第271条第1款的规定，以职务侵占罪定罪处罚。”依据此《批复》，在国有资本控股或参股的股份公司中从事管理的工作人员（除受国家机关、国有公司、企业、事业单位委派从事公务的以外）均不属于国家工作人员。而依据《刑法》第93条第2款的规定，在国有公司、企业中从事公务的人员本是以国家工作人员论的。因此，此《批复》实质上就是将国有资本控股或参股的股份公司排除在“国有公司、企业”之外，《刑法》上所称的“国有公司、企业”就是国有独资公司、企业。另外，非法经营同类营业罪的主体要求是国有公司、企业的董事、经理，因此从罪刑法定的原则出发，被告人张某的身份不符合非法经营同类营业罪的主体要求，故认定其设立私营公司开展与原公司同类营业业务从中谋取非法利益的行为虽系违法谋利行为，但是不构成犯罪。

对于国有公司、企业委派到国有控股的合资企业担任经理职务人员身份如何认定，因对刑法上对国有控股合资企业性质的认识不同而在学理界有诸多争议。有的认为国有控股的合资企业应排除在“国有公司、企业”之外，国有企业是指国有独资企业，即资产完全由国家投入，产权完全为国家所有，由国家委派代理人管理，经济目标受国家控制或影响的企业。例如，有观点认为：“所谓国有企业，权威的定义是指这样一类‘企业’：（1）产权归国家所有或国家控制；（2）由政府官员或政府任命代理人经营；（3）其经济目标受政府的控制或影响；（4）实行于不完全的市场环境（换句话说，生存于垄断行业）。”① 有的则认为，国有企业是指国有独资企业和国家参股且国有股份达到一定量而能控制企业运行的非纯国有企业。例如，有观点就认为：“国有企业（State Owned，Enterprises，简称SOE）是指国家拥有、经营或控制的生产经营单位。”② 这一概念中的“国有企业”就包括国有独资企业和国有控股企业。故对国有公司、企业委派到国有控股的合资企业担任经理职务的人员身份认定也有不同的观点，有的认为可以成为我国刑法所规定的“国有公司、企业的经理”，有的则持相反的观点。但是随着我国经济体制改革的深入，目前除了少数垄断行业外国有独资企业越来越少，国有控股企业在经济舞台上发挥着越来越重要的作用，鉴于其他国家对国有企业大多采取“控股说”和“参股说”的惯例，应该得出这样的结论，即国有公司、企业是指财产属于国家所有的公司和企业，包括国有独资公司、企业和国家绝对控股的公司（国有股份占全部股份的51%以上）。刑法上对“国有公司、企业”的认定也应该采取这种观点。故认为本案中张某的身份不能认定为国有公司、企业工作人员从而认定其行为也不能构成非法经营同类营业罪的分析是不正确的。

（三）第三种意见及理由

第三种意见认为本案中被告人张某的行为同时构成挪用公款罪和非法经营同类营业罪。挪用公款罪的认定和以上两种观点一样没有争议。主要争议在于被告人张某作为国有企业委派到国有控股公司担任经理职务的人员，私自设立同自己经营业务相同的公司，从中谋取非法利益，其行为能否构成非法经营同类营业罪？第三种意见的结论是从分析非法经营同类营业罪的构成要件以及该罪与贪污罪的区别而得出的。

先从构成要件来分析，在主体要件上非法经营同类营业罪要求必须是国有公司、企业的经理或者董事，被告人张某作为国有公司、企业委派到国有控股

① 李仕明、唐小我：“国有企业≠现代企业”，载《经济体制改革》1998年第5期，第21页。

② 张宇燕、何帆：“国有企业的性质（上）”，载《管理世界》1995年第5期，第129页。

公司担任经理职务的人员，根据我国刑法中对国家工作人员的认定原则，可以认为是国有公司的经理。[①] 故张某的身份符合非法经营同类营业罪的主体资格；在客观方面，被告人张某利用担任国有控股公司总经理的职务便利，为自己与他人一起经营了自己的私营公司，并且通过截留原国有控股公司业务的手段使自己的私营公司获得了高额的利润，侵害了原国有控股公司的利益，危害了国家和企业的管理制度；在主观方面，被告人张某的行为以非法获取利益为目的，是一种直接故意。因此被告人张某的行为完全符合非法经营同类营业罪的构成要件。

再者，虽然案中张某的行为看似以“其他手段非法占有公共财物”的一种贪污行为，但在对非法经营同类营业罪与贪污罪两个罪名进行仔细剖析后可以发现，张某的行为不构成贪污罪，而应当构成非法经营同类营业罪。具体而言，该两罪的不同主要体现在以下几个方面：（1）犯罪客体不同。非法经营同类营业罪侵犯的客体为国有公司、企业的管理秩序和国家的经济利益，贪污罪侵犯的客体是国家工作人员职务的廉洁性和公共财产的所有权；（2）犯罪客观方面不同。非法经营同类营业罪在客观方面表现为行为人利用职务上的便利，自己经营或者为他人经营与其任职的公司、企业同类性质的营业，贪污罪在客观方面表现为行为人侵吞、窃取、骗取或者以其他手段非法占有公共财物的行为；（3）主体范围不同。非法经营同类营业罪的主体为国有公司、企业的董事、经理，贪污罪的主体为国家工作人员以及受国家机关、国有公司、企业、事业单位、人民团体的委托经营、管理国有资产的人员，范围要广于非法经营同类营业罪；（4）主观方面不同。非法经营同类营业罪主观目的是获取非法利益，贪污罪的目的是非法占有公共财物，侵犯了公共财物的所有权。综观本案，被告人张某作为国有公司、企业的经理，其身份均符合贪污罪以及非法经营同类营业罪的主体资格，但是其并没有直接将“包装公司”的财产转移至自己的“雄泰公司”从而占有公共财物，而是自己设立了与任职的国有“包装公司”同类性质的“雄泰公司”，经营了相同的业务，并且采用欺骗手段将“包装公司”的一部分业务截留到自己的“雄泰公司”，再通过转发给其他公司加工等途径才谋取了一定的非法利益，这一系列的行为主要侵犯的是对

① 最高人民法院在2005年8月11日颁布的《关于如何认定国有控股、参股股份有限公司中的国有公司、企业人员的解释》规定：为了准确认定刑法分则第三章第三节中的国有公司、企业人员，现对国有控股、参股的股份有限公司中的国有公司、企业人员解释如下：国有公司、企业委派到国有控股、参股公司从事公务的人员，以国有公司、企业人员论。这一新的司法解释也恰恰印证了这一点。

国有公司、企业的管理秩序和国家的经济利益，因此张某的行为构成非法经营同类营业罪而非贪污罪。

综上，法院最终采纳的是第三种意见。我们也同意被告人张某的行为除了构成挪用公款罪以外还构成了非法经营同类营业罪。在司法实践中非法经营同类营业罪和贪污罪是两个犯罪表现比较相似、容易混淆的罪名，两罪量刑标准却差别悬殊，如果认定错误，就会造成轻罪重判或者重罪轻判，不能体现我国的司法公正，因而非常有必要在司法实践中对该两罪进行认真的分析和辨别。

（执笔人：李　丹）

公司董事长在清算前通过股东大会决议退还股东股金的，是否构成妨害清算罪

一、要旨提示

妨害清算罪，是指公司、企业进行清算时，隐匿财产，对资产负债表或者财产清单作虚伪记载或者在未清偿债务前分配公司、企业财产，严重损害债权人或者其他人利益的行为。1979 年《刑法》中并没有妨害清算罪的规定，1997 年《刑法》是在 1995 年 2 月全国人大常委会颁布的《关于惩治违反公司法的犯罪的决定》第 5 条①的基础上规定了此罪。新《刑法》这种将妨害清算罪从破产犯罪中分离出来单独立法，对妨害解散清算和破产清算的违法行为统一调整的立法模式，不但与现代刑事立法趋势相吻合，亦能较好地适应我国司法实践的客观需要。但由于《刑法》对妨害清算罪的规定相对比较笼统和原则化，理论上也无统一认识，而相应地随着经济发展的日新月异，公司、企业因解散、破产而进行的清算活动却日趋频繁，在清算前后发生各种妨害清算行为的几率也日益增多，这就使得在司法实践中常常会出现该罪与他罪、罪与非罪的分歧。因此，非常有必要根据现有法律规定对妨害清算罪的犯罪构成各个方面进行剖析，以便准确适用法律。

二、基本案情及处理结果

某公司的前身是该市榨油厂，为市粮食局下属的一家国有企业，1998 年底改制组建为有限公司。改制时，公司以榨油厂的 630 余万元评估资产作抵押，向某银行贷款 420 万元买断。改制后，公司生产经营正常，到 2001 年底共拥有职

① 其第 5 条规定："公司进行清算时，隐匿财产，对资产负债表或者财产清单作虚伪记载或者在未清偿债务前分配公司财产，严重损害债权人或者其他人利益，对直接负责的主管人员和其他直接责任人员，处 5 年以下有期徒刑或者拘役，可以并处 20 万元以下罚金。"1997 年刑法对此作了一定的修改，一是将犯罪主体由公司改为公司、企业；二是修改了罚金刑的幅度和处罚方式。

工185人，年缴利税190多万元。后来由于多种原因又停产。2002年春，第一届董事会任满，经换届选举，被告人苏某任董事长，但其上任后没有开一次研究如何启动生产的会议，只是想方设法游说股东和职工将公司解散分家，并于2002年4月20日召开公司股东大会，通过了给股东退股和解散公司的决议，后于4月22日至5月10日期间将188万余元的股金以公司财产按各股东的出资额全额退款，致使公司所欠的200.5442万元的国家税金不能缴纳入库，债权人302.9370万元债权不能实现。同年6月10日，该公司成立了清算组。

公诉机关以被告人苏某构成妨害清算罪向法院起诉，经过审理后法院采纳了公诉机关的意见，以妨害清算罪对被告人苏某判处有期徒刑2年，并处罚金人民币3万元。

三、关键问题及争议

本案的关键问题在于：

1. 自然人能否成为妨害清算罪的主体?

2. 妨害清算罪中的清算期间如何界定?

3. 公司清算前退还公司股东股金，造成债权人损失的，是否构成妨害清算罪?

基于以上几点，本案的争议焦点主要集中在对被告人苏某的行为是否构罪上，分歧意见有：

第一种意见认为，被告人苏某作为公司董事长在清算前退还公司股东股金，已经构成妨害清算罪；

第二种意见认为，被告人苏某的行为不符合妨害清算罪的构罪要求，因此不能以妨害清算罪对其定罪处罚。

四、评析意见

（一）第一种意见及理由

认为本案被告人苏某的行为不构成妨害清算罪。主要理由如下：我国《刑法》第162条明确规定，公司、企业进行清算时，隐匿财产，对资产负债表或者财产清单作虚伪记载或者在未清偿债务前分配公司、企业财产，严重损害债权人或其他人利益的，对其直接负责的主管人员和其他直接责任人员，处5年以下有期徒刑或者拘役，并处或者单处2万元以上20万元以下罚金。根据以上规定，可以看出：（1）在时间上来看，妨害清算的犯罪行为必须是发生在公司、企业进行清算时，即该罪的构成只可能存在于清算开始后，根据罪刑法定的原则，在清算开始之前的妨害清算严重损害债权人或其他人利益的行为是不可能构成该罪的。[①] 本案中被告人苏某退还股东股金的时候，公司还没有进行财产清算，即他决定退还股东股金并非是在清算过程中实施的行为，所以，不符合妨害清算罪在行为时间上的界定。（2）从《刑法》第 162 条的行文来看，妨害清算罪的主体只能是“公司、企业”，即属于单位犯罪，只是刑罚上采取了“代罚制”，将直接负责的主管人员和其他责任人员作为处罚对象。在实践中不能混淆犯罪主体与处罚主体之间的关系。另外，《刑法》中规定的“直接负责的主管人员和其他责任人员”是指进入清算程序后清算组中直接负责的主管人员和其他直接责任人员。[②] 本案的被告人苏某作为公司的董事长，本身系自然人，不符合妨害清算罪的犯罪主体要求，他又是在公司进入清算程序前就实施了退还公司股东股金的行为，不属于清算组中直接负责的主管人员和其他责任人员，因此，苏某既不能成为妨害清算罪的犯罪主体，也不能作为该罪处罚主体。

（二）第二种意见及评析

认为被告人苏某的行为构成妨害清算罪。本案中的被告人苏某在 2002 年 4 月 20 日组织召开股东大会时，通过了给股东退股、解散公司的决议，该决议是合法有效的。但以苏某为首的公司领导班子，却没有根据《公司法》的规定，在解散事由出现之日起 15 日内成立清算组，也没有按照《公司法》的规定，支付清算费用、职工的工资、社会保险费用和法定补偿金，缴纳所欠税款，清偿公司债务后的剩余财产，有限责任公司按照股东的出资比例分配，股份有限公司按照股东持有的股份比例分配的顺序分配公司财产，而是置《公司法》有关在“公司财产在未按前款规定清偿前，不得分配给股东”的规定于不顾，抛开公司债务和所欠税款不管，于 2002 年 4 月 22 日到 5 月 10 日，将公司财产低价折抵股金卖给股东，致使公司清算后债权人的利益无法得到保障，危害了债权人利益和公司清算秩序，苏某作为公司的董事长，系直接负责的主管人员，应对其以妨害清算罪来定罪处罚。

此种意见有一定的道理。首先，从妨害清算罪的立法本意来看，我国

① 马克昌主编：《经济犯罪新论——破坏社会主义经济秩序罪研究》，武汉大学出版社 1998 年版，第 185 页。

② 马克昌主编：《经济犯罪新论——破坏社会主义经济秩序罪研究》，武汉大学出版社 1998 年版，第 180 页；黄京平主编：《破坏市场经济秩序罪研究》，中国人民公安大学出版社 1999 年版，第 256 页。

《刑法》第162条设立妨害清算罪之规定，就是为规制妨害清算行为而设立的。而清算就是指公司、企业在解散后，为了结公司、企业的各种债权、债务关系及其他法律关系，依法组成清算组对公司、企业各项事务进行清理的活动。根据清算原因的不同，又可将其分为解散清算和破产清算。若在进行清算时，图谋私利，违规操作，妨害清算活动的顺利进行，相关人员则可能承担刑事责任，构成犯罪。被告人苏某的行为无疑妨害了清算活动的顺利进行，对其以妨害清算罪定罪处罚符合该罪的立法本意。其次，从犯罪的构成要件分析。我国《刑法》中规定的妨害清算罪的客观方面主要表现为公司、企业在清算期内有以下几种行为：（1）隐匿公司、企业财产的行为；（2）对资产负债表或者财产清单作虚假记载的行为；（3）在公司、企业清偿债务前分配公司、企业财产的行为。而此种意见对于清算期间的界定，认为一般应从清算组依法成立时起，至剩余财产分配完毕之时止，即清算结束之日止。但在具体定罪时不应机械地照搬，否则，容易给犯罪分子规避法律的机会，也不利于充分保护债权人及其他人的利益，故应灵活把握。对于清算前所实施的妨害行为，即预期妨害行为也可以认为构成妨害清算罪，国际上日本、俄罗斯等国家在破产法中也采取了此立法。[①] 妨害清算罪所侵害的是复杂客体，即债权人或者他人利益以及清算秩序。[②] 本案中的被告人苏某在成立清算组前将公司的财产变价为股金分配给各股东，属于在清偿公司债务前私自分配公司财产的行为，而且该行为在客观上也侵害了债权人利益，造成了国家税收损失，且破坏了正常的清算秩序。再从犯罪的主观方面来看，被告人苏某在主观上对于自己的行为会损害债权人或他人的利益这一后果是持希望或放任状态的，因此也符合我国刑法对该罪主观方面的要求。本罪虽然是单位犯罪，但是处罚的主体是“直接负责的主管人员和其他直接责任人员”，苏某作为公司的董事长，当然可以作为直接负责的主管人员接受法律的惩处。从以上几点来看，苏某的行为似乎确应以妨害清算罪定罪处罚。也正是鉴于以上几点理由，公诉机关和法院最终也都认定苏某的行为构成妨害清算罪。

但是，我们认为这种观点违反了我国刑法最重要的一项基本原则即罪刑法定原则。通过《刑法》第162条的条文以及相关的立法解释，可以清楚我国法

① ［日］伊藤真著《破产法》（新版），中国社会科学出版社1995年版，第319页；黄道秀等译：《俄罗斯联邦刑法典》，中国法制出版社1996年版，第99页。

② 孙卫华、蒋大兴：“妨害清算罪比较研究——兼评新刑法第162条”，载《学术交流》1999年第2期。

律规定的妨害清算罪的构成要件可归纳为以下四个方面：第一，妨害清算罪的客体是复杂客体或双重客体，即犯罪行为不仅侵犯了国家关于公司、企业的清算管理制度，而且还侵犯了债权人和其他人的合法权益；第二，该罪的主体是公司、企业，即本罪是纯粹的单位犯罪，但本罪的刑事责任的承担实行代罚制，即处罚直接负责的主管人员和其他直接责任人员；第三，该罪的主观方面是故意，即明知其行为侵害了清算管理制度和债权人和其他人的合法利益；第四，该罪的客观方面表现为公司、企业在进行清算时，隐匿财产，对资产负债表或财产清单作虚伪记载或者在未清偿债务前分配公司、企业财产，严重侵犯债权人和其他人的合法权益，也即妨害清算罪的行为必须发生于公司、企业进行清算过程中。因此，在清算组成立之前，如有隐匿财产，对资产负债表或者财产清单作虚伪记载或者未清偿债务前分配公司财产的，不应按妨害清算罪处理。

综上，我们可以看出，对本案中被告人苏某的行为尚不能以我国《刑法》第 162 条规定的妨害清算罪来论处，但是客观上苏某的行为又确实妨害了对公司的清算，造成了债权人及其他人的利益损害。而且在经济高速发展的今天，公司作为参与社会经济活动的法人组织越来越多地出现在社会经济舞台上。公司成立、解散也就成了社会经济生活中常见的现象，公司解散、清算的合法操作就成了一个大的社会问题。在司法实践中，有的公司、企业把清算程序作为一种逃避债务的手段，他们在进入清算程序前，为图谋私利，大肆进行预期妨害行为，千方百计地赖账和逃债。其中有的公司、企业在面临破产时，采取“先分后破”的方法，隐匿财产或把尚有经营价值的资产或部门剥离出来，形成新的经济实体，然后再申请破产，以减少损失、逃避债务。对于上述严重侵害债权人利益的行为该如何处罚呢？这就对立法提出了更高的要求。《刑法》第 162 条在罪名选择、妨害清算罪之主体、主观方面及客观方面等诸事项上存在立法缺陷，致使该条款有关内容欠缺科学性。在此，结合本案我们提出以下几点立法建议，以便能在司法实践中更有效地打击此类犯罪：（1）明确妨害清算罪的处罚对象范围，将清算组成员、被清算的债务人的原法定代表人、直接责任人和其他第三人都纳入处罚对象之内；（2）增加预先妨害清算行为的规定，在刑法条文中取消对妨害清算行为的时间限定；（3）扩大妨害清算行为的类型范围，将其他一些严重侵害债权人或者其他人利益的清算违法行为也纳入到刑法的调整范围内；（4）可通过司法解释对“严重侵害债权人或者其他人利益”作出一个具体的量化标准，以便提高执法的可操作性。

（执笔人：李　丹）

国有事业单位工作人员，利用职务便利使亲属在本单位网络改造项目的投标中中标，造成重大损失的，应如何认定

一、要旨提示

为亲友非法谋利罪，是指国有公司、企业、事业单位的工作人员利用职务便利，将本单位的盈利业务交由自己的亲友进行经营，或者以明显高于市场的价格向自己亲友经营管理的单位采购商品，或者以明显低于市场的价格向自己亲友经营管理的单位销售商品，或者向自己亲友经营管理的单位采购不合格商品，致使国家利益遭受重大损失的行为。从该罪的犯罪特征来看，其与贪污罪，国有公司、企业、事业单位人员滥用职权罪等犯罪存在着许多相似之处，在实践中还往往同其他犯罪相互交错。如何透过该罪与其他犯罪在现象上的相似性，准确界定其本质区别所在，并由此进一步探讨近似犯罪的区分原则，以准确定罪，无疑具有重要的理论与实践意义。

二、基本案情及处理结果

被告人李某于2000年11月23日被聘为某国有事业单位科研开发处代理处长，同年12月，该单位将“校园网络改造、办公自动化”这一重任交给李某所在的科研开发处具体负责。李某作为该项工作的负责人，担当了工程评标会的评委，并负责工程的筹备、招标和投标工作。在招投标工作中，李某始终隐瞒了其中参加投标的甲公司法定代表人为其母亲的事实，并使得没有实际施工资格的甲公司最终中标。2001年3月8日，该单位与甲公司签订了正式合同，确定工程款为169.13万元，同年7月，网络改造工程完工，该单位支付了全部工程款。期间，李某又利用领导委派其购买网站服务器设备的机会，擅自通过甲公司以47.65万元的价格，购买了IBM服务器3台、IBM硬盘12块。网络投入使用后问题不断，经过测试发现技术质量通过率很低。后经价格

认证中心鉴定，该单位的网络工程造价仅为78万余元，而该单位却为此多支付了91万元；所购买的网站服务器等物品价格为10.329万元，而该单位为此多支付了37万余元。除此之外，该单位为网络工程的修复支付了线路测试费、更换交换机等费用，多达12万余元。

公诉机关以被告人李某犯为亲友非法谋利罪向法院提起公诉，后法院经过审理，也认为被告人李某身为国家事业单位的工作人员，主观上具有为亲友非法谋利的故意，客观上实施了利用为本单位采购物品的职务便利，以明显高于市场的价格向自己的亲友经营管理的单位采购商品的行为，使国家利益遭受重大损失，已构成为亲友非法谋利罪，判处李某有期徒刑1年，缓刑1年，并处罚金1万元。

三、关键问题及争议

本案的关键问题在于：

1. 作为国有事业单位的工作人员，利用职务便利使自己的母亲在自己所在单位的招投标项目中中标从而盈利，同时使单位及国家利益遭受重大损失的行为，是构成一罪还是数罪？

2. 为亲友非法谋利罪与贪污罪、国有事业单位人员滥用职权罪、串通投标罪等相近犯罪之间如何区分？

本案争议焦点集中在对被告人李某的行为如何定罪上，主要有以下几种分歧意见：

第一种意见认为，对被告人李某的行为应以贪污罪论处；

第二种意见认为，对被告人李某的行为应以国有事业单位人员滥用职权罪定罪论处；

第三种意见认为，对被告人李某的行为应以串通投标罪与为亲友非法谋利罪论处；

第四种意见认为，对被告人李某的行为应仅以为亲友非法谋利罪论处。

四、评析意见

（一）第一种意见及评析

第一种意见认为对本案中被告人李某的行为应认定为贪污罪。因为从犯罪构成来分析，贪污罪的主体是国家工作人员，而被告人李某作为国有事业单位工作人员，符合“国家工作人员”的身份；在客观方面，贪污罪要求行为人实施了利用职务之便，侵吞、窃取、骗取或者以其他手段非法占有公共财物的行为，而本案中的被告人李某利用自己担任科研开发处代理处长并且负责工程招标的职务便利，采用使其母亲所开的甲公司在工程投标中中标和通过甲公司高价采购商品的行为，使得其母亲的公司非法盈利100多万元，通过现象去看本质，李某的行为是一种变相的贪污手段，是一种“以其他手段非法占有公共财物”的行为；从主观上看，李某具有通过使其母亲的公司非法盈利而占有公共财物的目的；从侵犯的客体来看，被告人李某的这种行为侵犯了公共财产的所有权，也侵犯了国家工作人员公务行为的廉洁性。因此，李某的行为构成贪污罪。虽然被告人李某在本案中的行为也同时符合为亲友非法谋利罪的犯罪构成，但是这种情况属于想象竞合，即一个行为同时触犯了两个罪名，应从一重罪处断，即以贪污罪论处。

这种意见其出发点是为了更好地打击现实中存在的各种变相贪污行为，不轻易放纵犯罪，看起来有一定的道理，但是本案中被告人李某的行为是否为一种变相的贪污呢？一般来说，贪污罪与为亲友非法谋利罪在犯罪构成上差别很大，实践中一般较易区分。容易发生混淆的就是，行为人以明显高于市场的价格向自己的亲友经营管理的单位采购商品或者以明显低于市场的价格向自己的亲友经营管理的单位销售商品，然后与该亲友分割利润的情况。本案就属这种情况。但是在这种情况下要构成贪污罪，必要的前提就是行为人事前要与其亲友共谋分配差价。本案中的李某虽然向单位隐瞒了其母亲所开公司中标的事实，并且擅自通过向该公司采购商品而使得其母亲的公司赢得高额的利润，无法否认李某自己在其中可能会获得一定的利益或者回报，但是在没有证据证明李某与其母亲有预先分割利润约定的情况下，就无法认定李某的行为构成贪污罪了。

（二）第二种意见及评析

第二种意见认为对李某的行为应认定为国有事业单位工作人员滥用职权罪。我国《刑法》第168条（经1999年《刑法修正案》修正）规定，国有事业单位的工作人员滥用职权，致使国家利益遭受重大损失的，处3年以下有期徒刑或者拘役；致使国家利益遭受特别重大损失的，处3年以上7年以下有期徒刑。根据2001年最高人民检察院、公安部《关于经济犯罪案件追诉标准的规定》，国有事业单位的工作人员，滥用职权，造成国家直接经济损失数额在30万元以上的，应予追诉。本案中的李某在完成单位网络改造等工作的过程中，利用自己负责整个工程的职务便利，滥用职权，无视相关法律规定，使得其母亲所开公司在招投标中中标并且还向该公司高价采购商品，造成其所在的国有事业单位损失100多万元，已经给国家造成了巨大的经济损失，既符合国有事业单位工作人员滥用职权罪的构成要件，也符合其追诉标准，故应认定李某的行为构成国有事业单位工作人员滥用职权罪。

这种意见认为李某的行为构成国有事业单位工作人员滥用职权罪的分析是正确的，但是我们应该来看一下刑法中该罪与为亲友非法谋利罪的关系。因为对于"滥用职权"这一行为特征，刑法罪状中并未作出任何规定和描述，从而导致对其含义的理解也有一定的随意性和宽泛性。其实所谓"滥用职权"，是指超越职权或者不正当行使职权的行为，具体可分为两类：一是超越职权行为，即国有公司、企事业单位人员行使职权时，逾越职权范围，实施了无权实施的行为。二是不正确行使职权行为，即国有公司、企事业单位人员行使职权时，不正确行使自己职责范围内的权力，应该做此而做彼或应该做而不做，不该做而做。由上可看出滥用职权的概念范围非常广泛，因而国有事业单位工作人员滥用职权罪在客观行为的表现形式上也存在多样性，在滥用职权过程中行为人的特定行为往往又会符合其他罪名的客观行为形式，这样就形成了普通法与特别法条的关系。对于这种一个行为因为法条之间的相互交叉或包含关系而触犯不同罪名的，构成法条竞合，应采用特别法优于普通法的原则以一罪论处。李某的行为同时触犯了为亲友非法谋利罪与国有事业单位工作人员滥用职权罪，但是应以特别法条即为亲友非法谋利罪来认定，而非国有事业单位工作人员滥用职权罪。

（三）第三种意见及评析

第三种意见认为李某的行为同时构成串通投标罪与为亲友非法谋利罪，应予以数罪并罚。我国《刑法》第223条第2款规定："投标人与招标人串通投标，损害国家、集体、公民的合法利益的，处三年以下有期徒刑或者拘役，并处或者单处罚金。"本案中，李某作为主持招标活动的负责人，隐瞒其母亲经营的甲公司的技术实力，利用职权使得甲公司在投标中中标，其行为属于串通投标行为，且该行为最后造成了该单位以超出市场价2倍多的价格高额支付工程款并且工程质量低下，造成了国家、集体利益的严重损害，因此，李某作为投标单位的直接负责人的上述行为构成串通投标罪。同时李某作为国有事业单位的工作人员还实施了擅自通过其母亲所属的甲公司采购商品，致使甲公司非法获利37万元，而国家的经济利益遭到重大损失，李某的这一行为系"以明显高于市场的价格向自己亲友经营管理的单位采购商品"的行为，因此构成了为亲友非法谋利罪。对李某应以串通投标罪和为亲友非法谋利罪两罪并罚。

从本案来看，李某的行为确实构成了串通投标罪。但是，到底如何对其定罪处罚还得仔细分析。案例中被告人李某的前后一系列行为均围绕一个主要的目的，那就是尽量利用自己手中的权力为其母亲非法谋利，也就是说其前后的所有行为均是为了使亲友非法谋利而实施的。李某的串通投标行为只是为亲友非法谋利的一种手段，其与为亲友非法谋利具有手段和目的的牵连关系，且均构成了犯罪，触犯了不同的罪名，构成了刑法理论上的牵连犯，属于“处断的数罪”，应从一重罪处罚，而非数罪并罚。

（四）第四种意见及理由

认为对李某的行为应以为亲友非法谋利罪论处。理由是：

首先，李某的行为已经构成为亲友非法谋利罪。本案中，李某所在的单位系国有事业单位，李某作为该单位科研开发处的处长，符合为亲友非法谋利罪的主体要件；李某担任处长职务期间，利用自己负责单位网络改造工程招投标和商品采购的便利条件，在明知其母亲所属公司没有施工资格的情况下仍然使该公司在项目招标工作中顺利中标，后又将通过该公司用高价采购了工程所需的网络服务器等物品，李某的这一系列行为均利用了其自己在单位的职务便利；李某所实施的行为既是“将其所在单位的盈利业务交由自己的亲友进行经营”的行为，也是“以明显高于市场的价格向自己亲友经营管理的单位采购商品”的行为。以一般常理来推论就可知道该单位的网络改造工程肯定会给任何承接工程的施工单位带来一定的利润，所以该网络改造工程就是一种盈利性的业务。李某将该业务交给自己的母亲所属的公司来完成，就自然属于“将其所在单位的盈利业务交由自己的亲友进行经营”的行为了。而李某后来又擅自以高达实际价值 3 倍多的价格通过其母亲所属公司采购商品的行为显然又是一种“以明显高于市场的价格向自己亲友经营管理的单位采购商品”的行为；在客观结果上，李某的行为造成了其所在的国有事业单位为该网络改造工程支付了多出市场价格 128 万余元的资金，并且因改造后网络质量低下，该单位又为网络工程的修复支付了线路测试费、更换交换机等额外损失了 12 万余元。根据 2001 年最高人民检察院、公安部《关于经济犯罪案件追诉标准的规定》第 11 条的规定，国有公司、企业、事业单位的工作人员，利用职务便利，为亲友非法谋利，涉嫌下列情形之一的，应予追诉：造成国家直接经济损失数额在 10 万元以上的；致使有关单位停产、破产的，造成恶劣影响的。据此可以认定，李某的行为已经造成“使国家利益遭受重大损失”的严重结果；

在主观上，李某的目的是为了其母亲谋利，对自己行为会对国家利益造成的损害是一种放任的心理状态，也符合为亲友非法谋利罪在主观上的“故意”要求。通过以上对犯罪构成要件的分析，可以清晰地判断出李某的行为确已构成为亲友非法谋利罪。

其次，李某的行为也构成了串通投标罪。李某在该单位对网络改造工程进行招投标的过程中利用职务之便，使其母亲所属公司中标的行为，符合串通投标罪的构成要件。但是从本案的整体来看，被告人李某的串通投标行为只是其为母亲非法谋利的其中一个手段，目的还是在于为亲友非法谋利。所以，在手段行为与目的行为均已构成犯罪的情况下，应按照牵连犯的处断原则，以一重罪即为亲友非法谋利罪来论处。

我们赞同这种意见，最后本案中法院采纳的也是第四种意见。但是本案中还有一个问题值得我们去探讨，为亲友非法谋利罪中的“亲友”能否成立本罪的共犯？李某母亲的行为是否构罪？从本案来看，被告人李某的母亲为获取高额的非法利润而与李某一起实施了抬高工程报价与商品价格的行为，且李某的行为主观上是为了让其母亲获取利润，其母亲在主观上对李某的行为也均属知情，那么按照共同犯罪的一般原理，其母亲的行为可以成立共同的犯意和行为。那么，到底能否以共犯来论处呢？我们认为应严格限制除国有公司、企业、事业单位工作人员以外主体成立本罪共犯的范围。因为如果对本罪中的“亲友”一概以为亲友非法谋利罪的共犯论处必然有违立法精神。立法者设立本罪的本意就是为了依法惩治国有公司、企业、事业单位工作人员在工作中实施的背信经营行为，具体表现就是为自己或第三人（含亲友）谋取非法利益，客观上必然导致国家财产遭受严重损失的行为。在法律对上述国有单位人员认定为为亲友非法谋利罪的同时，这一危害行为及其亲友非法获利的结果都已得到了法律上的否定评价。如果对其中的亲友行为一并定罪处刑，则将会使本罪成为一种新的必要共同犯罪，这显然不是立法旨趣所在，同时也有不当扩大刑事打击范围之嫌。当然，在其他一些具体案例中有些亲友在事前对国有单位人员实施犯意有教唆和配合行为，又在本罪的实施过程中起主要作用，那么应当让其也承担一定的刑事责任，将其认定为为亲友非法谋利罪的共犯。如果亲友在实施本罪过程又同时有向国有公司、企业、事业单位工作人员行贿等行为构成其他犯罪的，对其他行为也应一并处罚。因而，我们认为本案中被告人李某的母亲不能与李某构成为亲友非法谋利罪的共犯，但是李某的母亲与李某构成串通投标罪的共犯，对其应当以串通投标罪来处罚。

综上，为亲友非法谋利罪本身从犯罪构成来看比较清晰易辨，但是在实际案例中这种看似简单的犯罪却往往会出现罪与非罪、此罪与彼罪的困扰，因而要对该罪的构成要件以及本质特征作深刻的了解和研究。本案中被告人李某作为国有事业单位工作人员，事先没有与其母亲约定利润分成，但利用职务便利使自己母亲在本单位网络改造项目的投标中中标，造成重大损失，其行为既构成了串通投标罪，也构成为亲友非法谋利罪，但两者之间存在牵连关系，应从一重罪即为亲友非法谋利罪来处罚。

（执笔人：李　丹）

国有公司、企业改制前后连续收受贿赂的，应当如何认定

一、要旨提示

公司、企业人员受贿罪是指公司、企业的工作人员利用职务上的便利，索取他人财物或者非法收受他人财物，为他人谋取利益，数额较大，或者在经济往来中，利用职务上的便利，违反国家规定，收受各种名义的回扣、手续费，归个人所有的行为。2006年6月29日《中华人民共和国刑法修正案（六）》对该罪作了重新界定，将犯罪主体由原来的"公司、企业的工作人员"扩大为"公司、企业及其他单位的工作人员"。2007年10月25日最高人民法院、最高人民检察院《关于执行〈中华人民共和国刑法〉确定罪名的补充规定(三)》取消了公司、企业人员受贿罪罪名，代之以非国家工作人员受贿罪罪名。虽然从犯罪构成的要件来看，该罪与我国《刑法》第385条所规定的受贿罪之间似乎界限分明，但是在司法实践中，由于一些国有企业改组，导致经营管理人员主体身份发生变化。对国企改组前后连续发生的贿赂行为，如何区分罪与非罪、一罪或数罪，保证正确适用法律，值得我们认真探讨。

二、基本案情及处理结果

被告人陈某于1986年进入某国营的棉麻纺织印染总厂工作，1993年左右任该厂煤炭采购员。1998年2月该厂按国有零资产改制为集体性质的股份合作制企业。陈某于1994年11月至2000年8月间，利用其担任煤炭采购员的职务便利，在负责向某煤炭公司购煤之际，采用虚开运输费发票到某煤炭公司报销的方式，多次收受该公司给予的回扣共计人民币476522.99元归其个人所有。

公诉机关以被告人陈某犯受贿罪与公司、企业人员受贿罪将案件起诉至法院，一审法院判决认定陈某犯公司、企业人员受贿罪，后公诉机关依法提起抗

诉，二审法院经过审理后裁定驳回抗诉，维持原判。

三、关键问题及争议

上述案例的关键问题在于：

1. 对于在国有企业改制前后连续收受贿赂的行为，是构成一罪还是数罪?

2. 如何区分公司、企业人员受贿罪与受贿罪?

对本案的争议主要就集中在对于被告人陈某罪名的认定上，主要有以下几种意见：

第一种意见认为，对被告人陈某的行为应以公司、企业人员受贿罪论处；

第二种意见认为，对被告人陈某的行为应以受贿罪和公司、企业人员受贿罪进行数罪并罚。

四、评析意见

（一）第一种意见及评析

第一种意见认为本案中被告人陈某的行为只能认定构成公司、企业人员受贿罪。因为陈某自1994年11月至2000年8月间，利用自己在企业担任煤炭采购员的职务便利，多次采用虚开运输费发票到业务单位报销的形式，收受业务公司的回扣，其这种行为虽然因为1998年的企业改制而在性质上发生了变化。但是，在这个过程中，陈某收受回扣的行为一直在断断续续地进行，应该说具有连续性，同时每次收受回扣的行为均有独立性，而这数个行为都是基于同一犯意而产生的，因而陈某接受回扣的贿赂行为构成连续犯。对于连续犯的处罚，应当按照最高人民法院1998年12月2日下发的《关于跨越修订刑法实施日期的继续犯罪、连续犯罪以及其他同种数罪应如何具体适用刑法问题的批复》（以下简称《批复》）中的规定，适用其行为终了之日的罪名，因陈某在2000年8月案发时的身份系一般的企业工作人员，故对刘某应以公司、企业人员受贿罪一罪来论处。

这种意见对于被告人陈某收受回扣行为在企业改制前后发生性质上的变化的理解是正确的。但是这一种观点却错误地理解了连续犯的特征和内涵，并且还误读了最高人民法院的相关司法解释，导致最终对陈某行为适用法律上的错误。那么，何为连续犯呢？按刑法理论的通说，连续犯是指基于同一或概括的犯罪故意，连续多次实施数个独立的犯罪行为，触犯同一罪名的犯罪形态。值得注意的是，连续犯必须是数个行为触犯同一罪名，即行为人的行为均符合统一犯罪的基本构成。也就是数个行为触犯了同一罪名才有可能构成连续犯。本案中陈某的行为因公司改制而发生身份上的变化，从而其行为在改制前后已经分别触犯了不同的罪名，因此不符合连续犯的特征。而上述这种意见却在肯定陈某的数个行为前后性质发生变化的情况下，却又认定陈某的数个行为是连续犯，就得出其数行为触犯同一罪名的结论，这不符合正常的逻辑推理，显然是错误的。至于最高人民法院1998年的《批复》，其内容为：对于开始于1997年9月30日以前，继续或者连续到1997年10月1日以后的行为，以及在1997年10月1日前后分别实施的同种类数罪在新旧《刑法》都认为是犯罪且应当追诉的情况下，应当一概适用修订《刑法》一并进行追诉。对于修订《刑法》比原《刑法》所规定的构成要件和情节较为严格，或者法定刑较重的，也应当适用修订《刑法》，但在提起公诉时，应当提出酌情从轻处理意见。从中可以看出，该《批复》是为了解决跨越刑法施行日期的继续犯罪、连续犯罪以及其他同种数罪应如何具体适用刑法的问题，即针对的是“跨法犯”的问题。而本案中陈某的行为并未跨越修订《刑法》施行日期，而仅仅是因为企业改制，导致了其主体身份的变化。那么，对于陈某的这种“跨改犯”是否能适用《批复》的规定呢？我们认为，“跨改犯”与“跨法犯”既有相似之处，又有本质不同，不能直接等同处理。相似之处在于：（1）前行为和后行为均基于同一犯意；（2）前行为和后行为存在着本质上的联系和连续；（3）均因行为跨越某个特殊时间界限而在罪名和处理上带来某些变化。正是基于以上这几点相似之处，才会使有些人在处理实际案件中，简单地将针对“跨法犯”的法律规定直接适用到“跨改犯”上了。我们更应看到两者的不同之处：“跨法犯”中的行为虽因法律的修订而触犯了不同的罪名，但是前后行为在实质上只构成一种犯罪，而“跨改犯”中的犯罪行为在时间上虽有连续，但前后行为因为企业改制，行为主体身份变化而分别构成不同的犯罪，前后行为虽然形式相同但却有实质性的区别。因此，对于“跨改犯”不能简单参照“跨法犯”的规定处理。

（二）第二种意见及评析

第二种意见认为对被告人陈某的行为应认定为受贿罪和公司、企业人员受贿罪，实行数罪并罚。因为从本案案情来分析，对被告人陈某前后收受回扣的行为应按照公司被改制而分段进行考量，其在企业改制前后的行为分别构成了受贿罪和公司、企业人员受贿罪。首先，陈某在1994年11月至1998年2月间，利用其担任国营企业煤炭采购员的职务便利，在负责为企业购煤之际，采用虚开发票到业务公司报销的方式，多次收受该公司回扣的行为构成了受贿罪。从犯罪构成上分析，陈某作为国营企业的采购员负责企业采购业务，系国有企业中从事公务的人员，根据《刑法》第93条的规定，可以认定为国家工作人员，在主体身份上符合受贿罪的要求。在客观行为上，陈某利用自己承担为单位采购煤矿的职务便利，违反规定以虚开发票报销的形式收取业务单位的回扣，也完全符合《刑法》第385条的“在经济往来中，违反国家规定，收受各种名义的回扣、手续费，归个人所有”的规定。陈某在主观上对自己收取回扣的行为和结果是明知的，也是故意的。在侵犯的客体上，陈某的行为既危害了国家工作人员职务活动的廉洁性，也损害了公私财产所有权。因此，陈某在企业改制前的行为构成了受贿罪。同样，陈某在1998年2月企业改制后继续收取其他业务公司回扣的行为却构成了公司、企业人员受贿罪。在这段期间内，陈某的收取回扣行为与前阶段的行为性质没有变化，但是因为公司的改制，公司的性质从国营企业变成了集体性质的股份合作制企业，随之陈某的身份也从国家工作人员变为非国有企业的工作人员，根据《刑法》第163条第2款、第3款的规定：“公司、企业的工作人员利用职务上的便利，索取他人财物或者非法收受他人财物，为他人谋取利益，数额较大的，处五年以下有期徒刑或者拘役；数额巨大的，处五年以上有期徒刑，可以并处没收财产。公司、企业的工作人员在经济往来中，违反国家规定，收受各种名义的回扣、手续费，归个人所有的，依照前款的规定处罚。”故对陈某在后阶段的行为应以公司、企业人员受贿罪来定罪处罚。被告人陈某的前后两个阶段行为，虽然在形式上基本相同，且呈连续状态，但是分别构成了不同的犯罪。两罪无论在犯罪主体、侵害的客体上，都有实质性的区别，而犯罪主体和犯罪客体都是犯罪构成的必备要件，也是区别此罪与彼罪的唯一标准。因此属实质性两罪，应分别定罪，数罪并罚。

我们也同意这种意见。其实，公司、企业人员受贿罪与受贿罪两者之间看似相近却性质根本不同，两者相似或相同之处主要在于主观方面行为人都是直接故意犯罪，并且都具有非法占有他人财物的目的，客观方面都表现为行为人利用职务上的便利，实施了索取、非法收受他人财物的行为，并在经济往来中违反国家规定，收受回扣、手续费归个人所有等。但是同属受贿犯罪类型的两罪之间却存在明显的差异：第一，从犯罪主体来看，两罪虽然都是特殊主体，但是公司、企业人员受贿罪的主体则只能是非国有公司、企业或者其他单位的工作人员，而受贿罪的主体只能是国家工作人员。第二，从侵犯的客体来看，两罪虽然都侵犯了职务行为的廉洁性，但受贿罪侵犯的是国家工作人员职务行为的廉洁性。而公司、企业人员受贿罪侵犯的客体则是公司、企业或者其他单位工作人员职务行为的廉洁性，同时还侵犯了公平竞争的市场秩序。第三，从行为人“利用职务上的便利”的内容看，公司、企业人员受贿罪中“利用职务上的便利”，则是指行为人利用其职务上主管、经营、负责或者参与本公司、企业或者本单位某项工作的便利条件，而受贿罪中行为人“利用职务上的便利”，是指利用从事公务的便利，即利用自己职务上主管、负责或者承办某项公共事务的职权及其所形成的便利条件。既包括利用本人职务上的职权，也包括利用职务上有隶属、制约关系的其他国家工作人员的职权。第四，从索贿的行为方式来看，公司、企业人员受贿罪中索贿的行为方式则与收受他人财物一样，都要求行为人以“为他人谋取利益”为构成要件，如果没有“为他人谋取利益”的，则不构成此罪。而受贿罪中的索贿的行为方式不要求行为人以“为他人谋取利益”为构成要件，只要行为人索取他人财物的即可构成犯罪。第五，从构成犯罪的数额要求来看，公司、企业人员受贿罪则是典型的数额犯，只有达到受贿“数额较大”的才能构成犯罪，如果未达到“数额较大”则不构成此罪。而受贿罪中索贿是行为犯罪，只要行为人有索贿行为，即使受贿财物未达到5000元的也构成受贿罪。非法收受他人财物是数额加上情节犯，即行为人受贿所得只有达到5000元的，才能构成犯罪。第六，从案件发生的领域来看，公司、企业人员受贿罪多发生在市场交易活动中，存在于商品流通领域，其实质在于维护法定的市场秩序，与国家的公职权力无关，而受贿罪则多发生于国家公共事务管理领域，体现的是国家的公职权力。另外，从处罚上来看，公司、企业人员受贿罪的法定刑最低是拘役、最高刑则是15年有期徒刑，可以并处没收财产，但没有剥夺政治权利的规定，而受贿罪的法定刑为从拘役直至死刑，根据受贿数额及情节分四个量刑档次，并处没收财产、剥夺政治权利，显然受贿罪的法定刑重于公司、企业人员受贿罪的法定刑。通过以上比较可看出两罪有非常大的区别，且有些区别是根本性的，是影响罪与非罪的构成要件上的不同；相应地，刑法对该两罪的打击力度也是不同的，其中对受贿罪的打击更严厉，这也说明了对国家工作人员的职务廉洁性有更高的要求。既然如此，那么对公司、企业人员受贿罪与一般的受贿罪要认真区别，不能简单地将分别触犯两罪的受贿行为认同为性质同一的持续犯罪，从而得出要以一罪论处的结论。

本案中陈某的行为无疑分别构成了受贿罪与公司、企业人员受贿罪，但是假设被告人陈某的行为在改制前或改制后均没有达到受贿罪与公司、企业人员受贿罪的追诉标准，但是其受贿的总数额却达到其中任一罪名所要求的数额，那么对这样的行为是否作有罪处理、如何处理呢？我们认为，既然改制前后陈某的行为性质发生了质的变化，在这种情况下就不能将其犯罪数额简单相加以作为其受贿的总数额，应该对前后行为分别进行认定，即认定既不构成受贿罪也不构成公司、企业人员受贿罪。尽管这样做可能会出现个案上的轻纵，但是在没有明确的法律和司法解释出台前，不能因此而将并不构成犯罪的两种行为简单相加升格为犯罪，否则就会有违刑法罪刑法定的基本原则。

综上可见，本案中被告人陈某的行为应该以受贿罪和公司、企业人员受贿罪两罪并罚，案例中公诉机关的意见是正确的，而一、二审两级法院的判决却对此均没有采纳，这无疑是非常令人遗憾的。

（执笔人：李　丹）

四　破坏金融管理秩序罪

擅自设立金融机构尚处于筹备组织阶段该定何罪

一、要旨提示

擅自设立金融机构罪，是指未经国家有关部门批准，擅自设立商业银行或者其他金融机构的行为。本罪从犯罪构成来看非常清晰易辨，但在司法实践中，却常常会遇到如何区分罪与非罪、此罪与彼罪、一罪与数罪等似是而非的难题，给正确定罪量刑带来很大的障碍。如，以谋利为目的擅自设立金融机构但尚未开业的行为如何定性？此罪与非法吸收公众存款罪、诈骗罪如何区分？擅自设立金融机构罪是行为犯还是结果犯？在认定犯罪未遂的时候能否认定情节严重？为了正确定罪量刑，准确剖析此罪的犯罪构成是关键。

二、基本案情及处理结果

案例一：1999年3月，犯罪嫌疑人胡某伪造居民身份证2张，私刻“中国开发银行储蓄所管理处”印章2枚、“中国开发银行行政专用章”1枚，意图非法设立储蓄所，高利率吸收公众存款，用于个人投资。同年3月31日，胡某自称“中国开发银行储蓄管理处副处长王京成”，租赁房屋作为其非法开办储蓄所的场所，招聘了几名工作人员，协助其办理了购买办公用品、订购银行电脑软件、印制有关银行票证等事宜，并制作了“国家开发银行总行营业部万寿储蓄所”的铜牌一面，预定在同年4月26日开业，吸收公众存款。国家开发银行保卫处根据群众反映的情况，向公安机关举报了胡某的犯罪活动。4月20日，胡某被公安机关抓获。

公诉机关以擅自设立金融机构罪（未遂）向法院提起公诉，法院以擅自设立金融机构罪（未遂）判处刑罚。

案例二：李某于1996年1月经他人介绍结识董某（另处）后，萌生以筹建“中华商业银行”为名筹措资金还债的念头，对董某故意隐瞒其已被中华民族团结发展促进会清退及从其处收回有关印章的事实，假冒该促进会和虚构的“中华商业银行筹备处”名义，私自打印“任命书”、“委托书”，任命董某为中华民族团结发展促进会国际基金委员会常务副主任兼中华商业银行常务副行长，委托董某在筹建中华商业银行中，全权办理涉外引资及一切有关事项。李某于1997年11月至1998年2月间，以中华民族团结发展促进会名义私自打印在上海设立国际基金委员会的申请，关于在上海设立办事处的申请，以及打印了“关于在上海设立国际基金委员会的办公地点的批复”，“任命驻上海办事处的人员情况”等无效文件提供给董某，指使董某在上海设立中华民族团结发展促进会驻上海办事处及国际基金委员会，筹建“中华商业银行”筹措资金。董某持李某提供的文件，经上海市南市区人民政府批准，于1998年2月28日在本市中山南路1117号成立了中华民族团结发展促进会驻上海办事处和“中华民族团结发展促进会国际基金委员会”，到处游说在筹建“中华商业银行”，寻找客户筹措资金。1998年4月4日，经熊某介绍，董某在与河南省银汇实业有限公司魏某洽谈筹建“中华商业银行”筹措资金过程中，向魏某出示了由李某提供的有关文件，魏某信以为真，与董某订立为筹建中华商业银行出借资金同意书，董某先后两次从魏某处共筹借得人民币20万元。由此，李某通过董某以筹建“中华商业银行”为名，而骗得河南省银汇实业有限公司人民币20万元。其中3.5万元李某用于还债，余下钱款由董某支付场地费等。

公诉机关以诈骗罪向法院提起公诉，法院以擅自设立金融机构罪判处刑罚。

三、关键问题及争议

从上述两个案例可以看出，关键问题在于：

1. 以谋利目的擅自设立金融机构但并未营业的行为如何定性？

2. 擅自设立金融机构是行为犯、结果犯、举动犯中的哪一种？

3. 在认定犯罪未遂的情况下能否认定“情节严重”？

具体到两个案例，在对被告人的罪名认定上，出现以下分歧：

第一种意见认为，对被告人以诈骗罪论处，情节严重；

第二种意见认为，对被告人以非法吸收公众存款罪论处；

第三种意见认为，对被告人以擅自设立金融机构罪论处，属于犯罪未遂，情节严重。

四、评析意见

（一）第一种意见及评析

第一种意见认为被告人的行为只能认定为诈骗罪，从犯罪形态来看，属于犯罪预备。被告人为谋取私利，虚构事实，骗取他人钱款，主观上具有诈骗财物的直接故意，其行为已构成诈骗罪。由于冒用了银行的名义，所以其行为社会危害性巨大，应该认定为情节严重。案例一中胡某为谋取私利，使用虚假的身份，冒用国家开发银行的名义，骗取公众存款，主观上具有诈骗财物的直接故意。由于是预谋骗取公众钱财，且冒用了银行的名义，所以其行为社会危害性巨大，应该认定为情节严重。从犯罪形态来看，由于冒用银行名义设立金融机构是意图行骗的手段，属于诈骗的预备行为，所以设立储蓄所的一系列行为，如：租赁经营场所、招聘工作人员、购买办公设备、印制票证等均属于为实施诈骗准备工具、制造条件的行为，属犯罪预备。案例二中，李某以非法占有为目的，采用虚构事实、隐瞒真相的方法，骗取公共财物，数额特别巨大，其行为已构成诈骗罪。

我们认为，这种意见是不正确的。诈骗罪，是指以非法占有为目的，用虚构事实或者隐瞒真相的方法，骗取数额较大的公私财物的行为。一般情况下，擅自设立金融机构罪与诈骗罪是容易区分的，但是当行为人冒用商业银行的名义经营金融业务活动时，容易混淆两罪的界限。虽然两罪都有欺骗的因素，但其本质是不同的。表现在：第一，侵犯的客体和对象不同。前者侵犯了国家有关金融机构的审批管理制度，[①] 其对象仅限于商业银行或其他金融机构；后者侵犯的是公私财物所有权，其对象为公私财物。第二，客观行为方式不同。前者是未经中国人民银行批准，擅自设立金融机构的行为；后者是隐瞒真相骗取他人财物的行为。第三，欺骗方式不同。前者是在是否具有金融机构合法性方面给人以假象，但其经营的金融业务是真实的，并通过经营金融业务来谋取非法利益；而后者是通过欺骗手段，直接将他人的财物据为己有。第四，犯罪成立的要件不同，前者不需要以经营金融业务数额较大为构成要件；后者必须是诈骗公私财物数额较大才构成犯罪。第五，犯罪主体范围不同。前者包括自然

① 最高人民检察院法律政策研究室：《新刑法立罪实务述要》，中国检察出版社 1996 年版，第 310 页。

人和单位；而后者只能由自然人构成。①

被告人实施的犯罪行为从形式上看虽然与诈骗罪相类似，但综观全案来看，其犯罪行为侵犯的客体主要是国家的金融管理制度，而非公私财产的所有权，且两者均为独立的犯罪客体，不能混淆。

（二）第二种意见及评析

第二种意见认为两被告的行为均构成非法吸收公众存款罪。有观点认为，擅自设立金融机构罪属于结果犯，也就是说擅自设立金融机构罪既遂的成立不仅要求被告人实施了擅自设立金融机构的行为，而且必须发生设立起金融机构并开展业务的结果。如果被告人擅自设立金融机构还处于预备阶段，或者由于某种原因使被告人意图设立的商业银行或其他金融机构并未实际成立则不构成擅自设立金融机构罪。② 案例一中胡某的行为目的是“在北京设立一家储蓄所，吸收存款后，再用这笔钱投资谋利”，而不是以占有为目的诈骗钱财，这一故意符合非法吸收公众存款罪的主观构成要件。在这一故意支配下，胡某实施了伪造身份证明、设立假金融机构、高息揽蓄等一系列行为，虽然他的行为在筹备阶段被迫停止，尚不具备非法吸收公众存款的基本物质条件，但已构成了对国家金融管理秩序的破坏，符合非法吸收公众存款罪的客体要件和客观方面要件，构成非法吸收公众存款罪。鉴于尚未着手实施非法吸收公众存款的行为，可认定为犯罪预备。案例二中李某违反法律规定，未经中国人民银行许可，未领取《经营金融业务许可证》，意图以高息吸收公众存款，主观上具有非法吸收公众存款的直接故意，符合非法吸收公众存款罪的犯罪构成要件，应认定为非法吸收公众存款罪。两案虽未吸收到存款，但从其目的、手段、所造成的社会影响来看，情节严重。同时，由于尚未开始实施非法吸收公众存款的犯罪行为即被抓，属于犯罪预备。

我们认为，认为两个案例中被告人的行为构成非法吸收公众存款罪的观点是错误的。理由是：由于非法吸收公众存款罪和擅自设立金融机构罪两者之间有一定的联系，但非法设立金融机构罪和非法吸收公众存款罪的犯罪构成不同。擅自设立金融机构罪和非法吸收公众存款罪之间既有共同点又有不同之处，二者在主体、主观故意以及客体上来讲基本一致，主要区别在于客观方

---

① 张惠芳：“擅自设立金融机构罪有关问题的探讨”，载《北京人民警察学院学报》2000年第2期，第23页。

② 陈正云、俞善长：《危害金融管理秩序罪的认定和处理》，中国检察出版社1998年版，第228页。

面。擅自设立金融机构罪的客观方面表现在未经中国人民银行批准，擅自设立金融机构（包括冒用已存在的金融机构名称）的行为。而非法吸收公众存款罪是指违反国家金融管理法规，非法吸收公众存款或者变相吸收公众存款、扰乱金融秩序的行为。所谓“非法吸收公众存款”一般包括两种情形：一是没有取得《经营金融业务许可证》的单位或者个人，在根本不具有吸收公众存款的资格的情况下，面向社会，非法吸收公众存款；二是取得《经营金融业务许可证》并具有吸收公众存款资格的银行或者其他金融机构，违反法律规定面向社会吸收公众存款。“变相吸收公众存款”是指不经中国人民银行或者其他有权批准的国家机关的批准，通过投资、集资入股等方式，而向社会吸收公众资金的行为。

结合上述两个案例分析，胡某和李某的目的都是通过非法设立金融机构，然后吸收资金为己所用。为了实现这一目的，胡某不仅私刻公章，伪造证件，而且还装修了房子，设计并印刷了各种银行专用凭证。只是由于被举报才使其非法吸收公众存款的行为未能得逞。案例二中李某是在筹备设立金融机构的过程中被抓获的。所以，胡某和李某实际上非法吸收公众存款的行为还没有开始实施。

（三）第三种意见及评析

第三种意见认为两被告的行为均构成擅自设立金融机构罪，情节严重，属于未遂。案例一中胡某出于非法吸收公众存款的目的，故意不经中国人民银行批准，擅自设立“国家开发银行万寿储蓄所”，破坏了国家关于金融机构的审批管理制度，构成擅自设立金融机构罪。只是由于其意志以外的原因，胡某擅自设立金融机构的行为没有得逞，使其犯罪行为停止于正在实施的阶段，故应认定犯罪未遂。案例二中李某未经中国人民银行批准，擅自设立金融机构，其行为已构成擅自设立金融机构罪。

主要理由是：

1. 两被告人的行为均已构成擅自设立金融机构罪，属于未遂。被告人未经中国人民银行批准，没有获取《经营金融业务许可证》的情况下，开办非法的金融机构，其行为已构成擅自设立金融机构罪。

在给两被告人的行为定性之前，首先必须解决的问题是：擅自设立金融机构的行为属于刑法犯罪理论中的行为犯、举动犯还是结果犯？

根据刑法理论，所谓行为犯是指以实行法定的犯罪行为作为犯罪构成必要条件的犯罪。所谓举动犯，是指以着手实施刑法分则条文规定的某种犯罪的实施行为作为犯罪构成必要条件的犯罪。所谓结果犯，指不仅要实施具体犯罪构成客观要件的行为，而且必须发生法定的犯罪结果，这才构成既遂的犯罪。

我们认为擅自设立金融机构的行为属于行为犯。下面分别分析：首先，擅自设立金融机构的行为不属于举动犯。对于举动犯既遂的认定，关键在于查明行为人是否已经着手实施犯罪，而不在于其犯罪行为是否造成了有形的危害后果。[①] 有人认为擅自设立金融机构罪为举动犯，只要行为人一开始实施该罪客观要件所规定的行为，就构成既遂。我们不同意这种观点。举动犯在我国《刑法》分则中，一般是针对那些一旦进一步着手实行，就会造成很大的社会危害，危及国家政权的犯罪活动，如分裂国家罪、颠覆国家政权罪、间谍罪等；或者是那些带有教唆煽动性质的社会危害性非常大的犯罪，如煽动分裂国家罪、传授犯罪方法罪等。而《刑法》分则规定的破坏金融管理秩序犯罪不应被理解为举动犯，因为该罪行并不直接危及国家政权，也不带有教唆煽动他人犯罪的危害，其社会危害性显然不如前述犯罪行为大。擅自设立金融机构，需要一个由筹备到开始非法运作的过程，也就是“设立”的过程，所以，此罪应当属于行为犯的范畴，只有“擅自设立”行为完成，非法金融机构能够开始运作，才是该罪的既遂。这样理解更符合《刑法》第174条的立法精神。其次，我们认为擅自设立金融机构罪也不属于结果犯，只要被告人实施了未经中国人民银行批准，擅自设立金融机构的即构成本罪。[②] 理由是：第一，从本罪的客观方面分析，法条中表述“擅自设立”即是行为，而“商业银行和其他金融机构”是行为对象，因此，金融机构是否成立以及是否造成社会危害在罪状中未予明示。第二，从设立本罪的立法意图看，立法者意图惩罚的即是擅自设立金融机构的行为，并以此作为处罚犯罪的依据。显然擅自设立金融机构的行为本身即对金融秩序造成了现实的危险，即具有严重的社会危害性，至于非法金融机构是否被现实地予以设立乃至运营是量刑应该予以考虑的问题。[③] 第三，认为擅自设立金融机构是结果犯的观点认为，如果被告人擅自设立金融机构还处于预备阶段，或者由于某种原因使被告人意图设立的商业银行或其他金融机构并未实际成立则不构成犯罪。我们认为，这种观点违背了刑法理论。因为，假定该论者关于结果犯的论点成立的话，那就意味着金融机构是否设立只影响到行为人的行为是否构成既遂，而不影响犯罪的成立。这实际上

---

① 马克昌：《犯罪通论》，武汉大学出版社1999年版，第498页。

② 舒慧明主编：《中国金融刑法学》，中国人民公安大学出版社1997年版，第238页。

③ 张军主编：《破坏金融管理秩序罪》，中国人民公安大学出版社1999年版，第155页。

否定了本罪的预备形态、未遂形态、终止形态的存在余地，是不恰当的。我们认为，擅自设立金融机构罪不但存在着犯罪完成形态，而且也存在着犯罪的未完成形态。本罪的既遂与未遂区分的标准是考察擅自设立金融机构的行为是否实施终了。该行为实施终了的，就是本罪的既遂；该行为未实施终了的，就是本罪的未遂。

因此，我们认为擅自设立金融机构的行为属于行为犯。只要客观上实施了未经中国人民银行批准设立金融机构的行为即可构成本罪。但在犯罪形态上，设立金融机构的要件没有齐备则属于未遂。在上述两个案例中胡某和李某擅自设立金融机构的行为并没有实施终了，因此只能定未遂。

根据以上分析，我们回到案例。案例一中胡某基于非法获取利益的动机，为了实现非法吸收公众存款的目的，在未经中国人民银行批准，没有获取《经营金融业务许可证》的情况下，开办非法的金融机构，主观上具有擅自设立金融机构的直接故意。依照国家的规定，金融机构必须按照规定的程序，向中国人民银行提出申请，经中国人民银行的审查批准后方能依法设立，只有领取《经营金融业务许可证》之后，方能开展金融业务。未经中国人民银行批准，设立金融机构的行为，属于擅自设立金融机构的行为；未经中国人民银行批准，擅自设立的金融机构，属于非法的金融机构。胡某未经中国人民银行审批，实施了擅自设立金融机构的一系列行为，但由于其意志以外的原因非法设立金融机构的行为并未完成，因此应认定未遂。胡某的行为侵犯了国家对金融机构的管理制度，破坏了刑法所保护的金融秩序，符合擅自设立金融机构的客体要件。

案例二中李某明知未经中国人民银行批准不能设立商业银行，却指使董某为筹备该行积极活动到处筹集资金，并提供伪造的公文、批复及任命书，其擅自设立金融机构主观故意明显，客观上又实施了行为。根据国务院《非法金融机构和非法金融业务活动取缔办法》的有关规定，非法金融机构的筹备组织应视为非法金融机构，因此，李某的行为已构成擅自设立金融机构罪，认定为未遂。

2. 胡某和李某的行为均应认定为情节严重。在认定犯罪未遂的情况下还能否认定情节严重，是司法实践经常遇到的问题。通说认为，情节加重犯不存在未完成犯罪的形态，因为这类加重构成犯的加重结果、情节不可能存在犯罪的未完成形态，而其构成特征是在具备某一具体犯罪基本构成的基础上，又出现了基本构成条款不能包括而为加重刑罚的条款所特别规定的严重结果或情节。

我们认为，犯罪构成依不同的标准可作多种分类：所谓犯罪的既遂、未遂或预备，即基本的犯罪构成和修正的犯罪构成，是以单独犯的既遂状态为标准作出的划分；而普通的犯罪构成和加重的犯罪构成，是以犯罪的社会危害程度作出的划分。依据这两种标准划分的犯罪构成并不矛盾。例如，在公共汽车上持刀抢劫，但刚一实施抢劫行为就被制服。这样一个行为不可能完全具备抢劫罪的基本犯罪构成，但它符合法定的抢劫罪加重构成。所以应当看到，有的犯罪在基本构成上属于未遂，但其社会危害性（主要是人身危险性）已经达到相当严重的程度，具备《刑法》分则规定的加重情节的客观构成要件。这种法定加重情节的存在，对于既遂犯来说，它反映了行为的实际社会危害程度；对于未遂犯（甚至是预备犯）来说，它更多地明示了犯罪人的人身危险性，而这种危险已足以危及刑法所保护的各类社会关系。因而将不同种类标准划分的犯罪构成结合起来，更能充分反映行为的社会危害性，更能体现罚当其罪的刑法原则，更有利于解决司法实践中的问题。

擅自设立金融机构罪的构成不以是否营业、是否骗取公众存款为必要要件，其犯罪的情节严重与否同样不以是否已营业、是否骗取了公众存款为必要要件。

《刑法》第174条第1款规定的“情节严重”，现行法律以及司法解释并没有规定。有学者认为，一般可包括下列情形：成立多家商业银行或金融机构的；采取恶劣的手段，如以伪造中国人民银行批文或国务院文件等方式，或者编造谎言，欺骗群众，或者国家机构擅自设立金融机构的；不顾主管机关的批评、制止而擅自设立金融机构的；造成了恶劣影响，造成他人重大经济损失的，以及司法机关认为属于情节严重的。[①] 我们认为这种说法是正确的。

案例一中被告人胡某的行为在两个方面表现出其犯罪情节的严重性：一是其手段行为触犯了其他罪名，如伪造居民身份证、伪造企事业单位印章等，这些犯罪行为已经得逞，分别构成单独个罪，应受刑事处罚，但依据牵连犯择一重罪处罚的原则，只能处罚其擅自设立金融机构罪，并充分考虑这两罪的社会危害性；二是胡某为此次犯罪进行了周密策划，流窜来京，利用公众对银行等金融机构的信任，在繁华地区以骗取公众存款为目的，成立储蓄机构，严重损害了国有银行等金融机构的信誉，甚至使部分群众产生了存钱先要看看是不是真银行的恐慌心理，直接危及首都北京的金融管理秩序。从这两点来看，被告

---

① 郎胜：《〈关于惩治破坏金融秩序犯罪的决定〉的释义》，中国计划出版社1995年版，第40～41页。

人胡某整个犯罪行为的社会危害性是相当大的，应当认定情节严重。同样，被告人李某的行为也应认定情节严重。

综上，两个案例中法院最后采纳的是第三种意见，认为被告人应该以擅自设立金融机构罪（未遂）判处刑罚，我们认为是正确的。

（执笔人：王　英）

如何认定内幕交易、泄露内幕信息罪

一、要旨提示

所谓内幕交易、泄露内幕信息罪，是指证券、期货交易内幕消息的知情人员或者非法获取证券、期货交易内幕信息的人员，在涉及证券、期货的发行、交易或者其他对证券、期货的价格有重大影响的信息尚未公开前，买入或者卖出该证券，或者泄露该信息，情节严重的行为。本罪是否是选择性罪名？其主观方面是故意还是也可以由过失构成？在理论界和司法实务中都有较大的争议。准确认识这些问题，对犯罪分子正确定罪量刑具有重要意义。

二、基本案情及处理结果

某国际股份有限公司董事长钱某，1997 年 10 月去深圳参加关于该公司发行股份的新闻发布会。会议结束后，钱某与几位朋友驱车到某大酒店，席间钱某因酒醉将其随身携带的便携式笔记本电脑遗忘在该酒店。此笔记本电脑被前来就餐的于某拾得。于某未将该电脑笔记本交给该酒店保管，却将之据为己有。于某深谙电脑知识，凭借自己熟练的电脑操作技术破解了钱某预先设置的密码，并通过钱某的笔记本电脑非法侵入到该国际股份有限公司的计算机信息系统。于某了解到该股份公司有关发行股票的尚未公开的重大信息。通过了解到有关该公司的内部重大消息，于某断定该公司股票价格在未来一段时间内必将上涨，于是出资买进该公司股票 10 万股。由于于某在破解该股份公司计算机信息系统后，未重新设置密码，致使许多人进入该股份公司计算机系统，了解到该公司内部一些重大信息。股民们大量抢购该股份公司上市的股票，引起了该股份公司股票的交易量和交易价格出现非常波动，造成该股份公司 3000 余万元的经济损失。

公诉机关以被告人钱某犯玩忽职守罪、被告人于某犯内幕交易、泄露内幕信息罪向法院提起公诉。法院以被告人钱某犯玩忽职守罪、被告人于某犯内幕交易、泄露内幕信息罪判处刑罚。

三、关键问题及争议

本案的关键问题在于：

1. 内幕交易、泄露内幕信息罪是两个罪名还是选择性罪名?

2. 内幕交易、泄露内幕信息罪的主观方面是否可以由过失构成?

3. 非内幕人员可否成为泄露内幕信息罪的主体?

本案的争议焦点集中在对罪名的认定上，出现以下分歧：

第一种意见认为，被告人钱某的行为构成玩忽职守罪与泄露内幕信息罪的想象竞合犯，被告人于某的行为构成内幕交易罪和泄露内幕信息罪数罪；

第二种意见认为，被告人钱某的行为构成玩忽职守罪，被告人于某的行为构成内幕交易罪、泄露内幕信息罪一罪。

四、评析意见

（一）第一种意见及评析

第一种意见认为被告人钱某构成玩忽职守罪与泄露内幕信息罪的想象竞合犯。理由是：泄露内幕信息罪的主观上可以由故意、也可以由过失构成。持这种观点的人认为：第一，如果将本罪的主观方面限于直接故意或间接故意会使得相当一部分社会危害程度已经达到犯罪程度的内幕交易、泄露内幕信息的行为，不能以犯罪论处，从而放纵了犯罪分子，不利于对证券、期货市场正常秩序的维护。第二，从刑事立法技术层面上考虑，《禁止证券欺诈行为暂行办法》第4条第2项中并没有用故意来限定“泄露”行为。因此，认为立法上将过失泄露内幕信息的行为排除在本罪的范围之外，并没有明确的法律依据。相反，从我国刑事立法技术的角度考虑，泄露内幕信息在主观方面的确是既可以是由故意，也可以是由过失构成的。我国1988年通过的《中华人民共和国保守国家秘密法》明确规定了泄露国家重要机密在主观方面既可以是故意，也可以是过失。而《刑法》第398条第1款和第2款则分别对故意泄露国家秘密罪和过失泄露国家秘密罪作了规定。也就是说，我国立法中使用的“泄露”一词，在主观方面应该是故意和过失都包括在内，否则，立法机关会用“故意”或者“过失”予以明确区分。现行立法既然未作区分，那就意味着泄露内幕信息既包括故意泄露内幕信息，同时也不排除过失泄露内幕信息在内。当然，这里所说的过失，是指泄露内幕信息的情况。而在内幕交易罪中利用内幕信息为自己买卖证券、期货合约，或者根据内幕信息的内容建议他人买卖证券、期货合约，一般不应由过失构成，而只能由故意构成。[①] 基于此，被告人钱某由于过失而造成内幕信息的泄露应该构成玩忽职守罪与泄露内幕信息罪的想象竞合犯。

认为被告人于某构成内幕交易和泄露内幕信息罪两罪的理由是：内幕交易、泄露内幕信息罪应该被认定为两个罪名。虽然目前刑法理论通行观点将本罪归纳为选择性罪名，[②] 但是也有观点认为，本罪不宜界定为选择性罪名。因为确定选择性罪名的标准比较严格，即在行为对象相同的情况，行为手段必须具有关联性；而在行为手段相同的情况下，行为对象必须具有关联性。前者如《刑法》第126条规定的"违规制造、销售枪支罪"，其中违规制造枪支是为了违规销售；而违规销售又离不开违规制造。后者如《刑法》第122条规定的"劫持汽车、船只罪"。但是就《刑法》第180条中规定的"内幕交易"和"泄露内幕信息"两种行为而言，它们之间并不具有必然的关联性和相似性：其一，"内幕交易行为人并非一定要通过实施泄露内幕信息行为才能达到目的，而泄露内幕信息的行为人也不以内幕交易行为的实施为前提和依托。实践中，内幕交易行为人往往不会去泄露内幕信息，否则，信息一旦公开，其通过实施内幕交易行为谋利的企图就很难实现；泄露内幕信息的人通常也不会亲自从事内幕交易。"[③] 其二，即使泄露内幕信息的人又使他人进行了交易或者与他人共同进行了交易的，则应当直接认定为"内幕交易罪"，而无须再将"泄露内幕信息罪"作为选择性罪名加以适用。将两种不具有关联性的行为界定为同一罪名的选择行为方式是不妥当的。[④]

我们认为，上述观点是不正确的。泄露内幕交易罪的主观方面只能由故意构成，不能由过失构成。内幕交易、泄露内幕信息罪是选择性罪名而不能被认定为两个罪名。具体理由是：

首先，泄露内幕信息罪的主观方面只能由故意构成，包括直接故意和间接故意，但是不能由过失构成。从事内幕交易的知情人，他们泄露内幕信息的行为可能导致的危害结果（即国家对证券市场的管理秩序和其他投资者的合法权益的严重侵害结果）的认识持放任态度，主观方面表现为间接故意，但也

---

① 张军主编：《破坏金融管理秩序罪》，中国人民公安大学出版社1999年版，第289~290页。

② 高铭暄、马克昌主编：《刑法学》，北京大学出版社、高等教育出版社2000年版，第415页。

③ 荣俊德、叶良芳、任志中："内幕交易、泄露内幕信息罪的立法规定质疑"，载《河北法学》1999年第3期。

④ 程皓："内幕交易、泄露内幕信息罪若干问题研究"，载《法学评论》2006年第4期，第136~137页。

不排除存在行为人认识到危害结果的必然发生却仍然实施该行为也就是直接故意的情况。但是不能由过失构成，而且犯罪目的是获利或减少损失。但犯罪目的不是本罪的主观要件，因为并非所有的内幕交易行为都是为了谋利或减少损失。如以提供内幕消息为筹码收受贿赂，或以报复目的而泄露内幕信息等。

其次，根据最高人民法院《关于执行〈中华人民共和国刑法〉确定罪名的规定》，内幕交易、泄露内幕信息罪是选择性罪名而不是两个罪名，只能以一罪定罪处罚，不适用数罪并罚。

所谓选择性罪名，是指包含犯罪构成内容复杂，具有可选择事项，可以分解拆开适用，也可以概括适用的罪名。在刑法理论上，如果一个犯罪构成的诸要件中具有一定的选择范围，每个选择事项都是并列的，只要行为人的行为符合选择范围内的任何一个事项，都可以构成犯罪，这就是犯罪构成理论上讲的择一构成。择一构成的事项的范围可以是行为方式、行为对象，也可以是危害结果或犯罪主体等，但不论该种犯罪的构成要件有多大的选择范围，实际只是一个犯罪构成。按照罪名确定的根本依据——犯罪构成，一个罪名只能有一个基本的犯罪构成，选择性罪名也一样。正是基于这个同一的犯罪构成，选择性罪名应具有以下特征：（1）罪质相同。一是行为方式相似，相互之间存在紧密联系，行为的危害性相当。如走私、贩卖、运输、制造毒品罪中的走私、贩卖、运输、制造四种行为方式，反映的都是使毒品向社会扩散的一些手段，行为的性质非常相似。二是犯罪客体同一，即行为对象要相类似，属于同一客体范畴。（2）量刑幅度同一。基于相同的罪质的要求，行为方式的社会危害程度应该相当，在每一种行为方式与行为对象的组合之间也应该具有相等的社会危害性，这样也就必然要求在处罚的标准上采用同样的尺度。

选择性罪名又可分为单纯选择性罪名、复杂选择性罪名、不确定选择性罪名。单纯选择性罪名，是指某一选择性罪名中，一个犯罪行为侵犯两个或者两个以上的犯罪对象，从而构成两个或两个以上能够分解开单独使用的罪名；或者两个或者两个以上犯罪行为侵犯一个犯罪对象，从而构成两个或者两个以上能够分解开单独使用的罪名。例如，《刑法》第128条规定的非法出租、出借枪支罪，该罪是选择性罪名，可以分解为非法出租枪支罪和非法出借枪支罪两个罪名，这两个罪名是由非法出租、非法出借两个犯罪行为侵犯枪支这一个犯罪对象构成的。如果行为人实施非法出借行为，对行为人应当认定为非法出借枪支罪，不能对其认定为非法出租、出借枪支罪；如果行为人对同一枪支既非法出租又非法出借的，则对其以非法出租、出借枪支罪定罪处罚，不实行数罪并罚。又例如修订后的《刑法》第240条规定的拐卖妇女、儿童罪是选择性罪名，该罪名可以分解成拐卖妇女罪和拐卖儿童罪两个罪名，这两个罪名是由拐卖这一个犯罪行为侵犯妇女、儿童这两个犯罪对象所构成的。内幕交易、泄露内幕信息罪也是如此，

（二）第二种意见及理由

第二种意见认为被告人钱某的行为构成玩忽职守罪。理由是：内幕交易、泄露内幕信息罪是选择性罪名，两者在主观方面并不相同，应分别而论。《刑法》总则第 15 条第 2 款规定："过失犯罪，法律有规定的才负刑事责任。"对于内幕交易罪来说，《刑法》第 180 条"泄露该信息"之前没有明文规定"过失"，故泄露内幕信息罪不可由过失构成。其主观方面只能是直接故意，即明知内幕信息而根据该信息买卖证券，并且具有为自己或使他人争取非法利益（获取利益或减少损失）的目的。对于泄露内幕信息罪而言，其主观方面只能是故意（包括直接故意和间接故意），即明知自己的行为会泄露内幕信息而希望或放任内幕信息泄露出去的心理态度。过失则不可能构成本罪。本案中，于某的泄露内幕信息即为间接故意。这样一来，某国际股份公司董事长钱某就不构成泄露内幕信息罪。钱某身为国家机关工作人员，工作严重不负责任，明知自己身兼要职，携带着存储有关公司内部重大消息的笔记本电脑，却饮酒过度，主观上有过失，客观上实施了玩忽职守行为，造成公司重大经济损失，故构成玩忽职守罪。

第二种意见认为被告人于某构成内幕交易、泄露内幕信息罪一罪。由于本罪为选择性罪名，根据刑法关于选择性罪名定罪的理论，如果行为人只泄露内幕信息，并未进行内幕交易，定泄露内幕信息罪；行为人同时实施两种行为的，则以一个内幕交易、泄露内幕信息定罪，不实行数罪并罚。①

我们认为这种观点是正确的，理由如下：

首先，从主体的方面看，内幕交易、泄露内幕信息罪的主体是特殊主体，包括内幕信息的知情人员和非法获取内幕信息的人员。② 因此，本罪的主体有

---

① 张惠芳："浅析内幕交易、泄露内幕信息罪的几个问题"，载《河北法学》2004 年第 9 期，第 74 页。

② 关于本罪主体的性质，理论上存在着特殊主体和一般主体之争。一种观点认为，本罪的主体是一般主体，凡是知悉内幕信息的人员，不管是否内幕信息的人员，不论合法还是非法知悉内幕信息，在该信息公开前，都应当被禁止从事相关的交易。参见郑顺炎、陈洁："内幕交易犯罪构成要件刍议"，载《人民司法》1998 年第 2 期。第二种观点认为，本罪的主体是特殊主体，即证券内幕信息的知情人员或者非法获取内幕信息的人员，个人和单位均可构成。参见刘宪权、卢勤忠：《金融犯罪理论专题研究》，复旦大学出版社 2002 年版，第 453 页。我们认为第二种观点是正确的。

两类：一是证券、期货交易内幕信息的知情人员。目前在我国的《禁止证券欺诈行为暂行办法》中列举出5类人员是内幕知情人员。《禁止证券欺诈行为暂行办法》第6条明文规定了内幕人员的概念和范围。该条规定，内幕人员是指由于持有发行人的证券，或者在发行人或者与发行人有密切联系的公司中担任董事、监事、高级管理人员，或者由于其会员地位、管理地位、监督地位和职业地位，或者作为雇员、专业顾问履行职务，能够接触或者获得内幕信息的人员，包括：（1）发行人的董事、监事、高级管理人员、秘书、打字员以及其他可以通过履行职务接触或者获得内幕信息的职员；（2）发行人聘请的律师、会计师，资产评估人员、投资顾问等专业人员，证券经营机构的管理人员、业务人员以及其他因其业务可能接触或者获得内幕信息的人员；（3）根据法律、法规的规定对发行人可以行使一定管理权或者监督权的人员，包括证券监管部门和证券交易场所的工作人员，发行人的主管部门和审批机关的工作人员，以及工商、税务等有关经济管理机关的工作人员等；（4）由于本人的职业地位、发行人的合同关系或者工作关系，有可能接触或者获得内幕信息的人员，包括新闻记者、报刊编辑、电台主持人以及编排印刷人员等；（5）其他可能通过合法途径接触到内幕信息的人员。二是非法获取内幕信息的人员，即非内幕人员，指第一类内幕人员以外，通过非法方法获取内幕信息的人员。可以是用非法的方法从内幕人员处获取内幕信息，也可以是盗窃、骗取信息资料或者通过偷听、监听手段获取内幕信息等手段。在案例中钱某和于某都符合上述条件，可以成为内幕交易，定泄露内幕信息罪的主体。所不同的是，钱某属于内幕信息的知情人员，而于某则是非法获取内幕信息的人员。

其次，从客观方面看，于某在非法获取内幕信息后，由于没有重新设置密码而导致内幕信息又被泄露的行为是否也构成犯罪？非内幕人员获取内幕信息后，又将该内幕信息泄露给他人，能否构成本罪，在理论上和司法实务中争议很大。第一种观点认为，非内幕人员获取内幕信息后建议他人买卖证券、期货合约可以构成犯罪，但再泄密的，不应当作为犯罪处理，理由是根据有关行政法规的规定，非内幕人员只能构成内幕交易罪的主体，不能成为泄露内幕信息罪的主体，即使其行为有一定的社会危害性，根据罪刑法定的原则，也不应用刑罚加以制裁。[①] 第二种观点认为，对非内幕人员的再泄密行为是否构成犯罪，应区别情况，如果行为人是用积极、主动的手段获取内幕信息的，行为人具有对该内幕信息保密的义务，将其泄露的，构成本罪。如果行为人是被动知

① 薛瑞麟主编：《金融犯罪研究》，中国政法大学出版社2000年版，第269页。

悉内幕信息的，不存在保密的义务，即使泄露的，也不构成本罪。[①] 第三种观点认为，非内幕人员获取内幕信息加以泄露的行为，能否构成本罪，关键是看其获取内幕信息的手段是否属于“非法获取”，如果是非法获取信息后加以泄密的，应当构成泄露内幕信息罪，反之，则不构成犯罪。而所谓“非法获取”，主要是指通过盗窃、欺骗、行贿等手段获取。[②] 我们认为第三种观点是正确的。内幕交易、泄露内幕信息的行为表现方式既可以是作为，也可以是不作为。泄露内幕信息的行为包括两种情况：第一，内幕人员故意以明示或暗示的方式向无关的第三人透露、提供内幕信息，使不应知信息的人知悉了信息。这时，只要有泄露内幕信息的行为就可构成犯罪，不需要第三人利用内幕信息进行交易。第二，非内幕人员通过非法手段如窃取、贿赂等积极地获取内幕信息并泄露该信息。非内幕人员原本不具有知悉内幕信息和保密的义务，只是由于非法获取内幕信息的先前行为，使其具有不得泄露内幕信息和保密的义务。一旦泄露内幕信息，应追究刑事责任。于某谙熟电脑，应该知道没有设置密码很容易导致内幕信息泄密。所以，于某的行为实质上构成了内幕交易罪和泄露内幕信息罪两罪。但是由于刑法对选择性罪名处罚的规定，只以内幕交易、泄露内幕信息罪一罪定罪处罚。

再次，内幕交易、泄露内幕信息罪要求达到“情节严重”才能构成犯罪。何谓“情节严重”？目前尚无司法解释。我们认为，可以从被告人身份职务特征、主观恶性程度、作案手段、非法获利数额、造成后果、作案次数等方面进行综合评判。根据司法实践，下列情况可视为“情节严重”：（1）行为人获取的非法利益数额巨大；（2）给国家、集体或其他投资者造成了重大的经济损失；（3）多次利用内幕信息进行证券、期货交易；（4）利用内幕信息大量买卖某一证券或期货合约，造成证券、期货价格剧烈波动的；（5）利用多户头或化名户头进行内幕交易，逃避监督查办的。案例中于某的行为完全符合情节严重的要求，可以构成本罪。

综合本案，钱某的行为构成玩忽职守罪，而于某的行为构成内幕交易、泄露内幕信息罪一罪，法院的判决是正确的。

（执笔人：王　英）

---

① 张军主编：《破坏金融管理秩序罪》，中国人民公安大学出版社 2003 年版，第 252 页。

② 刘宪权、卢勤忠：《金融犯罪理论专题研究》，复旦大学出版社 2002 年版，第 450 页。

编造并传播证券交易虚假信息该如何定罪

一、要旨提示

编造并传播证券交易虚假信息罪是指编造并传播证券交易的虚假信息，扰乱证券交易市场，造成严重后果的行为。本罪从犯罪构成的角度看清晰易辨，但在司法实践中却常会遇到罪与非罪、此罪与彼罪等问题。只有准确地把握本罪的犯罪构成，才能做到准确地定罪量刑。

二、基本案情及处理结果

1993年3月，被告人李某被株洲县物资局派往株洲县人民政府驻广西北海市办事处设立的广西北海凌海贸易公司任业务员。同年5月5日，李某与该公司签订承包合同，约定：公司拨给李某100万元人民币做滚动资金，从事合法贸易经营；李某于同年11月30日前交回100万元本金，并向公司交纳纯利润15万元。公司一方履行了合同义务。李某在拿到100万元流动资金后打算做锡锭生意，因某些原因，生意未做成。同年6月1日，李某将从公司取得的100万元流动资金汇入湖南省证券股份有限公司深圳业务部炒股。同年9月13日，李某向该业务部借得现金100万元。同年10月7日，李某在深圳证券交易所购进价格为每股9.85元的江苏省昆山市三山实业股份有限公司（以下简称"苏三山"公司）的股票9万股；次日，又购进价格为每股9.60元的"苏三山"公司股票6万股。包括购股票的手续费在内，这两次购"苏三山"公司股票15万股共花去人民币1472737.50元。不久，"苏三山"公司股价连续下跌。李某为挽回其股票交易损失，遂编造并传播"苏三山"公司股票交易的虚假信息，以促使其价格回升。同年10月8日，李某以"北海一投资公司"的名义，分别向深圳证券交易所、"苏三山"公司邮寄匿名信，谎称该公司已持有"苏三山"公司股票，并准备再收购"苏三山"公司18.8%以上的股份，成为"苏三山"公司的大股东。但李某的这一行为未能奏效。同年10月28日，李某在北海市中山路一个体摊位上私刻了一枚"广西北海正大置业有限公司”的假印章。同年11月2日，李某以“广西北海正大置业有限公司”的名义，分别向“苏三山”公司、深圳证券交易所、《深圳特区报》编辑部、海南省《特区证券报》编辑部等单位邮寄信函，称已持有“苏三山”公司股票228万股，占该公司流通股份的4.56%，并称已将上述数据报告中国证监会、深圳证券交易所，要求报社根据国务院发布的《股票发行与交易管理暂行条例》第47条的规定，公布这一“信息”。然后，李某从北海市回到株州县。同月5日，李某见报社没有登报公布，即于当日下午5时许采用内部传真形式，在株洲县邮电局8641传真机上分别向海南省《特区证券报》编辑部、《深圳特区报》编辑部等单位发出传真稿件，谎称至11月5日下午3时30分止，“广西北海正大置业有限公司”共收购“苏三山”公司股票250.33万股，占“苏三山”公司流通股的5.006%，要求报社公布此事。当日晚6时许，李某又分别打电话给《深圳特区报》编辑部和海南省《特区证券报》编辑部，询问函件与传真是否收到，并询问是否登报公布。11月6日，海南省《特区证券报》原文刊登了李某提供的假信息并加了“编者按”。11月7日是交易所的休息日。11月8日是李某编造并传播的假信息见诸报端后的第一个股票交易日。这天，“苏三山”公司股票的成交价即由开盘时的每股8.30元涨至每股11.50元，到当日收盘时仍达到每股11.40元：“苏三山”公司股票成交股数高达2105.8万股，占该公司流通股份的42.12%，其单股成交金额高达2.2亿元，破深圳个股交易纪录。李某于当日打电话给湖南省证券股份有限公司深圳业务部大户室经理舒某，询问“苏三山”公司股票价格变动情况。当得知已涨至每股11.40元时，李某即委托舒某代为抛售“苏三山”公司股票9500股，得款108300元。即日下午，深圳交易所及时召开新闻发布会，向社会说明该所和深圳证券登记公司均没有“广西北海正大置业有限公司”开户及其交易记录，也未发现拥有“苏三山”公司5%以上流通股份的股东，且在北海市工商行政管理部门登记过的公司或企业中未见有“广西北海正大置业有限公司”，并告诫股民，所谓“收购事件”不排除有人实施欺诈行为的可能，请投资者慎重决策。同年11月9日，“苏三山”公司股票价格跳空跌至每股8.60元，后又稳定在每股9.45元。李某得知这一情况，当即又委托舒某以每股9.45元的价格将所剩14.05万股全部抛售出去，得款1327725元。由于李某的所为，造成了1993年11月8日和9日深圳股市中“苏三山”股票价格异常波动，严重损害了广大股民的利益，扰乱了证券交易市场的正常管理秩序。案发后，李某投案自首。

公诉机关以编造并传播证券交易虚假信息罪向法院提起公诉，法院也以编造并传播证券交易虚假信息罪判处刑罚。

三、关键问题及争议

本案的关键问题在于：

如何理解本罪的犯罪构成？本罪与操纵证券市场罪如何区分？

本案的争议焦点集中在对被告人罪名的认定上，出现以下分歧：

第一种意见认为，被告人的行为不构成犯罪；

第二种意见认为，被告人的行为构成操纵证券市场罪；

第三种意见认为，被告人的行为构成编造并传播证券交易虚假信息罪。

四、评析意见

（一）第一种意见及评析

第一种意见认为被告人的行为不构成犯罪。理由有两点：（1）认为被告人只是编造虚假信息，没有实施传播行为，故不构成犯罪。现行《刑法》第181条第1款规定的编造并且传播证券交易虚假信息罪，其构成要件为：主观方面具有扰乱证券交易市场的目的；客观方面具有无中生有地捏造虚假信息并且以各种方法或途径散布这种“信息”的行为，这种“信息”足以影响股市行情，促使证券交易价格产生超常规波动，或在扰乱证券交易市场上造成其他严重后果。按照本条款的规定“编造”行为和“传播”行为须同时具备才能构成犯罪。而被告人只是编造但并不是由本人亲自传播虚假信息显然不能定罪。（2）认为被告人的行为发生在1993年，当时实施的1979年《刑法》并未规定此种犯罪，依照《刑法》第12条第1款的规定，现在亦不能以犯罪论处。

我们认为，这两个理由是站不住脚的。首先，如何理解“编造并传播”？从本案案情来看，被告人李某为了谋取非法利益来减少损失，精心编造了证券交易的虚假信息，对于这种虚假信息，虽不是由李某本人直接传播，但他积极主动地利用新闻媒体和新闻媒体工作人员的工作失误间接加以传播，这仍然属于一种传播形式。其次，1979年《刑法》第79条对该法分则无明文规定的犯罪规定了定罪判刑的类推原则及其特别程序；国务院1993年4月22日发布的《股票发行与交易管理暂行条例》已明文规定“以散布谣言等手段影响股票发行、交易”的行为为非法，并规定“违反本条例规定，构成犯罪的，依法追究刑事责任”。被告人李某的行为已造成深圳股市“苏三山”公司股票价格的异常波动，严重扰乱了证券市场，其行为的社会危害性已经达到犯罪的程度，如果依法比照1979年《刑法》分则最相类似的投机倒把罪的条文对其类推定罪判刑，处刑会比适用修订《刑法》第181条第1款定罪为重。因此，对本案被告人李某的行为适用修订《刑法》第181条第1款定罪判刑，是符合现行《刑法》第12条第1款规定的“从旧兼从轻”原则的。

（二）第二种意见及评析

认为被告人的行为构成操纵证券市场罪。理由是：（1）被告人直接参与股票交易，为转嫁风险而编造并传播虚假信息，属该条第（四）项规定的“以其他方法操纵证券交易价格”的行为。（2）《刑法》第181条第1款对行为人的主观动机和目的并没有明确规定。根据该条款的规定，行为人即使没有谋取不正当利益或转嫁风险的目的，但只要实施了编造并且传播影响证券交易的虚假信息，造成了严重后果，也构成该罪。而《刑法》第182条不仅对行为人的主观动机、目的有明确规定，而且对行为人的行为表现方式也作了明确规定。本案被告人的行为目的是显而易见的，即为了转嫁风险。

这种分歧意见涉及此罪与彼罪的界限问题。我们认为，被告人的行为仍属“扰乱市场”性质，不属“操纵市场”性质。《刑法》规定的编造并且传播证券交易虚假信息罪和操纵证券市场罪均属故意犯罪。前罪是以“扰乱证券交易市场”为目的，是否兼有“获取不正当利益或者转嫁风险”的目的，则是因案而异的；而后罪则是以“操纵证券交易价格，获取不正当利益或者转嫁风险”为目的。两罪在客观方面的根本区别在于行为方法不同。前罪的行为方法不是进行任何形式的证券交易或买卖，而是编造并且传播影响证券交易价格和股市行情的消息或情报。这种欺诈或扰乱行为能否得逞，行为人是没有主动权的。而后罪的行为方法则恰恰相反，行为人或投放巨额资金，或凭借自己拥有的资金、持股、信息等优势，采取“单独或者合谋，集中资金优势、持股优势或者利用信息优势联合或者连续买卖”证券；或采取“与他人串通，以事先约定的时间、价格和方式相互进行证券交易或者相互买卖并不持有的证券”；或采取“以自己为交易对象，进行不转移证券所有权的自买自卖”，以及其他操纵证券交易价格的方法。在此，我们必须特别注意《刑法》第182条第（四）项规定中的“以其他方法操纵证券交易价格”，与该法条第（一）、（二）、（三）项规定的一样，都是通过买卖或交易证券的方法进行的，而买卖证券以外的任何其他方法是不应认定为操纵证券市场方法的。本案被告人李某为扰乱深圳股票交易市场中“苏三山”公司股票价格自身涨落的规则或常规，使之朝着被告人获取不正当利益或转嫁风险的方向发展，仅仅采取了编造并传播影响该种股票交易价格上涨的虚假信息，并未投入资金连续买卖该种股票，也未实施不转移该种股票所有权的自买自卖等操纵股市的行为。事实上被告人李某在持有15万股“苏三山”公司股票之后再也没有直接参与股票交易，其行为的特征显然属于前罪而不属于后罪。

（三）第三种意见及理由

第三种意见认为被告人的行为构成编造并传播证券交易虚假信息罪。编造并传播证券交易虚假信息罪，是指编造并且传播影响证券交易的虚假信息，扰乱证券交易市场，造成严重后果的行为。本罪所侵害的客体亦为复杂客体，其不仅会侵害国家有关证券、期货交易的管理制度，扰乱证券交易市场，而且还会由此造成投资者的利益主要是经济利益重大损害。本罪在客观方面表现为编造并且传播对证券交易有影响的虚假信息，扰乱证券、期货交易市场，造成严重后果的行为。所谓编造，是指无中生有地捏造、胡编乱造。其结果必须是产生虚假的即与事实不相符、不真实、不全面的消息。所谓传播，是指以各种途径加以宣传、散布或误导。传播，既可以是口头的，也可以是书面的，还可以利用录音、录像、计算机等现代化科学技术的手段；既可以单个传播，又可以当众传播；既可以当面传播，又可以不当面如将所编造的事实书面张贴或写于公共场所等。但无论其形式如何，只要能够达到将所编造的事实加以扩散、公开的目的，即应认定为本罪中的传播。编造、传播行为必须同时成立才能构成本罪。不然，虽然编造了虚假的信息但没有加以传播，或者虽然传播了虚假信息但这信息不是自己所编造，如道听途说后又散布给他人的，就不应以本罪论处。当然，行为人编造后故意要他人传播的，亦应认定为其既编造了且加以传播。他人被人要求传播，其如果明知所要其传播的虚假信息是编造的，对他人也应当以本罪行为论处。但他人如果不知道是要求人编造的，则不宜认定为本罪的既编造又传播的行为。如果行为人没有编造，而是将所取得的信息加以利用或泄露，如属内幕信息，则应以内幕交易或泄露内幕信息行为论处。行为人所编造并传播的虚假信息必须会对证券的交易产生影响即属于影响证券交易的虚假信息。如果所编造并传播的信息与证券交易无关，不会对之产生影响，仍然不能以本罪论处。所谓对证券交易有影响的虚假信息，主要是指对上市公司的股票交易价格、期货合约的价格产生较大影响的虚假信息，如涉及发行人的增资计划、重大的投资行为、资产的重大损失、经营环境的重大变化、分配股利信息、减资、合并、分立、破产、解散等。本罪为结果犯，其构成须以编造并传播影响证券交易虚假信息的行为扰乱了证券交易市场，造成了严重的危害后果为必要。如果没有扰乱证券交易市场，未造成实际危害后果或虽然扰乱了证券交易市场，造成了实际危害后果但不属于严重的后果，亦不能构成本罪而以本罪定罪科刑。所谓造成严重后果，主要是指因行为人的行为造成了证券价格强烈波动；在投资者中引起了恐慌，大量抛售或购买证券合约；给投资者造成了重大的经济损失；造成了恶劣的社会影响；等等。本罪的主体是一般主体，既包括单位，又包括个人。后者即年满16周岁具有刑事责任能力的自然人。本罪在主观方面必须出于故意，即明知编造并传播虚假信息会影响证券交易价格，扰乱证券交易市场，仍然决意编造并加以传播。过失不能构成本罪。至于其动机，一般是为自己或关系人谋取不正当利益或转嫁风险，但也不排除诸如故意制造混乱、影响证券市场价格等其他动机，然而不论其动机如何，都不会影响本罪成立。

本罪与操纵证券市场罪的界限。操纵证券市场罪的操纵行为极易制造证券市场假象，诱导相关投资者在不了解事实真相的情况下作出投资的决策。从造成的虚假的证券市场行情来看，操纵证券市场罪与编造并传播证券交易虚假信息罪存在着一定的联系，因此，有必要将两者加以区分。具体来说，两者在以下几个方面存在不同：（1）引起证券行情虚假的原因不同，前者主要是通过各种操纵市场行为来制造证券行情的虚假情形，以吸收其他投资者参与证券交易，从而从中谋利，后者是通过编造和传播虚假信息来影响证券、期货交易，扰乱证券、期货市场；（2）法定危害后果要求不同，前者属于情节犯，要求行为人所实施的操纵行为达到情节严重程度，后者属于结果犯，要求编造并传播虚假信息的行为产生严重后果。

在案例中被告人李某为了达到非法获利的目的，故意编造虚假信息并传真给媒体公布虚假信息，其行为已构成编造并传播证券交易虚假信息罪。法院的判决是正确的。

（执笔人：王　英）

利用自动柜员机失灵存假币取真币该如何定罪

一、要旨提示

科技的进步在促进经济发展和给人们生活带来便利的同时，也使犯罪更加智能化、复杂化，这给司法实践中正确认定某些犯罪行为的性质带来了困难，例如，如何认定利用自动柜员机失灵存假币取真币行为性质等。为准确地打击犯罪，需要正确地认识此类问题。

二、基本案情及处理结果

2004年3月的一天，某公司职工邵某在一次存钱时无意中发现银行的自动柜员机存在故障，可以存进假币，便灵机一动，萌生“发财之道”，想用存假币换真币的方法迅速敛财暴富。随即邵某用400元钱购买假币4000元，并以朋友梁某、马某等人的名义办理了三张太平洋借记卡。2004年3月16日，邵某来到该银行的一个分理处，用太平洋借记卡通过自动柜员机存入假人民币2100元，随即又在同一自动柜员机取出真人民币2100元；当日下午邵某又去该银行的另一分理处以同样的方法存入假币1900元，取出人民币1900元。后案发。

公诉机关以使用假币罪向法院提起公诉，法院以诈骗罪判处刑罚。

三、关键问题及争议

本案的关键问题在于：、

对于利用银行的自动柜员机失灵存假币取真币这种行为如何定性处罚？

本案的争议焦点集中在对被告人罪名的认定上，出现以下分歧：

第一种意见认为，被告人邵某利用银行自动柜员机失灵以假币换真币的行为，应视为其避开银行工作人员的视线，从银行窃取钱财的行为，这种行为符合我国刑法规定的盗窃罪中“秘密窃取”的特征，故应定为盗窃罪。

第二种意见认为，被告人邵某以假币换取真币的主观目的是为了骗取真人民币，客观上实施了隐瞒真相的方法，使银行的资金代管机器——自动柜员机无法辨别真伪，“自愿”吞进假人民币，吐出真人民币，其行为符合诈骗罪的构成要件，因此被告人的行为构成诈骗罪。

第三种意见认为，本案中邵某在明知持的是假币的情况下，将假币存入银行的自动柜员机并通过柜员机换取真币，其行为符合使用假币罪的全部构成要件，应定使用假币罪。

四、评析意见

（一）第一种意见及评析

第一种意见认为被告人的行为构成盗窃罪。邵某利用银行自动柜员机失灵以假币换真币的行为，应视为其避开银行工作人员的视线，从银行窃取钱财的行为，这种行为符合我国刑法规定的盗窃罪中“秘密窃取”的特征，故应定为盗窃罪。所谓盗窃罪，按照我国刑法通说，就是以秘密手段获取他人数额较大的财物或者多次窃取他人财物。其和诈骗罪的根本区别在于：行为人得到财物未经被害人的许可或者同意。银行成为犯罪行为的被害人，但是银行并没有因为行为人的欺骗而陷入错误，从而自愿地将财物交付给对方。银行是在完全不知情的情况下，丧失了自己所有的财物的。

我们认为这种观点不正确。盗窃罪是以“秘密窃取”的手段非法占有公私财物，而诈骗罪则是以虚构事实或者隐瞒真相的欺骗方法，致使公私财物的所有人或者合法占有者产生错觉和信任感，“自愿”或“主动”将财物交给诈骗行为人。它们的主要区别在于一个是“秘密窃取”，一个是“隐瞒事实真相”。但是，在司法实践中，也存在盗窃罪与诈骗罪不易区分的情形，主要是这两种行为人作案时都会以欺骗手段为掩护和制造假象，所以，要区分它们就要看其目的是在于乘人不备的“秘密窃取”，还是欺骗性的“隐瞒事实真相”。在本案中，犯罪嫌疑人邵某在发现银行自动柜员机不能有效分辨真假人民币的情况下，履行了合法的程序后，才将自己的假币换成了真币，这实际上是银行自动柜员机受了他的“欺骗”，也可以说，是邵某以隐瞒事实真相的方法“欺骗”了出了毛病的银行自动柜员机，这种情形和诈骗罪中的虚构事实、隐瞒事实真相有相似之处，而并不符合“秘密窃取”的盗窃罪的手段特征。

（二）第二种意见及评析

第二种意见认为被告人的行为构成诈骗罪。诈骗罪是以虚构事实或者隐瞒真相的欺骗方法，致使公私财物的所有人或者合法占有者产生错觉和信任感，“自愿”或“主动”将财物交给诈骗行为人的行为。此罪与盗窃罪的主要区别在于一个是“秘密窃取”，一个是“隐瞒事实真相”。在本案中，邵某在发现银行自动柜员机不能有效分辨真假人民币的情况下，将自己的假币换成了真币。这实际上是银行自动柜员机受了他的欺骗，也可以说，是邵某以隐瞒事实真相的方法欺骗了出故障的银行自动柜员机，这种情形和诈骗罪中的虚构事实相吻合。邵某在银行自动柜员机上所办理的存、取款业务均是按照程序进行的，自动柜员机将上述每一笔业务均记录在案，银行本来应当知道邵某在银行发生的存、取款业务，发现存假币时应及时将假币截获，并报案。其之所以没有觉察仍“自愿”让邵某将真币取走，原因是自动柜员机性能出了问题，而不是工作人员的直接失误。电脑被假象迷惑，才把假币当成真币。邵某利用电脑故障，采取以假乱真的手段骗取钱财的行为符合诈骗罪中“虚构事实”的特征，故应定为诈骗罪。

另外，欺骗自然人与欺骗电脑在性质上应当是一样的。我国刑法规定的诈骗行为针对的对象应当是自然人，而不是电脑或其他模拟人。但法律是滞后于社会发展的，不管制定法律时怎样对问题超前预见，它的条款总是难以赶上社会发展步伐的。所以，1997 年我国对《刑法》进行修改时，并没有预见到电脑也会成为诈骗的对象。那么，在我国《刑法》没有明文规定电脑或其他模拟人可以成为诈骗对象的情况下，本案为什么能把欺诈电脑同欺诈自然人一样同等对待、都以诈骗罪惩罚呢？这是因为，电脑作为一种机器人或模拟人，就它本身来说，它是没有自己的思维和想象力的，它的智慧和功能都是自然人给的，是自然人编好运算功能和工作程序并输入后，它才按照自然人的要求工作的。在通常情况下，电脑是不会出现什么差错和病态的，但是，如果它的工作程序发生了紊乱，它就会与感冒发烧的自然人一样产生病态、出现差错。从这一点来看，诈骗行为人欺骗电脑与欺骗自然人是一致的，也就是说，名义上是欺骗了电脑，而实际上仍然是欺骗了自然人。所以，本案中邵某利用自动柜员机失灵，欺骗银行较大数额财物的行为符合诈骗罪的特征，即犯罪人邵某通过银行自动柜员机存入假人民币，其行为不是以将假人民币支出为目的，而是为了骗钱，这种行为符合《刑法》第 266 条规定的诈骗罪特征，以诈骗罪对邵某定罪惩处是合适的。

我们认为这种观点不正确。因为根据我国《刑法》第266条的规定，所谓诈骗罪是指虚构事实、隐瞒真相，骗取他人财物的行为。它在客观方面，由四个前后相连的行为组成：行为人对被害人虚构事实、隐瞒真相；被害人因此而陷入错误；被害人在错误意思的支配下，处分财产；行为人获得财产。上述四个阶段前后相连，环环相扣。任何一个诈骗犯罪的过程，都大抵如此。作为诈骗罪的特殊形态的信用卡诈骗罪也概莫能外。利用自动提款机之类的机器获取财物的行为之所以不能构成诈骗罪，就是因为该种行为不能满足上述诈骗罪的犯罪构成。具体来说，就是机器不可能成为被骗的对象：

1. 银行自动柜员机不能成为诈骗罪的对象。欺骗电脑与欺骗自然人性质不同。《刑法》第266条所讲的诈骗罪，是指犯罪行为人以非法占有为目的，使用虚构事实或隐瞒事实真相的方法，骗取数额较大的公私财物的行为。从本罪行为人使用虚构事实或隐瞒事实真相的方法，使财物所有人、管理人产生错觉，信以为真，似乎“自愿”地把财物交给犯罪人的客观特征来看，我国《刑法》规定的诈骗行为人针对的应是自然人，而不是电脑或其他模拟人。我国《刑法》没有明文规定“机器”也可以成为诈骗对象，因而不符合诈骗罪的特征，不构成诈骗罪。

2. 行为人不可能对机器进行欺骗。就目前各个银行所设置的自动柜员机的现状来看，其没有自然人一样的认识、辨别能力，只能依照人所发出的特定的指令而作出反应。指令正确，就会有预定的动作出现；指令不正确，机器就不会作出所预定的反应。因此，对于机器而言，行为人不可能撒谎或者实施障眼法，只能说“真话”即输入正确的指令，否则，机器就不能作出行为人所希望的动作。在自动提款机上，行为人之所以能够提出钱来，是因为其能按照该机器预设的要求，提供在机器看来属于真实的指令（如输入正确的密码或者插入和真卡同等规格的假卡等）。因此，在通过机器获取金钱等财物的时候，行为人并没有虚构事实、隐瞒真相，或者说不可能虚构事实、隐瞒真相。

3. 自动柜员机不可能陷入错误。所谓错误，就是人的主观认识和现实的客观事实之间存在不一致。之所以会出现这种不一致，就是因为人在根据其所有的经验对事实进行判断的时候，由于某些现象的出现扰乱了其通常的判断能力，出现了认识上的偏差，从而得出了错误的结论。因此，错误，只有具有判断能力的自然人才会出现。就自动提款机之类的机器而言，只要满足或者说符合了人在事先所设定的条件，其必然会作出所预定的反应，而不可能出现即便不太符合事前所设定的条件，而机器自作主张地认定其为真实，从而作出了行为人所希望的反应。这种情况，只有在我们通常所说的“机器出了毛病”的时候才有。而机器出毛病，是机器本身有故障或者人们事先的设置有问题，而非行为人对其使用诈术而引起的结果。因此，我们说，机器没有判断能力，不可能陷入错误。

（三）第三种意见及评析

第三种意见认为被告人的行为构成使用假币罪。我国刑法规定，行为人明知是伪造的货币而予以使用且使用数额较大，其行为构成使用假币罪。邵某把假人民币当作真人民币使用，利用银行自动柜员机运行中的缺陷，存假取真，主观上是明知的，也就是说，他明知是伪造的货币而进行使用，这种行为符合使用假币罪的特征，故应定为使用假币罪。

我们认为这种观点是正确的：

1. 从使用假币罪与诈骗罪的本质区别来看，二者虽然都具有欺骗性，但使用假币罪是指行为人将假人民币当作真人民币使用，欺骗对方，并将假人民币支付给对方或他人来获取财物；而诈骗罪则表现为虚构事实，隐瞒事实真相来骗取他人财物，也是进行欺骗。因此，二者既具有相同点，也有区别。使用假币罪与诈骗罪的相同点是：二者除犯罪主体和犯罪的主观方面要件相同外，在客观方面均具有欺骗的性质。但二者又有根本的区别：一是二者侵犯的客体不同，使用假币罪侵犯的客体是国家金融管理秩序，而诈骗罪侵犯的客体则是公私财产的所有权；二是二者犯罪的手段不同。使用假币罪是将伪造的货币作为商品的等价物——货币使用，通过一定的程序或方式换取一定的财物（多数情况下换取的商品）。而诈骗罪获取财物时则除了上述情况外，行为更为狡猾，手段更为隐蔽多样，且不局限于以假换真的行为方式；三是二者的行为后果不同。使用假币罪行为实施后，不一定使相对人（即犯罪对象）受到财产损失，这是因为相对人在收犯罪行为人支付的假币时，主观上不但不一定明知，而且，通常情况下他还会不在意地将收到的假币交换出去，从而避免了自己在经济上的损失。而诈骗罪中，相对人作为诈骗行为的被害者，在犯罪既遂的情况下，他的财产必然受到损失。就本案来说，接收假币的相对人是银行，而银行在辨别真假货币方面比其他部门负有更大的责任和义务。也就是说它如果一时疏忽收了假币，不管自己损失多大，也必须保证此假币不再流通出去。这是因为，一是银行作为金融信用部门，自己内部有严格的规定，或者说国家对它有严格的要求，不允许假币从它们手里流通出去；二是广大客户的严格监督。假如做不到这一点，它的信誉便丧失殆尽。事实也正是如此，本案里，银行在发案当天，就发现收到了假钱，并及时报了案。因此，本案中犯罪对象的银行身份是被害人，而并非是第二个假币的使用者。

2. 对行为人犯罪手段的理解和犯罪目的的考察是认定本案的关键。本案中，行为人邵某为了一个非法占有目的，前后共实施了购买假币、存假币取真币两个行为。根据《刑法》规定，邵某以低于票面面额购进他人伪造或者持有的假币的行为无疑构成购买假币罪，而对存假币取真币行为是构成诈骗罪还是使用假币罪则认识不一。因此，对邵某行为定性分歧意见的焦点集中在对“使用”的理解问题上。那么，将伪造的货币存入银行取出真币究竟是“诈骗”手段还是“使用”手段呢？我们认为主要是使用。首先，诈骗手段属于一般性犯罪手段，当立法对某些具有“诈骗性”特征的行为予以特别规定时，应以这些特别规定论处，而不再理解为一般意义上的诈骗行为。例如假币犯罪中的“使用”假币，通常是指行为人将伪造的货币投入流通领域作为一种支付手段而购买商品、接受服务。这里的“使用”行为，尽管具有诈骗性质，但还是应以“使用假币罪”中的“使用”行为论处。其次，再看本案中邵某在自动柜员机存假币取真币的数额是否达到《刑法》规定的标准。根据2000年9月14日施行的最高人民法院《关于审理伪造货币等案件具体应用法律若干问题的解释》第3条的规定：出售、购买假币或者明知是假币而运输，总面额在4000元以上不满5万元的，属于“数额较大”；第5条规定：明知是假币而持有、使用，总面额在4000元以上不满5万元的，属于“数额较大”。2001年4月最高人民检察院、公安部联合颁布的《关于经济犯罪案件追诉标准的规定》第17条规定：出售、购买伪造的货币或者明知是伪造的货币而运输，总面额在4000元以上的，应予追诉。第18条规定：明知是伪造的货币而持有、使用，总面额在4000元以上的，应予追诉。显然，本案中邵某购买假币和使用假币的数量刚好达到应予追诉的数额要求，因而成为具有刑法意义上的“使用”假币行为，故应分别构成购买假币罪与使用假币罪，因为前后行为具有牵连关系，因此只定使用假币罪一罪。邵某购买假币后又加以使用，在客观上具有一个“购买”行为和一个“使用行为”，属于手段行为和目的行为的牵连，分别触犯了购买假币罪和使用假币罪两个罪名，属于刑法理论上的牵连犯，应以主行为即使用假币罪定罪处罚。再次，自动柜员机属于电子计算机的一种，并不具备人的意志或意识，故不能成为诈骗罪的犯罪对象。本案中自动柜员机“吞入”邵某的假币“吐出”真币的行为，只是其电磁识别系统发生错误，并不能视为自动柜员机所属银行的“自愿”交付行为，邵某自然也不构成诈骗罪。此外，国内外立法对许多利用计算机错误的犯罪均另有规定，如信用卡诈骗罪等，类似情况当然不能以普通诈骗罪论处。

而使用假币罪，则是指明知是伪造的货币而将其用做真币在经济交往、日常生活中使用，数额较大的行为。持有、使用假币罪侵犯了国家的货币流通管理制度。其主观特征体现为故意，即行为人“明知”是伪造的货币而持有、使用；客观特征体现为“持有”、“使用”伪造的货币，“数额较大”的行为。从本罪犯罪构成来看，本罪侵犯的客体是国家货币管理制度，即使用伪造的货币的行为危害了国家货币流通秩序，妨害了国家货币管理制度。在客观方面上表现为持有、使用伪造的货币，数额较大的行为。其中的“使用”，指行为人把伪造的假币冒充真币加以流通的行为。至于使用的方法是多种多样的。既可以表现为以合法方式使用，如用假币购买商品、将假币存入银行、将假币换成其他货币、用假币清偿债务、将假币赠与他人、将假币用做提供保证金等。也可以表现为以非法方式使用，如将假币用于赌博、或者用假币冒充真币行贿也构成本罪，具体使用方法不影响本罪的行为方式特征。使用伪造的货币行为还必须是数额较大的才能构成本罪。对于“数额较大”，最高人民法院《关于审理伪造货币等案件具体应用法律若干问题的解释》第5条作了明确规定：明知是假币而持有、使用，总面额在4000元以上不满5万元的，属于“数额较大”；根据最高人民检察院、公安部《关于经济犯罪案件追诉标准的规定》明知是伪造的货币而持有、使用，总面额在4000元以上的，应予追诉。

而本罪的主体是一般主体，即凡是达到刑事责任年龄、具有刑事责任能力的人，其持有、使用伪造货币的行为都可构成本罪。本罪在主观方面只能出于故意，即明知是伪造的货币而仍使用。所谓明知，既包括对伪造的货币的确知，即完全知道所使用的货币是伪造的，也包括对伪造的货币的可能知道，即对使用的货币虽然不能完全肯定是伪造的，但却知道其有可能是伪造的。至于犯罪的动机则多种多样，但不能出于走私、伪造、出售、购买、运输以及金融工作人员出于购买及以假币换取真币等罪的故意，否则应构成他罪，而不是本罪。

综上，我们认为，被告人邵某的行为符合使用假币罪的特征。被告人邵某的犯罪目的是为了骗取他人的钱财，在实施犯罪的过程中，明知自己手中持有的是购买的假币，仍然将假币存入有故障的银行自动柜员机，然后取出真币，其行为已构成使用假币罪。因此，我们认为法院的判决是不正确的。

（执笔人：王　英）

操纵证券交易价格罪[①]的主观要件是否包括间接故意

一、要旨提示

证券价格是证券市场的灵魂。由供需关系影响价格上下波动是正常的，其价值取决于上市公司的经营状况和市场利率变化因素，具有很大程度的不确定性。而操纵证券交易价格（又称操纵市场或操纵行情）是指一个人或某一组织，有意识地利用资金、信息媒体等优势或行政权力或个人影响，背离自由竞争和供求关系而人为制造证券行情，制造市场假象，诱使一般投资者作出错误的证券投资判断、盲目跟从参与买卖，企图获取经济利益或避免损失，或虽未获利但因此使投资公众的利益受到损害的行为。证券价格的变化直接影响着投资者的收益或损失。因此，操纵证券价格，必然会造成证券交易价格或证券交易量畸形变化，侵害其他投资者的合法权益，破坏证券市场的管理秩序。由于

① 《中华人民共和国刑法修正案（六）》规定：将《刑法》第182条修改为："有下列情形之一，操纵证券、期货市场，情节严重的，处五年以下有期徒刑或者拘役，并处或者单处罚金；情节特别严重的，处五年以上十年以下有期徒刑，并处罚金：（一）单独或者合谋，集中资金优势、持股或者持仓优势或者利用信息优势联合或者连续买卖，操纵证券、期货交易价格或者证券、期货交易量的；（二）与他人串通，以事先约定的时间、价格和方式相互进行证券、期货交易，影响证券、期货交易价格或者证券、期货交易量的；（三）在自己实际控制的账户之间进行证券交易，或者以自己为交易对象，自买自卖期货合约，影响证券、期货交易价格或者证券、期货交易量的；（四）以其他方法操纵证券、期货市场的。单位犯前款罪的，对单位判处罚金，并对其直接负责的主管人员和其他直接责任人员，依照前款的规定处罚。"

根据上述修改，最高人民法院、最高人民检察院《关于执行〈中华人民共和国刑法〉确定罪名的补充规定（三）》于2007年11月6日公布并施行，该规定将刑法第182条规定"操纵证券、期货交易价格罪"修改为"操纵证券、期货市场罪"。

随着上述修改，本罪所调整的对象不仅是操纵证券、期货交易价格的行为，而是扩展到了包括价格、交易量等市场要素在内的系列操纵证券、期货市场的行为，加大了适用范围，适应了我国目前证券、期货行业发展的现状。但操纵证券、期货交易价格的行为仍是本罪在客观方面的主要表现形式，因此，本文的相关探讨研究对于今后本罪在司法实践中的实际适用仍有积极的借鉴意义。

我国证券金融市场体制的不完善，相应的证券金融法规不健全，操纵证券交易价格行为本身又具有无实物、无纸化、交易对象和交易行为较隐蔽的特点，因此，司法实践中对于如何准确认定操纵证券交易价格罪仍存在较多的疑问和争议。

二、基本案情及处理结果

案例一：1999年4月16日、3月31日下午，被告人赵某到某证券营业部的营业厅，通过该营业部的电脑侵入计算机信息系统，对该营业部准备向证券交易所发送的委托报盘数据内容进行了修改，将周某等5位股民买卖其他股票的数据，均修改成以当日涨停价位委托买入“兴业房产”198.95万股、“莲花味精”298.98万股。当日下午股市开盘时，上述修改过的数据被某营业部发送到证券交易所后，立即引起“兴业房产”和“莲花味精”两种股票的价格大幅度上扬。赵某乘机以涨停价抛售了其购买的7800股“兴业房产”股票，获利7277.01元，并指使其朋友高某某将8.9万股“莲花味精”股票抛出，获利8.4万余元。由于拥有这两种股票的股民都乘机抛售，使发出买入信息的某营业部不得不以涨停价或接近涨停价的价格买入，为此需支付6000余万元的资金。某营业部一时无法支付此巨额资金，最后被迫平仓，遭受经济损失达295万余元。案发后，公安机关为某营业部追回经济损失40余万元。

检察机关以被告人赵某涉嫌操纵证券交易价格罪提起公诉，审判机关经依法审理后以操纵证券交易价格罪判处被告人赵某有期徒刑3年，并处罚金人民币1万元。①

案例二：1998年12月至2001年1月，吕某某、朱某某（均另案处理）经合谋，意图操纵代码为0048的“康达尔”股票的流通股。吕某某先后指使被告人丁某某、庞某、边某某等人并联合被告单位上海某实业发展公司等及被告人董某某、李某、何某某等人，在北京等20余个省、区、市以某某创业投资有限公司等单位或者被告人丁某某、边某某等个人名义，与100余家出资单位或者个人签订合作协议、委托理财协议等，筹集资金共计约54亿余元，在120余家证券公司营业部，先后开设股东账户1500余个，同时采取以不转移实际控制权为目的的自买自卖，以及利用购买深圳某公司法人股并进入该上市公司董事会发布信息从而影响0048股票交易价格等方法，联合或连续买卖

① 来源于中国司法案例数据库2.0版。

0048股票，期间最高持有或控制0048股票共计5600余万股（持股占0048股票流通股份的55.36%），严重影响了0048股票交易价格和交易量。

检察机关以被告人丁某某、董某某、何某某、李某、边某某、庞某涉嫌操纵证券交易价格罪提起公诉，审判机关经依法审理后以操纵证券交易价格罪分别判处被告人丁某某、董某某、何某某、李某、边某某、庞某有期徒刑4年、2年10个月、2年6个月、2年6个月、2年2个月、2年3个月缓刑2年6个月，并处相应罚金。

三、关键问题及争议

从上述两个案例可以看出，关键问题在于：

1. 操纵证券交易价格罪主观故意的具体内容是什么?

2. 操纵证券交易价格罪主观上可否由间接故意构成?

3. 如何认定操纵证券交易价格罪中的“情节严重”?

对于上述问题，司法实践对此的认识并不一致，归纳起来，主要意见分歧如下：

第一种意见认为，操纵证券交易价格罪是以获取不正当利益或者转嫁风险为目的，本罪在主观上只能由直接故意构成，即行为人在主观上明知其行为会扰乱证券交易市场秩序、损害其他投资者的利益，但为获取不正当利益或者转嫁风险而希望这种结果发生。本罪所规定的“情节严重”是指行为人所获取的不正当利益或所转嫁的风险达到了刑法规定的严重程度。

第二种意见认为，操纵证券交易价格罪是以获取不正当利益或者转嫁风险为目的，单独犯罪中间接故意不能构成本罪。但是，在共同犯罪中间接故意可以构成本罪。

第三种意见认为，虽然操纵证券交易价格罪是以获取不正当利益或者转嫁风险为目的的，但行为人主观故意的内容还应包括对操纵证券交易价格行为给证券市场、证券交易、投资公众等所造成影响的认识，行为人明知其行为会发生扰乱证券交易市场秩序、损害其他投资者的利益，仍希望或放任这种结果的发生的均构成本罪，本罪所规定的“情节严重”不仅指行为人所获取的不正当利益或所转嫁的风险达到了刑法规定的严重程度，也包括操纵证券交易价格的行为造成价格、交易量波动、投资公众的损失、对证券市场造成的破坏等达到了刑法规定的严重程度。

四、评析意见

（一）第一种意见及评析

第一种意见认为我国《刑法》第182条第1款明确规定：有下列情形之一，操纵证券交易价格，获取不正当利益或者转嫁风险，情节严重的……这里的“获取不正当利益或者转嫁风险”，是指操纵证券交易价格必须产生的结果，即操纵证券交易价格必须产生“获取不正当利益或者转嫁风险”的结果，否则不构成本罪。如果操纵证券交易价格失败，获利不成或者转嫁风险失败，就不成为操纵证券交易价格了，进而就不构成本罪。《刑法》已经对本罪的犯罪目的作了具体的规定，在这种情况下，没有理由将间接故意纳入本罪的主观因素。例如，盗窃罪等侵犯财产犯罪中，《刑法》明确规定是以非法占有财物为目的，因此只有直接故意才能构成犯罪。《刑法》规定的“情节严重”主要是指非法获取不正当利益数额巨大或转嫁投资风险造成其他严重后果。在案例一中，被告人赵某是明知所获取的是不正当利益，但仍通过非法修改计算机信息系统存储数据的方法去积极追求该利益，并造成被害人单位295万元的巨额经济损失，因此他的行为构成了操纵证券交易价格罪。

我们认为上述意见存在不够合理之处。同样以案例一为例，被告人赵某是直接以追求不正当利益为目的的，并且获利成功，但其与朋友所获取的不正当利益总额不到10万元，尚未达到最高人民检察院、公安部《关于经济犯罪案件追诉标准的规定》（以下简称《规定》）“非法获利数额在50万元以上的”的追诉标准。赵某的行为虽然造成了被害单位295万元的巨额损失，但这并不是赵某直接希望发生的结果，其主观上仅具有放任的故意，如果认为间接故意不能构成本罪，这295万元的损失就不能直接作为定罪标准，来认定赵某犯罪情节严重并构成犯罪。另外，在案例二中被告人李某等人的辩护人提出：李某等人主观上对于被告人吕某等人的操纵行为是不明知的，且没有直接获取任何不正当利益，何以认定李某等人具有犯罪的直接故意？按照第一种意见，将无法对上述辩护观点提出合法、有效的反驳。

（二）第二种意见及评析

第二种意见认为操纵证券交易价格罪在单独犯罪中间接故意不能构成本罪，理由与第一种意见基本一致。但是，在共同犯罪中间接故意可以构成本罪。根据共同犯罪理论，即使行为人只实施了共同犯罪中的部分行为，只要其与其他行为人构成共同犯罪，就要对全部犯罪后果承担责任。因此，在操纵证券交易价格罪中，如果行为人对直接实施操纵证券价格行为的同伙所追求的犯罪结果持一种放任态度，并提供相应帮助的，即为该罪的帮助犯，也应以操纵证券交易价格罪追究相关刑事责任。具体理由如下：

第一，从共同犯罪的理论上看，帮助故意是共同故意的表现形式之一。帮助故意既可以表现为直接故意，也可以表现为间接故意。当其表现为间接故意时，可以与其他诸如表现为直接故意的实行故意等一起组成共同故意，从而构成符合我国刑法的共同故意。我国《刑法》第 25 条第 1 款规定：“共同犯罪是指二人以上共同故意犯罪。”这里所讲的共同故意，是指各共同犯罪人通过主观意思联络形成的，明知共同犯罪行为会发生危害社会的结果，并希望或者放任这种结果发生的心理态度。在共同犯罪的理论中，依分工分类法，共同犯罪人可以分为组织犯、实行犯、帮助犯和教唆犯等。与之相对应，共同故意，亦可分为组织故意、实行故意、帮助故意和教唆故意等。组织故意、实行故意、帮助故意和教唆故意之间的有机结合，即通过主观意思联络形成共同故意。就各种类的共同故意的性质而言，他们都必须是故意，不能是过失，他们当中不能有一个是过失。因为，故意犯罪人与过失犯罪人不能进行意思联络，缺少共同故意的意思联络要件即不能构成共同故意。但是，在各种类的共同故意中未必要求他们都是直接故意，直接故意和间接故意也可以构成共同犯罪，但其中一个必须是直接故意。否则，就不可能发生意思联络，缺少意思联络要件，自然就不可能构成共同故意。直接故意人之间的意思联络是：彼此间都希望危害社会的结果发生、都希望彼此间共同作案。这里应当强调指出的是，直接故意人与间接故意人是可以进行意思联络的。直接故意人希望危害社会的结果发生，希望与间接故意人协同作战、共同作案；间接故意人放任危害社会的结果发生、放任直接故意人实施危害社会的行为。这就是直接故意人与间接故意人意思联络的过程和内容，也是间接故意人对共同故意犯罪承担刑事责任的前提和基础。

第二，在司法实践中，追究间接故意人的共同犯罪刑事责任是有必要的。在司法实践中，有些单位或者个人虽然没有直接实施操纵证券交易价格的犯罪行为，但为直接实施操纵证券交易价格行为者非法提供了巨资，对共同犯罪者的操纵行为及获取不正当利益或者转嫁风险是明知的，采取了一种放任的态度，实质上放任的行为结果是对操纵证券市场交易价格犯罪的帮助，即为共同犯罪的帮助犯。在组织犯、实行犯受到惩罚的同时，也应当追究帮助犯的刑事责任。[①]

在案例二中，虽然被告人李某、何某并没有直接参与实际操纵证券交易价格的行为，也没有直接获取非法利益或转嫁风险，但他们明知吕某等人以操纵证券交易价格的行为扰乱证券市场的正常秩序，以达到获取不正当利益的目的，却仍然按照吕某等人的要求进行融资等行为，帮助吕某筹集资金，李某等人融资款是吕某等人实现资金优势的重要组成部分，资金优势造成了持股优势，因此李某等人的行为成为吕某等人操纵0048股票价格行为链条中不可分割的一部分。不难看出，李某、何某在主观上对吕某等人操纵证券交易价格获取不正当利益以及该行为对证券市场和投资者可能造成的重大损失持放任的态度，该间接故意与吕某等人的犯罪故意进行沟通、联络后形成了共同的犯罪故意。所以，以操纵证券交易价格罪来追究他们的刑事责任是正确的。而在案例一中，被告人赵某是单独犯罪，直接以获取不正当利益为目的，其主观要素是直接故意，因此也构成了操纵证券交易价格罪。如果赵某主观故意内容是间接故意或实际上没有获得利益，那他将不构成犯罪。

我们认为，这种意见具有相当的合理性，按此去分析、认定被告人李某、何某在共同犯罪中的地位、作用、行为性质，得出的结论也是正确的。但该意见本质属共同犯罪理论，对刑法条文规定主观故意只能由直接故意构成的犯罪，如何认定、处理其中持间接故意的同案犯具有普遍的适用性，但不能据此认定操纵证券交易价格罪在《刑法》分则的规定本身包含了间接故意可以构成该罪的主观要件的内容。根据共同犯罪的理论，教唆犯等没有实行刑法分则的构成要件行为的人同样可以作为犯罪处理，但显然我们不能据此突破犯罪构成要件理论，认为缺乏犯罪客观构成要件的仍然构成犯罪。另外，这种意见同第一种意见一样，对于本罪的主观故意内容的理解，局限于刑法规定的字面理解，而没有结合本罪的犯罪客体进行全面把握，所以，该意见同样存在不合理之处。

（三）第三种意见及评析

这种意见认为本罪作为破坏金融管理秩序罪，所侵犯的客体是证券市场秩序和投资者的正当权益，惩治行为人操纵证券交易价格的行为的目的是为了维护证券管理制度和投资者的正当权益，因此，本罪的行为人“希望或放任这种结果”中的结果不仅包括行为人“获取不正当利益或者转嫁风险”，更包括

① 徐留成、杨斐：“操纵证券交易价格罪主观罪过探析”，载中国法律教育网。

行为人的操纵行为给证券市场、投资者权益所造成的损失。其中，“获取不正当利益或者转嫁风险”主要是指行为人的行为目的，而不一定非要出现行为结果。因此，只要行为人以此为目的，实施了《刑法》第182条第1款所列举的行为，即使操纵证券交易价格失败，获利不成或者转嫁风险失败，也构成操纵证券交易价格的行为，情节严重的，即构成操纵证券交易价格罪。在现实生活中，行为人在追求不正当利益或者转嫁风险的过程中对于其行为会扰乱证券交易市场秩序、损害其他投资者的利益，在主观上更多是持一种放任的态度。

另外，操纵行为不一定以实际上获取了不正当利益或者转嫁了风险为必要条件。证券市场极其复杂，有时候操纵者故意进行操纵行为，已经完全具备构成违法行为或者犯罪行为的构成特征，但是，在外在因素的作用下诸如宏观政策的突然重大调整、比操纵者实力更强的操纵者介入其中，等等，就有可能出现行情朝着操纵者预期相反的方向发展的情形，此时，操纵者就不一定能够获取不正当利益或者转嫁风险。在这种情况下，只要操纵者对他们的行为可能造成证券市场或投资者的损失持一种放任的态度，并且该损失达到“情节严重”的标准，其行为仍然构成操纵证券交易价格罪。所以，间接故意应当可以成为本罪的主观构成要件。

本罪所规定的“情节严重”不仅指行为人所获取的不正当利益数额巨大或所转嫁的风险达到了刑法规定的严重程度，也应包括操纵证券交易价格行为导致其他投资者损失数额巨大、证券市场动荡、严重破坏证券市场秩序等。《规定》的第32条规定：操纵证券交易、期货交易价格，获取不正当利益或者转嫁风险，涉嫌下列情形之一的，应予追诉：（1）非法获利数额在50万元以上的；（2）致使交易价格和交易量异常波动的；（3）以暴力、胁迫手段迫使他人操纵交易价格的；（4）虽未达到上述数额标准，但因操纵证券、期货交易价格，受过行政处罚两次以上，又操纵证券、期货交易价格的。

在案例一中，被告人赵某的行为，不仅使自己和朋友共获取了9万余元的不正当利益，而且引起“兴业房产”和“莲花味精”两种股票的交易量和交易价格出现非正常波动，影响了股市交易的正常秩序，还给被害单位造成了295万元的经济损失，虽然赵某在主观上是为获取不正当利益，并没有积极追求股票市场混乱和被害单位的巨额损失，但其作为证券行业的从业人员，对于实施相关行为可能会产生的危害后果是明知的，却放任该结果的发生，因此，赵某的行为与股票市场混乱和被害人单位的损失之间具有刑法上的因果关系，应认定其操纵证券交易价格情节严重，构成了操纵证券交易价格罪。在案例二中，几名被告人虽不是每个人均具有获取不正当利益的直接目的，但他们对于自己行为属于操纵证券交易价格的行为是明知的，并且也知道他们的行为会造成破坏证券市场的正常秩序，导致投资者的巨额损失，但他们为追求或帮助追求不正当利益而放任该结果的发生，所以他们的行为均已构成操纵证券交易价格罪。

我们认为，犯罪的主观要件内容应与犯罪所侵犯的客体密切联系，应包括行为人对于自己行为的性质及该行为对客体可能造成损害后果的认识内容和意志内容。操纵证券交易价格罪作为破坏金融管理秩序类罪下的一个罪名，把其主观故意内容局限于“获取不正当利益或转嫁风险”，而把证券市场管理秩序及投资者利益的相关内容排斥在外，既不合理，也不符合立法精神。因此，间接故意能够构成本罪的主观要件。

综上，本文两个案例中各被告人的行为均已构成操纵证券交易价格罪，法院的判决是正确的。

（执笔人：陈永明）

间接故意能否构成违法发放贷款罪，该罪的损失如何确定

一、要旨提示

贷款是银行或者其他金融机构通过一定的程序将资金附条件地借给单位和个人使用的一种金融活动，是价值运动的一种特殊形式。加强信贷管理，对搞活经济、改善宏观调控十分重要。近年来，一些银行或者其他金融机构的工作人员，违反国家法律、法规的规定，发放人情贷款、关系贷款，甚至以贷谋私，收受贿赂；还有的工作人员极端不负责任，在工作中疏忽大意，不审查或者不认真审查借款人的有关文件和资信状况，使贷出去的款无法收回，给金融机构和国家造成重大经济损失，严重扰乱了金融管理秩序，危害很大。为严厉打击这类犯罪，《刑法》规定了违法发放贷款罪。这对于银行或者其他金融机构的工作人员违反法律、行政法规规定发放贷款，造成重大损失的行为进行依法处理，提供了刑法保障。但在司法实践中，违法发放贷款行为的具体定罪标准仍比较模糊，对相关行为进行处理时争议较大。

二、基本案情及处理结果

案例一：1997年9月，被告人李某（系某信用社主任）在未履行贷前调查、签订借款合同等程序的情况下，先后两次向杨某某贷款70万元，事后，李某让杨某某补充填写了借据入账。至2001年案发时，该贷款本息一直未能追还。

1998年3月，被告人李某在仅有贷款借据而未履行其他借贷手续的情况下，向其丈夫王某某（构成贷款诈骗罪被判刑）所在甲单位发放200万元的1年期限的担保贷款，由乙单位承担担保。2000年，由于甲单位未能按期归还贷款，信用社对甲单位提起民事诉讼，法院经审理后已依法追回101万元，并查封甲单位部分财产以备进一步追缴剩余贷款。

检察机关以被告人李某涉嫌违法发放贷款罪、违法向关系人发放贷款罪①提起公诉，审判机关经审判后以违法发放贷款罪判处李某有期徒刑2年，缓刑3年；认为李某的行为不构成违法向关系人发放贷款罪。

案例二：1999年初，被告人祝某某（系中国工商银行某营业部的总经理）、高某某（该营业部信贷员）结识唐某、郭某某。1999年5月，唐、郭两人以同丰大酒店的土地使用权为抵押，向该营业部提出贷款1200万元供两人承包的单位经营使用的申请，祝某某在明知贷用不一、抵押物不足的情况下，授意高某某等人办理该贷款审批手续，造成该笔贷款一直未能清偿。

2000年初，孙某某提出以车辆抵押向该营业部申请贷款，孙声称有15辆挖掘机、总价值2250万元可供抵押。被告人高某某作为第一调查人未履行岗位职责，在未到现场查看抵押实物的情况下，仅凭孙某某等人提供的虚假车辆发票等材料即认为抵押有效，在借款审批表调查人一栏签字。经审批后，该营业部共向孙某某所在单位发放贷款共计1570万元，后该笔贷款一直未清偿。贷款发放后，高某某查看现场发现挖掘机仅到位6辆，经估价，6辆挖掘机价值人民币90万元。

期间，祝某某收受贷款单位贿赂的现金购物卡、手机等物，计价值人民币2万余元；高某某收受贷款单位贿赂的现金、实物，总计价值达人民币1.8万余元。

检察机关以被告人祝某某、高某某涉嫌违法发放贷款罪、受贿罪提起公诉，审判机关经审判后认为在1995年5月违法发放1200万元贷款这笔事实中，该营业部构成单位犯罪，祝某某作为直接负责的主管人员承担相应刑事责任；在2000年违法发放1570万元贷款这笔事实中，不构成单位犯罪，高某某的行为直接构成违法发放贷款罪。最后以违法发放贷款罪、受贿罪数罪并罚，分别判处祝某某有期徒刑4年6个月，高某某有期徒刑8年6个月。

三、关键问题及争议

两案件在处理过程中，控辩双方及审判机关存在较大分歧，关键问题及争议如下：

1. 违法发放贷款犯罪的主观要件是否包括间接故意？

一部分意见认为该罪在主观方面表现为过失；另一部分意见则认为该罪在

① 根据2007年10月25日最高人民法院、最高人民检察院《关于执行〈中华人民共和国刑法〉确定罪名的补充规定（三）》，违法向关系人发放贷款罪罪名已被取消。

主观方面既可以由过失构成，也可以由间接故意构成。

2. 违法发放贷款犯罪的损失应如何界定?

违法发放贷款行为造成损失是绝对损失还是相对损失? 作为定罪量刑标准的损失应当如何计算，是从贷款期间到期时开始计算；从危害后果发生之日起计算；从立案之日起计算；还是至案件宣判时再计算? 各方争论不一，难以统一。

3. 金融机构的单位负责人违法发放贷款构成犯罪的属单位犯罪还是个人犯罪?

对此有部分意见认为单位负责人对外代表的是单位，他的意志就是单位意志，所以单位负责人违法发放贷款构成单位犯罪，应对单位和单位中直接负责的主管人员和其他直接责任人员实行双罚。而另一部分意见则认为，单位负责人的意志不必然等同单位意志，其行为是否构成单位犯罪应具体分析，区别对待。

4. 行为人在违法发放贷款过程中收受借款人财物并构成受贿罪的，是定一罪还是数罪?

对此一部分意见认为在违法发放贷款的过程中收受贷款的财物同时构成违法发放贷款罪和受贿罪的，二罪属于刑法上的牵连犯，应采取从一重罪论处的原则，定一罪。而另一部分意见则认为，行为人的两个行为同是符合两个犯罪构成，应定两罪进行数罪并罚。

四、评析意见

违法发放贷款的行为在现行《刑法》修订实施以前，是以“玩忽职守”等渎职罪名定罪处罚的，随着银行体制的改革不断深入，为了加强对金融业从业人员的制约需要，现行《刑法》针对违法发放贷款的行为设置了违法向关系人发放贷款罪和违法发放贷款罪两个罪名，2007 年 10 月 25 日最高人民法院、最高人民检察院《关于执行〈中华人民共和国刑法〉确定罪名的补充规定（三)》取消了违法向关系人发放贷款罪罪名。司法实务中对于该罪的主观要件的具体内容、客观损失如何界定等问题存在较大的争议，司法实务界对于违法发放贷款行为的处理具有较大的随意性和不确定性。现根据相关法规和理论对两案件反映的具体问题进行评析：

（一）违法发放贷款犯罪的主观要件是否包括间接故意

现行《刑法》第 186 条对于该条所规定的罪名的具体主观要件并没有作出明确的规定，这使得实践中产生不同的认识。违法发放贷款的行为人对于自已实施发放贷款行为本身是违反了相关金融法规的规定主观是明知的，即是故意的，这在理论界和实务界都没有争议，但是行为人对于其非法发放贷款的行为可能造成的重大损失是出于过失还是故意，则存有不同的认识。有人认为：行为人是出于过失，这种过失一般是过于自信的过失。[①] 另有人认为：此罪的主观罪过不能由直接故意构成，只能是过失或间接故意，属于复合罪过。[②]

首先，我们认为，从故意犯罪的主观心态来看，行为人在实施违法发放贷款的行为时，对于可能造成的损失，不包括直接故意。如果行为人在事前就明知借款人将不归还该笔贷款，放贷肯定会造成严重损失，仍然积极追求这一损失后果的发生，此时，行为人违法发放贷款的行为就不是违法发放贷款罪或违法向关系人发放贷款罪所能包容，其行为已经构成了贪污罪或贷款诈骗罪。其次，行为人对于可能造成的损失后果在主观上是有所预见的。行为人作为金融机构的工作人员，熟悉贷款的审批程序和相关金融法规的规定，当其违反规定发放贷款时，对可能造成的损失不可能没有预见。此时，行为人在主观上或是轻信能够避免，即过于自信的过失，或是持放任态度，即间接故意。再次，行为人的主观内容包括过失和间接故意。对于行为人主观内容可能是过于自信的过失，大家都没有争议，但是否包括间接故意则认识不一。行为人持放任态度违法发放贷款的行为，依照我国目前的刑法尚不构成贪污罪或贷款诈骗罪，但这样的行为无疑比过失违法发放贷款的行为具有更大的社会危害性，不进行处罚无疑是放纵了犯罪，根据“举重以明轻”的原则，在目前的刑法框架下，违法发放贷款犯罪的主观构成要件应当包括过失和间接故意。在案例一中，被告人李某与王某某是夫妻，也预见到了贷款给王某某存在的巨大风险，但出于夫妻关系仍然放任损失的发生将巨额贷款发放给王某某，如果该笔贷款在事后确实已经造成了重大损失，仅因为李某的主观内容是间接故意而不追究其刑事责任，显然是既不合理，也不合法。

（二）违法发放贷款犯罪的损失应如何界定[③]

按照《刑法》第186条的规定，违法发放贷款的行为所造成的损失直接

---

① 刘家琛主编：《刑法（分则）及配套规定新释新解》，人民法院出版社2002年版，第901页。

② 赵秉志主编：《刑事法实务疑难问题探索》，人民法院出版社2002年版，第197页。

③ 《中华人民共和国刑法修正案（六）》规定：将《刑法》第186条第1款、第2款修改为：“银行或者其他金融机构的工作人员违反国家规定发放贷款，数额巨大或者造成重大损失的，处五年以下有期徒刑或者拘役，并处一万元以上十万元以下罚金；数额特别巨大或者造成特别重大损失的，处五年以上有期徒刑，并处二万元以上二十万元以下罚金。

“银行或者其他金融机构的工作人员违反国家规定，向关系人发放贷款的，依照前款的规定从重处罚。”

关系到罪与非罪、轻罪与重罪的区分，但该条款没有明确损失界限，而是以“较大损失”、“重大损失”、“特别重大损失”作为标准的。但“较大损失”、“重大损失”缺乏实定性，这样的规定看似合理，但实际上模糊了罪与非罪的界限，助长了司法的随意性。针对这一情况，最高人民法院、最高人民检察院等部门已作出了相关司法解释，以违法发放贷款罪为例，2001年最高人民法院在《全国法院审理金融犯罪案件工作座谈会纪要》中规定：关于违法发放贷款罪……造成50—100万元以上损失的，可以认定为“造成重大损失”；造成300—500万元以上损失的，可以认定为“造成特别重大损失”。在最高人民检察院、公安部《关于经济犯罪案件追诉标准的规定》中也作出了类似的规定。这些规定无疑对于理解、准确界定违法发放贷款犯罪的损失数额提供了依据，但这个依据远不够明确，司法实践中对于损失的认定仍然存在较大的分歧。

贷款从逾期时起就存在损失，但我们要严格区分贷款中所存在的各种损失与刑法中作为定罪量刑依据的损失之间的区别，逾期贷款在大多数情况下，金融机构通过民法主张债权就可以使自己的损失得到救济，因此，把违法发放贷款行为造成的任何损失都作为刑法的保护对象，无疑会扩大打击面，模糊了罪与非罪的界限。这就提出了一个问题：什么样的损失才可以认定为刑法所保护的损失？2003年《全国法院审理经济犯罪案件工作座谈会纪要》（以下简称《纪要》）中规定：在司法实践中，有以下情形之一的，虽然公共财产作为债权存在，但已无法实现债权的，可以认定为行为人的渎职行为造成了经济损失：（1）债务人已经法定程序被宣告破产；（2）债务人潜逃，去向不明；（3）因行为人责任，致使超过诉讼时效；（4）有证据证明债权无法实现的其他情况。违法发放贷款犯罪作为从渎职犯罪中分离出来的犯罪，我们认为可以参照上述规定进行把握，把违法发放贷款罪的损失限定于已经无法实现的债权为宜。

违法发放贷款犯罪的具体损失数额的认定，是司法实践中的另一难点，且该数额的认定直接关系到罪的成立、量刑的轻重。这“损失数额”自贷款逾期时起至终审判决作出之前始终处于一种不确定的变动状态，因此需要划定一个统一的时间界限作为认定标准，但在案发时、立案时、侦查终结时、起诉时、一审判决时这些时间点中，选择哪个时间点作为最终认定标准，各方争论不一，实践中存在不同的认定标准。这就助长了司法的随意性，严重损害了司法的严肃性和公信力。在实践中“损失数额”可以分为“定罪数额”和“量刑数额”，并以不同的时间为计算和认定的界限，以利准确定罪量刑和方便司法操作。我们认为，“定罪数额”的认定，应统一于侦查机关的立案标准，以侦查机关立案时为时间界限，如果至此损失尚未挽回，并达到立案追诉标准的，侦查机关应依法立案侦查，公诉机关和审判机关不能因立案后追回损失致数额未能达到定罪标准而认定行为人无罪。理由在于：第一，公、检、法三家“分工负责，互相配合，互相制约”是我国现行刑事诉讼法的一个基本原则。三家适用的是相同的刑法，应该有统一的认定犯罪标准，如果因为“定罪数额”认定时间的不一致而造成三家认定时罪与非罪的矛盾，这就违背了刑事诉讼法的原则，不利于“保证准确有效地执行法律”。第二，《纪要》中明确："玩忽职守行为造成的重大损失当时没有发生，而是玩忽职守行为之后一定时间发生的，应从危害结果发生之日起计算玩忽职守的追诉期限。”换言之，玩忽职守的追诉时效从该罪成立之日起计算。因此，以侦查机关立案时为时间界限，是合理合法的。对于“量刑数额”的认定，应以人民法院审判时为时间界限。如果行为人犯罪所造成损失数额在立案时达到“造成特别重大损失”的数额标准，但在审判时由于退赔、追缴等原因只达到“造成较大损失”的数额标准，则对行为人在定罪的基础上，应在“造成较大损失”相应的量刑幅度内追究其刑事责任。因为量刑权是人民法院刑事审判权的重要组成部分，法官可以根据案件的实际具体情况行使适当的自由裁量权。这既可以鼓励行为人积极追讨、偿还贷款，弥补相关损失，也可以使量刑更加具体化、合理化。如果在判决时由于被告人积极赔偿损失等原因使损失数额未达定罪标准的，可以依法判处被告人免予刑事处罚。

在案例一中，被告人李某向其丈夫王某某所在单位违法发放贷款 200 万元，虽然李某违反相关法规的规定，没有严格进行贷前审查、审批程序，发放贷款的行为是违法的，但由于该信用社在事后已经采取了民事救济方式进行了救济，追回了部分贷款，其余贷款也可以通过法院执行得到补偿，因此该贷款仍作为民法债权存在，并有可能实现债权。法院因此认定该笔犯罪事实的实际损失处于一种不确定的状态，进而认为被告人李某的行为不构成犯罪是正确的。

（三）金融机构的单位负责人违法发放贷款构成犯罪的属单位犯罪还是个人犯罪

违法发放贷款犯罪的主体既可以是个人也可以是单位，所谓单位犯罪，是指公司、企业、事业单位、机关、团体为本单位谋取不正当利益，经单位集体决定或者由负责人决定实施的犯罪。因此，经单位负责人决定并实施违法发放贷款行为构成犯罪的是属于单位犯罪还是个人犯罪，在实践中也存在一定争议。同样作为单位的负责人，在案例一中被告人李某的行为被认定为个人犯罪，而案例二中被告人祝某某的行为却被认定为构成单位犯罪，按照直接负责的主管人员追究祝某某的刑事责任。之所以出现这一矛盾，是因为对单位犯罪内涵把握上存在不同认识：部分意见认为，只要是单位负责人决定实施的犯罪就应按单位犯罪来处理；而另一部分意见则认为不能“一刀切”，应注意两点：第一，单位负责人在实施违法发放贷款行为时是为了单位利益还是个人利益；第二，单位负责人在实施违法发放贷款行为时是代表了单位意志还是个人意志。如果单位负责人代表的是个人意志，不是为了单位利益而实施相关行为的，就不能认定为单位犯罪。我们同意后一种意见。在两个案例中，李某和祝某某虽然都是各自单位的负责人，但他们均是在违反国家相关法规和部门规章的情况下，背着单位集体进行违法发放贷款的，体现的只是他们个人的意志，而非单位意志，且该行为也不符合单位利益，因此，对于他们均应当按照个人犯罪去追究刑事责任。

（四）行为人在违法发放贷款过程中收受借款人财物的应如何定罪处罚

在案例二中被告人祝某某、高某某在违法发放贷款的过程又分别收受了借款人的财物，对于两名被告人的行为应认定为违法发放贷款罪或受贿罪一罪，还是认定为违法发放贷款罪和受贿罪两罪，在实践中有不少争议，主要有以下几种意见：

第一种意见认为，被告人祝某某、高某某为达到受贿的目的，不严格依照相关法规进行贷款审查，将贷款发放给不符合贷款条件的借款人唐某等人，属于目的行为和手段行为的牵连，按照对牵连犯从一重罪论处的原则，应当以违法发放贷款罪从重处罚。牵连犯看似有数个行为，但各行为均统一于同一个目的之下，存在密切的目的行为和手段行为或原因行为和结果行为的相互牵连，因此，实际上只能按一个行为进行定罪处罚，对牵连行为实行数罪并罚违反了刑法中对同一行为禁止重复评价的原则。现行《刑法》第 386 条删除了《关于惩治贪污罪贿赂罪的补充规定》第 5 条第 2 款“因受贿而进行违法活动构成其他罪的，依照数罪并罚的规定处罚”的规定。同时在现行《刑法》第 399 条第 3 款明确规定：司法工作人员贪赃枉法，有前两款行为的，同时又构成本法第 385 条规定之罪的，依照处罚较重的规定定罪处罚，这证明在司法实践中对类似问题都应当按照“择一重罪处罚”的原则进行处理。

第二种意见则认为，根据我国现行《刑法》的规定，判断罪与非罪、此罪与彼罪的根本标准是看犯罪构成要件，因此，犯罪构成要件是区分一罪与数罪的根本标准。案例中被告人祝某某、高某某的行为同时符合违法发放贷款罪和受贿罪的犯罪构成要件，应认定构成两罪，进行数罪并罚。

我们同意后一种意见，理由如下：

第一，被告人祝某某、高某某违法发放贷款并收受借款人财物的行为同时符合两个犯罪构成。根据《刑法》的相关规定，违法发放贷款罪和受贿罪的具体犯罪构成要件是不同的，不存在法条竞合关系。案例二中被告人祝某某、高某某两人在主观上同时具有谋取非法利益的故意和对可能造成的贷款损失的过失，两个行为分别侵犯了两个不同的客体，因此完全符合两个犯罪构成要件。

第二，进行数罪并罚并不违反刑法中对同一行为禁止重复评价的原则。禁止重复评价是指当一行为同时是数个罪名的构成要件的内容时，只能以选择一个罪名对这个行为进行评价。持第一种意见的人认为“为他人谋取利益”是受贿罪的构成要件，而在案例二中行为人是通过以违法发放贷款的行为实现“为他人谋取利益”，如果数罪并罚，这样一来就把“违法发放贷款的行为”同时作为两个罪名的构成要件的内容进行评价，是不合理的。我们认为，根据受贿罪的相关规定，在非法收受他人财物，为他人谋取利益的情况下，“为他人谋取利益”只是受贿罪的主观要件，并不要求行为人实际为他人谋取了非法利益。在案例二中，即使祝某某、高某某并没有实际实施违法发放贷款的行为，他们收取他人财物的行为也已构成受贿罪，因此，把他们实际实施的违法发放贷款的行为另行以违法发放贷款罪进行定罪处罚，并没有违背刑法的禁止重复评价原则。

第三，现行《刑法》第 399 条第 3 款的规定是一种特殊规定，只能适用特定情形。立法确实单独规定了对司法工作人员贪赃枉法、枉法裁判并受贿的只按照较重的罪名进行定罪处罚，但同时应注意到，《刑法》对于其他同时符合受贿罪和徇私渎职犯罪的却没有做出这样的规定，这说明，这样的特殊规定只能适用特定情形，并不具有对类似司法问题的普遍适用意义。例如，根据最高人民法院 1998 年《关于审理挪用公款案件具体应用法律若干问题的解释》第 7 条的规定：因挪用公款索取、收受贿赂构成犯罪的，依照数罪并罚的规定处罚；最高人民法院、最高人民检察院、海关总署《关于办理走私刑事案件适用法律若干问题的意见》规定：海关工作人员收受贿赂又放纵走私的，应以受贿罪和放纵走私罪数罪并罚。

所以，被告人祝某某、高某某的行为同时符合两个犯罪构成要件，应定两罪进行数罪并罚。

综上所述，我们认为在案例一中，被告人李某违法向杨某某发放贷款 70 万元，并造成重大损失的行为已经构成了犯罪，应当以违法发放贷款罪追究其刑事责任。而李某违法向其丈夫王某某发放 200 万元贷款行为，由于该笔贷款是否已经造成损失，尚不确定，因此不构成违法向关系人发放贷款罪。而在案例二中，被告人祝某某、高某某违法发放贷款并收受借款人财物的行为均已构成违法发放贷款罪、受贿罪，应对他们进行数罪并罚。其中被告人祝某某虽然是单位的负责人，但其违法发放贷款的行为体现的是个人意志，并且违背了单位利益，应当直接按个人犯罪追究其刑事责任。

（执笔人：陈永明）

对吸收资金不入账非法拆借或发放贷款的行为应如何定性

一、要旨提示

所谓吸收客户资金不入账，是特指银行或其他金融机构对公营或个人存款户的入款或存款，只单方面发给入款户或储户一张存单，而不将其款项记入本单位的公账，即不纳入上报中国人民银行和国家财政的银行会计核算，而仅将其另入法定会计账册以外的本单位“小金库”账册上。而非法拆借，不仅指金融机构之间的非法同业拆借，还包括银行或其他金融机构将未入账的客户资金，非法借给其他单位或个人。非法发放贷款，俗称“体外循环放贷”，是指银行或其他金融机构未在上级行规定的放贷规模内放贷，特别是未以银行（或其他金融机构）账面上有的信贷资金放贷；而是采用吸收客户资金不入账的方法，账外吸收存款、账外发放贷款。① 现行《刑法》第187条明确规定：银行或者其他金融机构的工作人员以谋利为目的，采取吸收客户资金不入账的方式，将资金用于非法拆借，造成重大损失的行为，以用账外客户资金非法拆借、发放贷款罪进行定罪处罚。② 由于该罪在犯罪主体、客观方面和客体与挪用公款罪、非法吸收公众存款罪、违法发放贷款罪等罪存在一定的交叉和竞合，理论界和实务界对吸收资金不入账非法拆借、发放贷款的行为应如何定性一直存在争议与分歧。

---

① 刘家琛主编：《刑法（分则）及配套规定新释新解》，人民法院出版社2002年版，第906页。

② 根据《中华人民共和国刑法修正案（六）》的规定：将《刑法》第187条第1款修改为：“银行或者其他金融机构的工作人员吸收客户资金不入账，数额巨大或者造成重大损失的，处五年以下有期徒刑或者拘役，并处二万元以上二十万元以下罚金；数额特别巨大或者造成特别重大损失的，处五年以上有期徒刑，并处五万元以上五十万元以下罚金。”本条的罪名已经改为“吸收客户资金不入账罪”。

二、基本案情及处理结果

案例一：2002年7月，被告人虞某为筹集资金炒股，分别与海丰实业有限公司（以下简称“海丰公司”）和某某证券有限责任公司某证券营业部（以下简称“营业部”）的总经理胡某商议，欲用海丰公司3000万元人民币在营业部购买国债，然后由营业部通过国债回购的方式提取资金借给其进行股票交易。被告人胡某为谋取本单位利益，对此表示同意。后经虞介绍，胡以营业部的名义与海丰公司签订了“证券交易委托协议书”及有关海丰公司在营业部购买3000万元人民币国债，在规定期间不抛售或撤销指定交易，营业部给海丰公司8.5%年收益的承诺书。之后，海丰公司按约购买了3000万元国债。同年7月30日，被告人胡某通过国债回购提取人民币2900万元存入户名为“吴某某”账户内，供被告人虞某使用。至2003年6月，虞某的炒股交易量为人民币18亿余元，营业部得到佣金人民币28万余元，后因股市波动造成营业部损失人民币620余万元。

2004年，公安机关以涉嫌挪用资金罪移送审查起诉，检察机关经审查后以用账外客户资金非法拆借罪提起公诉；审判机关经审判后以用账外客户资金非法拆借罪分别判处胡某有期徒刑1年6个月，被告人虞某有期徒刑1年2个月。

案例二：被告人史某，1992年8月至1996年2月在中国建设银行某县支行西郊分理处任储蓄员、储蓄所所长；1996年2月至4月任该支行某办事处信贷员。1995年3月至1996年4月期间，被告人史某先后34次分别从某某集团、某工业投资有限公司等数十家单位吸收存款11270万元，史利用其职务之便，用领取的存单，采用“中间大，两头小”的抽底方法，不入银行账，而直接将上述资金转至其父经营的该县永泰建筑物资经营部（私营）或其他公司。此外，被告人史某为周转资金，以该办事处的名义，向外单位拉协议存款或无协议存款共计5669万元，再内部转给其父经营的该县永泰建筑物资经营部，用于归还原存款单位存款并收回存单。至案发时，被告人史某尚占用银行资金和储户存款计11369万元，其中1100万余元资金无法追回。

公安机关以被告人史某涉嫌构成挪用公款罪、贪污罪移送审查起诉，检察机关经审查后以被告人史某的行为构成非法吸收公众存款罪提起公诉，审判机关经审判后采纳了检察机关意见，以非法吸收公众存款罪判处被告人史某有期徒刑3年（史有重大立功情节）。

三、关键问题及争议

这两个案子的关键问题在于：

金融机构的工作人员私自与客户沟通后吸收资金用于非法拆借、发放贷款的，所涉及的资金的性质如何界定？金融机构的工作人员的上述行为应如何处理？

归纳起来，主要意见分歧如下：

1. 金融机构的工作人员私自与客户沟通后吸收资金用于非法拆借、发放贷款的资金的性质是公款还是私款，当该资金无法收回时，相关法律责任由谁承担？

对于这个问题，公安机关的意见认为：在案例中，被告人史某（或胡某），是所在储蓄所（或营业部）的负责人、主管人员，其与存款客户签订存款协议，是代表该储蓄所进行的，根据最高人民法院 1997 年 12 月 11 日颁布的《关于审理存单纠纷案件的若干规定》第 6 条的有关规定，相应的民事法律责任均由储蓄所（或营业部）承担，因此，被告人史某（或胡某）用于非法拆借、发放贷款的资金实际上是该储蓄所（或营业部）的资金。

而检察机关的意见则认为：在案例中，判断用于非法拆借、发放贷款的资金性质关键是要看存款客户在事前是否知道自己的资金没有记入金融机构的法定账户，如果存款用户在事前已经知道自己的资金没有记入金融机构的法定账户，为贪图较高的利息或其他收益，甘愿把资金用于非法拆借、发放贷款，那么被告人史某（或胡某）的行为就不能视作金融机构的行为，该资金也不属于金融机构的资金，当资金不能收回时，相关的民事责任不是由金融机构承担，而应由被告人史某（或胡某）和存款用户共同承担。

2. 银行或其他金融机构的工作人员吸收资金不入账进行拆借、放贷的行为是构成用账外客户资金非法拆借、发放贷款罪还是挪用公款罪、挪用资金罪等罪？

对于这个问题，公安机关的意见认为：在案例中，被告人史某（或胡某）身为金融机构的工作人员，利用职务便利，吸收客户资金却不记入单位法定账户，而是以谋利为目的，私自将资金挪用给他人进行营利活动，该行为构成挪用公款罪（挪用资金罪）。

而检察机关则认为：在案例中，被告人史某（或胡某）虽是金融机构的工作人员，但其利用的是职务便利还是工作便利应具体分析，更关键的是由于被告人史某（或胡某）行为侵犯的不是客户资金的使用权，而是侵犯了国家金融和存款管理制度，因此，该行为构成用账外客户资金非法拆借、发放贷款罪。在1979年《刑法》没有设置用账外客户资金非法拆借、发放贷款罪的情况下，对吸收资金不入账非法拆借、发放贷款的行为应根据1997年《刑法》第12条的规定进行定罪处罚。

四、评析意见

判断行为人的行为是否构成此罪的关键是看非法拆借、发放贷款的资金性质和该行为所侵犯的客体。

（一）金融机构的工作人员私自与客户沟通后吸收资金用于非法拆借、发放贷款的资金的性质如何界定

将账外客户资金非法拆借、发放贷款行为的本质是吸收资金不入账，将资金用于非法拆借、发放贷款。但值得注意的是，对于银行或其他金融机构和其工作人员来说，在将资金非法拆借、发放贷款之前，是否与存款客户进行过沟通，其行为的性质和法律后果是截然不同的。首先，对于银行或其他金融机构而言，无论其事前有无同存款客户进行过沟通，该银行或其他金融机构都必须为其用账外客户资金进行非法拆借、发放贷款的行为对客户承担相应的责任，除了承担相关民事法律责任外，如果其是以谋利为目的而进行相关行为的，并且实际造成了“重大”以上损失的，那就应按照1997年《刑法》第187条的规定以用账外客户资金非法拆借、发放贷款罪追究其刑事责任。其次，对于银行或其他金融机构的工作人员而言，则应区分其在事前有无跟存款客户进行过相应的沟通。一方面，假如没有与存款客户进行过事先沟通的，存款客户在主观上不知道其存款没有记入银行或其他金融机构的法定账户，也不知道其存款将被用于非法拆借、发放贷款的，根据民法中“表见代理”的相关规定，此时银行或其他金融机构的工作人员的行为仍代表该单位，存款客户的存款应当视为已经存入银行或其他金融机构。那么到时候，无论被非法拆借、发放贷款的资金能否收回，根据最高人民法院1997年12月11日颁布的《关于审理存单纠纷案件的若干规定》第6条的有关规定，应当由银行或其他金融机构承担相应的民事法律责任，也就是说，此时，被用于非法拆借、发放贷款的资金在性质上是属于银行或其他金融机构的资金。对银行或其他金融机构的工作人员用账外资金进行非法拆借、发放贷款的行为应当以挪用公款罪追究相应的刑事责任。另一方面，假如在事前就与存款客户进行了沟通，明确告知存款客户

其存款将不记入银行或其他金融机构的法定账户，而是将用于非法拆借、发放贷款的。存款客户在明知的前提下，因贪图较高的利息或其他利益，自愿配合银行或其他金融机构的工作人员进行非法拆借、发放贷款的。此时，存款客户与银行或其他金融机构的工作人员之间达成一个平等协议，而银行或其他金融机构并没有参与进来，该资金不属于银行或其他金融机构的资金，因此无须承担法律责任。如果造成严重损失的，相应的民事法律责任应当由存款客户和银行或其他金融机构的工作人员共同承担，对于后者如果触犯了刑法，则应以用账外客户资金非法拆借、发放贷款罪进行定罪处罚。

根据上述分析，我们可以看到，在案例一中，被告人胡某是为了谋取单位利益，代表单位将海丰公司买的国债，以国债回购的方式提取出资金后拆借给被告人虞某进行炒股交易的。在这里，海丰公司购买的是营业部的国债，其直接与营业部发生法律关系，因此，胡某等人用于非法拆借的资金是属于营业部的，不管被告人胡某等人是否在事前与海丰公司进行过沟通，都应当由营业部对海丰公司承担相关的法律责任。而在案例二中，被告人史某是背着单位私自进行非法拆借、发放贷款的，其所吸收资金的性质应根据案件的具体情况去认定。从表面上看，是被告人史某开具存单给存款单位，而存款单位将资金存入银行，这似乎是个正常的储蓄过程，资金的性质应当是银行的存款资金，而事实并非如此。第一，个人储蓄存单不能用于单位存款，单位存款应开具存款证明书，且应由会计部门受理而非储蓄所受理，而在本案中的存款单位明知史某开具的是个人储蓄存单却依然接受；第二，存款单位与被告人史某明确约定一定时期内存款单位不动用账上的资金而由史某使用，部分存款单位出具的存款票据中的收入栏上空白，任凭史某填写，实质上就是授权史某可以将款项转账给任何人；第三，存款单位按期收到了由被告人史某支付的实际使用资金的差息。上述情况，表明这些资金并非该储蓄所的存款资金，而是存款单位与被告人史某事先约定，将资金以过路形式绕过该储蓄所后进行非法拆借，并赚取高额差息。因此涉案资金不具有银行存款的性质，拆借这些资金的行为与银行或其他金融机构的工作人员利用职务之便，挪用银行或储户资金的行为是截然不同的，被告人史某吸收资金不入账进行非法拆借、放贷行为不能适用挪用公款罪进行处罚。

（二）对于银行或其他金融机构的工作人员吸收资金不入账进行拆借、放贷的行为应如何处理

要准确适用罪名，先要准确区分各罪名之间的区别，挪用公款罪与挪用资

金罪都属于“挪用型”犯罪，用账外客户资金非法拆借、发放贷款罪与“挪用型”犯罪的确有着比较紧密的关联。有观点认为，本罪所规定的行为实质上就是挪用银行等金融机构资金的行为，用账外客户资金非法拆借、发放贷款罪与“挪用型”犯罪之间是交叉关系，交叉之部分实质上是“一行为为数个法律规范所规定”的法规竞合，根据特别法优于一般法的原则，应优先适用本罪。① 但是用账外客户资金非法拆借、发放贷款罪并非是从挪用型犯罪中分离出的一个罪名，而是一个相对独立的罪，在犯罪构成的各个方面都具有自己的特征，因而，不能认为它们之间存在法条竞合关系。用账外客户资金非法拆借、发放贷款罪与“挪用型”犯罪的主要区别在于：一是犯罪主体不完全相同，两罪主体虽然都是特殊主体，但前者可以由单位构成，后者只能由自然人构成；前者自然人作为犯罪主体时，只能由银行或者其他金融机构的工作人员构成，而后者可以由任何单位中的国家工作人员构成。二是主观方面虽然都是故意，但前者要求必须以谋利为目的，而谋利是特指谋取用账外客户资金非法拆借、发放贷款所产生的非法收益，如利息、差价、非法拆借、放贷所将获的借贷利息与存款利息的差额等；而后者不要求有明确的犯罪目的，即犯罪目的不影响本罪的构成。三是侵犯的客体不同，前者侵犯的是国家金融和存贷款管理制度；后者侵犯的则是资金的使用权。四是客观方面虽然二者存在诸多相似，但也有明显区别。如上文所分析的，前者行为人作为个人将客户资金不记入银行账户，用于非法拆借、发放贷款的，必须在事前与存款客户进行过沟通，如客户同意的，其行为就属于用账外客户资金非法拆借、发放贷款。如客户不同意或者没有与客户沟通过的，行为人利用职务便利，将客户存入银行或者其他金融机构的资金用于非法拆借、发放贷款的同样行为，则属于挪用的行为。

具体分析本文的两个案例可以看到，在案例一中，被告人胡某以营业部的名义与海丰公司签订协议，把资金吸收到营业部的账户后“挪用”给虞某进行炒股。由于胡某系该营业部的最高主管，能代表该营业部的意志，且获取的佣金也归营业部所有，因此，这“挪用”行为属单位行为，由于单位不能构成“挪用型”犯罪，故只能以用账外客户资金非法拆借罪来追究该营业部及直接负责的主管人员胡某的刑事责任。而在案例二中，被告人史某作为金融机构的工作人员，其在主观上是想通过非法拆借行为获取利息差，在客观上采取吸收存款客户的资金后却不存入法定的资金账户的行为，逃避相关监管部门的

---

① 刘宪权、卢勤忠：《金融犯罪理论专题研究》，复旦大学出版社2002年版，第385～386页。

监控，把资金放到账外进行违法拆借、发放贷款，其行为直接破坏了国家对信贷、存款资金的有效管理，违反了国家金融管理制度，侵犯了存款客户的合法权益。由于被告人史某在事前就资金的具体使用与客户进行过沟通，该资金也没有真正进入到单位账户，不具有存款性质，因此，被告人史某的行为触犯了用账外客户资金非法拆借、发放贷款罪而不是挪用公款罪或挪用资金罪。

（三）对于发生在1997年《刑法》施行以前的用账外客户资金非法拆借、发放贷款行为应如何处理

根据前文的分析，被告人史某的行为要是发生在1997年《刑法》施行以后，依照该《刑法》第187条的规定，其行为构成了用账外客户资金非法拆借、发放贷款罪。但史某的犯罪行为均发生在1997年以前，而1997年前的《刑法》并没有设置用账外客户资金非法拆借、发放贷款罪，以何罪名对史某的行为进行定罪处罚，应根据1997年《刑法》第12条的规定进行处理。首先，要看被告人史某的行为按1979年《刑法》构成什么罪名；其次，要看适用新旧刑法进行定罪时的量刑情况。根据1995年6月30日施行的全国人大常委会《关于惩治破坏金融秩序犯罪的决定》（简称《决定》）第7条的规定，非法吸收公众存款或者变相吸收公众存款，扰乱金融秩序的行为，应定非法吸收公众存款罪。被告人史某通过给予存款单位较高的利息差来非法吸收存款，属于典型的以“体外循环”的方法进行非法以贷吸存，并且涉案资金额特别巨大，严重破坏了当地的金融秩序，故史某的行为构成非法吸收公众存款罪。《决定》中规定构成非法吸收公众存款罪，造成特别重大损失的，应判处3年以上10年以下有期徒刑。而1997年《刑法》中规定用账外客户资金非法拆借、发放贷款，造成特别重大损失的，处5年以上有期徒刑，并处5万元以上50万元以下罚金。很显然，依《决定》对被告人史某进行定罪处罚，其所受的刑罚较轻，根据1997年《刑法》第12条的规定，应定被告人史某构成非法吸收公众存款罪。

综上所述，我们认为在案例一中，被告人胡某所在的营业部已经构成了用账外客户资金非法拆借罪，被告人胡某作为该营业部的直接主管人员，也构成了用账外客户资金非法拆借罪。虞某的行为与该营业部及被告人胡某的行为构成共同犯罪，虞某虽然不是金融机构的工作人员，但其事前与胡某进行预谋，并在海丰公司和营业部之间进行积极联系，又使用非法拆借的资金进行股票交易，其行为对犯罪的完成起到重要作用，依法构成用账外客户资金非法拆借罪的共犯。公诉机关在以用账外客户资金非法拆借罪对被告人胡某、虞某提起公

诉的同时，未能一并追究胡某所在营业部的责任，值得商榷。在案例二中，被告人史某的行为虽然同样属于吸收客户资金不入账，用账外客户资金非法拆借、发放贷款，但由于其犯罪时《刑法》并没有设置用账外客户资金非法拆借、发放贷款罪，以非法吸收公众存款罪追究其刑事责任是正确的。

（执笔人：陈永明）

不具有存款经营权的个人非法吸收公众存款并造成存款无法归还的如何定性

一、要旨提示

所谓存款是指存款人将资金存入银行或其他金融机构保管并获取利息的一种经济活动。根据我国金融法规定，在我国只有依法设立的商业银行和城乡信用社等金融机构取得国务院银行业监督管理机构批准后才可以吸收公众存款，其他任何机构和个人均不能从事吸收公众存款业务。非法经营吸收公众存款业务的行为，必然要影响到国家对金融活动的宏观管理，损害金融机构的信用，损害存款人的利益，扰乱金融秩序，最终影响国家经济秩序和社会秩序的稳定。随着改革开放的不断深入，我国的金融体制也发生了重大变革，金融业务大大扩宽且日益多元化，这使得在实践中处理非法吸收公众存款罪等金融犯罪时遇到了大量新情况和新问题，如何准确适用法律以处理非法吸收公众存款案件中出现的新情况、新问题，是法律工作者面临的一个新课题。

二、基本案情及处理结果

案例一：2002 年 5 月至 2006 年 3 月，被告人张某某为支付其丈夫褚某某的 100 多万元赌债及高额利息，以投资房地产、典当行等为由，以高额利息作诱饵，采取买会、入会（均是民间会社集资方式）等方式吸收公众资金，从被告人周某某等十多人处吸收资金数额共计人民币 578 万元，均用于归还赌债及支付高额利息，案发后，尚有 562 万元资金无法返还。

2002 年 5 月至 2006 年 4 月，被告人周某某为赚取高额利息差，以投资房地产、典当行等为由，以高额利息作诱饵，采取买会、入会等方式非法吸收公众资金，从被害人李某等五十余人处吸收资金共计人民币 635.5 万元，主要用于在被告人张某某处买会、入会，案发后，尚有 584.17 万元资金无法返还。

公安机关以被告人张某某和周某某涉嫌诈骗罪移送审查起诉，检察机关经审查后以被告人张某某涉嫌诈骗罪、被告人周某某涉嫌非法吸收公众存款罪提起公诉；审判机关经审判后以诈骗罪判处被告人张某某无期徒刑，以非法吸收公众存款罪判处被告人周某某有期徒刑10年。

案例二：1999年8月至2002年1月16日，被告人田某某采用自制“高额利率定单”，私自加盖单位储蓄业务专用章，盗用同班业务人员印鉴，对外虚构银行内部有高额利息存款的事实的手段，共吸纳11名亲朋好友现金90.1万元，用于归还其个人债务、购买商品和装修等。2002年9月7日，田某某主动到公安机关投案，积极退赃41.4万元。

公安机关以被告人田某某涉嫌非法吸收公众存款罪移送审查起诉，检察机关经审查后以贪污罪提起公诉；审判机关经审判后以诈骗罪判处被告人田某某有期徒刑12年。

三、关键问题及争议

上述案例的关键问题在于：

不具有存款经营权的单位或个人非法吸收公众存款并造成存款无法归还的，应当以非法吸收公众存款罪论处，还是以集资诈骗罪、诈骗等罪论处？

归纳起来，主要意见分歧如下：

第一种意见认为，两个案例中无论是被告人张某某、周某某，还是被告人田某某非法吸收公众存款，扰乱金融秩序，并造成严重后果，应当以非法吸收公众存款罪来追究刑事责任。

第二种意见认为，两个案例中被告人张某某、周某某及田某某在主观上具有非法占有目的，客观上实施了诈骗行为，并造成大量资金无法归还，应当以诈骗罪或集资诈骗罪来追究刑事责任。

第三种意见认为，两个案例中被告人张某某和田某某主观上具有非法占有目的，他们的行为应定性为诈骗罪，但是在第一个案例中被告人周某某在主观上不能证实有非法占有目的，对其应以非法吸收公众存款罪追究刑事责任。

第四种意见认为，被告人田某某的行为构成贪污罪。

四、评析意见

上述两个案例在处理过程中，对相关被告人的行为应如何定性，公安机关、检察机关和审判机关各执一词，定性各不相同，之所以在对事实把握相差不大的情况下产生如此大的争议，是因为相关罪名存在一定交叉关系。要对两个案例进行准确定性，就必须要准确掌握相关罪名各自的犯罪构成和具体特征，并针对各自的不同特征作出区别。

（一）非法吸收公众存款罪与诈骗罪、集资诈骗罪的界限

根据《商业银行法》第3条的规定：吸收公众存款是商业银行的法定业务之一。同时该法第81条规定：未经国务院银行业监督管理机构批准，擅自设立商业银行，或者非法吸收公众存款，变相吸收公众存款，构成犯罪的，依法追究刑事责任。出于落实《商业银行法》的上述规定，保障商业银行吸收公众存款专营权的需要，1997年《刑法》规定了非法吸收公众存款罪。该罪在主观方面表现为故意，过失不构成本罪，主观上以营利为目的，但不存在非法占有财物的目的；在主体方面是一般主体；在客观方面表现为行为人实施了非法吸收公众存款或变相吸收公众存款的行为，根据1998年国务院颁布的《非法金融机构和非法金融业务活动取缔办法》第4条的规定：非法吸收公众存款是指未经中国人民银行批准，向社会不特定对象吸收资金，出具凭证，承诺在一定期限内还本付息的活动；变相吸收公众存款，是指未经中国人民银行批准，不以吸收公众存款的名义，向社会不特定对象吸收资金，但承诺履行的义务与吸收公众存款性质相同的活动。根据上述规定，可以得知构成本罪客观要件的行为，具有一个突出特点，那就是“向社会不特定的对象吸收资金”。如果虽有吸收或变相吸收公众存款的行为，但对象只是少数个人或是特定的群体，那就不符合本罪的犯罪构成。本罪的犯罪对象是公众存款，但作为金融犯罪，本罪保护的客体是国家的金融管理秩序和商业银行吸收公众存款专营权，光有非法吸收公众存款的行为不一定就构成本罪，只有非法吸收公众存款的行为对银行吸收公众存款业务活动和国家对银行业的正常监管秩序构成冲击，才能以本罪进行定罪处罚。作为对《商业银行法》的保障法，《刑法》规定非法吸收公众存款罪的目的是，禁止和打击与银行存款业务相冲突的非法吸收公众“存款”行为，而不是违规吸收公众“资金”的行为。[①] 这一立法目的也是本罪区别于其他类似金融犯罪、财产犯罪的一个主要特征。

诈骗罪，是指以非法占有为目的，用虚构事实或隐瞒真相的方法，骗取数额较大的公私财物的行为。该罪在主观方面是直接故意，并且对财物具有非法占有的目的，主体是一般主体。在客观上表现为行为人使用欺诈的方法让被骗

① 曾宪文等：“认定‘非法吸存’：刑法须兼顾商权保护”，载《检察日报》2007年7月26日第三版。

人产生错误的认识，被骗人因陷入错误认识而对财物作出错误的处分，“自愿”地把财物交给行为人。其侵害的客体是公私财物的所有权，而不包括金融经济管理秩序和社会管理秩序等内容。

集资诈骗罪实际上是一种特殊的诈骗罪，它具有一般诈骗罪所具有的共性，同时又具有以下几点不同：第一，犯罪对象的不同。前者的对象是不特定多数人用以集资获利的资金；而后者是行为人针对某一特定的人或单位去实施诈骗行为并获取利益。第二，客观行为的表现形式不同。后者是行为人用虚构事实或隐瞒真相的方法直接使被骗人交付财物，被骗人交付财物的目的不限；而前者行为人是以聚集资金的名义进行的，被骗人交付财物的目的是为了集资并营利。前者在客观上行为人不仅要有诈骗行为，而且还需具有非法集资的行为。

通过上述分析，我们可以看到非法吸收公众存款罪与集资诈骗罪确实存在诸多相同的地方，例如被害人都是“自愿”把资金交付给行为人的；非法吸收公众存款，在一定意义上讲，也是一种非法集资行为；二者的犯罪对象都是针对不特定多数人的资金等。但它们又有着明显的不同，主要表现如下：

1. 犯罪客观行为的表现方式不同。前者在客观上表现为非法吸收公众存款，其也可能是采用欺骗的方法进行，但欺骗行为不是必备的条件；而后者是以诈骗的方法去非法筹集资金，在客观上表现为使用诈骗方法和非法集资两种行为的统一，诈骗行为是方法行为，其是为非法集资这一目的服务的。①

2. 犯罪的目的不同。前者的目的是为了营利，但不具有非法占有的目的。而后者的目的就是为了将非法筹集到的资金占为已有。

3. 侵犯的客体不同。前者侵犯的是国家的金融管理制度；而后者除了侵犯国家金融管理制度以外，还侵犯了公私财物的所有权。

（二）对案例中各行为人的行为定性分歧意见的评析

第一种意见认为，案例一中，被告人张某某、周某某两人作为无资格从事吸收公众存款业务的个人，却通过买会、入会等方式向社会上不特定的对象变相吸收公众存款，并造成所吸收的巨额资金无法归还，严重扰乱了金融秩序，且被告人张某某、周某某均供述吸收他人资金只是为了“周转资金”，并没有占为已有的目的，因此，她们的行为构成了非法吸收公众存款罪。而在案例二中，被告人田某某虽是银行的工作人员，但其作为出纳员，向储户吸纳存款并

① 刘家琛主编：《刑法（分则）及配套规定新释新解》，人民法院出版社 2002 年版，第 961 页。

非其职权范围，且所谓的“高额利率存款业务”完全是其个人编造的，并利用其工作便利制作了“高额利率定单”，田某某所制作的定单是一种虚假的银行单据，银行并不存在这样的定单格式。所以，田某某利用工作便利制作虚假单据从事“高额利率存款业务”是一种个人行为，与银行没有关系，其以不法提高存款利率的方式向社会公众吸收存款，扰乱金融秩序的行为，也构成了非法吸收公众存款罪。

我们认为，两个案例中各被告人在客观方面的表现确实比较符合非法吸收公众存款罪的犯罪构成，但在认定行为人在主观上是否具有非法占有他人财物的故意时，不能仅凭行为人自己的供述，还要结合其具体行为去把握。在案例一中被告人张某某向他人非法吸收的资金，是为了归还其丈夫赌债及赌债的高额利息，根据其丈夫所欠的赌债情况和高额利息多带来的还款压力，张某某应当明知其不具有还款能力，但其仍然不断吸收巨额资金用于还债，最终导致案发后有562万元资金无法归还。在案例二中被告人田某某共取得了近百万元的资金，这些资金除去用于还债外，主要都被用于购买、装修房屋、购买汽车等高消费上。2001年《全国法院审理金融犯罪案件工作座谈会纪要》中提到：具有下列情形之一的，可以认定为具有非法占有目的：（1）明知没有归还能力而大量骗取资金的；……（3）肆意挥霍骗取资金的；……据此应当认定被告人张某某、田某某在主观上具有非法占有的目的。而非法吸收公众存款罪在主观上虽然具有营利的目的，但不具有非法占有的目的，因此，认为被告人张某某、田某某的行为构成非法吸收公众存款罪的观点是不准确的。

第二种意见认为，两个案例中被告人张某某、周某某、田某某的行为均已构成诈骗罪。具体理由如下：

首先，三人在主观上均具有非法占有的目的。如前所述，被告人张某某、田某某在主观上具有非法占有目的。而被告人周某某在案件中与被告人张某某互相联络、相互配合，两人构成共同犯罪，也应认定其具有非法占有的目的。

其次，三人在客观上均实施了诈骗行为。在案例一中，被告人张某某、周某某向被骗人隐瞒了其吸收资金用于归还赌债和高额利息的真相，而是以投资房产、典当店等为幌子，以高利率为诱饵，向公众吸收资金的，最终造成巨额资金无力偿还。在案例二中被告人田某某向其众多的亲友虚构了银行内部有“高额利率存款”的事实，并制作了虚假的“高额利率定单”，使得亲友信以为真，主动把资金交给她以期取得高额利率的回报，从而实现骗取资金的目的。通过分析，可以发现被告人张某某、周某某、田某某在客观上均有诈骗行为和吸收公众资金两个行为，且诈骗行为服务、统一于吸收资金行为，从而实现吸收公众资金的目的。

再次，三人的行为侵犯了他人的财产所有权，造成被害人被骗的巨额财产无法归还。综上，三被告人的行为均符合诈骗罪的犯罪构成，应当以诈骗罪对她们进行定罪处罚。

最后，三名被告人的行为尚不构成集资诈骗罪。根据中国人民银行和国家工商总局《关于进一步打击非法集资等活动的通知》（银发〔1999〕289 号），该通知明确指出，利用民间会社形式进行非法集资是“非法集资”的表现形式之一。三名被告人的行为似乎是以“非法集资”行为进行诈骗，应定性为集资诈骗罪。但需要注意的是，集资诈骗罪客观方面须具备一个核心要件：就是“向社会不特定对象吸收资金”，但在这两个案例中，被告人张某某和田某某所吸收资金的对象虽然都达十余人，算得上人数众多，但经审查发现，这些人均是他们的亲友或邻居，对象比较固定，而不符合“向社会不特定对象吸收资金”，因此，以诈骗罪进行定性更加准确。

我们认为：这部分意见对于被告人张某某、田某某的构成诈骗罪的分析论证是客观、正确的，但被告人张某某和周某某是否构成诈骗罪的共犯，则值得商榷。虽然被告人张某某、周某某两人都有虚构投资房地产、典当行等事由的诈骗行为；同样是采取买会、入会等方式吸收社会公众资金，但单纯依据这些客观行为就直接认定两人具有共同的犯罪故意，进而认为两人构成共同犯罪，属客观归罪，违背了主客观相统一的刑法原则。这部分意见，在分析被告人周某某是否具有非法占有目的，其与被告人张某某是否具有共同的犯罪故意时，未能结合案件的具体情况进行具体分析，不够严谨，这也导致最后对周某某定性错误。

第三种意见认为，被告人张某某、田某某的行为构成诈骗罪，理由与第二种意见一致，但被告人周某某、张某某并不是共同犯罪，被告人周某某在主观上不具有非法占有目的，其行为应定性为非法吸收公众存款罪，而不是诈骗罪。理由如下：（1）在客观方面，周某某与张某某并不是共同实施以买会、入会等方式吸收社会公众资金的行为的。周某某与张某某均实施了以买会、入会等方式吸收资金的行为是事实，但应注意到她们所参与的“会”虽然有一定的交叉，但绝大部分是不相干的，这从周某某吸收资金的对象多达五十余人，而张某某吸收资金的对象只有十余人，且人员基本没有关联这一事实可以得到证明。也没有证据可以证实两人在各自买会、入会前进行过协商，因此，应当认定两人买会、入会的行为是各自独立的。（2）在主观故意方面，被告人周某某和张某某也没有共同的犯罪故意。根据前文分析可以得知，张某某吸收资金是用于偿还其丈夫的赌债和高额利息，主观上具有非法占有的目的。但张某某并没有将实情告诉周某某，而向周某某虚构其投资房地产、典当行，可以获取高额利润的事实。周某某信以为真，以为将钱投资于张某某处可以赚取高额利润，其就以投资房地产、典当行的名义进行非法吸收公众资金的行为，并将所吸收的资金投资于张某某处。可见，周某某吸收公众资金的目的不是为了占为己有，而是想投资获利，张某某与周某某的关系不是共同犯罪，而是骗与被骗的关系，也正如此，周某某在主观上不具有非法占有的目的。

我们认为，这部分意见在分析被告人张某某、周某某的主观故意内容时，没有被一些表面现象所迷惑，而是实事求是地结合案件的具体情况去认定，是很科学严谨的，得出的结论也是正确的。

第四种意见认为被告人田某某的行为构成贪污罪。根据《刑法》第 382 条的规定，贪污罪是指国家工作人员或者受国家机关、国有公司、企业、事业单位、人民团体委托管理、经营国有财产的人员，利用职务上的便利，侵吞、窃取、骗取或者以其他手段非法占有公共财物或国有财物的行为。被告人田某某作为国有银行的工作人员，主体符合该罪的构成。而田某某在主观上具有非法占有的目的，且其所占有的财产系储户存入银行的资金，属于国有企业管理、使用中的私人财产，根据《刑法》第 91 条的规定：在国家机关、国有公司、企业、集体企业和人民团体管理、使用或者运输中的私人财产，以公共财产论。因此，被田某某所侵占的财产应当以公共财产论。所以，被告人田某某利用职务便利，秘密侵吞储户存款的行为完全符合贪污罪的犯罪构成，应当以贪污罪追究其刑事责任。

对此，我们认为，被告人田某某作为银行的出纳员，并不具有向客户吸纳存款业务的职权，所谓的“高额利率存款业务”是田某某个人虚构的，银行并不存在这样的业务，银行对田某某的行为也一无所知，因此，田某某所吸收的资金不可能进入银行法定账户，而是直接进入其个人腰包，所以，该资金不具有银行的储蓄存款的性质，不应以公共财产论。另外，田某某在自制的“高额利率定单”上加盖公、私印章均是利用了工作便利条件偷盖的，本人不具有管理、保管相关印章的职权，谈不上利用职务之便。故从财产的性质和所使用的手段看，被告人田某某的行为不符合贪污罪的构成要件。

综上所述，我们认为在案例一中被告人张某某、周某某不构成共同犯罪，其中被告人张某某的行为构成诈骗罪，被告人周某某的行为构成非法吸收公众存款罪；在案例二中被告人田某某的行为构成诈骗罪。

（执笔人：陈永明）

五　金融诈骗罪

骗取货物后以空头支票付款的行为该如何定性

一、要旨提示

票据诈骗罪，是指以非法占有为目的，利用汇票、本票、支票进行诈骗活动，骗取数额较大财物的行为。《刑法》第194条第1款明文规定了票据诈骗罪的五种行为类型。“签发空头支票……骗取财物的”是票据诈骗罪的行为类型之一。但在司法实践中，对于“骗取货物后再以空头支票付款”的情形，该如何定性存在争议。因此，为了正确定罪量刑，准确认定行为人主观上是否具有非法占有的目的和签发空头支票与骗取货物之间是否存在刑法上的因果关系是问题的关键。

二、基本案情及处理结果

案例一：2004年5月27日，被告人谭某以达安顺经营部的名义，使用假名“李某”与某区包装材料厂负责人叶某达成协议，约定由叶供应胶袋给达安顺经营部，被告人谭某支付了定金人民币5000元，并承诺交货后以支票付款。同年6月12日和26日，叶某各供货一批（共价值人民币107305.49元）给达安顺经营部，被告人谭某分别出具面额为人民币54123元、53183元的支票付款。同月30日，叶某持该两张支票到银行兑现时因付款单位账户余额不足而被退票。

另，被告人谭某还有票据诈骗和合同诈骗事实。

公诉机关以谭某涉嫌票据诈骗罪、合同诈骗罪诉至法院。一审法院认为，谭某以签发空头支票的方式骗取他人财物，数额巨大，其行为已构成票据诈骗罪，判处有期徒刑5年，并处罚金人民币5万元。与合同诈骗罪依法实行并罚，决定执行有期徒刑15年，并处罚金人民币15万元。被告人上诉后，二审法院裁定驳回上诉，维持原判。

案例二：2001年6月，被告人朱某利用两张空头支票诈骗胜利石油管理局工程机械总厂废旧车床2台，价值11万元（付现金3600元）。

上诉时，其辩护人提出“朱某并非是通过签发空头支票从而实现对财物的非法占有。朱某先行控制了车床，实现了对车床的占有，后签发空头支票同车床出厂不存在因果关系；朱某提取车床时，已将支票资金不足的实情告知李某，李某作为卖方的代表不存在被骗的事实，属延期付款的债务行为”等辩护意见。

二审法院认为，上诉人朱某是否构成票据诈骗罪的关键，在于上诉人朱某是否有非法占有的故意和法定的相应行为。这是区分票据诈骗罪、其他犯罪与经济纠纷的基本界限。综观全案，上诉人朱某在无履行能力的情况下，将车床拉走并变卖，却未将变卖的货款偿还胜利石油管理局工程机械总厂，而是用于支付个人所开酒店的租金及归还其他债务，并长期逃匿在外，使该货款近3年的时间仍未归还，上述行为足以说明朱某具有非法占有的主观故意；在客观方面，上诉人朱某骗取的机床是采用签发空头支票支付货款的手段实施的。其签发空头支票是在骗取财物之前还是之后，不影响票据诈骗罪的成立。因为，上诉人朱某先得到商品，尚不能独立构成犯罪，行为人完成全部诈骗犯罪的行为是在签发空头支票之后。只有完成整个诈骗犯罪行为，其诈骗犯罪的具体行为、侵犯的客体才能最终确定。因此，上诉人无论是在取得货物之前、还是之后签发空头支票，其行为都不仅侵犯了普通诈骗罪中他人公私财物所有权这一共同客体，更主要的是还侵犯了国家对票据的管理制度这一特殊客体。据此，上诉人朱某依法构成票据诈骗罪。法院最终裁定驳回上诉，维持原判。

案例三：1999年6月，被告人季某以惠春公司名义与上海某经贸有限公司签订了嘉士伯牌啤酒的购销协议，由上海某经贸有限公司向惠春公司供应啤酒。惠春公司指定徐某为收货人，每40天为一次付款期。同月21日至同年8月10日，上海某经贸有限公司共向惠春公司供应瓶装啤酒3045箱（其中100箱为赠送）、罐装啤酒1170箱，共计价值人民币289505元，由徐某（现去向不明）签收。同年7月底，上海某经贸有限公司依协议约定要求惠春公司支付货款，季某指使公司财务夏某开具一张出票日期为1999年8月10日、金额为人民币10万元的转账支票（支票号码：AI302124）给被害单位。同年8月11日，季某自己又开具一张出票日期为1999年8月19日、金额为人民币12万元的转账支票（支票号码：AI304581）给被害单位。期间，季某将200余箱啤酒用于抵债。同月19日，被害单位将两张支票解入银行，因惠春公司账户存款不足而遭银行退票。被害单位派员至惠春公司，发现惠春公司已搬离，季某亦不知去向。被告人季某还有其他诈骗和合同诈骗事实。

检察机关对上述事实以合同诈骗罪诉至法院。一审法院认为，被告人季某以非法占有为目的，利用签订和履行合同骗取上海某经贸有限公司4000多箱啤酒的行为已构成合同诈骗罪。

三、关键问题及争议

上述案例的关键问题在于：

在骗取财物之前还是之后签发空头支票，是否影响票据诈骗罪的成立？

对此主要有以下分歧意见：

第一种观点认为，先骗取货物再签发空头支票交付货款的行为，是在诈骗行为已经完成之后，为掩盖诈骗事实、拖延时间以便逃离而签发空头支票，而不是以空头支票骗取财物，故只能认定为（合同）诈骗罪，而不能认定为票据诈骗罪。①

第二种观点认为，无论是先采取签发空头支票支付货款再骗取财物，还是先骗取货物后再签发空头支票支付货款，均属于“签发空头支票……骗取财物”，应认定为票据诈骗罪。②

第三种观点认为，不论签发空头支票发生在骗取财物之前或者之后，只要行为人签发空头支票与骗取财物之间有刑法上的因果关系就可以认定为票据诈骗罪，否则，触犯其他相关罪名。

四、评析意见

（一）如何理解“签发空头支票……骗取财物”

所谓空头支票，根据我国《票据法》第88条的规定，是指出票人签发的支票金额超过其付款时在付款人处实有的存款金额。各国票据法一般均规定，签发支票的出票人必须与付款人之间存在资金关系。这主要是因为支票是支付证券，而且限于见票即付，因此，为确保支票即期支付功能的实现，票据法特别重视这种资金关系，这是支票不同于汇票、本票等存在着即期和远期之分的信用证券的根本特征之一。我国也不例外。根据我国《票据法》第83条、第

① 最高人民法院刑一、二庭：《刑事审判参考》（第3卷下），法律出版社2002年版，第53页。

② 最高人民法院刑一、二庭：《刑事审判参考》（第3卷下），法律出版社2002年版，第53～55页。

88 条第 1 款的规定，出票人与付款人之间存在合法的资金关系，同样是出票人有效签发支票的前提。而支票的出票人在与付款人之间不存在资金关系的情况下签发的支票，或者出票人超过资金关系中的约定范围签发的支票，即为签发空头支票。

在票据业务中，签发空头支票诈骗行为通常有以下几种情形：其一，无存款的空头支票，即出票人明知支票账户没有存款余额，仍然签发支票。其二，超过存款的空头支票，即出票人签发支票时，明知金额将超过其存款数，或已超过付款银行允许垫付的余额而签发的支票。其三，提回存款的空头支票，即出票人出票以后立即提走自己账户内的款项，造成支票不能支付。其四，签发支票后谎称遗失，即出票人出票后谎称支票遗失申请银行止付，造成持票人或者收款人取款不能。

签发空头支票通常是利用收款人对银行的信赖和希望货物尽快脱手的心理，去骗取收款人的财物。在司法实践中，应当注意以下问题：

第一，不应当以出票人账户内是否有资金为标准。如果是由于支票管理制度不严等原因，行为人误认为在银行账户上有足够资金或者资金不足，但是银行根据双方已有的协议可以垫付，对于持票人来说，该支票是可以兑付的支票，所以不能视为空头支票。因为出票人的出票资金既可以活期存款形式存在，也可以透支或者其他信用契约形式存在。

第二，实践中，有些情况虽然符合签发空头支票的形式，实际上又不属于刑法上的签发空头支票。应当注意，法律禁止签发空头支票的目的主要在于保护持票人的票据权利，即支票一经签发，只要支票在形式上合法、有效，持票人就应无条件获得票面所载的金额。也就是说，只要空头支票的记载内容以及签章等形式要件符合《票据法》的规定，应当认定该票据是有效的票据，应当按照票面记载事项承担票据责任。因而，即使行为人在签发支票时明知银行账户没有资金或者资金不足，但只要出票人在事后补足存款使持票人在法定的付款期内获得了票面所载的金额，支票关系就没有遭到破坏，空头支票的问题也就根本没有发生。由此，对空头支票的判断，不应简单地看出票人在出票时所签发的支票金额与其在付款人处的实有存款金额是否一致，而应以出票人在法定付款期限内是否向持票人实际支付票款为准。如果出票人出票时在付款人处根本没有资金或者资金不足，但只要支票出票人在法定付款期内向持票人实际支付了票款（例如，出票人在出票后付款前，在付款人处存入资金或者补足不足金额，或者出票人与付款人签有信用协议，付款人允许出票人透支等），也不能按照签发空头支票认定。

第三，在认定签发空头支票行为时应注意主客观相结合，即有些在客观上属于签发空头支票的行为，能否构成票据诈骗罪还必须考察其主观上的故意。在实施签发空头支票行为时，行为人对自己所开支票账户内的资金情况应当具有确定性的认识，即知道账户内是否有资金以及有多少资金。只有明知账户内没有资金仍开具支票的或者虽有资金但在开出支票后故意提空的，才构成签发空头支票行为。应当指出的是，在票据业务活动中，往往因为种种原因，使当事人不能及时准确了解掌握账户资金情况。在不了解账户资金的实际情况下签发支票，虽然实际上签发了空头支票，但不能作为犯罪认定。因为行为人缺乏对其账户资金情况的明确认识，不存在犯罪的故意。行为人之所以签发空头支票其目的是骗取他人财物，在一般情况下，当事人签发票据，是为了支付货款或者清偿债务。如果行为人明知自己的账户存款不足或者根本是空户，而套取银行信用，故意签发空头支票的，构成票据诈骗罪。如果行为人签发空头支票的目的不是为了骗取财物，而是在经营活动中为扩大业务影响等目的，只是因暂时资金困难而违规签发空头支票，但实际未给对方造成损失的不构成票据诈骗罪。[①]

第四，需要审查签发空头支票与骗取财物之间是否存在因果关系，即前者与后者之间必须是因与果的关系，否则，不能成立票据诈骗罪。“刑法因果关系指犯罪实行行为与对定罪量刑有价值的危害结果之间引起与被引起的合乎规律的联系。”[②] 刑法上的因果关系具有客观性、顺序性、原因与结果的相对性和内容的特定性等特点。[③] 所谓因果关系的顺序性，是指“在客观事物不断更替的运动中，一般表现为原因在先，结果在后，结果不可能在原因之前存在。因此，司法机关只能在危害结果发生之前的行为中寻找原因。但是因果关系并非只是上述时间上的先后顺序关系，认定因果关系还需要考察其他特征”。[④] 因此，在送货后立即用支票付款的场合，如果销售人送货后，购买人并不付款，销售人就不会最终交付货物，在这种情况下，行为人（购买人）在对方送货后立即签发空头支票的，应认定为票据诈骗罪。这是因为，虽然仅从时间的表象上看，签发空头支票的行为似乎发生在取得财物之后，但是，从本质上看，签发支票的原因行为是同时或先于骗取财物的结果而发生，二者间存在刑

① 秦法果、杨宏勇：“票据诈骗罪客观方面疑难问题探讨”，载《河南师范大学学报》（哲学社会科学版）2003 年第 5 期，第 65 页。

② 马克昌主编：《犯罪通论》，武汉大学出版社 2000 年版，第 214 页。

③ 张明楷：《刑法学》（第二版），法律出版社 2003 年版，第 173 ~ 174 页。

④ 张明楷：《刑法学》（第二版），法律出版社 2003 年版，第 173 页。

法上的因果关系。

（二）如何认定各行为人的行为性质

就案例一谭某骗取胶袋的行为性质而言，我们认为法院认定谭某犯票据诈骗罪是正确的。这是因为：第一，谭某主观上有非法占有的目的；第二，谭某签发空头支票与骗取财物之间具有因果关系。被害人叶某之所以会供货给谭某，就是因为谭某承诺用支票付款，而其签发的正是没有足够存款的空头支票。

就案例二朱某骗取两台废旧车床的行为性质而言，由于判决书表述的事实不清，难以认定朱某的行为性质。但是，从辩护人的辩护意见和法院的裁判理由可以看出，争议的关键在于朱某签发空头支票与骗取财物之间是否存在因果关系。在我们看来，法院认为“其签发空头支票是在骗取财物之前还是之后，不影响票据诈骗罪的成立”是值得商榷的。因为有签发空头支票和骗取财物的行为，不一定成立票据诈骗罪；但是，只要在签发空头支票与骗取财物之间存在因果关系，就成立票据诈骗罪，无论这种签发是之前还是之后发生。

就案例三季某骗取啤酒的行为性质而言，我们也认为不成立票据诈骗罪。理由是：

第一，票据诈骗罪是诈骗罪的特殊类型，以符合普通诈骗罪的构造为前提。既然是诈骗罪，就必须因为欺骗行为而骗取财物。刑法正是因为票据诈骗罪所具有的特殊欺骗性质而将其规定为独立的罪名。但季某并不是通过签发空头支票骗取啤酒，换言之，签发空头支票与骗取啤酒之间并没有因果关系。所以，不能认定季某“签发空头支票……骗取财物”。换言之，季某是通过隐瞒不付款的心理事实骗取了啤酒，而不是通过签发空头支票骗取了啤酒。

第二，季某实际上是在合同诈骗行为既遂之后，才签发空头支票。这种事后签发空头支票的行为，是为了掩盖诈骗事实、拖延时间以便逃离，不能决定事前取得啤酒的犯罪行为性质。如果认为季某完成诈骗犯罪的行为是在其签发空头支票之后，进而将季某骗取啤酒的行为认定为票据诈骗罪，则意味着季某骗得啤酒后还不成立诈骗既遂。果真如此，则所有骗取财物的人，只要没有不返还财物的言行举止，都不成立诈骗犯罪或者仅成立诈骗未遂，这恐怕难以被人接受。

第三，即使季某在骗取啤酒前“承诺”以支票形式支付货款，主观上也可能打算事后以空头支票搪塞对方，但这种“承诺”与主观心理并不等于行为人已经实施了签发空头支票的行为。所以，对于季某骗取啤酒的行为，只能根据骗取财物的原因行为性质认定为合同诈骗罪。

第四，虽然在某种意义上说，季某的行为整体似乎属于“签发空头支票……骗取财物”。即如果行为人先“承诺”以支票形式支付货款，骗取货物后签发空头支票交付对方的，似乎整体上属于票据诈骗（这样考虑显然是因为行为人先“承诺”以支票形式支付货款）。但在司法实践中，完全可能存在另外两种情形：一是行为人先通过其他各种欺骗手段取得货物，并不打算签发空头支票，只是由于债权人索债紧迫，才签发空头支票交付对方。二是行为人先虚假“承诺”以支票形式支付货款，但取得货物后根本不签发任何支票，而是以其他方式摆脱对方。在前一种情形下，行为人签发空头支票并不是其骗取财物的原因；在后一种情形下，不可能因为行为人“承诺”以支票形式支付货款便认定为票据诈骗罪。既然如此，对于先“承诺”以支票形式支付货款，骗取货物后签发空头支票交付对方的行为，就难以认定为票据诈骗罪。所以，也不能从整体上认定季某的行为构成票据诈骗罪。

诚然，行为人在收到货物的当时签发空头支票与在收到货物后相隔一段时间签发空头支票，似乎没有本质区别，应做相同处理。但是，在实行罪刑法定原则的时代，各种行为构成何种犯罪，必须以行为完全符合犯罪构成为前提。换言之，只能在犯罪构成内进行实质的解释，而不能超出犯罪构成作出实质的解释。在约定货到立即付款的场合，行为人（购买人）签发空头支票的，可以评价为被害人因为获得支票而处分财产，行为人通过签发空头支票骗取财物，因而可以认定为票据诈骗罪；而在约定货到后相隔一段时期付款的场合，行为人（购买人）签发空头支票的，不能认为被害人因为获得支票而处分财产，难以评价为行为人通过签发空头支票骗取财物，故不宜认定为票据诈骗罪。①

综上所述，第三种争议意见是可取的。

（执笔人：邬永忠）

① 张明楷：《诈骗罪与金融诈骗罪研究》，清华大学出版社2006年版，第578~580页。

使用伪造的企业网上银行转账授权书或变造的银行存折，骗取他人钱财的行为该如何定性

一、要旨提示

金融凭证诈骗罪，是指使用伪造、变造的委托收款凭证、汇款凭证、银行存单等其他银行结算凭证，骗取他人财产，数额较大的行为。由于刑事立法上没有明确“其他银行结算凭证”的范围，导致在司法实践中因对其理解的不同而出现法律适用上的偏差。因此，为了正确定罪量刑，准确界定“其他银行结算凭证”的范围是关键。

二、基本案情及处理结果

案例一：2004年10月，被告人张某与被告人陈某商定，以帮朋友拉存款为名，引诱某省甲公司将资金存入工商银行A分理处账户，后张某指使乙公司办公室主任晏某到工商银行B支行开立一般账户并办理工商银行网上客户服务中心开户手续，并在工商银行A分理处开立一般账户，而后让陈某私刻一枚“工商银行A分理处”公章，张某操纵制作了虚假的《中国工商银行网上银行企业客户账户查询、转账授权书》、[①]客户证书档案信息资料、需增加的分支机构档案信息资料，将上述资料交给刘某，刘某与工行电子结算中心市场部任经理的但某共同完善以上资料后，违规为张某办理了“网上银行下挂账户手续”，将甲公司设立在工行A分理处的账户下挂到乙公司设立在工行B支行账户名下，使张某可对甲公司账户任意进行转账支配。当甲公司资金500

① 企业账户查询、转账授权书是集团客户的分支机构授权工行通过网上银行系统向其总部提供该分支机构账户信息或同时授权工行允许其总部通过网上银行系统从该分支机构账户中转出资金的书面证明文件。

万元到账后，张某便指使晏某同陈某、刘某在银行人员的帮助下解锁，并将甲公司账户500万元中的280万余元转入乙公司工行B支行账户。胡某与晏某在张某的授意下，于2004年10月25日将其中235万元转入中行C支行乙公司账户，48万元转入丙公司账户。后胡某与陈某将48万元全部提现，胡某留了2万元的张某原借款，将46万元给陈某。破案后从陈某处追回赃款28万元，从张某处追回赃款217.59万余元，共计245.59万余元现已发还受骗单位。另张某、陈某、胡某还犯贷款诈骗罪。

某市人民检察院以被告人张某、胡某、陈某等人犯金融凭证诈骗罪和贷款诈骗罪，向某市中级人民法院提起公诉。

某市中级人民法院经审理后，依法判决：被告人张某、陈某、胡某犯金融凭证诈骗罪及贷款诈骗罪，决定执行20年以内不等的有期徒刑，并处数额不等的罚金。被告人胡某、陈某上诉后，某省高级人民法院裁定驳回上诉，维持原判。

案例二：2003年上半年，被告人吴某在北京某软件技术有限公司工作期间，受该公司委派，为中国建设银行某省分行进行软件系统升级，吴某利用工作之便，获取了多名储户资料，破译了王某等部分储户银行密码。2004年5月22日，被告人吴某利用中国建设银行某省分行系统升级，旧存折换新存折之机，先将储户徐某的存折变造成储户王某的存折，后通过换折的方式将变造后的存折换成了王某的新活期存折，存折内余额为人民币922361.63元，后该存款均被其非法占有。另被告人吴某还犯有盗窃罪。

2005年12月28日，某市人民检察院以被告人吴某犯盗窃罪、诈骗罪向该市中级人民法院提起公诉。

该市中级人民法院于2006年6月14日作出判决，以被告人吴某犯金融凭证诈骗罪，判处有期徒刑15年，并处罚金人民币30万元；犯盗窃罪，判处有期徒刑11年，并处罚金人民币5万元，决定执行有期徒刑19年，并处罚金人民币35万元。被告人吴某犯罪所得财物，除已追缴的赃款人民币350618.68元外，余款责令退赔被害人。宣判后，被告人吴某不服，提出上诉。该省高级人民法院最终裁定驳回上诉，维持原判。

三、关键问题及争议

上述案例的关键问题在于：

变造的银行存折，伪造的企业网上银行转账授权书是否属于伪造、变造的银行结算凭证?

对此主要有以下分歧意见：

第一种意见认为，使用伪造、变造的银行存折或者使用伪造的企业网上银行转账授权书，隐瞒事实真相，骗取他人钱财的行为应定诈骗罪。

第二种意见认为，行为人的上述行为，应构成金融凭证诈骗罪。理由是银行存折、企业网上银行转账授权书也属于银行结算凭证。

四、评析意见

（一）第一种意见及评析

第一种意见认为银行存折和企业网上银行转账授权书不属于银行结算凭证。其主要理由是，《刑法》第194条第2款关于金融凭证罪的罪状没有列举出存折、伪造的企业网上银行转账授权书，只列出委托收款凭证、汇款凭证、银行存单，而存折、企业网上银行转账授权书与上述银行结算凭证之间存在着一定的区别，不能等同，应遵守罪刑法定原则，不能对法律作出扩大解释。因此，行为人使用这些伪造、变造的银行存折或者伪造的企业网上银行转账授权书骗取他人财物的行为构成诈骗罪，而不是金融凭证诈骗罪。

这种意见似乎有一定道理，但是，这种观点只是机械地适用法律，没有认清金融凭证诈骗罪中金融凭证的范围。根据《刑法》第194条第2款的规定，金融凭证诈骗罪中的金融凭证，是指银行结算凭证。结算，是指基于商品交易、劳务供应、资金调拨及其他交易而发生的货币收付行为。依据结算活动运行的阶段不同，可以分为银行结算与银行清算。银行结算，是指客户委托银行货币收付所发生的客户与银行之间的托收和承付活动；银行清算则是指不同银行及同一银行的不同分支机构之间的结算票据传递、交换、清算活动。本罪中的银行结算虽然主要是指前者，但也不能完全排除银行清算。

何谓银行结算凭证？2000年8月的中国人民银行办公厅《关于单位定期存款开户证实书性质认定的批复》（以下简称《批复》）认为，支付结算是指单位、个人在社会经济活动中使用票据、信用卡和汇兑、托收承付、委托收款等结算方式进行货币给付及其资金清算的行为，中国人民银行为上述结算活动统一制定的书面凭证为结算凭证。2003年12月9日，中国人民银行办公厅《关于其他银行结算凭证有关问题的复函》（以下简称《复函》）再次明确：根据《支付结算办法》的有关规定，办理票据、信用卡和汇兑、托收承付、委托收款等转账结算业务所使用的凭证，均属银行结算凭证。此外，银行办理现金缴存或支取业务使用的有关凭证也属银行结算凭证，如现金解款单是客户到银行办理现金缴存业务的专用凭证，也是银行和客户凭以记账的依据，它证明银行与客户之间发生了资金收付关系，代表相互间债权、债务关系的建立，属于银行结算凭证。而单位定期存款开户证实书、对账单、银行询证函等，只具有证明或事后检查作用，不具有货币给付和资金清算作用，不属于结算凭证。因此，只要在经济活动中具有货币给付和资金清算作用，并表明银行与客户之间已受理或已办结相关支付结算业务的凭据，均应认定为银行结算凭证。

票据、信用证、信用卡虽然具有结算功能，也可谓结算凭证，但由于《刑法》另规定了票据诈骗罪、信用证诈骗罪与信用卡诈骗罪，故本罪中的金融凭证只能是票据、信用证与信用卡之外的结算凭证。

《刑法》第 194 条第 2 款列举了委托收款凭证、汇款凭证、银行存单三种银行结算凭证。所谓委托收款凭证，是指收款人委托银行向付款人收取款项所提供的凭据与证明。利用委托收款的方式进行银行结算，其必以收款人向其开户银行填写委托收款的凭证，并提供收款依据为前提。委托收款凭证根据其方式的不同可分为邮寄和电报划回两种情况。所谓汇款凭证，是指汇款人委托银行将款项汇给外地收款人时所提供的凭据和证明。按照银行传递凭证的方式不同，可分为信汇和电汇两种方式。前者即信汇方式，是指委托银行以邮寄的方法划转款项；后者即电汇，则是指委托银行采用电报的方式划转款项。所谓银行存单，作为一种银行结算凭证，亦是一种信用凭证。它是由客户即存款人向银行交存款项、办理开户后，由银行签发的载有户名、账号、存款金额、存期、存入日、到期日、利率等内容的一种银行到期绝对付款的结算凭据和证明。银行存单并不限于狭义的银行出具的存单，还包括邮政储蓄机构等具有吸收存款资格的金融机构出具的存单。

除了上述三种银行结算凭证外，还有其他银行结算凭证。例如，拨款凭证、银行进账单、托收承付凭证等均属于银行结算凭证。

因此，仅以“法无明文规定”为由，从而认为伪造、变造的银行存折和伪造的企业网上银行转账授权书不属于银行结算凭证的观点是不正确的。

（二）第二种意见及评析

第二种意见认为银行存折和企业网上银行转账授权书也属于银行结算凭证，行为人使用这些凭证骗取他人财物的行为构成金融凭证诈骗罪，而不是诈骗罪。主要理由是：

1. 从法条本身的规定看，《刑法》第 194 条第 2 款采用的既不是概括式，也不是列举式，而是列举式与概括式相结合。易言之，金融凭证不仅仅包括委托收款凭证、汇款凭证、银行存单，还包括其他银行结算凭证。立法之所以采用这种立法模式，就是由于以总括界定的方法可以防止挂一漏万，而采用列举方式可以弥补概括式的不足。可见，我们在理解和适用法律时，不能过于机械、片面。

2. 从相关部门的规章看，根据中国人民银行办公厅2000年8月和2003年12月9日的《批复》和《复函》，对何谓银行结算凭证作出明确解释：即只要在经济活动中具有货币给付和资金清算作用，并表明银行与客户之间已受理或已办结相关支付结算业务的凭据，均应认定为银行结算凭证。可见银行结算凭证至少具有两个特征：一是凭证在经济活动中具有货币给付和资金清算作用；二是凭证可以表明银行与客户之间已受理或已办结相关支付结算业务。而银行存折和企业网上银行转账授权书都具有上述两个特征，因此都属于银行结算凭证。

综上所述，我们认为第二种意见是可取的。案例一、二中的被告人使用伪造、变造的银行结算凭证骗取他人财物，数额（特别）巨大的行为既侵犯了国家金融管理秩序又侵犯了他人财物的所有权，符合金融凭证诈骗罪的构成要件。法院对上述人员以金融凭证诈骗罪判处是正确的。

（执笔人：邬永忠）

"催收不还"是否构成恶意透支，恶意透支是否必须以"催收不还"为要件

一、要旨提示

《刑法》第196条规定了信用卡诈骗罪的构成要件和处罚标准，其中，第1款第（四）项明确规定"恶意透支"为该罪行为之一，该条第2款还对恶意透支进行了解释。最高人民法院于1996年也对恶意透支作出了司法解释，这样做的目的是为了准确打击此类犯罪并规范执法。然而，在司法实践中，对于如何认定"恶意透支"却是一个难题。例如，"催收不还"是否是恶意透支；恶意透支是否必须以"催收不还"为要件；因发卡行并未向其催收而不归还透支金额的行为，是否属于恶意透支等问题尤其值得思考。因此，准确界定"恶意透支"事关行为人的罪与非罪，事关罪刑法定原则在司法实践中是否得到严格遵循。

二、基本案情及处理结果

案例一：2003年11月9日，被告人窦某以某景福海洋资源开发有限公司为担保，通过加入某经济发展促进会，向中国银行某省分行（以下简称省中行）申请办理了一张信用额度为5000美元的长城信用卡。从2003年11月12日至2003年12月9日，被告人窦某持卡透支取现人民币40944元，用于其公司的某水产综合处理加工基地项目上。2004年3月，被告人窦某收到省中行发出的第一张催款通知单后，于同年3月26日向省中行还款人民币5000元（折合470美元），此后省中行多次向被告人窦某打电话及下达还款通知书催收，但被告人窦某超过3个月未归还所欠透支款。

一审法院认为，被告人窦某利用信用卡超过规定期限恶意透支，数额较大，且经发卡行催收后仍未归还，其行为已构成信用卡诈骗罪。法院遂依法判决：被告人窦某犯信用卡诈骗罪，判处有期徒刑3年，并处罚金2万元。

上诉人窦某上诉称，其在办卡时用的是真实姓名和地址，没有骗的意图。其公司的项目投资款没有到位，为了项目早日上马，便将透支的款项用来应急，并非用于吃喝玩乐上。其没有非法占有的目的，会把钱还完的，请求法院根据其实际情况从轻处罚。

二审法院认为，上诉人窦某以非法占有为目的，利用信用卡超过规定的期限透支，并经发卡银行催收后仍不归还，恶意透支的数额较大，其行为已构成信用卡诈骗罪，应依法惩处。上诉人窦某上诉称其没有非法占有透支款的目的，其是要还完款的。经查，上诉人窦某自2003年11月12日至同年12月9日先后持卡透支取现人民币40944元，2004年3月26日经发卡银行催收后还款5000元，余款经发卡银行多次催收，上诉人窦某自收到发卡银行催收通知之日起3个月内仍不归还，其行为符合恶意透支行为的客观标准，依法应追究刑事责任。终审裁定，驳回上诉，维持原判。

案例二：1998年3、4月间，被告人陈某在明知自己无偿还能力的情况下，仍持其牡丹卡、太平洋卡先后在甲省A市和B市、乙市、丙省C市、丁省D市和E市等地，采用小额取现、刷卡消费等手段，恶意透支190笔，共计透支数额181008.82元。

公诉机关指控陈某的行为构成信用卡诈骗罪。辩护人提出被告人陈某用太平洋卡透支后，发卡行并未向其催收，其行为不属恶意透支，此事实不构成信用卡诈骗。法院最终没有采纳辩护意见，认为被告人陈某以非法占有为目的，明知无力偿还，透支数额超过规定限额达到数额巨大，为逃避追查而潜逃在外，故被告人的行为属于恶意透支，构成信用卡诈骗罪，判处有期徒刑8年6个月，并处罚金人民币5万元。

三、关键问题及争议

从上述案例可以看出，关键问题在于：

1. “催收不还”是否是恶意透支？

2. 恶意透支是否必须以“催收不还”为要件？因发卡行并未向其催收而不归还透支金额的行为，是否属于恶意透支？

事实上，上述两个问题分别反映的是“催收不还”是恶意透支的充分条件还是必要条件。

对于关键问题一，主要有两种不同意见：

第一种意见认为，银行催收后仍不归还既是行为的一个客观方面，又是推定非法占有目的的重要依据。因此，只要行为人在透支后，经发卡行催收后3个月内仍不归还，即可认定为恶意透支。

第二种意见认为，“催收不还”不能认定行为人主观上具有非法占有的目的，应当结合行为人的客观行为及其他主客观因素综合加以认定。

对于关键问题二，也有两种不同意见：

第一种意见认为（即肯定说），根据《刑法》第196条的规定，成立恶意透支必须以“催收不还”为条件，即只有在经银行催收后行为人在3个月内仍不归还，才可能成立恶意透支。

第二种意见认为（即否定说），“催收不还”不是成立恶意透支的必要条件。只要行为人超过透支期限3个月内没有归还，无论发卡行是否催收都可以成立恶意透支。

四、评析意见

根据《刑法》第196条第2款之规定，“恶意透支，是指持卡人以非法占有为目的，超过规定限额或者规定期限透支，并且经发卡银行催收后仍不归还的行为”。

（一）“催收不还”是否是恶意透支

所谓透支，是指持卡人在发卡行账户上已经没有资金或者资金不足的情况下，根据发卡协议或者经银行批准，允许其超过现有资金额度支取现金或者持卡消费的行为。透支实质上是银行为客户提供的短期信贷，透支功能也是信用卡区别于其他金融凭证的最明显特征。信用卡透支建立在持卡人良好的资信基础之上，因此，透支人仅限于合法持卡人，非合法持卡人利用所持信用卡进行透支的，不能认定为信用卡透支。透支可分为善意透支和恶意透支。

善意透支可分为完全合法的善意透支和不当透支。完全合法的善意透支，指持卡人完全遵循信用卡章程和发卡约定，在约定或规定的额度、期限内行使透支权，并如期归还的行为。不当透支，是指持卡人违反了信用卡章程和发卡约定，超过约定或规定的额度、期限进行透支，但经发卡银行催收后及时归还或者自动归还的行为。完全合法的善意透支与不当透支的相同之处是行为人均没有非法占有的目的。其界限在于，是否遵守了信用卡章程和发卡约定。不当透支实质上是一种违约行为，应承担相应的民事责任。

恶意透支可分为一般违法性的恶意透支和犯罪性的恶意透支。一般违法性的恶意透支，是指行为人以非法占有为目的，故意违反信用卡章程与约定进行透支，逾期不还，但诈骗金额较小的行为。一般违法性的恶意透支是行政违法行为，应承担相应的行政责任和民事责任，由于其社会危害性较小，不构成犯罪。犯罪性的恶意透支是指持卡人以非法占有为目的，超过规定限额或者规定期限透支，并且经发卡银行催收后仍拒不归还的行为。

可见，区分善意透支和恶意透支的根本标准就是看行为人主观上是否有非法占有的目的。那“催收不还”是否就意味着行为人主观上具有非法占有的目的呢？

根据最高人民法院《关于审理诈骗案件具体适用法律的若干问题的解释》（1996 年 12 月 16 日）（以下简称《解释》）规定：所谓“催收不还”，是指“自收到发卡银行催收通知之日起 3 个月内仍不归还的行为”。一般情况下，行为人有“催收不还”的行为表现，其非法占有目的就非常明显。问题在于，“催收不还”这类情况比较复杂。因为，从“催收不还”的客观结果来推定①出行为人具有非法占有目的，这是一种由果溯因的反推思维模式。在多数情况下，这种推定虽然是符合事实的。但是，在非法占有目的这个“因”与“催收不还”这个“果”之间并不存在完全的一一对应关系。如果行为人具有非法占有目的，则必然导致不返还的结果；但仅根据没返还的事实并不一定得出行为人具有非法占有目的的结论。因为未返还完全有可能是非法占有目的以外的其他原因造成的，也就是没有排除其他可能。在没有排除其他可能而根据一些客观事实尤其是未返还的事实认定行为人具有非法占有目的，势必容易走向客观归罪。因此，2001 年 1 月印发的《全国法院审理金融犯罪案件工作座谈会纪要》（以下简称《纪要》）强调：“在司法实践中，认定是否具有非法占有目的，应当坚持主客观相一致的原则，既要避免单纯根据损失结果客观归罪，也不能仅凭被告人自己的供述，而应当根据案件具体情况具体分析”、

① 所谓推定，是指根据事实之间的常态联系，基于某一确定的事实，而推断另一不明事实的存在。其中，已查明的事实为基础事实，未查明、需要推定的事实为推定事实。推定的一般机理表现为根据基础事实的存在推断推定事实也存在。当推定事实如作为主观内容的非法占有目的无法直接证明或者直接证明的成本过高时，就可以通过证明基础事实的存在而间接证明推定事实的存在。刑事推定的法律实质就在于改变传统、一般意义上用证据直接证明犯罪事实的做法，而采用证据直接证明与待证事实密切相关的事实，从而间接地证明犯罪事实，即当不存在直接证据或者仅凭直接证据不足以证明待证事实时，通过间接事实与待证事实之间的常态联系进行推理，从而得出待证事实为真的结论。通过刑事推定，可以使犯罪构成中某些无法通过证据直接加以证明的要素得到确认，简化了认定事实的环节，可以缓解诉讼证明上的困难，从而切实降低刑事诉讼的社会成本，提高诉讼效率，对于认定和打击犯罪，防止犯罪分子逃脱刑事追究具有重要意义。参见肖中华、张少林：“刑事推定与犯罪认定刍议”，载《法学家》2002 年第 3 期。

“不能单纯以财产不能归还就按金融诈骗罪处罚”。可见，第一种意见事实上否定了信用卡诈骗罪在主观上应该具有非法占有的目的，这显然不符合法律规定。

那么，在司法实践中该如何认定“恶意透支”中的非法占有目的呢？我们认为，主观上的非法目的虽然是主观上的心理活动，但它并非是脱离客观外在活动而存在的。因此，根据主客观相统一原则，仍然应当结合行为人的客观行为全面、整体加以认定，“催收不还”只是客观行为的一个表象而已。

具体到方法上，我们主张还是采用目前认定非法占有目的最有效、可靠的方法——推定。[①] 推定的一般机理表现为根据基础事实的存在推断推定事实也存在，非法占有目的的存在是一种推定事实，其基础事实应包括哪些内容？这显然是推定赖以进行的前提和基础。我们认为，这些基础事实的确定，必须以其实施信用卡诈骗活动为基础，综合考虑行为人事前、事中以及事后的各种主客观因素进行整体、全面判断。一般而言，基础事实越多、越全面，则推定的准确度越高。根据《纪要》第3条第（三）项的规定，这些基础事实包括：“根据司法实践，对于行为人通过诈骗的方法非法获取资金，造成数额较大资金不能归还，并具有下列情形之一的，可以认定为具有非法占有的目的：（1）明知没有归还能力而大量骗取资金的；（2）非法获取资金后逃跑的；（3）肆意挥霍骗取资金的；（4）使用骗取的资金进行违法犯罪活动的；（5）抽逃、转移资金、隐匿财产，以逃避返还资金的；（6）隐匿、销毁账目，或者搞假破产、假倒闭，以逃避返还资金的；（7）其他非法占有资金、拒不返还的行为。”这些规定同样适用于恶意透支型信用卡诈骗罪。因此，在司法实践中，为查明行为人主观上是否有非法占有目的，应该深入挖掘“催收不还”背后的原因、经过、申领信用卡时提交的信息是否真实、透支时是否已严重负债等基础事实。

回到案例一，在被告人辩解“其公司的项目投资款没有到位，为了项目早日上马，便将透支的款项用来应急，并非用于吃喝玩乐上。其没有非法占有的目的”时，司法机关有义务查证该“催收不还”的原因、使用透支款的活动经过、透支时是否严重负债等事实。当然，此时被告人具有如实回答侦查人

① 适用推定应遵循几个原则：（1）适用推定必须确保基础事实的真实性；（2）适用推定必须坚持主客观相统一的原则；（3）适用推定必须坚持综合考虑全面分析的认定模式；（4）适用推定必须允许和重视被告人反驳。参见陈增宝：“如何认定诈骗犯罪中的非法占有目的”，载京师刑事法治网 http：//www.criminallawbnu.cn/criminal/Info/showpage.asp? showhead = &ProgramID = 30&pkID = 9351，访问时间：2007年7月30日。

员提问的义务，以便司法机关收集有利于己的证据。如果被告人只是简单提出该辩解，并不积极协助、配合寻找这些证据，则其辩解因没有证据支撑而失去意义。如果经查证属实，且透支时没有严重负债，则难以推定窦某在主观上有非法占有透支款的目的；如果经查证其辩解是虚假的，或者透支时债务已远超过其资产，这则实际表明其主观上具有非法占有的目的。

由此，我们认为关键问题一中的第二种意见是可取的。

（二）恶意透支是否必须以“催收不还”为要件

这个争议主要缘起《刑法》第196条第2款和《解释》第7条第3款[①]对“恶意透支”的不同有效解释。前者规定“经发卡银行催收后仍不归还”是“恶意透支”的必要条件，而后者规定“自收到发卡银行催收通知之日起3个月内仍不归还”是“恶意透支”的选择要件。

我们认为，根据“上位法优于下位法”的法理学基本原理，即司法者在面临处于不同位阶的两个或两个以上不同的甚至冲突的法律规范时，一般应适用上位法而排除适用下位法。因此，对“恶意透支”的认定不适用《解释》的规定。此外，根据罪刑法定原则，也不应适用《解释》的规定，而应该严格按刑法典的规定遵照执行，即认为“经发卡银行催收后仍不归还”是“恶意透支”的必要条件。

事实上，立法者之所以如此规定，是有其充分的理由的。因为透支消费本来就是信用卡的基本功能之一，是信用卡区别于其他金融票证的基本特征，也是它的优势所在。如前所述，透支分为恶意透支和善意透支，善意透支包括两种情况：一是完全合法的善意透支；二是不当透支。法律规定恶意透支必须以“催收不还”为要件，就是为了在恶意透支和第二种情况的善意透支之间划出清晰的界限，使恶意透支内在的主观恶性获得可靠的证明，使司法机关有一个直观的、统一的衡量尺度，以便于操作。所以，凡是在银行催收期间归还了透支款的，就认定其不具有非法占有的目的，即使事实上行为人在透支时确实有非法占有的目的。只有那些经发卡银行催收后仍不归还的，才构成恶意透支。据此，对于那些四处异地透支，突击消费取现，透支数额巨大甚至特别巨大的，只要在银行催收期间全部归还了透支款的本息，即使是在公安机关立案侦查后归还，只要没有超过归还期限，依法也应当认定为不具有非法占有目的。

---

① “恶意透支”是指持卡人以非法占有为目的，或者明知无力偿还，透支数额超过信用卡准许透支的数额较大，逃避追查，或者自收到发卡银行催收通知之日起3个月内仍不归还的行为。

因为这是法律上的一种推定，只要在催收期间归还了透支款，就应当认定其不具有非法占有目的，而不问其行为时的本来目的如何。当然，如果透支人在催收期满后才归还透支款的，则完全符合恶意透支的构成要件，归还行为可视为一种退赃行为。[1]

在案例二中，法院没有采纳辩护人提出的“被告人陈某用太平洋卡透支后，发卡行并未向其催收，其行为不属恶意透支，此事实不构成信用卡诈骗”的辩护意见，而认为“被告人陈某以非法占有为目的，明知无力偿还，透支数额超过规定限额达到数额巨大，为逃避追查而潜逃在外，故被告人的行为属于恶意透支”。

支持这一观点的理由是：我国《刑法》第 196 条之所以将“经发卡银行催收后仍不归还”写进去，主要是方便界定恶意透支的范围，更清楚地反映出行为人内在的主观恶意，使司法实践有直观的衡量尺度，便于操作。如果经发卡银行催收后，在规定期限内归还了透支款，就说明持卡人透支是非恶意的。但行为人恶意透支后，为了逃避银行催收而潜逃在外，只能更加反衬出行为人的主观恶意，其社会危害性比“经发卡银行催收后仍不归还”还要严重，如果就此认定行为人不构成恶意透支的信用卡诈骗罪显然是不合法理的，也不利于打击犯罪，防范金融风险。最高人民法院、最高人民检察院《关于办理信用卡诈骗犯罪案件具体适用法律若干问题的解释》（注：以下简称《1995 年解释》）就规定了利用信用卡恶意透支，骗取财物金额 5000 元以上，逃避追查或者经银行催收后仍未归还的，应追究刑事责任。实践中，一般也是如此操作的。[2]

在我们看来，这种处理意见和理由还值得商榷。首先，它不符合罪刑法定原则和“上位法优于下位法”原则；其次，支持这一处理意见的观点引用已经失效的司法解释[3]为立论依据更是不足为取。

案例二中也涉及对“催收”的理解，即在司法实践中如何界定催收期限、方式、对象等问题。我们认为，在新的司法解释未出台之前，就催收期限而言，仍可参照《解释》有关“3 个月内”的规定。但“3 个月”的起始日是

---

① 游伟、肖晚祥：“信用卡诈骗罪的理论界定与司法适用”，载《人民检察》2001 年第 2 期，第 8 页。

② 最高人民法院：《人民法院案例选》（总第 47 期），人民法院出版社 2005 年版，第 130 ~ 131 页。

③ 《1995 年解释》于 1995 年 4 月 20 日发布，2002 年 2 月 25 日被废止，而该判决于 2002 年 12 月 18 日作出。

否以“自收到发卡银行催收通知之日起”计算，尚值得商榷。如案例二中，陈某为逃避追查而潜逃在外，若要求从陈某本人收到发卡银行催收通知之日起计算3个月的催收期，显然不利于防范金融风险。结合催收实际情况和申领人提供的个人资料，催收方式应该包括邮寄催收、上门催收、电话催收和电子邮件催收。据此，应根据催收方式分别计算起始日，邮寄催收和上门催收的，以回执上注明的收件日期为起始日；电话催收的，以催收内容告知对方为起始日；电子邮件催收的，以邮件到达对方电子邮箱为起始日。对于同时使用两种或两种以上催收方式的，以最早的时间为起始日。关于催收的对象，应当向透支当事人催收，有保证人的，还应同时向保证人催收。当然，这并不意味着催收通知必须由透支当事人亲自收到，只要按照上述催收方式到达透支人提供的地址即可。因此，发卡行不能以透支当事人逃避追查、潜逃在外或者变更个人信息未通知发卡行为由而不进行有效催收，否则，都不符合“恶意透支”的构成要件，不能按恶意透支型信用卡诈骗罪来处理。

可见，“催收不还”不一定是恶意透支，应根据主客观相统一原则，在广泛收集基础事实的基础上，运用推定的方法来加以认定。但成立恶意透支必须以“催收不还”为要件，因发卡行并未向其催收而不归还透支金额的行为，不属于刑法意义上的恶意透支行为。

综上所述，我们认为在案例一中，司法机关有义务查证该“催收不还”的原因、使用透支款的活动经过、透支时是否严重负债等事实以便证明被告人主观上是否有非法占有的主观目的，而不能根据“催收不还”的结果反证被告人主观上有此目的。在案例二中，如果银行并没有向被告人催收，法院并不能以“被告人明知无力偿还，透支数额超过规定限额达到数额巨大，为逃避追查而潜逃在外”为由判决被告人构成信用卡诈骗罪。

（执笔人：邬永忠）

证券公司职工破解客户资金账户密码后，伙同他人使用骗领的借记卡取走客户资金的行为应如何定性

一、要旨提示

信用卡诈骗罪，是指以非法占有为目的，利用信用卡进行诈骗活动，骗取数额较大财物的行为。本罪从犯罪构成来看比较清晰易辨，但在司法实践中，却常会遇到如何区分此罪与彼罪、一罪与数罪等似是而非的难题。例如，在目前我国证券市场不断发展壮大的情况下，证券公司员工利用各种手段占有客户资金，其中对于使用以虚假的身份证明骗领的信用卡取得客户资金的行为该如何定性，是一罪还是数罪等问题值得研究。我们认为，为了做到罪责刑相适应，准确认定其犯罪形态和罪数形态是解决此类案件的关键。

二、基本案情及处理结果

2005年8月间，某市证券公司交易部被告人陶某意图占有所在证券公司客户的资金，遂与被告人林某合谋。经预谋，在掌握客户戴某的身份证号码、证券账号、资金账号等一系列客户资料后，陶某利用其工号和工号密码登录柜台系统，通过热键委托破解了戴某的资金账户密码，之后将客户资料与资金账户密码一并交付林某另行伪造。被告人林某伪造戴某的股东卡等资料后，委托被告人李某找人冒充戴某。2005年9月15日，李某通过“柏某”（另案处理）组织被告人刘某等人共同赴该市以冒充戴某。被告人林某将李某、刘某等人安排在以王某名义登记的某宾馆住宿，被告人林某陪同被告人刘某伪造了戴某的身份证。9月16日，被告人林某、李某、刘某前往本市农业银行和建设银行，由刘某持伪造的客户资料以戴某名义开立账户，领取借记卡，申请开通银证转

账业务。[1] 随后，被告人林某以电话转账方式将戴某原存于该证券公司资金账户内的人民币100.1万元先后转至两银行，并由刘某持借记卡分6次从银行柜台提取人民币100万元。事后，被告人陶某分得赃款人民币31万元，被告人林某分得赃款人民币50万元，被告人李某分得赃款人民币10万元，被告人刘某分得赃款人民币6万元。

检察机关最初以涉嫌信用卡诈骗罪对上述四名被告人提起公诉，后以职务侵占罪变更起诉，法院认为陶某等人以非法占有为目的，利用被告人陶某职务上的便利，共同将本单位的财物占为己有，数额巨大的行为构成职务侵占罪。法院最终以职务侵占罪判处被告人陶某有期徒刑11年，并处没收财产人民币5万元。林某、李某和刘某等人亦承担相应刑罚。

三、关键问题及争议

本案的关键问题在于：

证券公司职工破解客户资金账户密码后，伙同他人使用骗领的信用卡从银行取走客户资金的行为应如何定性?

对此主要有以下分歧意见：

第一种意见认为，陶某等人以非法占有为目的，利用陶某职务上的便利，通过单位计算机系统窃取客户资料并破解客户资金账户密码，共同将本单位的财物占为己有，数额巨大，该行为构成职务侵占罪。

第二种意见认为，陶某等人实施犯罪时所利用的是工作之便，而不是职务之便，其秘密窃取客户资料并破解客户资金账户密码，实际上已取得了对客户账户的控制，也就意味着其取得了支配客户账户内资金的权利，因此其行为构成盗窃罪既遂。

第三种意见认为，陶某等人利用工作之便，盗取了客户资料，并使用伪造的客户身份证等资料，冒用客户的名义在银行领取借记卡，采用了虚构事实、隐瞒真相的手段，使银行信以为真，将巨额资金领走，其行为构成信用卡诈骗罪。

第四种意见认为，陶某等人以非法占有为目的，利用陶某职务上的便利，通过非法手段将客户资金转账至以虚假身份骗领的借记卡中的行为属于“使

[1] 银证转账是指将股民在银行开立的个人结算存款账户（或借记卡）与证券公司的资金账户建立对应关系，通过银行的电话银行、网上银行、网点自助设备和证券公司的电话、网上交易系统及证券公司营业部的自助设备将资金在银行和证券公司之间划转，为股民存取款提供便利。

用以虚假身份的身份证明骗领信用卡”的情形，该行为同时触犯了职务侵占罪和信用卡诈骗罪，根据牵连犯择一重处的原则，应构成信用卡诈骗罪。

四、评析意见

本案涉及的法律问题基本都反映在上述四种争议中。从表面上看，陶某等人的犯罪过程并不复杂，但因为其为实现占有客户资金的目的实施了一系列的犯罪行为，而这些行为特点和工具属性又在形式上衍射出多种财产犯罪构成。因此，从学理研究和司法实践的双重角度考虑，对陶某等人的犯罪过程的各行为阶段中财产非法占有形态进行解构，有利于拓展对上述财产类犯罪构成的系统理解。

我们认为，财产的非法占有形态是对一切侵财类犯罪定性的最本质标准。要对本案的真实属性达到准确的把握，就不能仅仅满足于犯罪学层面上的模糊评价，而应立足于刑法构成中的财产非法占有形态。建立一个以不同行为阶段为横轴，以占有形态、犯罪形态、罪数形态为纵轴的二维犯罪定性模型。

（一）如何认定本案被告人各阶段的行为属性

1. 掌握客户资料、破译客户密码

陶某是该证券公司交易部的正式员工，有自己的工号和登录内部系统的工号密码，负责管理自己代理客户的资料及业务。虽然本案被害人戴某不是其代理的客户，但由于其有权登录内部系统，可以轻而易举地掌握戴某的身份证号码、证券账号、资金账号等一系列客户资料。因此，该行为只能评价为陶某为进一步实施犯罪制造条件、准备工具的犯罪预备行为。之后，为了占有客户资金，其利用了系统的漏洞，通过热键委托破译了客户密码，即陶某开始实施具有侵害他人财产法益的紧迫危险性的行为。质言之，此时犯罪已经进入实行行为阶段。

那么，此时的犯罪行为是否已经进入既遂状态呢？也即第二种意见所认为的，“破解客户资金账户密码，实际上已取得了对客户账户的控制，也就意味着其取得了支配客户账户内资金的权利，因此其行为构成盗窃罪既遂”。我们认为，这种观点值得商榷。事实上，这里涉及两个问题：第一，掌握客户资料、破解客户密码的行为是利用工作便利还是职务便利实施的？第二，如果是在利用了工作便利的情况下，破译了客户账户资金密码，是否就构成盗窃罪既遂？

关于第一个问题，我们认为，所谓“利用职务上的便利”，一般是指利用

自己在职务上所具有的主管、管理、经手本单位财物的便利条件，而“利用工作上的便利”是指利用与其职责无关，只因工作关系而熟悉作案环境、条件，或者凭工作人员身份便于出入某单位，较易接近作案目标或者对象等便利条件。具体而言，所谓主管，是指对单位财物有调拨、安排、使用、决定的权力。所谓管理，是指具有决定、办理、处置某一事务的权力并由此权力而对人事、财物产生制约和影响。所谓经手，是指因工作需要在一定时间内控制单位的财物，包括因工作需要合法持有单位财物的便利。就本案而言，如果陶某是无合法操作计算机权力的人员，利用熟悉单位情况，非法进入计算机系统的方便，破译了客户密码，这则应该认定为利用工作便利。但是，陶某是该证券公司交易部在业务上有合法操作计算机权力的人员，具有妥善保管客户资料和协助公司管理客户资金不被非法侵占或者挪用的职责。而其正是利用了这一职责，通过技术手段破译了客户资金交易密码。因此，陶某获得客户资料及破译资金账户密码的行为，利用的是其职务便利，而不是他的工作之便。

关于第二个问题，涉及是盗窃罪的既、未遂问题。① 根据最高人民法院《关于审理盗窃案件具体应用法律若干问题的解释》（以下简称《盗窃案件解释》）的规定，盗窃罪是指“以非法占有为目的，秘密地多次窃取或窃取数额较大的公私财物的行为”。“盗窃数额，是指行为人窃取的公私财物的数额。”由此可见，立法上对盗窃罪的既、未遂标准采用的是“控制说”。我们也认为，盗窃罪作为以秘密窃取为手段侵犯财产的个罪，从性质上说应是结果犯，

---

① 目前，关于盗窃罪的既遂标准大致有以下九种学说：（1）接触说，认为行为人的手接触到想要窃取的财物时是既遂。（2）转移说，认为行为人将财物转移到其他场所时是既遂。（3）隐匿说，认为行为人将财物隐藏到不容易被人发现的场所时才是既遂。（4）损失说，认为应以盗窃行为是否造成公私财物的损失为标准，即盗窃行为造成公私财物的损失为既遂，未造成公私财物的损失为未遂。（5）失控说，认为应以财物的所有人或保管人丧失对财物的占有即控制为标准，凡盗窃行为已使财物的所有人或保管人丧失对财物的控制即为既遂。（6）控制说，认为以盗窃犯是否获得对财物的实际控制为标准，已实际控制财物的为既遂，未实际控制财物的为未遂。（7）失控加控制说，认为应以被盗财物是否脱离所有人或保管人的控制并且实际置于行为人控制之下为标准，被盗财物已脱离所有人或保管人的控制并且实际置于行为人控制之下为既遂，反之为未遂。（8）失控或控制说，认为盗窃行为已经使被害人丧失了对财物的控制，或者行为人已经控制了所盗财物，都是既遂。（9）折中说，主张对于一般财物的盗窃以失控加控制说为标准，对于某些特殊财物的盗窃以控制说为既遂。这里的“特殊财物”是指某些被盗财物在空间上不发生移动的无形财物，如拍摄、复制或利用计算机盗窃的财物，这些无形财物由于其自身的特点，在其失窃后，所有人、持有人、使用人并未完全失去控制，但又不能认为这种情况为盗窃未遂。（参见高铭暄主编：《新中国刑法学研究综述》，河南人民出版社 1986 年版，第 641 ~ 643 页；高铭暄、马克昌主编：《刑法学》（下编），中国法制出版社 1999 年版，第 903 页）

不是行为犯或危险犯。因此，以财产最终是否受到侵犯即是否被盗窃行为人或者委托的第三人所控制作为衡量既遂标准是恰当的。但这里又涉及对“控制”的理解问题。如果盗窃行为人控制了财物，但其又被财物所有人（占有人）或其他人所控制，此种情形能否认定为行为人控制了财物？我们认为，这要看他人能否通过控制盗窃行为人或者通过特定方式而控制了被盗财物。如果行为人虽然控制了财物，但其自身又处在他人的控制之下，他人通过控制盗窃行为人或者通过特定方式而控制了被盗财物，行为人无法自主处分该财物，此时相当于财物亦被他人间接控制，此种情形应认定为行为人没有控制财物，即非法占有的目的没有实现。

在本案中，若陶某是利用工作便利，通过破译密码获得了对客户账户资金的控制，但由于证券公司、银行对证券资金特有的管理方式，即客户不能直接将资金从证券公司开设的账户划走，而只能通过银行的银证转账系统才能将资金划走，使得客户资金仍然以客户的名义存放在证券公司，在资金未转入银行之前，陶某并无法自主处分该100.1万元资金，即使要作出处分，也只能挪用资金炒股票或炒基金，而不可能达到非法占有的目的。这就意味着客户和证券公司并未失去对该笔资金的控制。此时应认定陶某等人没有控制（占有①）该资金，不构成盗窃罪既遂。当然，也不排斥行为人可以构成盗窃罪未遂。因为根据《盗窃案件解释》的规定，以数额巨大的财物或者国家珍贵文物等为盗窃目标的，应当以盗窃罪（未遂）处罚。

2. 伪造客户股东卡、身份证

从获取客户资料后，伪造客户股东卡、身份证准备到银行骗领信用卡、开通银证转账的阶段可以概括为“伪造证件阶段”。通过分工安排，根据陶某提供的客户戴某的资料，林某和刘某等人伪造了戴某的股东卡和身份证等证件。因为股东卡是虚假的，因此持有伪造的股东卡不可能非法占有戴某的资金，但是该伪造行为又触犯了《刑法》第280条第2款伪造公司印章罪。同时，伪造戴某身份证的行为也触犯了《刑法》第280条第3款伪造居民身份证罪。从表面上看，该伪造行为并不针对戴某的资金，但是它使戴某的财产具有更紧迫的危险性。该行为目的是为后续的侵财行为进一步准备工具、制造条件。

① 刑法上“非法占有”中的“占有”并不同于民法上的“占有”，而应理解为民法上的所有，即对他人财产“占有、使用、收益、处分”四大权能的完全行使。易言之，本行为阶段陶某完成了对他人财产刑法上“非法占有”的第一步——民法上的“占有”。进一步讲，陶某此时的占有也不是财产，而是财产权，是一种对他人财产权的占有，其目的是为此后的侵财行为做准备。

3. 骗领借记卡、开通银证转账功能

正是基于证券交易资金来往的特殊性，要将客户资金账户内的资金最终占为己有，必须通过银行这一环节，且资金账户必须与银行账户相对应。因此，陶某等人便利用伪造的“戴某”股东卡、身份证冒充戴某骗领借记卡，并开通银证转账。

对此行为又该如何评价呢？根据《刑法修正案（五）》的规定，使用以虚假的身份证明骗领的信用卡的行为属于信用卡诈骗罪的一种独立类型。使用以虚假的身份证明骗领的信用卡，既包括使用他人以虚假的身份证明骗领的信用卡，也包括使用自己以虚假的身份证明骗领的信用卡。同时，根据全国人大常委会《关于〈中华人民共和国刑法〉有关信用卡规定的解释》：“刑法规定的信用卡，是指由商业银行或者其他金融机构发行的具有消费支付、信用贷款、转账结算、存取现金等全部功能或者部分功能的电子支付卡。”据此，《刑法》中规定的信用卡，已经将商业银行或者其他金融机构发行的所有类型的电子支付卡全部囊括在内。具备消费支付、信用贷款、转账结算、存取现金等全部功能的银行卡属于信用卡；虽不具备信用贷款功能，但具有消费支付、转账结算、存取现金等部分功能的银行卡（如借记卡），也属于信用卡。可见，在本行为阶段中，陶某等人以非法占有他人数额特别巨大的财物为目的，不仅以虚假的身份证明骗领信用卡，而且还使用该骗领的信用卡开通银证转账的行为已经触犯信用卡诈骗罪，且处于未遂状态。

这是因为根据最高人民法院 1996 年 12 月 16 日《关于审理诈骗案件具体应用法律的若干问题的解释》之规定，“已经着手实行诈骗行为，只是由于行为人意志以外的原因而未获取财物的，是诈骗未遂。诈骗未遂，情节严重的，也应当定罪并依法处罚”。而且该司法解释所说的“诈骗案件”包括了金融诈骗案件。这表明金融诈骗罪也是以行为人骗取了数额较大的财产作为既遂标志的。当然，信用卡诈骗罪的既遂标志也是看行为人是否骗取了数额较大的财产。而在本案中，此时财物仍在戴某本人的证券资金账户内，陶某等人尚未取得戴某的资金。

从罪数形态来看，第二行为阶段的伪造证件行为与骗领信用卡、开通银证转账行为分别触犯伪造公司印章罪、伪造居民身份证罪和信用卡诈骗罪（未遂）。即伪造证件的手段行为与使用以虚假的身份证明骗领的信用卡进行诈骗的目的行为分别触犯相关罪名，且前行为和后行为之间存在内在的、必然的联系，同时行为人主观上又有犯意的继续，这在理论上称为牵连犯。根据牵连犯的从一重罪从重处断原则，此时，陶某等人应该构成信用卡诈骗罪（未遂）。

4. 电话转账至骗领的信用卡、使用借记卡从柜台取款

持第一种意见的人认为，陶某等人通过电话将巨额资金从戴某资金账户转入"戴某"借记卡时，证券公司和戴某个人都失去了对该笔资金的控制，即陶某等人完成了对戴某资金的实际控制，完全取得了该笔资金的"占有、使用、收益和处分"权，构成职务侵占罪既遂。之后，陶某等人使用借记卡从银行柜台取款的行为属于事后转移赃物的不可罚行为，因此，不成立信用卡诈骗罪。而持第三种意见的人始终认为，陶某等人"盗取了客户资料，并使用伪造的客户身份证等资料，冒用客户的名义在银行领取借记卡，采用了虚构事实，隐瞒真相的手段，使银行信以为真，将巨额资金领走，其行为构成信用卡诈骗罪"。该观点即是从行为人最终实际控制资金（财物）的方式和时间来认定行为的属性。

我们认为，这两种观点都具有片面性。前者对行为人使用虚假身份骗领信用卡，并使用骗领的信用卡开通银证转账的行为不加以刑法规范评价有失全面、公平，后者主要以行为人最终实际控制财物的方式和时间来认定则没有准确把握犯罪形态和信用卡中的"使用"行为。

（二）如何处理数罪间的关系

从上述行为分析可以看出，以上所有行为均围绕如何非法占有他人（客户戴某）财物而展开。从职务侵占罪的角度而言，破译客户戴某的资金账户密码即进入该罪的实行行为阶段，而从信用卡诈骗罪的视野来看，使用以虚假身份骗领的信用卡开通银证转账即进入该罪的实行行为阶段，问题的关键在于两罪分别于何时进入既遂状态，即陶某等人于何时实现非法占有戴某资金的主观目的。

我们认为，陶某等人通过电话银行将资金转入"戴某"的借记卡时，职务侵占罪和信用卡诈骗罪即为既遂状态，赃款是否从银行取出不影响犯罪既遂形态成立。理由是：第一，"戴某"的借记卡是陶某等人骗领的，意味着通过欺骗的方式陶某等人将"戴某"的账户完全控制，而戴某本人对此并不知情更不可能控制该账户；第二，正因为"戴某"的账户具有独立性，因此，只要资金到达账户内，陶某等人即可以对这些资金行使占有、使用、收益和处分的所有权能，达到了非法占有戴某资金的目的。至于之后陶某等人是从银行取现还是持卡消费的行为属于事后转移赃物或者处分赃物的行为，并不影响信用卡诈骗罪既遂的成立。

有观点认为，如果陶某等人不从银行取现则没有使用以虚假身份骗领的信

用卡，即认为如果没有使用行为，当然不会触犯信用卡诈骗罪。事实上，这涉及对“使用”二字的理解问题。我们认为，信用卡诈骗罪中的“使用”行为，应该是指依照信用卡的通常功能予以利用和额外开通信用卡功能的行为。通常功能一般包括存取款、消费、透支等功能，需额外开通的功能包括网上银行、电话银行、银证转账等功能。之所以认为“使用”行为还包括额外开通信用卡功能的行为，主要是因为申领信用卡时的初始功能（默认功能）一般不包括网上银行、电话银行，尤其是银证转账功能。这些功能需特别申请，而这种申请就是建立在已经申领信用卡的基础上的使用行为。当行为人申请开通这些功能时，就是使用信用卡的行为。在本案中，陶某等人开通“戴某”账户银证转账的功能实际上就是使用以虚假身份骗领的信用卡的行为表现。

那接下来的问题就是对陶某等人定职务侵占罪、信用卡诈骗罪还是两罪并罚？应当说，陶某等人的主观目的是很明显的，即通过各种手段达到非法占有戴某资金的目的。综观陶某等人以非法占有为目的，利用自身职务上的便利，意图将本单位的财物据为己有的目的行为和采用使用骗领的信用卡的手段行为，显然是目的行为和手段行为分别触犯不同罪名，符合牵连犯的理论。在本案中，由于定信用卡诈骗罪的最高刑为无期徒刑，而定职务侵占罪的最高徒刑为有期徒刑15年，根据牵连犯的择一重处的处断原则，本案中陶某等人的行为应构成信用卡诈骗罪。

综上所述，我们认为第四种意见是可取的，即本案陶某等人的行为构成信用卡诈骗罪。因此，法院的判决尚有商榷余地。

（执笔人：邬永忠）

无身份者实施的骗保行为是否构成保险诈骗罪

一、要旨提示

保险诈骗罪，是指投保人、被保险人、受益人，以使自己或者第三者获取保险金为目的，采取虚构保险标的、保险事故或者制造保险事故等方法，骗取保险金，数额较大的行为。本罪主体为特殊主体，即是投保人、被保险人与受益人。在理论上，该罪被称为身份犯。有身份者实施的骗保行为固然可以构成本罪，但无身份者利用有身份者，或者伙同有身份者实施的骗保行为是否成立本罪，这在理论上和司法实践中都存在较大争议。因此，准确界定这些行为事关罪与非罪、此罪与彼罪的区分。

二、基本案情及处理结果

案例一：2004年4月，A公司出资50万元成立了B印染厂（系独立法人），由A公司人事部经理张某出任厂长。为工作便利，5月A公司购买了一辆别克汽车配给印染厂使用，该车产权属于A公司，A公司向保险公司办理了车险，投保人和受益人均为A公司。12月，因印染厂欠C建筑公司工程款10万元，C公司强行将别克汽车开走。张某害怕被调离厂长位置，便向当地公安机关报案，谎称汽车被别人偷走，后又向A公司谎报。A公司随即向保险公司索赔，保险公司按合同支付了理赔款8万元。

法院认为，保险诈骗罪的主体是特殊主体，即投保人、被保险人和受益人。被告人张某不属上述三种人的任何一种，不符合保险诈骗罪的主体要件，应构成诈骗罪。最后，法院依法判处张某犯诈骗罪，并处以相应刑罚。

案例二：2003年4月间，被告人曾某因无力偿还炒股时向被告人黄某所借的10万元债务，遂产生保险诈骗的念头。被告人曾某于2003年4月18日在太平洋保险A支公司以自己为被保险人投保，保额为16.4万元；于2003年

4月21日在人寿保险A分公司投保，保额为18.9万元；于2003年4月22日在其单位平安保险A支公司投保，保额为6.5万元。被告人曾某为了达到诈骗上述保险金及其单位为在职普通员工承保30万元的人身意外伤害团体保险金的目的，找到被告人黄某，劝说黄某砍掉他的双脚，用以向上述保险公司诈骗，并承诺将所得高额保险金中的16万元用于偿还所欠黄某10万元债务本金及红利。被告人黄某在曾某的多次劝说下答应与曾某一起实施保险诈骗。

2003年6月17日晚9时许，被告人黄某依约将被告人曾某的两只小腿砍断。案发后，被告人曾某向公安机关、平安保险A支公司报案谎称自己是被三名陌生男子抢劫时砍去双脚，以期获得保险赔偿。2003年8月11日，被告人曾某的妻子廖某经曾某同意向平安保险A支公司提出30万元团体人身险理赔申请，后因公安机关侦破此案而未能得逞。

法院认为，公诉机关指控被告人黄某犯保险诈骗罪不能成立，按照《刑法》第198条的规定，保险诈骗罪的犯罪主体属特殊主体，只有投保人、被保险人或者受益人才能构成保险诈骗罪，另外，保险事故的鉴定人、证明人、财产评估人故意为保险诈骗行为人提供虚假的证明文件，为其进行保险诈骗提供条件的，以保险诈骗罪的共犯论处，这是刑法对保险诈骗罪的主体及共犯构成要件的严格界定，而本案被告人黄某既不是投保人、被保险人或者受益人，也不是保险事故的鉴定人、证明人、财产评估人，不具有保险诈骗犯罪的主体资格和构成共犯的主体资格，按照《刑法》第3条法无明文规定不为罪的原则，被告人黄某的行为不构成保险诈骗罪。

一审法院判决被告人黄某犯故意伤害罪，判处有期徒刑6年。被告人曾某犯保险诈骗罪，判处有期徒刑5年6个月，并处罚金人民币3万元。上诉后，二审法院裁定驳回上诉，维持原判。

三、关键问题及争议

从上述两案例可以看出，关键问题在于：

1. 无身份者利用不知情的有身份者实施的骗保行为是否成立保险诈骗罪？

2. 有身份者伙同无身份者共同实施骗保行为时，无身份者是无罪，还是构成保险诈骗罪或者诈骗罪？

对此主要出现以下分歧意见：

第一种意见认为，因为保险诈骗罪是法定身份犯，行为人没有这种法定身份，就不构成本罪或者无罪。其中，案例一中，行为人利用不知情的有身份者实施的骗保行为成立诈骗罪。案例二中，保险诈骗罪的犯罪主体属特殊主体，只有投保人、被保险人或者受益人才能构成保险诈骗罪，另外，保险事故的鉴定人、证明人、财产评估人故意为保险诈骗行为人提供虚假的证明文件，为其进行保险诈骗提供条件的，以保险诈骗罪的共犯论处，这是刑法对保险诈骗罪的主体及共犯构成要件的严格界定，而本案被告人黄某既不是投保人、被保险人或者受益人，也不是保险事故的鉴定人、证明人、财产评估人，不具有保险诈骗犯罪的主体资格和构成共犯的主体资格，按照《刑法》第 3 条法无明文规定不为罪的原则，被告人黄某的行为不构成保险诈骗罪。也即认为，无身份者（除保险事故的鉴定人、证明人、财产评估人外）伙同有身份者实施的骗保行为，无身份者无罪，有身份者构成保险诈骗罪。

第二种意见认为，无身份者与有身份者实施相同行为均可构成犯罪，只是构成不同犯罪而已。例如，普通诈骗与保险诈骗，有特定身份者构成保险诈骗，无特定身份者构成普通诈骗，在这种情况下，无身份者利用有身份者实施犯罪的，可以构成身份犯的间接正犯。[①] 易言之，在案例一中，“两被告人是利用 A 公司诈骗保险公司，这是一种间接实行的诈骗犯罪，应以间接正犯论处。因此，被告人的行为成立保险诈骗罪”。[②] 对于案例二，有人认为有身份的曾某构成保险诈骗罪，而无身份的黄某因不具有特定身份则构成诈骗罪。

第三种意见认为，“在真正身份犯的场合，只有具有身份的人才可能成为间接正犯……因为在真正身份犯的场合，特殊身份正是针对实行犯而言的，间接正犯也是实行犯；如果作为实行犯的间接正犯不具备特殊身份，就不可能符合特殊主体要件”。[③] 在案例一中，A 公司并不是实行犯，只是两被告的被利用者，所以，不能因为 A 公司具有投保人、受益人的身份，就认定 A 公司是实行犯，进而肯定两被告人的行为构成保险诈骗罪。换言之，虽然被利用者的客观行为是保险诈骗罪的客观行为，但由于正犯（即实行犯）不具有保险诈骗的特殊身份，故对正犯者应认定为普通诈骗罪的间接正犯。因此，法院判处两被告构成诈骗罪是准确的。而在案例二中，曾某和黄某有共同骗保的故意和行为，完全符合《刑法》第 25 条的规定和共犯理论，因此，两被告均构成保险诈骗罪。法院认为只有保险事故的鉴定人、证明人、财产评估人故意为保险

① 陈兴良：“间接正犯：以中国的立法与司法为视角”，载《法制与社会发展》2002 年第 5 期，第 9 页。

② 陈兴良：“间接正犯：以中国的立法与司法为视角”，载《法制与社会发展》2002 年第 5 期，第 4 页。

③ 张明楷：《诈骗罪与金融诈骗罪研究》，清华大学出版社 2006 年版，第 766 ~ 767 页。

诈骗行为人提供虚假的证明文件，为其进行保险诈骗提供条件的，才以保险诈骗罪的共犯论处。其实，这是对《刑法》第198条第4款的错误理解和适用，限制了共犯成立范围，有违反罪刑法定原则的嫌疑。

四、评析意见

（一）无身份者利用不知情的有身份者实施的骗保行为是否成立保险诈骗罪

事实上，这涉及理论上的间接正犯①问题。即在身份犯的情况下，没有特定身份的人不可能直接实行这种犯罪，但是否可以利用具有特定身份的人而成为间接正犯呢？对此，刑法理论上存在三种观点：一是肯定说，认为一切犯罪无不可以成立间接正犯，纵属以一定的身份为成立要件的犯罪，若没有身份的人，利用有身份而无责任能力的人而实施犯罪，该无身份的人仍为间接正犯。二是否定说，认为犯罪以一定身份为成立要件的，没有这种身份就与要件不合，纵利用有身份而无责任能力的人实施犯罪，其自身亦不能成立该罪。三是折中说，认为以一定的身份为成立要件的犯罪，无身份者对此可否成立间接正犯，应视身份对于犯罪的性质而决定。凡依法律的精神，可推知该项处罚规定是专对具有一定身份的人而设的，则无此身份的人不能成为直接正犯，亦不得成为间接正犯。反之，以身份为要件的犯罪，其身份仅为侵害法益事项发生的要件的，则无身份的人仍可利用有身份的人以完成侵害法益的事实，而无妨于犯罪的成立，应认为可以成立该罪的间接正犯。②

限于本文主题，本文不对上述学说展开评述，但是我们认为，认定非身份者能否成立身份犯之间接正犯，必须在区分两种身份犯的前提下进行，即要区分纯正（真正）身份犯和非纯正（非真正）身份犯。“在真正身份犯的场合，只有具有身份的人才可能成为间接正犯。如果认为间接正犯可以不需要具有特殊身份，就必然使构成要件丧失定型性，有违反罪刑法定原则之嫌。因为在真

---

① 间接正犯，即把一定的人作为中介实施其犯罪行为，其所利用的中介由于具有某些情节而不负刑事责任或不发生共犯关系，间接正犯对于其通过中介所实施的犯罪行为完全承担刑事责任。在我看来，这种实施犯罪行为的间接性和承担刑事责任的直接性的统一就是间接正犯。（陈兴良：“间接正犯：以中国的立法与司法为视角”，载《法制与社会发展》2002年第5期，第6页。）此外，间接正犯是否能与他人存在共犯？这在理论上有较大争议。张明楷教授认为，间接正犯并非都是单独犯罪，间接正犯也可能与他人构成共犯。（参见张明楷：《刑法学》（第二版），法律出版社2003年版，第345页。）

② 参见韩忠谟：《刑法原理》，台湾大学法学院1981年版，第295～296页。

正身份犯的场合，特殊身份正是针对实行犯而言的，间接正犯也是实行犯；如果作为实行犯的间接正犯不具备特殊身份，就不可能符合特殊主体要件。”①例如，普通公民A欺骗国家工作人员B，声称自己需要现金购买住房，可以在10天之内归还。B将公款挪给A后，A将该款用于贩卖毒品，10天之内归还公款。如果B明知A借用公款是为了贩卖毒品，B的行为当然构成挪用公款罪（A可能与B构成挪用公款罪的共犯）。但B并不明知这一真相，A又不具有国家工作人员身份，因此，A的行为不构成挪用公款罪的间接正犯。基于同样的理由，既然张某不具备投保人、被保险人、受益人的身份，他就不可能成为保险诈骗罪的实行犯，当然不可能成为实行犯的一种——间接正犯。但是，张某可以成为诈骗罪的间接正犯，因为诈骗罪并不是身份犯。所以，在案例一中，张某是诈骗罪的间接正犯，而不是保险诈骗罪的间接正犯。

（二）有身份者伙同无身份者共同实施骗保行为时，对无身份者如何定性

1. 对《刑法》第198条第4款的理解和适用

结合上述争议，事实上，案例二涉及对《刑法》第198条第4款的理解和适用问题。因为按照案例二的判决理由来看，似乎只有两种情况才能成立保险诈骗罪的共犯。一种是投保人、被保险人或者受益人之间构成保险诈骗罪共犯，另一种是投保人、被保险人或者受益人与保险事故的鉴定人、证明人、财产评估人构成保险诈骗罪共犯。易言之，除了投保人、被保险人或者受益人之外，只有保险事故的鉴定人、证明人、财产评估人才可能成为保险诈骗罪的共犯。果真如此吗？

先看看理论上对《刑法》第198条第4款的认识。理论上对此有两种不同观点。第一种观点认为，本款属于对一般共同犯罪的注意规定。一方面，由于《刑法》第229条规定了提供虚假证明文件罪，保险事故的鉴定人、证明人、财产评估人故意提供虚假的证明文件，为他人诈骗保险金提供条件的行为，也可能符合第229条的规定，故本款旨在引起司法人员的注意，对于上述行为不得认定为提供虚假证明文件罪，而应以保险诈骗罪的共犯论处。另一方面，即使没有本款规定，对于上述行为也应当按照《刑法》总则关于共犯的规定，以保险诈骗罪的共犯论处。因此，对于其他金融诈骗罪而言，即使没有关于共犯的注意规定，对于故意为金融诈骗的行为人提供虚假证明文件或其他

① 张明楷：《诈骗罪与金融诈骗罪研究》，清华大学出版社2006年版，第766~767页。

便利条件的，也应当认定为金融诈骗罪的共犯。[①] 第二种观点认为，该条款属于对片面共犯的特别规定。其特殊性在于：保险诈骗犯罪的共犯在鉴定人、证明人、财产评估人只具有单方面故意的情况下也可以成立。因为他的故意是单方面的，而不是行为人之间的共同故意，与我国刑法规定的共同犯罪的概念不符合。[②]

我们认为，无论该款是注意规定还是特别规定，其实都不否认投保人、被保险人或者受益人与其他人构成保险诈骗罪共犯的可能，也即完全可以适用总则关于一般共同犯罪的规定。按照第二种观点，既然可以成立片面共犯，没有理由不成立一般共犯。因此，保险诈骗罪共犯的成立与否仍然适用总则关于一般共犯的规定。

2. 对无身份者参与骗保的定性

关于无身份者与有身份者共同实施犯罪的定性问题，在刑法理论界，主要有以下观点：（1）主犯决定说；（2）犯罪客体说；（3）分别定罪说；（4）有身份者的实行行为决定说；（5）共同犯罪构成要件符合说；（6）区别对待说；（7）新区别对待说；[③]（8）核心角色说。[④]

我们认为，严格从司法适用的角度而言，第四种观点是可取的。该观点认为，无身份者与有身份者共同实施犯罪时，应依有身份者的实行行为的性质来决定共同犯罪的性质。具体是指，无身份者教唆、帮助有身份者实施或与之共同实施纯正身份犯时，有身份者总是实行犯，故应依有身份实行犯的实行行为即纯正身份犯的性质来确定共同犯罪的性质，亦即依有身份者所实施的犯罪构成要件的行为来定罪，即使无身份者是主犯，有身份者是从犯，也不影响这一定罪原则。[⑤] 支持该观点的法律依据是我国现行《刑法》第 382 条第 3 款“与前两款所列人员勾结，伙同贪污的，以共犯论处”、最高人民法院 2000 年 7 月 8 日《关于审理贪污、职务侵占案件如何认定共同犯罪几个问题的解释》第 1 条“行为人与国家工作人员勾结，利用国家工作人员的职务便利，共同侵吞、窃取、骗取或者以其他手段非法占有公共财物的，以贪污罪共犯论处”、第 2 条“行为人与公司、企业或者其他单位人员勾结，利用公司、企业或者其他

① 张明楷：《刑法学》（第二版），法律出版社 2003 年版，第 637 ~ 638 页。

② 吕艳珍：“保险诈骗罪法律适用中的几个问题”，载《河南公安高等专科学校学报》2001 年第 1 期，第 59 页。

③ 狄世深：《刑法中身份论》，北京大学出版社 2005 年版，第 143 ~ 149 页。

④ 张明楷：《刑法学》（第二版），法律出版社 2003 年版，第 350 页。

⑤ 马克昌主编：《犯罪通论》，武汉大学出版社 2000 年版，第 584 页。

单位人员的职务便利，共同将该单位的财物非法占为己有，数额较大的，以职务侵占罪共犯论处”等规定。

综上所述，我们认为案例一中，无身份者张某利用不知情的有身份者A公司实施的骗保行为不成立保险诈骗罪。在案例二中，无身份者黄某伙同曾某共同骗保显然是利用了曾某的身份和向保险公司索赔的实行行为，理应成立保险诈骗罪的共犯。因此，认为黄某不构成犯罪或者构成诈骗罪的观点都是值得商榷的。

（执笔人：邬永忠）

六　危害税收征管罪

对“一脚踢”承包人转移财产逃避纳税的行为应如何定性

一、要旨提示

逃避追缴欠税罪在一般情况下不难区分单位犯罪与自然人犯罪，但在“一脚踢”承包[①]的情况下，对承包人在承包经营期间逃避追缴欠税的行为是否构成单位犯罪，存在分歧意见。单位犯罪都必须通过自然人来实施，区分单位犯罪和自然人犯罪的关键是要看行为是否体现了单位的意志，要从行为的实质上看是否可以将自然人行为的刑事责任归责于单位，而不能将民事责任归责原则机械地照搬到刑事领域用于解决单位犯罪问题。从构成要件上看，逃避追缴欠税罪与抗税罪明显不同，但实践中，逃避追缴欠税与抗税之间并没有不可逾越的鸿沟，逃避追缴欠税往往会发展成抗税，抗税也常常由逃避追缴欠税引起，此罪与彼罪的界限就不容易掌握。对有些案件而言，恰如其分地掌握抗税罪构成要件中的“暴力、威胁”手段，是正确区分逃避追缴欠税罪与抗税罪的关键所在。

二、基本案情及处理结果

1994年12月1日，被告人张某（乙方）与某市粮油贸易总公司（甲方）签订了承包协议。协议规定甲方将百荷大酒店承包给乙方经营管理，乙方每年向甲方缴纳管理费9万元。承包期从1995年1月1日起至1996年12月30日止。1995年1月8日，张某承包经营的百荷大酒店正式营业。被告人张某从营业之日起至同年7月14日，既不办理税务登记，又不办理申请缓缴纳税手

① “一脚踢”承包也称定额上缴承包。在“一脚踢”承包条件下，承包人在承包经营期间不论盈亏都要向发包方上缴一定的管理费，以此为条件，承包人对承包企业的人、财、物拥有实际的控制权，自主经营，自负盈亏；发包方除了收取固定的管理费外，不再参与利益分成。

续，欠缴定额营业税14280元。经税务工作人员多次催缴，被告人不予理睬。在税务机关于1995年6月14日向其下达限期纳税通知书后，被告人仍不缴纳。同年7月7日，驻税务机关检察室的检察人员向被告人调查其纳税情况时，被告人假报住址。后经查实，被告人根本没有住在该处。为逃避纳税，被告人又于1995年7月14日夜私自将其存放在百荷大酒店的冰柜、床、行李等财产转移，并且到外地躲避长达4个月之久，致使税务机关无法追缴其欠缴的税款。案发后，被告人张某的认罪态度较好，向税务机关补缴了税款和罚款。

检察机关对被告人张某以抗税罪向法院提起公诉。被告人张某辩称，未办理税务登记是甲方的责任，事后已补缴税款及罚款，应得到从宽处理。其辩护人认为，被告人没有抗税的故意和行为，不构成抗税罪。法院于1996年3月21日以逃避追缴欠税罪，判处被告人张某有期徒刑1年，缓刑2年，并处罚金15000元。宣判后，被告人没有提出上诉，检察机关也没有提出抗诉。

三、关键问题及争议

1979年《刑法》规定了抗税罪，但未规定逃避追缴欠税罪。1993年1月1日起施行的全国人大常委会《关于惩治偷税、抗税犯罪的补充规定》（以下简称《补充规定》）在第2条中增设了逃避追缴欠税罪。1997年《刑法》承袭了《补充规定》第2条的内容，在第203条中规定了逃避追缴欠税罪。因此，本案虽然发生在新《刑法》施行以前，但现在仍有探讨价值。本案的关键问题是：

1. 行为人转移财产逃避纳税的行为构成何罪？

2. “一脚踢”承包人在承包经营期间转移财产逃避纳税的行为是否构成单位犯罪？

由于在以上两个问题上存在不同认识，导致对本案的定性出现三种不同意见：

第一种意见认为，被告人张某的行为构成抗税罪。

第二种意见认为，被告人张某的行为构成逃避追缴欠税罪，是单位犯罪。

第三种意见认为，被告人张某的行为构成逃避追缴欠税罪，是自然人犯罪。

四、评析意见

（一）第一种意见及评析

第一种意见认为被告人张某作为酒店的承包人，事实上负有纳税义务，但其对税务机关的催缴通知不理不睬，并且以假报住址、转移财产、外逃躲避等手段，抗拒缴纳税款，其行为已构成抗税罪。

我们认为，被告人张某的行为不构成抗税罪。第一种意见没有从构成要件上正确区分抗税罪与逃避追缴欠税罪。所谓抗税罪，是指负有纳税义务的个人，故意违反税收法律法规，采取暴力、威胁手段拒不缴纳税款的行为。抗税罪与逃避追缴欠税罪是有区别的：（1）犯罪主体不同。抗税罪的主体是纳税人和扣缴义务人，只能是自然人，不包括单位；而逃避追缴欠税罪的主体是纳税人，包括单位和自然人，但不包括扣缴义务人。（2）主观方面的具体内容不同。抗税罪和逃避追缴欠税罪的主观方面虽然都是直接故意，但逃避追缴欠税罪的主观故意仅限于“逃避”，而抗税罪的主观故意在“逃避”的基础上还有“抗拒”的故意，两者的故意内容不同，在故意程度上也有所区别。（3）犯罪手段不同。逃避追缴欠税罪的手段是转移或隐匿财产，致使税务机关无法追缴欠缴的税款；而抗税罪是以暴力或威胁的手段，使税务机关追缴税款的行为受到严重影响。（4）犯罪客体不同。逃避追缴欠税罪侵犯的是单一客体，即国家的税收管理制度；而抗税罪侵犯的是双重客体，既危害了国家的税收管理制度，又侵犯了税务工作人员的人身权利。（5）对犯罪数额的要求不同。逃避追缴欠税罪是数额犯，要求致使税务机关无法追缴的欠税数额达到1万元以上始构成犯罪；而抗税罪的成立与否并不决定于抗拒缴纳税款的数额大小，只要以暴力、威胁手段拒不缴纳税款，不管税款多少，均可构成本罪。

对案例中被告人张某行为的定性，关键要从客观方面看被告人是否采取了暴力、威胁的手段。这里所说的“暴力”，既包括行为人以殴打、捆绑、禁闭等手段对税务工作人员实行了人身打击或强制，也包括为阻碍征税而砸毁、焚烧税务工作人员的交通工具、冲击打砸税务机关等行为。这里所说的“威胁”，主要是指以威胁、恐吓等手段对税务工作人员实行精神上的强制，如以行凶报复、揭发隐私、毁坏财产、损害名誉、加害亲属等相威胁。如果行为人采取暴力、威胁的手段拒不缴纳税款，既危害了国家的税收管理制度，又侵犯了税务工作人员的人身权利，便可定抗税罪。但是，根据立法精神和司法实践经验，对于抗税罪所要求的暴力、威胁程度，在掌握上不能过于宽松，对于一些显著轻微的暴力和威胁方法不能视为犯罪。如实践中，行为人在逃避纳税过程中，一时冲动，出言不逊，甚至推推搡搡、拉拉扯扯，这些行为虽然含有一定的威胁或暴力成分，但这种暴力、威胁的程度比较轻微，不足以妨害税务机关的正常活动，也没有明显地侵犯税务工作人员的人身权利，对此就不应按抗税罪论处。被告人张某虽然在接受税务调查时谎报住址，并转移财产外逃躲避，但他并没有采取暴力、威胁的手段，行为的客观特征也说明其主观上虽有逃避追缴欠税的故意但无抗税的故意，故对其行为不能按抗税罪论处。

第一种意见将被告人张某谎报住址、转移财产并外逃躲避追缴欠税的行为当成抗税理解，由于没有正确把握抗税罪中的“暴力、威胁”这一客观要件，因而出现定性错误。

（二）第二种意见及评析

第二种意见认为被告人张某的行为在客观上不符合抗税罪的构成要件，不构成抗税罪。同时，纳税人应是百荷大酒店，张某作为酒店的承包人，对外并不负纳税义务，因此，对张某不能直接以自然人犯罪追究刑事责任，但张某作为直接责任人员，对其可按单位犯罪以逃避追缴欠税罪追究刑事责任。我们同意被告人的行为不构成抗税罪而应构成逃避追缴欠税罪的观点，但我们认为对被告人的行为不能以单位犯罪论处。

按照《补充规定》第 3 条和现行《刑法》第 211 条的规定，逃避追缴欠税罪的犯罪主体是纳税人，包括单位和个人。而纳税人是指负有纳税义务的人。逃避追缴欠税罪在一般情况下可根据不同的纳税人很容易地区分单位犯罪和个人犯罪，但在“一脚踢”承包的情况下，对企业承包人逃避追缴欠税的行为是否构成单位犯罪，实践中不无争议。有人认为，在“一脚踢”承包的情况下，单位是纳税主体，承包人只是单位的直接责任人员，承包人的行为构成单位犯罪；有人认为，承包人是实际的纳税人，承包人的行为是个人行为，对承包人的行为不能以单位犯罪论处。我们认为，在“一脚踢”承包的情况下，承包人是实际的纳税人，对其行为应以自然人犯罪论处。理由是：

首先，在归责原则上，刑事责任与民事责任并不相同。民事责任是以民事法律关系为依据来归责的，以单位名义产生的民事责任一般由单位承担；而刑事责任并不是以形式化的法律关系为依据，而是以行为的本质属性为依据来归责的。如果某一行为从民事法律关系上分析可以归责于某一单位，但该行为从本质上看纯粹是行为人的个人行为，则不能将该行为的刑事责任以单位犯罪归责于单位。这在司法解释中也有具体体现，如 1999 年 7 月 3 日起施行的最高人民法院《关于审理单位犯罪案件具体应用法律有关问题的解释》（法释〔1999〕14 号）第 2 条规定：“个人为进行违法犯罪活动而设立的公司、企业、事业单位实施犯罪的，或者公司、企业、事业单位设立后，以实施犯罪为主要活动的，不以单位犯罪论处。”第 3 条规定：“盗用单位名义实施犯罪，违法所得由实施犯罪的个人私分的，依照刑法有关自然人犯罪的规定定罪处罚。”

在"一脚踢"承包的情况下，承包人在承包期间逃避追缴欠税的行为实质上是个人行为，因此应按自然人犯罪论处。

其次，单位犯罪总是必须通过自然人去实施的，自然人实施的某一具体行为构成单位犯罪必须具备以下条件：第一，行为要以单位的名义实施。第二，行为要体现单位的意志。第三，行为的目的是为单位谋取非法利益。在"一脚踢"承包的情况下，虽然承包人是以单位名义纳税的，但实际的纳税人是承包人，承包人逃避追缴欠税谋取的是个人利益，其行为体现的是个人意志，因此对其行为不能以单位犯罪论处。

被告人张某据承包合同只需向甲方缴纳9万元的管理费，其他方面一切自理，被告人张某具有高度的自主经营权，其虽然以单位名义缴纳税款，但事实上的纳税主体是其个人。作为事实上的纳税主体，被告人张某为逃避纳税义务，谎报住址，转移财产，外逃躲避，这些行为体现的是其个人意志，并不体现单位意志。被告人张某完全是为了给自己个人谋取非法利益而逃避纳税，单位不但主观上没有谋取非法利益的故意，客观上也没有因张某的行为而获取了非法利益。因此，被告人张某在承包经营期间逃避追缴欠税的行为不构成单位犯罪。

第二种观点将民事责任归责原则简单地照搬到刑事领域，有悖于刑事法律精神和司法实践。

（三）第三种意见及评析

第三种意见认为被告人张某的行为不构成抗税罪。同时，张某作为酒店的承包经营人，是事实上的纳税义务人，但其拒不缴纳税款，并且采取转移财产的手段，致使税务机关无法追缴欠缴的税款，数额达1万多元，其行为已构成逃避追缴欠税罪，应直接以自然人犯罪追究刑事责任。

我们赞成这种意见。逃避追缴欠税罪，是指负有纳税义务的单位或者个人违反税收法规，欠缴应纳税款，并采取转移或隐匿财产的手段，致使税务机关无法追缴欠缴的数额较大的税款的行为。该罪侵犯的客体是国家的税收管理制度，主观方面是直接故意，就本案而言，这两方面的内容无需赘述。

逃避追缴欠税罪的主体是纳税人，而纳税人是指法律规定的负有纳税义务的人。纳税义务源于税法规定的应税客体，应税客体包括应税物和以货币形式表现出来的应税物的收入、收益以及与应税物相联系的应税行为。实际上，不管是单位还是个人，只有对应税物财产所有权拥有实际的控制权，才能成为真正的纳税义务人。据此，在"一脚踢"承包的经营方式中，根据具体的承包合同，承包人对所承包的企业在人、财、物上拥有实际控制权，能独立从事经营活动，发包方只对其收取管理费或利润分成，承包人成为实际的经营者，是事实上的纳税义务人，可以成为逃避追缴欠税罪的犯罪主体。本案被告人张某与甲方签订承包协议，每年只需向甲方缴纳9万元的管理费，独立经营百荷大酒店，是事实上的纳税义务人，具备逃避追缴欠税罪的主体要件。我们不同意将被告人张某的行为作为单位犯罪论处，具体理由在对第二种意见的评析中已有详述，此处不赘。

逃避追缴欠税罪的客观方面具备四个要素：（1）行为人欠缴应纳税款。欠缴应纳税款即平常所说的“欠税”，是指纳税人在法定的或税务机关核定的纳税期限内，没有按时缴纳或缴足应纳税款。认定是否存在欠税这一事实，关键要看是否已过纳税期限。（2）行为人实施了转移或隐匿财产的行为。（3）行为人转移或者隐匿财产的行为致使税务机关无法追缴欠缴的税款。（4）行为人致使税务机关无法追缴欠缴税款的数额在1万元以上。本案张某对税务工作人员多次催缴不予理睬，而且在税务机关下达限期缴纳通知书后仍不缴纳，欠税事实显然存在；张某为逃避缴纳所欠税款，假报住址，转移冰柜、床、行李等财产，符合转移或隐匿财产的行为特征；张某转移财产并长时间外逃，致使税务机关无法追缴其欠缴的税款14280元，数额在1万元的起刑点以上，其行为完全符合逃避追缴欠税罪的构成要件。

因此，第三种意见是正确的。

综上，本案被告人张某在承包经营百荷大酒店期间，作为事实上的纳税义务人，为了给自己谋取非法利益，明知应当按时纳税却故意拖欠税款，并且在税务机关下达限期缴纳通知书后，采取转移、隐匿财产的手段，致使税务机关无法追缴欠缴的税款，数额较大，其行为构成了逃避追缴欠税罪，不构成抗税罪；同时，被告人的行为是个人行为而非单位行为，应以自然人犯罪论处而不能以单位犯罪论处。法院改变检察机关起诉罪名，按自然人犯罪以逃避追缴欠税罪判处被告人相应刑罚，定性准确，量刑适当。

（执笔人：曹忠杰）

对为他人代开发票骗取“开票费”的行为应如何定性

一、要旨提示

按照《刑法》第209条的规定，非法出售发票罪，是指违反国家发票管理法规，非法出售除增值税专用发票和可用于骗取出口退税、抵扣税款的非增值税专用发票以外的其他普通发票的行为。理论上，非法出售发票罪与诈骗罪很容易区分，但司法实践中，有些案件在定性上让人觉得似是而非。如对行为人为他人代开发票骗取“开票费”的行为，在定性上就存在很大分歧：有人认为不构成犯罪，有人认为构成非法出售发票罪，有人认为构成诈骗罪，有人认为应以非法出售发票罪和诈骗罪数罪并罚。解决这一问题的关键是要在严格按照《刑法》和司法解释的规定合理理解立法本意，正确运用刑法理论对行为人定罪处罚。

二、基本案情及处理结果

被告人徐某某原系某市君超建筑装饰有限公司（下称君超公司）某办事处负责人，后其在离开该公司前，擅自在君超公司两份建筑发票的存根联上填写了小数额的虚假装潢款项，并将该两份发票的空白发票联撕下，欲日后虚开给他人谋利。恰时，某市海曙铸造厂厂长包某某因其原先建造的厂房无建筑发票，不能做房产证，委托黄某某帮忙购买建筑发票，以向有关部门骗领房产证。2001年1月18日，被告人徐某某经黄某某介绍，遂将上述两份发票合计填写1196540.7元金额，同时隐瞒了自己已不在君超公司工作已无代开发票资格，且开具的是不能使用的漏底发票等事实，仍以君超公司的名义非法开具给某市海曙铸造厂，并按发票金额的5.5%比例收取“开票费”合计65809元。包某某发现被告人徐某某开具的发票系漏底发票，不能使用，遂将上述两份发票退回，并要求徐某某提供君超公司发票或退还65809元“开票费”。而被告人徐某某一味推诿，并潜逃至外地躲藏。海曙铸造厂发现被骗，遂向公安机关报案。后被告人徐某某在异地被抓获，但赃款仍未追回。

检察机关以诈骗罪对徐某某提起公诉；法院以“被害人对于自己向非业务单位‘购买’不能反映真实业务的虚假发票一事是明知的，不存在被骗的事实”为由，认为检察院指控的罪名不当，以非法出售发票罪判处徐某某有期徒刑2年6个月，并处罚金人民币5万元。

三、关键问题及争议

本案的关键问题在于：

1. 被害人有过错，是否可以阻止诈骗罪的成立?

2. 发票上的信息内容是否属于非法出售发票罪的犯罪对象?

3. 对出售发票骗钱的行为是否应该数罪并罚?

实践中对本案的定性问题存在很大分歧，主要有三种意见：

第一种意见认为，被告人徐某某的行为构成非法出售发票罪，不构成诈骗罪。

第二种意见认为，被告人徐某某的行为构成诈骗罪，不构成非法出售发票罪。

第三种意见认为，被告人徐某某的行为构成非法出售发票罪和诈骗罪，应数罪并罚。

四、评析意见

(一) 第一种意见及评析

第一种意见认为被告人徐某某的行为构成非法出售发票罪，不构成诈骗罪。理由是：首先，被告人徐某某非法为他人开具发票并从中收取好处费，实际上是向他人出售发票，尽管只出售了两份发票，但非法获利数额较大，侵犯了国家税收票证管理制度，其行为已构成非法出售发票罪。其次，被害人对自己向非业务单位“购买”不能反映真实业务的虚假发票一事是明知的，对被害人而言，不存在被骗的事实，因此，被告人的行为不构成诈骗罪。

我们认为，被告人徐某某的行为不构成非法出售发票罪。理由如下：

第一，从行为性质来看，被告人徐某某为他人代开发票并收取“开票费”的行为不同于出售发票罪中的“出售”行为。一般的出售发票行为，往往只出售空白发票本身，而且通常是整联、整本地出售，实践中非法出售发票的单价通常不是很高，行为人主要靠发票出售量来获取非法利益。虽然实践中也存在出售发票并代开的现象，但代开一般只作为出售发票过程中的伴随行为出现。而本案中被告人徐某某总共只为他人虚开两张发票，而且是从原单位偷撕的仅有的两张漏底发票，就凭这两张发票一次性向对方收取高达65809元的"开票费"，这与一般的出售行为不同。

第二，从犯罪对象来看，被告人徐某某出售的主要是发票上记载的内容，并非物体意义的发票本身。非法出售发票罪的犯罪对象是除增值税专用发票和用于出口退税、抵扣税款的发票以外的其他发票，而且是具备法定条件的印制发票企业和生产发票防伪专用品企业，按主管税务机关下达的印制数量或生产产量制造出来的真发票，或单位经县市以上税务机关批准自行到税务机关指定的发票印制企业印制的发票。所谓出售，是指将发票以一定的价格卖给他人的行为。这里的"出售"，是指出售发票本身，而不是指出售发票上记载的内容。从本案的交易对象来看，被告人徐某某以高达65809元的"开票费"出售给他人的并非只是两张发票本身，更主要的是出售发票上记载的内容，因为建筑发票上记载的内容可作为领发房产证的主要依据，被害人之所以愿意花钱购买这两张发票，根本目的就是为了用代开的发票骗领房产证。因此，本案被告人所出售的主要是发票内容，也就是信息意义上的发票，这与单纯物体意义的发票是有区别的。

第三，退一步讲，即使认定被告人徐某某的行为是出售发票行为，徐某某的行为也不够非法出售发票罪的立案标准。根据《刑法》第209条第4款之规定，非法出售发票罪，是指违反国家发票管理法规，非法出售除增值税专用发票和可用于骗取出口退税、抵扣税款的非增值税专用发票以外的其他普通发票的行为。单从条文上看，本罪属于行为犯，只要实施非法出售行为，无需数量或情节便可成立犯罪。但根据《刑法》第13条"但书"规定，情节显著轻微危害不大的，不认为是犯罪。因此，司法实践中，还有个立案标准问题。根据2001年4月18日最高人民检察院和公安部联合发布的《关于经济犯罪案件追诉标准的规定》（公发〔2001〕11号）第60条之规定，非法出售普通发票50份以上的，应予追诉。被告人徐某某非法出售的发票总共只有两份，不够立案标准。法院根据"内部掌握"的标准，以被告人"非法获利数额较大"为由判定其行为构成非法出售发票罪，并没有明确的法律和司法解释依据。

同时，我们认为，被告人隐瞒的"事实"并不是第一种意见所言的没有实际业务关系而代开发票这一事实，被告人隐瞒的是其无开票资格及所开发票系漏底发票的事实，因此，第一种意见认为被告人徐某某的行为不构成诈骗罪的理由是不成立的。

（二）第二种意见及评析

第二种意见认为被告人徐某某的行为构成诈骗罪，不构成非法出售发票罪。理由是：第一，被告人徐某某非法虚开的只是一般的普通发票，且数量只有两份，不到非法出售发票罪的定罪标准，故不构成该罪。第二，被告人徐某某为非法谋取“开票费”，隐瞒了其无开票资格和所开发票系漏底发票的事实，将其离开某公司前就擅自撕下的两份空白发票联虚开给他人，骗取“开票费”65809元后潜逃，数额巨大，其行为已构成诈骗罪。

我们赞同这种意见。对被告人的行为不构成非法出售发票罪的理由，我们在对第一种意见的评析中已有详述，下面我们主要阐述被告人的行为构成诈骗罪的具体理由。

首先，从犯罪主观方面看，被告人徐某某具有非法获取财物的犯罪故意。一是其离开某公司前就擅自撕下两份发票的空白发票联欲日后虚开给他人谋利，说明其早有非法获取财物的犯罪预谋；二是其开具的发票后被对方发现系漏底发票不能使用后，在对方要求重新开票或退还“开票费”的情况下，一味推诿并潜逃至外地，客观的行为事实证实了行为人诈取钱财的主观故意。

其次，从客观方面来看，被告人徐某某实施了骗取他人钱财的行为。被告人以非法获取财物为目的，隐瞒事实真相，使对方错误地认为其提供的发票是君超公司开具的各联内容一致的发票并自愿支付高额“开票费”，被对方发现事实真相后，又一味推诿并潜逃至外地躲藏，其行为完全符合诈骗罪的行为特征。在这里，被告人隐瞒的“事实”并非指没有实际业务关系而代开发票这一事实，对代开发票这一事实，双方事先是明知甚至是“约定”好的，被告人没有隐瞒也没有必要隐瞒，对被害人而言也不存在被骗的问题。被告人隐瞒的是其已不在君超公司工作、自己提供的是漏底发票这一事实真相，才使对方信以为真，自愿支付高达65809元的“开票费”。因此，法院以“被害人对于自己向非业务单位‘购买’不能反映真实业务的虚假发票一事是明知的，不存在被骗的事实”为由，认为被告人的行为不构成诈骗罪，是将“彼事实”当成“此事实”，理由显然是不成立的。

再次，从犯罪客体来看，被告人徐某某的行为主要侵犯了他人财物所有权，而不是危害税收票证管理制度。根据发票管理法规的有关规定，开具发票权仅限于销售商品、提供服务以及从事其他经营活动的单位和个人。被告人徐某某为非法获取“开票费”而为他人虚开普通发票，其行为虽然违反了税收票证管理法规，但其开具的发票数量不大，对税收票证管理制度的危害性尚不足以达到构成犯罪的程度。但是，被告人以隐瞒事实真相的手段骗取被害人财物，数额巨大，其行为已侵犯了他人对财物的合法所有权。或许有人认为，被害人让他人虚开发票并自愿出钱购买，本身就是非法的，受骗上当纯粹是咎由自取，并没有合法权益被侵害。但被害人处分财物的动机不是诈骗罪的构成要素，动机不纯并不影响被告人的行为成立诈骗罪。况且，在被告人实施欺骗行为以前，被害人对财物的所有权是合法的，虽然被害人也有一定的过错，但被告人的诈骗行为还是侵犯了被害人的合法所有权。正如张明楷教授在论及赌博诈骗也同样成立诈骗罪时所言："因为诈骗罪的成立并不要求对方的财产处分行为出于特定动机，而且行为人客观上设置了不法原因；如果没有行为人的诈骗行为，被害人不可能产生认识错误，也不可能处分自己的财产。因此，行为人的行为完全符合诈骗罪的成立要件。"①

（三）第三种意见及评析

第三种意见认为被告人徐某某的行为分别构成非法出售发票罪和诈骗罪，应该数罪并罚。理由是：被告人徐某某以非法谋利为目的，非法向他人出售发票并骗取他人数额巨大的"开票费"，分别符合非法出售发票罪和诈骗罪的构成要件，应该数罪并罚。我们认为，被告人徐某某的行为不构成非法出售发票罪，只构成诈骗罪一罪，理由已在对第一种意见和第二种意见的评析中详述。但是，既然提到了罪数问题，对本案被告人徐某某的整个行为还是有进一步分析的必要，否则难以澄清有关问题。

我们认为，即使以收取"开票费"为条件为他人代开发票的行为构成非法出售发票罪，对被告人徐某某为他人代开发票骗取"开票费"的行为也不能以非法出售发票罪和诈骗罪数罪并罚。

被告人徐某某的整个行为可以细分为三个层次：第一层次是代开发票的行为；第二层次是代开发票并收取"开票费"的行为；第三层次是代开发票并骗取"开票费"的行为。对第一层次的行为，由于我国《刑法》尚无代开或虚开普通发票罪的规定，因此不构成犯罪。对第二层次的行为，我们认为也不构成非法出售发票罪，上文已有论述，此处不赘。但是，即使第二层次的行为构成非法出售发票罪，对第二层次与第三层次的行为也不能数罪并罚。第二层次的行为其实就是有偿代开的行为，第三层次的行为就是代开骗钱行为，两者

① 张明楷：《刑法学》（第二版），法律出版社2003年版，第778页。

都包括“取钱”这部分行为，如果剥离“取钱”行为，前者就谈不上非法出售发票罪，后者也构不成诈骗罪。正因为第二层次与第三层次的行为之间有交叉，不是两个相互独立的行为，所以对被告人的整个行为只能按想象竞合犯处理。按照想象竞合犯“从一重处断”的法律适用原则，对本案被告人徐某某的行为也应以法定刑较重的诈骗罪一罪定罪处罚，不应数罪并罚。

因此，按照第三种意见，即使被告人徐某某的行为同时构成非法出售发票罪和诈骗罪，数罪并罚的观点也不成立。

综上，被告人徐某某为非法获取财物，通过为他人代开发票，骗取他人数额巨大的“开票费”，其行为已构成诈骗罪。虽然被告人徐某某的行为看似非法出售发票行为，但其行为本质是以代开发票的形式骗钱而不是通过出售发票赚钱，因此其行为不构成非法出售发票罪。

（执笔人：曹忠杰）

对低开增值税销项发票偷逃税款的行为应如何定性

一、要旨提示

我国现行《刑法》第205条规定了虚开增值税专用发票、用于骗取出口退税、抵扣税款发票罪。在规定虚开增值税专用发票罪之前，我国刑法理论和司法实践对虚开增值税发票偷逃税款的行为都以偷税罪论处，之后一般都定虚开增值税专用发票，不再定偷税罪。但是，实践中遇到的一些具体案件向我们提出了这样一个问题，即对行为人为偷税而为自己低开增值税销项发票的行为应如何定性？实践中观点不一，争议颇大，有人认为应定虚开增值税专用发票罪，有人认为应定偷税罪，还有人认为应按虚开增值税专用发票罪和偷税罪的牵连犯来处理。这不仅涉及定性和罪数问题，还影响到量刑问题，因此有必要加以研究，以正确适用法律。

二、基本案情及处理结果

2000年8月至2001年2月，某省A县纺织综架附件厂法定代表人叶某某为达到偷逃税款的目的，在给业务单位某省B县华盛纺织机械配件厂和某直辖市南汇龙腾机械制造有限公司开具增值税专用发票时，采用“大头小尾”的方法，在发票联和抵扣联上填写真实的价税金额，在记账联和存根联上故意少填销售金额和增值税额，从而偷逃增值税、企业所得税、城市维护建设税和粮食附加税共计41084.89元，占应纳税额的30%以上，其中偷逃增值税36273.82元。2001年8月15日，A县纺织综架附件厂被工商行政管理局吊销营业执照。2003年4月14日，叶某某到公安机关投案自首。

公安机关只对叶某某低开销项发票少缴增值税的行为以虚开增值税专用发票罪移送审查起诉，检察机关审查后对叶某某低开增值税销项发票偷逃增值税、企业所得税、城市维护建设税和粮食附加税的行为以偷税罪提起公诉，法院也以偷税罪判处被告人叶某某有期徒刑1年，缓刑2年，并处罚金人民币6万元。

三、关键问题及争议

本案的关键问题是：

1. 以低开增值税销项发票的形式偷逃税款是否属于《刑法》第205条规定的“抵扣税款”？

2. 低开增值税销项发票的行为是否属于《刑法》第205条规定的“虚开”行为？

3. 对低开增值税销项发票偷逃税款的行为应如何定性？

对以上问题的不同认识，导致对本案的定性有以下三种不同意见：

第一种意见认为，被告人叶某某的行为构成偷税罪一罪；

第二种意见认为，被告人叶某某的行为构成虚开增值税专用发票罪一罪；

第三种意见认为，被告人叶某某的行为构成虚开增值税专用发票罪和偷税罪，但应按牵连犯的“从一重处断”原则，定虚开增值税专用发票罪。

四、评析意见

（一）第一种意见及评析

第一种意见认为被告人叶某某低开增值税销项发票少缴增值税的行为构成偷税罪，不构成虚开增值税专用发票罪。《刑法》第205条规定：“虚开增值税专用发票或者虚开用于骗取出口退税、抵扣税款的其他发票的，处……”虽然该条文在文字上没有将“增值税专用发票”表述成“用于抵扣税款的增值税专用发票”，“虚开”从字面上也可理解成既包括高开进项发票也包括低开销项发票，但从立法本意来看，《刑法》第205条是专门针对虚开增值税发票等可以抵扣税款的发票规定的。被告人叶某某低开增值税销项发票偷逃税款的行为不属于《刑法》第205条规定的“抵扣税款”行为，故对其行为不应按《刑法》第205条定虚开增值税专用发票罪，而应按《刑法》第201条定偷税罪。事实上，被告人叶某某采用“大头小尾”的方法，在发票联和抵扣联上填写真实的价税金额，在记账联和存根联上故意少填销售金额和增值税额，偷逃增值税、企业所得税、城市维护建设税和粮食附加税4万余元，占应纳税额的30%以上，其行为已构成偷税罪。

这种观点注意到了《刑法》第205条“抵扣税款”与一般偷税行为的不同，从实质上来解释虚开增值税专用发票罪中的“虚开”行为，有其合理性，我们赞同这种观点。理由如下：

首先，《刑法》第205条规定的是虚开增值税专用发票等可以抵扣税款的发票犯罪。有人认为，《刑法》第205条规定的是虚开增值税专用发票、用于骗取出口退税、抵扣税款发票罪，《刑法》在文字表述上并没有在“增值税专用发票”前加上“用于抵扣税款”的定语，行为人只要是虚开增值税专用发票，不管是否用于抵扣税款，便可构成虚开增值税专用发票罪。我们认为，《刑法》第205条虽然在文字上没有将“增值税专用发票”表述成“用于抵扣税款的增值税专用发票”，虚开增值税专用发票罪中的“虚开”也可以从字面上理解成包括高开进项发票和低开销项发票，但从立法本意来看，该条规定的“虚开”是指虚开增值税专用发票等可以抵扣税款的发票。因为增值税是以商品销售额和应税劳务额为计税依据，运用税款抵扣原则进行征收的一种流转税，之所以称“专用发票”就是因为增值税发票本身就是用于抵扣税款的发票，因此《刑法》无需再在“增值税专用发票”前加上“用于抵扣税款”的定语，相反，对增值税专用发票以外的具有出口退税、抵扣税款功能的其他发票，倒有加以修饰限制的必要，《刑法》第205条的规定正是出于这种立法技术上的考虑。

其次，低开增值税销项发票偷逃税款不属于《刑法》第205条规定的“抵扣税款”。有人认为，低开增值税销项发票偷税实际上就是在应纳税中“抵扣税款”，因此，被告人叶某某的行为仍构成虚开增值税专用发票罪。我们对此不敢苟同，理由是：（1）既然《刑法》第205条将虚开增值税专用发票、用于骗取出口退税、抵扣税款发票罪作为有别于偷税罪的一个罪名单独加以规定，就有必要对该条规定的“抵扣税款”与一般的偷税行为加以区分，否则就难以体现立法本意。从立法本意上看，低开增值税销项发票直接偷逃税款，从形式上看是在应纳税款中抵扣税款，但这种“抵扣”只是一般的偷税行为，并不是《刑法》第205条意义上的“抵扣税款”行为，因为该条规定的“抵扣税款”行为，一般只发生在增值税纳税环节，非增值税纳税义务人，如营业税、所得税、城市建设维护税的纳税人不存在抵扣税款问题。如果将一般的偷税行为都理解为《刑法》第205条意义上的“抵扣税款”，那么，所有利用发票偷税的行为都可以按该条定虚开增值税专用发票罪或虚开用于抵扣税款发票罪，这显然不符合立法本意。（2）从司法解释也可见《刑法》第205条规定的“抵扣税款”不同于一般的偷税行为。按照1996年10月17日最高人民法院《关于适用〈全国人民代表大会常务委员会关于惩治虚开、伪造和非法出售增值税专用发票犯罪的决定〉的若干问题的解释》，“用于骗取出口退税、抵扣税款的其他发票”是指可以用于申请出口退税、抵扣税款的，如运输发票、废旧物品收购发票、农业产品收购发票等非增值税专用发票。如果要将《刑法》第205条规定的“抵扣税款”行为也理解成一般的偷税行为，最高人民法院又何必对几种可用于“抵扣税款”的特殊发票特别加以列举规定呢？（3）《刑法》对偷税罪和虚开增值税专用发票罪规定了不同的法定刑，前者的最高刑为死刑，而后者的最高刑只有7年有期徒刑，将一般的偷税行为作为《刑法》第205条的“抵扣税款”处理，必将导致轻罪重罚。

因此，我们认为，以低开增值税销项发票的形式偷逃税款不属于《刑法》第205条规定的“抵扣税款”，低开增值税销项发票的行为不属于《刑法》第205条规定的虚开增值税专用发票，结合本案，被告人叶某某以低开增值税销项发票的形式偷逃增值税、企业所得税、城市维护建设税和粮食附加税4万余元，占应纳税额的30%以上，其行为构成偷税罪而不构成虚开增值税专用发票罪。

（二）第二种意见及评析

第二种意见认为被告人叶某某低开增值税销项发票的行为构成虚开增值税专用发票罪。“虚开”既包括为他人虚开也包括为自己虚开，既包括虚开进项发票也包括虚开销项发票，既包括高开也包括低开，叶某某为自己低开增值税销项发票，且虚开税款数额3.6万余元，超过1万元的定罪标准，其行为已构成虚开增值税专用发票罪。在全国人大常委会《关于惩治虚开、伪造和非法出售增值税专用发票犯罪的决定》（以下简称《决定》）出台之前，刑法理论和司法实践，一般都把虚开发票隐瞒应纳税额的行为作为偷税罪来处理。《决定》把虚开增值税专用发票的行为从偷税罪中分离出来，单独设置罪名。现行《刑法》承袭这一规定，在第205条中专门规定了虚开增值税专用发票罪。因此，按照特别法优于普通法的原则，对被告人叶某某低开增值税销项发票少缴增值税的行为只定虚开增值税专用发票罪，不能再定偷税罪。同时，被告人叶某某偷逃的税款中，除去增值税，偷逃的企业所得税、城市维护建设税和粮食附加税只有4811.07元，不到偷税罪1万元的定罪标准，不能定偷税罪。因此，对被告人叶某某的行为只能定虚开增值税专用发票罪。

这种意见看似有一定道理，但我们不赞成。理由如下：

第一，这种意见成立的前提是一行为同时构成虚开增值税专用发票罪和偷税罪，但问题是本案被告人叶某某的行为不构成虚开增值税专用发票罪，只构成偷税罪。诚然，虚开增值税专用发票抵扣增值税的行为在《决定》出台之前以偷税罪论处，《决定》出台以后定虚开增值税专用发票罪，不再定偷税罪。但是，如果虚开增值税专用发票的行为不构成虚开增值税专用发票罪但符合偷税罪构成要件，则仍应以偷税罪论处。被告人叶某某为偷税低开增值税销项发票的行为虽然形式上也是一种“虚开”行为，但我们认为，以低开增值税销项发票偷逃税款不是《刑法》第205条规定的“抵扣税款”，低开增值税销项发票的行为不属于《刑法》第205条规定的“虚开”增值税专用发票行为，因此，被告人的行为不构成虚开增值税专用发票罪。同时，被告人叶某某以偷逃税款为目的，低开增值税销项发票，少列收入，进行虚假的纳税申报，实际偷逃包括增值税税款在内的各种税款4万余元，占应纳税额的30%以上，其行为完全符合偷税罪的构成要件，应以偷税罪论处。

第二，该种意见对被告人叶某某的偷税行为有分税种割裂评价之嫌。按照该意见，对在一个偷税目的下的偷逃增值税行为定虚开增值税专用发票罪，而对偷逃其他税种的行为另外重新评价，不但在理论上难以自圆其说，而且在实践中会遭遇无法评价的尴尬。就本案而言，抽取偷逃的增值税后，对被告人叶某某偷逃企业所得税、城市维护建设税和粮食附加税的行为就难以进行评价，因为其他税种的偷税数额未达偷税罪的定罪标准。

因此，我们认为，被告人叶某某以低开增值税销项发票的形式偷逃包括增值税在内的各种税款的行为不构成虚开增值税专用发票罪，对其整个行为应以偷税罪论处，在计算偷税数额时要将偷逃的增值税一并计算在内。

（三）第三种意见及评析

第三种意见认为被告人叶某某以偷逃税款为目的，以低开增值税销项发票的手段，少列收入，进行虚假的纳税申报，偷逃税款4万余元，占应纳税额的30%以上，其行为分别符合偷税罪和虚开增值税专用发票罪的构成要件，但虚开增值税专用发票行为与偷税行为之间存在手段与目的的牵连关系，应该按照对牵连犯的法律适用原则从一重处断，对被告人叶某某的行为定虚开增值税专用发票罪。

我们认为，被告人叶某某低开增值税销项发票偷逃税款的行为不构成虚开增值税专用发票罪，只构成偷税罪一罪，故不存在罪数问题。退一步讲，即便被告人叶某某低开增值税进项发票的行为构成虚开增值税专用发票罪，第三种意见在运用刑法理论上也有问题。我们认为，假设被告人叶某某的行为同时符合虚开增值税专用发票罪和偷税罪的构成要件，那也应按法条竞合犯处理而不应按牵连犯来处理。理由如下：

第一，虚开增值税专用发票后又偷税的，虚开增值税专用发票行为和偷税行为并不是两个独立的犯罪行为，不能按牵连犯处理。《刑法》第205条第2

款规定“有前款行为骗取国家税款，数额特别巨大，情节特别严重，给国家利益造成特别重大损失的，处无期徒刑或者死刑，并处没收财产”。偷税也属于骗取税款，因此，《刑法》第205条第1款规定的虚开增值税专用发票罪构成要件中包含了偷逃税款行为。同时，《刑法》第201条对偷税罪的客观要件描述中也包含着虚开发票做假账多列支出、少列收入的行为。而刑法理论上的牵连犯，是指行为人出于一个最终的犯罪目的实施了数个犯罪行为（目的行为、方法行为或结果行为）而分别触犯不同罪名的犯罪形态。牵连犯具有以下特征：一是犯罪行为的复数性。二是触犯罪名的异质性。三是数行为之间必须具有牵连关系。四是数行为目的的终极性。[①] 因此，第三种意见一方面认为低开增值税销项发票的行为构成虚开增值税专用发票罪，一方面又在认定偷税罪时按所偷的全部税款计算犯罪数额，实际上是将一个行为作为两个行为来评价，有重复评价之嫌。

第二，虚开增值税专用发票后又偷税的行为同时构成虚开增值税专用发票罪和偷税罪是因为法律条文本身的错综规定，应按法条竞合犯处理。虚开增值税发票后又偷税的行为，虽然从犯罪构成上分析，同时符合虚开增值税专用发票罪和偷税罪的构成要件，但实际上是一行为触犯数罪名，符合法条竞合的特征。法条竞合具有以下特征：一是实施一个犯罪行为；二是触犯数法条规定的数个罪名；三是数个罪名概念之间存在逻辑关系。法条竞合的法律本质是法条所规定的犯罪构成要件的竞合。法条竞合的适用原则是：（1）特别法优于普通法。（2）整体法优于部分法。（3）重法优于轻法。（4）基本法优于补充法。[②] 比较我国《刑法》对虚开增值税专用发票罪与偷税罪的规定，前者是特别法后者是普通法，前者是重法后者是轻法，因此，对虚开增值税专用发票后又偷税的行为，应认定为虚开增值税专用发票罪。

虽然最后实际结果一样，但法条竞合犯是实质一罪，而牵连犯是实质数罪处断一罪，第三种意见在分析时运用刑法理论有误。

综上，被告人叶某某低开增值税销项发票，偷逃增值税、企业所得税、城市维护建设税和粮食附加税4万余元，占应纳税额的30%以上，其行为构成偷税罪而不构成虚开增值税专用发票罪，检察机关和法院的定性是正确的。

（执笔人：曹忠杰）

---

① 高铭暄、叶良芳：“再论牵连犯”，载《现代法学》2005年第2期。

② 陈兴良：《刑法适用总论》（上卷），法律出版社1999年版，第719～796页。

对虚开运输发票冲减营业额偷逃税款的行为应如何定性

一、要旨提示

根据有关司法解释，能够被用于抵扣税款的发票，除增值税专用发票以外，还有运输发票、废旧物品收购发票以及农业产品收购发票等其他特定发票。然而，根据我国税收征管的有关规定，运输发票的受票人为运输企业的，不能抵扣增值税。但是，行为人明知对方是运输企业而为对方虚开运输发票，或者自己是运输企业而让他人为自己虚开运输发票，受票人虽不能将运输发票用于抵扣增值税，但仍可以冲减营业额的手段偷逃税款。司法实践中，对此类案件的定性存在较大争议，同类案件往往会出现不同的处理结果，因此有必要加以研究，以便正确统一适用法律。

二、基本案情及处理结果

1997年7月至1998年12月，被告人芦某某以每月支付500元管理费的形式挂靠某市旭日联运有限公司（以下简称“旭日公司”），又以支付车辆租金、风险抵押金的形式承租某市远航集装箱仓储公司（以下简称“远航公司”），并从上述两公司分别获取了全国联运业货运统一发票和某市公路集装箱运输专用发票及某省公路货运专用发票等运输发票（以下统称“运输发票”）。被告人芦某某在以旭日公司名义经营运输业务期间，为少缴应纳税款，先后从自己承租的远航公司以及某托运站等5家运输企业接受虚开的表明营业支出的运输发票共53张，价税合计人民币6744563.77元，并将上述发票全部入账，用于冲减其以旭日公司名义经营运输业务的营业额，实际偷逃营业税200379.25元，城建税14026.55元，企业所得税333965.41元，合计偷逃税款548371.21元，且偷逃税额占其应纳税额的30%以上。为帮助其他联运企业偷逃税款，被告人芦某某将旭日公司的50张运输发票发票联提供给某县古林运输公司某托运部等5家运输企业，将远航公司的3张运输发票发票联提供给某市环洋经贸有限公司用于虚开，虚开的发票联金额总计为4145265.32元，存根联或记账联金额为54395元。以上虚开的运输发票均已被以上接受发票的运输企业用以冲减营业额，实际偷逃营业税122728.84元、城建税8591.01元、企业所得税204548.07元，合计偷逃税款335867.92元。

检察机关以虚开用于抵扣税款发票罪对芦某某提起公诉；一审法院以偷税罪判处芦某某有期徒刑6年，并处罚金人民币100万元；检察机关抗诉后，二审法院裁定驳回抗诉，维持原判。

三、关键问题及争议

上述案例反映的关键问题是：

1. “冲减营业额偷逃税款”是否属于《刑法》第205条规定的虚开用于抵扣税款发票罪中的“抵扣税款”?

2. 若受票人不能抵扣增值税，行为人为受票人虚开运输发票的行为是否构成虚开用于抵扣税款发票罪?

3. 不能抵扣增值税的行为人让他人为自己虚开运输发票并以虚开的发票冲减营业额偷逃税款的行为，构成虚开用于抵扣税款发票罪还是偷税罪?

对以上三个问题的不同回答，使本案在定性上出现三种不同意见：

第一种意见认为，被告人芦某某为其他运输企业虚开运输发票的行为以及让他人为自己的运输企业虚开运输发票的行为构成虚开用于抵扣税款发票罪。理由有：(1) 以虚开的发票冲减营业额偷逃税款，实际上就是在应纳税中非法抵扣税款，因此，为他人虚开运输发票，不论受票人为运输企业还是非运输企业，不论受票人是直接用于抵扣增值税还是以冲减营业额的手段偷逃税款，开票人的行为都构成虚开用于抵扣税款发票罪。(2) 虚开用于抵扣税款发票罪是行为犯，不论受票人是运输企业还是非运输企业，不论受票人能否实际用于抵扣税款，只要行为人实施了虚开运输发票的行为便可构成该罪。(3) “为他人虚开”与“让他人为自己虚开”是对合关系，刑法将两者都规定为“虚开”行为，既然为其他运输企业虚开运输发票的行为构成虚开用于抵扣税款发票罪，那么让他人为自己的运输企业虚开运输发票的行为也构成虚开用于抵扣税款发票罪。

第二种意见认为，被告人芦某某为其他运输企业虚开运输发票的行为以及让他人为自己的运输企业虚开运输发票的行为构成偷税罪，不构成虚开用于抵扣税款发票罪。理由有：(1)“冲减营业额偷逃税款”并不是《刑法》第205条规定的虚开用于抵扣税款发票罪中的“抵扣税款”，若受票人为运输企业，其就不能将虚开的运输发票用于“抵扣税款”，因此，对开票人的行为不能定虚开用于抵扣税款发票罪。(2)虽然虚开用于抵扣税款发票罪是行为犯，但同时也是故意犯，若开票人明知受票人是运输企业而不能抵扣增值税，则对开票人的虚开行为不能以该罪论处。(3)“为他人虚开”与“让他人为自己虚开”是对合关系，既然为其他运输企业虚开运输发票的行为不构成虚开用于抵扣税款发票罪，那么让他人为自己的运输企业虚开运输发票的行为也不构成虚开用于抵扣税款发票罪。(4)被告人芦某某主观上具有偷逃税款或帮助他人偷逃税款的故意，客观上实施了让他人为自己虚开运输发票或为他人虚开运输发票用于冲减营业额偷逃税款的行为，偷逃税款的数额和占应纳税的比例都已达到偷税罪的定罪标准，对其行为应以偷税罪论处。

第三种意见认为，被告人芦某某为其他运输企业虚开运输发票的行为构成虚开用于抵扣税款发票罪，让他人为自己虚开运输发票用于冲减营业额偷逃税款的行为构成偷税罪，因此对其行为应以虚开用于抵扣税款发票罪和偷税罪实行数罪并罚。理由是：(1)司法解释明确规定运输发票是可用于抵扣税款的“其他发票”，因此，不论受票人是运输企业还是非运输企业，只要行为人实施了虚开的行为便可构成虚开用于抵扣税款发票罪。(2)对于行为人让他人为自己的运输企业虚开运输发票的行为，由于行为人是用虚开的发票进行偷税而不是用于抵扣增值税，故对这部分行为应定偷税罪而不能定虚开用于抵扣税款发票罪。

四、评析意见

(一)“冲减营业额偷逃税款”是否属于《刑法》第205条虚开用于抵扣税款发票罪中的“抵扣税款”

我们认为，“冲减营业额偷逃税款”的行为不属于《刑法》第205条规定的“抵扣税款”行为。理由如下：

第一，相反的理解不符合立法本意。《刑法》第205条规定的是虚开增值税专用发票、用于骗取出口退税、抵扣税款发票罪，条文中的“抵扣税款”，一般只发生在增值税纳税环节，非增值税纳税义务人，如营业税、所得税、城市建设维护税的纳税人不存在抵扣税款问题。如果将一般的偷税行为都理解为“抵扣税款”，就意味着所有利用虚开发票偷税的行为都可以按《刑法》第

205 条以虚开用于抵扣税款发票罪论处，那么《刑法》规定偷税罪还有何必要？从刑法设置罪名的时间来看，偷税罪规定在前，虚开用于抵扣税款发票罪规定在后，《刑法》规定虚开用于抵扣税款发票罪后并没有取消偷税罪的意思。因此，将“冲减营业额偷逃税款”理解为《刑法》第 205 条规定的“抵扣税款”，不符合立法本意。

第二，司法解释也佐证了我们的理解。根据 1996 年 10 月 17 日最高人民法院发布的《关于适用〈全国人民代表大会常务委员会关于惩治虚开、伪造和非法出售增值税专用发票犯罪的决定〉的若干问题的解释》（以下简称“法发〔1996〕30 号解释”）的规定，“用于骗取出口退税、抵扣税款的其他发票”是指可以用于申请出口退税、抵扣税款的非增值税专用发票，如运输发票、废旧物品收购发票、农业产品收购发票等。在该解释中，最高人民法院没有将“冲减营业额偷逃税款”的行为理解为《刑法》第 205 条规定的“抵扣税款”，否则它为何不直接将“用于骗取出口退税、抵扣税款的其他发票”解释成“用于偷税的除增值税发票外的其他所有发票”，而对几种可用于抵扣税款的特殊发票加以列举规定呢？

第三，不同的法定刑规定也说明了“冲减营业额偷逃税款”不同于《刑法》第 205 条规定的“抵扣税款”。《刑法》对偷税罪和虚开用于抵扣税款发票罪规定了不同的法定刑，偷税罪的最高刑只有 7 年有期徒刑，而虚开用于抵扣税款发票罪的最高法定刑为死刑。因此，如果将虚开运输发票冲减营业额偷逃税款的行为以虚开用于抵扣税款发票罪论处，就会导致轻罪重罚。

因此，第一种意见的第一项理由并不成立。

（二）若受票人不能抵扣增值税，行为人为受票人虚开运输发票的行为是否构成虚开用于抵扣税款发票罪

实践中，行为人为他人虚开运输发票，对运输企业不能抵扣增值税这一规定和受票人是否为运输企业通常都是明知的。我们认为，明知他人不能用于抵扣增值税而为他人虚开运输发票，不构成虚开用于抵扣税款发票罪。理由如下：

首先，“冲减营业额偷逃税款”的行为不属于《刑法》第 205 条规定的“抵扣税款”行为。对此，我们已在上文详述理由，此处不再展开论述。结合本案，我们认为，被告人芦某某为其他运输企业虚开运输发票用以偷逃税款的行为不属于《刑法》第 205 条规定的虚开用于抵扣税款发票行为。

其次，《刑法》第 205 条规定的“用于抵扣税款”不仅指虚开的发票在一般意义上具有可用于抵扣税款的功能，而且指在具体案件中有被用于抵扣税款的实际可能。如果将“用于抵扣税款”仅仅从一般意义上理解成虚开的发票具有抵扣税款的功能，而不在个案中具体分析是否具有抵扣税款的实际可能，便对行为人虚开发票的行为以虚开用于抵扣税款发票罪定罪处罚，容易走上客观归罪的道路。因此，对虚开具有抵扣税款功能发票的行为，应分两种情形定性：一般情况下，只要行为人明知是可用于抵扣税款的发票而实施虚开行为的，不管最后是否被实际抵扣，都可定虚开用于抵扣税款发票罪；若行为人明知该发票无实际抵扣可能而出于其他目的虚开的，则不能定虚开用于抵扣税款发票罪，应当结合行为人的犯罪故意和实施的客观行为考虑定其他罪名。

法发〔1996〕30号解释规定运输发票是可用于抵扣税款的“其他发票”，但并不意味着只要虚开运输发票便可构成虚开用于抵扣税款发票罪，因为按照税收法规的有关规定，受票人为运输企业的，就不能抵扣增值税。结合本案，被告人芦某某主观上明知受票的运输企业不能抵扣增值税，其虽然有虚开发票的行为和故意，但不具有虚开“用于抵扣税款发票”的故意，因此对其行为不能以虚开用于抵扣税款发票罪论处。但是，被告人芦某某为帮助其他运输企业偷逃税款而为他人虚开运输发票，其行为完全可以构成偷税罪的共犯。

因此，第一种意见的第二项理由和第三种意见的第一项理由都不成立。

（三）不能抵扣增值税的行为人让他人为自己虚开运输发票并以虚开的发票冲减营业额偷逃税款的行为，构成虚开用于抵扣税款发票罪还是偷税罪

根据我们在以上第（一）、（二）部分的分析，行为人明知受票人不能抵扣增值税而为其虚开运输发票的行为不构成虚开用于抵扣税款发票罪，而“为他人虚开”和“让他人为自己虚开”是对合关系，《刑法》第205条也明确规定“虚开”行为包括“为他人虚开”和“让他人为自己虚开”的行为，因此我们认为，既然行为人明知受票人不能抵扣增值税而为其虚开运输发票的行为不构成虚开用于抵扣税款发票罪，那么，不能抵扣增值税的行为人让他人为自己虚开运输发票的行为也不构成虚开用于抵扣税款发票罪。同时我们认为，不能抵扣增值税的行为人让他人为自己虚开运输发票，以虚开的运输发票冲减营业额偷逃税款，其行为可构成偷税罪。因此，本案被告人芦某某作为运输企业的承包人，让其他运输企业为自己虚开运输发票以偷逃税款的行为不构成虚开用于抵扣税款发票罪而构成偷税罪。

第一种意见认为，以行为人为其他运输企业虚开运输发票构成虚开用于抵扣税款发票罪为前提，再以对合关系为依据，得出行为人让其他运输企业为自

己虚开运输发票的行为也构成虚开用于抵扣税款发票罪的结论，因为前提不成立，所以结论也不成立。因为，按照我们的分析，行为人为其他运输企业虚开运输发票不构成虚开用于抵扣税款发票罪。

第三种意见认为，行为人为其他运输企业虚开运输发票的行为构成虚开用于抵扣税款发票罪，而对行为人让他人为自己承包的运输企业虚开运输发票的行为应定偷税罪。我们认为这种观点值得商榷，理由如下：

首先，对“为他人虚开”和“让他人为自己虚开”的行为作不同定性，不符合《刑法》规定。虽然，对“对合犯”不一定都要定同一罪名，如刑法对行贿与受贿，分别规定了行贿罪与受贿罪。但是，《刑法》第205条规定了虚开增值税专用发票、用于骗取出口退税、抵扣税款发票罪，同时又规定“虚开”行为包括为他人虚开、为自己虚开、让他人为自己虚开、介绍他人虚开行为。因此，对同属“虚开”行为且被《刑法》规定为同一罪名的“为他人虚开”与“让他人为自己虚开”行为，在定性上应坚持统一标准。按第三种意见，若对被告人芦某某为其他运输企业虚开运输发票的行为定虚开用于抵扣税款发票罪，就意味着他人为被告人芦某某虚开的行为也定虚开用于抵扣税款发票罪，“他人为被告人芦某某虚开”与“被告人芦某某让他人为自己虚开”是对合关系，那么，对被告人芦某某让他人为自己虚开的行为也只能定虚开用于抵扣税款发票罪，而不能定偷税罪。反之，如果对被告人芦某某让他人为自己虚开运输发票的行为定偷税罪，就意味着对他人为被告人芦某某虚开的行为也应定偷税罪，那么，对被告人芦某某为其他运输企业虚开运输发票的行为也应定偷税罪。总之，第三种意见对同属“虚开”行为且被《刑法》规定为同一罪名的“为他人虚开”与“让他人为自己虚开”行为，在定性上没有坚持统一标准，结论自相矛盾。

其次，对“为他人虚开”和“让他人为自己虚开”的行为作不同定性，不符合共犯理论。“为他人虚开”和“让他人为自己虚开”的行为实际上是发生于开票人与受票人之间的同一行为，按照刑法理论，对开票人和受票人应按共犯处理。实践中，让他人为自己虚开者往往是主动要求对方为自己虚开，多系主犯；而为他人虚开者多系应对方要求而虚开，不少是从犯。按照共犯理论，主从犯都应对共同犯罪负责，但在处刑上从犯应比主犯轻。就本案而言，被告人芦某某主动要求他人为自己虚开的行为与其应他人要求为他人虚开的行为相比较，至少在主观危害性上前者比后者重，但是按照第三种意见，对前者定偷税罪，对后者定虚开用于抵扣税款发票罪，前者比后者轻。第三种意见对共同犯罪人非但没有坚持统一的定性标准，而且在适用法律上轻重颠倒。

因此，第一种意见的第三项理由和第三种意见的第二项理由都不成立。

综上，我们认为，被告人芦某某明知自己不能抵扣税款而让他人为自己虚开运输发票，冲减营业额，偷逃税款，偷税数额和占应纳税的比例均已达偷税的定罪标准，对其行为应以偷税罪论处；同时，被告人芦某某明知他人不能抵扣税款而为其他运输企业虚开运输发票，帮助他人偷逃税款，构成偷税罪共犯。因此，对被告人芦某某的全部行为都应以偷税罪论处，法院的判决是正确的。

（执笔人：曹忠杰）

对以收取“开票费”的形式为他人虚开运输发票的行为应如何定性

一、要旨提示

虚开用于抵扣税款发票罪，是指违反国家发票管理规定，为他人虚开、为自己虚开、让他人为自己虚开、介绍他人虚开除增值税专用发票以外的可用于抵扣税款的其他发票的行为。非法出售用于抵扣税款发票罪，是指违反国家发票管理法规，非法出售用于抵扣税款的非增值税专用发票的行为。在一般情况下，虚开用于抵扣税款发票罪与非法出售用于抵扣税款发票罪不难区分，但从司法实践中掌握的情况来看，为他人虚开用于抵扣税款发票的行为人往往要向对方收取一定比例的“开票费”或“手续费”，有的行为人甚至以收取“开票费”为条件向他人提供空白发票让他人自己对外虚开，此类案件在定性上就很难区分此罪与彼罪。因此，有必要结合实际案例，具体从犯罪构成要件上区分虚开用于抵扣税款发票罪和非法出售用于抵扣税款发票罪，以便司法实践中对此类案件的统一定性。

二、基本案情及处理结果

案例一：被告人马某祥与高某某（另案处理）事先约定，由马某祥提供空白运输发票，并按高某某虚开出去的票面金额0.65%至0.8%不等的比例收取“开票费”。2003年6月至10月，在明知没有实际运输业务的情况下，被告人马某祥指使被告人马某龙先后3次向高某某提供湖南省某市公路整车统一发票共6本，高某某分别为杭州某纸业有限公司和浙江某型材有限公司虚开运输发票共计33份，运输费金额共计1683308.70元，税额共计111640.90元。上述发票均被受票单位申报抵扣，马某祥从中非法谋利1万余元。

2003年2月至6月，在明知没有实际运输业务的情况下，被告人马某祥经孙某某（另案处理）介绍，为某市经济技术开发区琮天机械销售有限公司虚开安徽省某市公路运输业统一发票11份，运输费金额共计2820000元，税额共计197400元，受票单位均已作抵扣。被告人马某祥按票面金额2%的比例收取“开票费”，从中非法谋利56400元。

公安机关对马某祥以虚开用于抵扣税款发票罪、非法出售用于抵扣税款发票罪移送审查起诉，对马某龙以非法出售用于抵扣税款发票罪移送审查起诉，检察机关审查后对马某祥和马某龙均以虚开用于抵扣税款发票罪提起公诉，法院以虚开用于抵扣税款发票罪判处马某祥有期徒刑5年，并处罚金10万元，没收非法所得66400元；以虚开用于抵扣税款发票罪判处马某龙有期徒刑1年2个月，并处罚金5万元。

案例二：2000年6月29日，被告人杨某某经工商部门核准，成立了玉龙货物托运站（个体工商户），但该托运站既没有自己的运输车辆也没有其他运输车辆挂靠。为谋取非法利益，在没有实际运输业务的情况下，被告人杨某某于2000年7月至2003年6月间由其本人或通过胡某某（另案处理）共向外开具玉龙托运站领购的“全国联运行业货运统一发票”（以下简称“运输发票”）2463份，票面金额合计2300余万元，并以票面金额的一定比例收取“开票费”。开出去的运输发票中已有88份被受票单位入账抵扣增值税69381.47元。（其中通过胡某某开具部分，被告人杨某某是将整本的空白发票交给胡某某，再根据胡某某虚开票金额收取4%的“开票费”。）

公安机关以杨某某涉嫌虚开用于抵扣税款发票罪移送审查起诉，检察机关以非法出售用于抵扣税款发票罪提起公诉，法院以非法出售用于抵扣税款发票罪判处杨某某有期徒刑8年，并处罚金15万元。

三、关键问题及争议

案例一中，对被告人马某祥指使被告人马某龙为高某某提供空白运输发票让高某某虚开并向高某某收取“开票费”的行为，公安机关认为应定非法出售用于抵扣税款发票罪，而检察机关和法院认为应定虚开用于抵扣税款发票罪。案例二中，对被告人杨某某自己为他人虚开运输发票收取“开票费”的行为和被告人杨某某将空白运输发票交给胡某某虚开并向其收取“开票费”的行为，公安机关认为都应定虚开用于抵扣税款发票罪，而检察机关和法院均以非法出售用于抵扣税款发票罪认定，其中法院认为，被告人杨某某以收取“开票费”的形式为他人虚开用于抵扣税款的运输发票，数量特别巨大，鉴于其与受票人之间没有抵扣税款的共同故意，其行为应以非法出售用于抵扣税款发票罪论处。案例中反映的关键问题是：

1. 为他人虚开运输发票的行为构成虚开用于抵扣税款发票罪是否要以行为人与受票人具有抵扣税款的共同故意为必要?

2. 对行为人为他人虚开运输发票并收取“开票费”的行为，应如何定性?

3. 对行为人以收取“开票费”的形式为他人提供空白运输发票让他人虚开的行为，应如何定性?

在第一个问题上，存在两种不同意见：一种意见认为，为他人虚开运输发票收取“开票费”的行为构成虚开用于抵扣税款发票罪，要求行为人与受票人具有抵扣税款的共同故意，否则不能定虚开用于抵扣税款发票罪，应定非法出售用于抵扣税款发票罪；另一种意见认为，只要行为人明知该发票有用于抵扣税款的实际可能而虚开，便可构成虚开用于抵扣税款发票罪，并不要以行为人与受票人具有抵扣税款的共同故意为必要。

对于第二个问题，也有两种不同意见：一种意见认为，行为人为他人虚开运输发票并收取“开票费”的行为是以虚开的形式出售可用于抵扣税款的发票，应定非法出售用于抵扣税款发票罪；另一种意见认为，行为人是以收取“开票费”的形式虚开可用于抵扣税款的发票，应定虚开用于抵扣税款发票罪。

在第三个问题上，也存在两种不同意见：一种意见认为，行为人向他人提供空白运输发票，并以他人虚开的发票金额按比例收取价金，是出售行为，应定非法出售用于抵扣税款发票罪；另一种意见认为，虽然行为人向他人提供的是空白的运输发票，但提供者与被提供者对虚开发票一事是事先约定的，虚开发票实际上是两者的共同行为，对提供者的行为也应以虚开用于抵扣税款发票罪论处。

四、评析意见

（一）为他人虚开运输发票的行为构成虚开用于抵扣税款发票罪是否要以行为人与受票人具有抵扣税款的共同故意为必要

《刑法》第205条规定的虚开用于抵扣税款发票罪是行为犯，只要行为人实施了虚开行为且虚开数额达到起刑点便可入罪，不要求有税款实际被骗的结果。但同时，该条规定的是故意犯罪，若行为人缺乏行为故意，也难以构成本罪。虚开用于抵扣税款发票罪的成立，不仅要求行为人客观上实施了虚开的行为，而且要求行为人主观上对虚开的发票可能被用于抵扣税款具有认识，即要求行为人在虚开时明知自己虚开的发票有被用于抵扣税款的实际可能，如果行为人在虚开时明知自己虚开的发票根本不可能被用于抵扣税款，则不构成该罪。按照1996年10月17日最高人民法院《关于适用〈全国人大常委会关于惩治虚开、伪造和非法出售增值税专用发票犯罪的决定〉的若干问题的解释》（以下简称“法发〔1996〕30号解释”）的规定，运输发票是《刑法》第205条规定的“用于抵扣税款发票”之一种，虚开运输发票的行为可以构成虚开用于抵扣税款发票罪。同时，按照税收法规的有关规定，运输发票是可以用于抵扣增值税的发票，但是受票人为交通运输企业的，则不能抵扣增值税。因此，行为人虚开运输发票的行为不一定构成虚开用于抵扣税款发票罪，而是要根据个案情况对行为人的主观方面进行分析：如果行为人明知对方不是运输企业而为对方虚开运输发票的，不管对方是否实际抵扣增值税，行为人的行为都可构成虚开用于抵扣税款发票罪；但是，如果行为人明知对方是运输企业而为对方虚开运输发票的，实际上是明知他人不能实际用于抵扣增值税而为他人虚开，主观上不具有虚开“用于抵扣税款发票”的行为故意，因而其行为不构成虚开用于抵扣税款发票罪。

非运输企业让他人为自己虚开运输发票，既可以将运输发票用于抵扣增值税，也可以用虚开的运输发票冲减营业额偷逃税款，因此，非运输企业让他人为自己虚开运输发票的主观故意可能是用于抵扣增值税，也可能是用虚开的发票做假账偷逃税款。在受票的非运输企业不具有抵扣增值税故意的情况下，对虚开运输发票的行为人而言，其对非运输企业能将虚开的运输发票用于抵扣增值税这一情况是明知的，主观上仍具有虚开“用于抵扣税款发票”的故意，其行为仍可构成虚开用于抵扣税款发票罪。因此，我们认为，为他人虚开运输发票的行为构成虚开用于抵扣税款发票罪要以行为人主观上具有虚开“用于抵扣税款发票”的故意为必要，即要求行为人行为时认识到自己虚开的运输发票有被受票人用于抵扣税款的实际可能，但不以行为人与受票人具有抵扣税款的共同故意为必要，即只要行为人明知虚开的运输发票有被受票人用于抵扣税款的实际可能，即使受票人一方没有抵扣税款的故意，行为人虚开运输发票的行为仍可构成虚开用于抵扣税款发票罪。

案例二中被告人杨某某明知他人可用于抵扣税款而以收取“开票费”的形式为他人虚开运输发票，其行为已构成虚开用于抵扣税款发票罪，受票人与行为人在抵扣税款上是否有意思联络，受票人是否具有抵扣税款的故意，并不影响对其虚开行为的定性。法院以被告人杨某某与受票人之间没有抵扣税款的共同故意为由，认为被告人杨某某以收取“开票费”的形式为他人虚开运输发票的行为，不构成虚开用于抵扣税款发票罪而构成非法出售用于抵扣税款发票罪，理由难以成立。

（二）对行为人为他人虚开运输发票并收取“开票费”的行为，应如何定性

《刑法》第205条、第209条分别规定了虚开用于抵扣税款发票罪和非法出售用于抵扣税款发票罪。虚开用于抵扣税款发票罪，是指违反国家发票管理规定，为他人虚开、为自己虚开、让他人为自己虚开、介绍他人虚开除增值税专用发票以外的可用于抵扣税款的其他发票的行为。非法出售用于抵扣税款发票罪，是指违反国家发票管理法规，非法出售用于抵扣税款的非增值税专用发票的行为。两罪的主体都是一般主体，主观方面均是直接故意，犯罪对象均是除增值税专用发票以外的可用于抵扣税款的其他发票，以上两案例中的运输发票即属于这类发票。两罪主要区别是在客观方面，前者为虚开，后者是非法出售。何谓“虚开”？法发〔1996〕30号解释第1条规定：“具有下列行为之一的，属于‘虚开增值税专用发票’：（1）没有货物购销或者没有提供或接受应税劳务而为他人、为自己、让他人为自己、介绍他人开具增值税专用发票；（2）有货物购销或者提供或接受了应税劳务但为他人、为自己、让他人为自己、介绍他人开具数量或者金额不实的增值税专用发票；（3）进行了实际经营活动，但让他人为自己代开增值税专用发票。”虚开用于抵扣税款发票罪与虚开增值税专用发票罪是《刑法》第205条规定的选择性罪名，对虚开增值税专用发票罪的有关解释同样适用于虚开用于抵扣税款发票罪。所谓“出售”，是指将发票以一定的价格卖给他人的行为，有金钱交易、转移所有权是出售的本质特征。所谓“非法出售”，是指行为人出售用于抵扣税款发票的行为不合法。

在一般情况下，虚开用于抵扣税款发票罪与非法出售用于抵扣税款发票罪是不难区分的，但从司法实践中掌握的情况来看，为他人虚开用于抵扣税款发票的行为人往往要向对方收取一定比例的“开票费”或“手续费”，尤其是一些以虚开发票为业的犯罪分子，其犯罪目的就是为了谋取非法利益。从这个意义上讲，为他人虚开发票谋利的行为，确实又具有非法出售发票的性质，因为在客观方面都体现了金钱交易和转移所有权的出售特征。但两罪在行为的客观方面仍存在较大区别：第一，为他人虚开发票，行为人从对方收取的往往是票面金额一定比例的“开票费”或“手续费”；而非法出售发票，行为人从对方收取的则是发票的“价金”，不具有按比例计价的特征。第二，为他人虚开发

票，行为人一般都要应对方要求开具发票金额，交给对方的不是空白发票；而非法出售发票，行为人交给对方的往往是空白发票。第三，为他人虚开发票，每次针对一个“服务对象”开具的发票数量不多，但“服务对象”往往是零星分布而且数量较多；而非法出售发票，既有可能是针对零星的“服务对象”按份出售，也可能是针对相对比较固定的几个人整本整本地出售。

在对客体的侵害程度上，两罪也存在一定的区别。从《刑法》的规定来看，危害税收征管罪可以概括为两大类：第一类是危害税收征管秩序的犯罪，如偷税罪；第二类是危害税收票证管理秩序的犯罪，这类犯罪直接针对发票管理秩序，间接危害税收征管秩序，如非法购买增值税专用发票罪。虚开用于抵扣税款发票罪与非法出售用于抵扣税款发票罪都可以归入第二类犯罪，侵犯的是双重客体，即国家的发票管理秩序和税收管理秩序，但就对税收征管秩序的危害而言，虚开用于抵扣税款发票罪比非法出售用于抵扣税款发票罪更直接些，因为虚开发票行为完成时，受票人便有实际用于抵扣税款的可能；而非法出售发票行为完成后，只有当购买人利用买入的发票进行虚开时，国家税款才有被抵扣的现实可能。

对照上述虚开用于抵扣税款发票罪和非法出售用于抵扣税款发票罪的不同特征，不难看出，案例一中的被告人马某祥、案例二中的被告人杨某某在没有实际运输业务的情况下，应他人要求为他人虚开可用于抵扣税款的运输发票，虽然收取“开票费”的行为看似出售行为，但行为人不但收取了“开票费”而且还直接为他人虚开，其整个行为更符合虚开的特征，应以虚开用于抵扣税款发票罪论处，收取“开票费”的行为可作为量刑情节考虑。检察机关和法院对案例一中马某祥自己为他人虚开运输发票收取“开票费”的行为以虚开用于抵扣税款发票罪定性，而对案例二中杨某某同样性质的行为以非法出售用于抵扣税款发票罪论处，在定性上没有坚持统一的标准，以致同案不同罪。

（三）对以收取“开票费”的形式为他人提供空白运输发票让他人虚开的行为，应如何定性

实践中，行为人不但自己为他人虚开发票收取“开票费”，而且往往为了“发展业务”，以收取“开票费”的形式向他人提供空白发票让他人虚开。在这种情况下，行为人自己没有为他人虚开，只是为他人提供了空白发票，这种行为比自己直接为他人虚开发票收取“开票费”的行为更似出售行为，无怪乎有人认为这就是一种出售发票行为，只不过“售价”是按票面金额的一定比例计算罢了。我们认为，对提供空白发票收取“开票费”的行为，应分两

种情况区别认定：一种情况是行为人向他人提供空白运输发票，目的是以出售发票谋利，对买入方如何使用发票在所不问，最后虽然也是以“开票费”的形式结算发票“售价”，对其行为也不能以虚开用于抵扣税款发票罪论处，而应以非法出售用于抵扣税款发票罪论处，因为行为人的主观故意是出售而非虚开。另一种情况是行为人在与他人事先约定虚开发票谋利的情况下向他人提供空白发票，虽然发票是由他人虚开，行为人只是收取了一定比例的“开票费”，但虚开行为实际上是发票提供者与开票人的共同行为，对发票提供者应以虚开用于抵扣税款发票罪的共犯论处。结合文前两案例，我们认为，案例一中的被告人马某祥、马某龙和案例二中的被告人杨某某以收取“开票费”的形式为他人提供空白运输发票让他人虚开的行为，应以虚开用于抵扣税款发票罪论处。理由如下：

首先，为他人提供空白发票，只是让他人暂时占有，并不表明发票所有权的转移。行为人提供发票时并非为了转让发票所有权给对方，而是为了通过对方对外虚开发票，发票的所有权实际上也是在对方虚开出去后才被转移，还未虚开出去的发票虽然在对方手中，但所有权仍属于提供发票的行为人。被告人马某祥和被告人杨某某分别将空白的运输发票交给高某某和胡某某，但并没有转移发票的所有权，只是根据约定交由高某某和胡某某虚开，发票虚开出去后才发生所有权的转移，发票若未虚开出去，发票所有权仍属两被告人。

其次，为他人提供空白发票让他人虚开的行为是共同虚开行为。行为人虽然只是将空白发票交给虚开人，自己没有直接虚开，但这不妨害对其行为性质以虚开认定。因为行为人事先与对方约定，由自己为对方提供空白发票，再由对方对外虚开，行为人主观上具有虚开的共同故意，客观上实施了提供发票为虚开创造条件的行为，所以其行为是共同虚开行为，只提供发票而未直接虚开，只是共同虚开行为中的不同分工罢了。被告人马某祥和被告人杨某某事先分别与高某某和胡某某共谋虚开运输发票谋利，虽然向高某某和胡某某收取了一定比例的“开票费”，但两被告人主观上不具有向高某某和胡某某出售发票的故意而具有与高某某和胡某某共同虚开发票的故意，客观上也实施了共同虚开的行为。

再次，行为人收取的“开票费”与其说是出售发票的价金，不如说是共同虚开发票后的利益分成。价金直接体现为空白发票的交换价值，不是以开票“业务”量的大小来衡量的，如行为人以一定价钱将整本空白发票卖给他人，虽然也是约定等日后虚开出去后再付款，但这仍是一种先交货后付款的出售行为。直接以开票金额一定比例收取的“开票费”，反映的是开票“业务”的

"收益"，不能反映发票的出售价金。实践中，开票人向受票人收取的"开票费"往往比空白发票提供人向自己收取的高得多，空白发票提供人收取的"开票费"实际上就是其在共同虚开发票中的利益分成。事实上，被告人马某祥和被告人杨某某向高某某和胡某某收取的"开票费"只是高某某和胡某某向受票人收取的"开票费"的一部分，其在性质上不是向高某某和胡某某出售运输发票的价金，实际上是两被告人与高某某和胡某某共同虚开运输发票后的利益分成。

因此，我们认为，案例一中被告人马某祥、马某龙和案例二中的被告人杨某某虽然只是以收取"开票费"的形式为他人提供空白运输发票，自己没有直接虚开发票，但因为被告人与他人事先共谋以虚开运输发票谋利，因此构成共同虚开行为，应以虚开用于抵扣税款发票罪论处。对同样性质的行为，检察机关和法院对案例一定虚开用于抵扣税款发票罪，对案例二定非法出售用于抵扣税款发票罪，定性不统一。

综上，案例一中的被告人马某祥、马某龙和案例二中的被告人杨某某明知他人有将运输发票用于抵扣增值税的实际可能，而以收取"开票费"的形式为他人虚开运输发票，或者与他人共谋以虚开运输发票谋利，以收取"开票费"的形式为他人提供空白运输发票让他人虚开，主观上具有虚开"用于抵扣税款发票"的故意，客观上实施了为他人虚开或共同为他人虚开的行为，其行为已构成虚开用于抵扣税款发票罪，不应以非法出售用于抵扣税款发票罪论处。

（执笔人：曹忠杰）

七　侵犯知识产权罪

在专营专卖物品或者伪劣产品上假冒他人注册商标，如何处理

一、要旨提示

《刑法》第213条规定，假冒注册商标罪，是指未经注册商标所有人的许可，在同一种商品上使用与其注册商标相同的商标，情节严重的行为。行为人假冒他人注册商标时，生产、销售的产品可能为伪劣产品，或者为专营专卖物品。此时，行为人除触犯假冒注册商标罪之外，还可能触犯生产、销售伪劣产品罪、非法经营罪。为了准确定性，正确处理案件，必须分析行为人在专营专卖物品或者伪劣产品上假冒他人注册商标的行为性质。

二、基本案情及处理结果

被告人卞某、李某于2004年2月至9月间，在明知自己无“烟草专卖生产许可证”的情况下，由被告人卞某租借房屋，被告人李某招募工人，从事包装假冒的“中华”、“红双喜”及“牡丹”等品牌香烟。被告人卞某将成品假烟发给他人销售及自己销售，从中谋利。两被告人假冒注册商标的商品总价值为人民币4962942元。

公诉机关指控被告人卞某、李某犯假冒注册商标罪，法院采纳了公诉意见。

三、关键问题及争议

本案的关键问题在于：

行为人在专营专卖物品或者伪劣产品上假冒他人注册商标，如何处理？

上述问题的解决实际上在于如何确定假冒注册商标罪与生产、销售伪劣产品罪、非法经营罪的界限。对此，就本案例的处理，有下列三种意见：

第一种意见认为，被告人以非正牌香烟冒充正牌香烟，符合生产、销售伪

劣产品罪的特征，成立生产、销售伪劣产品罪；

第二种意见认为，被告人在同一种商品（香烟）上使用与他人注册商标相同的商标，符合假冒注册商标罪的特征，成立假冒注册商标罪；

第三种意见认为，被告人在无烟草专卖生产许可证的情况下经营作为专营专卖物品的香烟，符合非法经营罪的特征，成立非法经营罪。

四、评析意见

（一）第一种意见及评析

该意见认为本案例应按生产、销售伪劣产品罪处理。根据《刑法》第140条的规定，生产、销售伪劣产品罪，是指在产品中掺杂、掺假，以假充真，以次充好或者以不合格产品冒充合格产品，销售金额达到一定数量的行为。生产、销售伪劣产品罪的特征在于以假充真、以次充好。行为人在假冒他人注册商标时，以非注册商标产品冒充注册商标产品，这即是一种以假充真行为，具有生产、销售伪劣产品罪的行为特征，在数额达到要求的情况下，必然成立生产、销售伪劣产品罪。据此，任何一种假冒注册商标行为，同时都是一种生产、销售伪劣产品行为。案例中被告人以非“中华”、“红双喜”及“牡丹”等品牌香烟冒充这些品牌的香烟，数额达490余万元，成立生产、销售伪劣产品罪。当然，由于被告人同时假冒了“中华”、“红双喜”及“牡丹”等注册商标，行为也成立假冒注册商标罪。此时一行为触犯不同罪名，为想象竞合犯，根据从一重处断原则，在法条选择上应选择重罪（生产、销售伪劣产品罪）法条，成立生产、销售伪劣产品罪。

至于被告人成立何种犯罪形态，需进一步考察生产、销售伪劣产品罪的特点。从行为特点上看，生产、销售伪劣产品罪不是选择性罪名，而是概括性罪名，并且以实施销售行为为成立既遂的条件。[①] 本案例中，被告人假冒注册商标产品的生产数额已经查清，达490余万元，但尚未查清其销售数额，销售事实不能确定，不符合既遂的条件。最高人民法院、最高人民检察院2001年4月10日施行的《关于办理生产、销售伪劣商品刑事案件具体应用法律若干问题的解释》（下称《生产、销售伪劣商品罪解释》）第2条第2款规定，未销售伪劣产品的数额达到定罪所需的销售数额3倍（15万元）以上者，应以生

① 具体论述见本书“生产、销售伪劣商品罪”部分之“无药品经营资格者销售假药，如何处理”。

产、销售伪劣产品罪（未遂）追究。据此，案例中被告人的行为成立生产、销售伪劣产品罪未遂，适用15年有期徒刑或者无期徒刑，并处销售金额50%以上2倍以下罚金或者没收财产之法定刑。

这种意见有一定的道理，但是该意见将任何一种假冒注册商标行为都认为是生产、销售伪劣产品行为，忽视两者之间的界限。案例中，被告人确实假冒了他人注册商标，但假冒注册商标的产品不一定是伪劣产品，两者的判断标准不同，断然将假冒注册商标的产品归属于伪劣产品不正确。

（二）第二种意见及评析

该意见认为本案例成立假冒注册商标罪。立足于不同的视角，本案分别呈现出假冒注册商标罪，生产、销售伪劣产品罪的特征，具有构成这些犯罪的迹象。在此情况下，要准确定性，既要看到它们之间的相同点，也要看到它们之间的不同点。第一种意见侧重于两罪的相同点或相似点，没有看到它们之间的差别，有失片面。

假冒注册商标罪与生产、销售伪劣产品罪尽管均具有假的一面，但两者的区别也十分明显：第一，在犯罪客体上，假冒注册商标罪归属于侵犯知识产权罪，侵害的客体是他人的知识产权，进而侵害消费者的合法权益；生产、销售伪劣产品罪归属于生产、销售伪劣商品罪，侵害的客体是正常的生产制度，进而侵害消费者生命、健康权利。第二，在客观行为上，假冒注册商标罪是在同一种商品上使用与他人注册商标相同的商标；而生产、销售伪劣产品罪是在产品中掺杂、掺假，以假充真，以次充好或者以不合格产品冒充合格产品，并进行销售。在案件处理中，主要应通过客观行为来把握两者的界限，犯罪客体的判断离不开犯罪行为，并最终要落实到具体行为究竟侵害或者破坏了什么。

假冒注册商标罪的客观行为是在同一种商品上使用与他人注册商标相同的商标。显然，只要在同种商品上使用了相同商标，则不问该商品是真品还是假品，是合格品还是非合格品，都可以成立假冒注册商标罪。所谓使用，根据最高人民法院、最高人民检察院2004年12月22日实施的《关于办理侵犯知识产权刑事案件具体应用法律若干问题的解释》第8条第2款的规定，是指将注册商标或者假冒的注册商标用于商品、商品包装或者容器以及产品说明书、商品交易文书，或者将注册商标或者假冒的注册商标用于广告宣传、展览以及其他商业活动等行为。这样，假冒注册商标罪的突出特点是冒牌，是使用他人注册商标。冒牌的判断在于“两同”：相同商品、相同商标，判断所参照的对象是他人已经注册的商标及对应产品。相应地，认定假冒注册商标罪，可以依照这样的路径去判定。

生产、销售伪劣产品罪的客观行为是在产品中掺杂、掺假，以假充真，以次充好或者以不合格产品冒充合格产品，并进行销售。根据《生产、销售伪劣商品罪解释》第1条的规定，“在产品中掺杂、掺假”，是指在产品中掺入杂质或者异物，致使产品质量不符合国家法律、法规或者产品明示质量标准规定的质量要求，降低、失去应有使用性能；“以假充真”，是指以不具有某种使用性能的产品冒充具有该种使用性能的产品；“以次充好”，是指以低等级、低档次产品冒充高等级、高档次产品，或者以残次、废旧零配件组合、拼装后冒充正品或者新产品；“不合格产品”，是指不符合《中华人民共和国产品质量法》第26条第2款规定的质量要求的产品。可见，不管以什么方式生产、销售伪劣产品，其落脚点均是以假产品、劣产品冒充真产品、好产品，其实质相对冒牌而言，均是“冒货”（冒充真货）。对于是否冒充真货的判断，参照的对象是真产品、符合质量规范的产品。同样，认定生产、销售伪劣产品罪，可以依照这样的路径去判定。

冒牌与冒货的不同，是假冒注册商标罪与生产、销售伪劣产品罪最主要的区别。依照这样的区别，要判断案例中被告人是否成立生产、销售伪劣产品罪，必须对涉案香烟进行检测，依据的标准是烟草制品的一般质量规范，不符合则为伪劣香烟，成立生产、销售伪劣产品罪，反之，则不成立生产、销售伪劣产品罪。而要判断案例中被告人是否成立假冒注册商标罪，检测所依据的标准香烟是否为“中华”、“红双喜”及“牡丹”等正牌香烟，涉及的方面包括产品质量与包装等方面，如不是正牌香烟，则成立假冒注册商标罪，反之则不是犯罪行为。

由于案例中冒牌香烟没有经过真伪鉴定，尚不能确定为伪劣香烟。从有利于被告人的原则出发，不能认定被告人实施了生产、销售伪劣产品行为，其行为不成立生产、销售伪劣产品罪。但案例中被告人假冒了“中华”、“红双喜”及“牡丹”等品牌香烟是清楚的，这是典型的假冒注册商标行为，成立假冒注册商标罪。

这种意见相对于第一种意见，分析说理更进了一步，正视了假冒注册商标罪与生产、销售伪劣产品罪的界限。但本案的对象为特殊的商品——香烟，香烟实行的是专营专卖制度，被告人在无“烟草专卖生产许可证”的情况下经营香烟，实际上是一种非法经营行为，可能成立非法经营罪。将视角仅限于假冒注册商标罪与生产、销售伪劣产品罪，有失片面。

（三）第三种意见及评析

该意见认为本案例成立非法经营罪。根据《刑法》第225条的规定，非法经营罪是指违反国家规定，进行非法经营活动，扰乱市场秩序，情节严重的行为。非法经营罪存在于破坏社会主义市场经济秩序罪第八节扰乱市场秩序罪之中，其危害主要在于破坏了国家对市场经济秩序的管理，尤其是对烟草等物品专营专卖的管理制度。与《刑法》规定相适应，《烟草专卖法》第36条规定，生产、销售假冒他人注册商标的烟草制品，构成犯罪的，依法追究刑事责任。为了在司法实践中正确打击破坏烟草专卖制度的行为，最高人民法院、最高人民检察院、公安部、国家烟草专卖局2003年12月23日联合发布的《关于办理假冒伪劣烟草制品等刑事案件适用法律问题座谈会纪要》（下称《座谈会纪要》）进一步明确了对生产、销售假冒伪劣烟草制品的处罚，指出：生产、销售伪劣烟草制品，销售金额在5万元以上的，构成生产、销售伪劣产品罪；而未经烟草专卖行政主管部门许可，无生产许可证、批发许可证、零售许可证，而生产、批发、零售烟草制品，具有下列情节之一，依照《刑法》第225条（非法经营罪）的规定定罪处罚：（1）个人非法经营数额在5万元以上的，或者违法所得数额在1万元以上的；（2）单位非法经营数额在50万元以上的，或者违法所得数额在10万元以上的；（3）曾因非法经营烟草制品行为受过两次以上行政处罚又非法经营的，非法经营数额在2万元以上的。

根据《座谈会纪要》的规定，生产、销售假冒伪劣烟草制品的处理包括两种情形：一种是生产、销售伪劣的烟草制品，按生产、销售伪劣产品罪处理；一种是无证生产、销售烟草制品，按非法经营罪处理。对于既无证又生产、销售伪劣烟草制品的，应该按生产、销售伪劣产品罪处理，因为生产、销售伪劣产品罪既破坏市场秩序，又危害消费者生命健康权利，危害更大，处刑也更重。

案例中被告人无证生产、销售香烟已经查清，但所生产、销售香烟是否为伪劣烟草制品，从现有事实看尚不清楚，办案机关没有进行鉴定。这样，被告人成立非法经营罪没有疑义。由于香烟真伪不明，前已述知，从有利于被告人的原则出发，推定为合格香烟，被告人不成立生产、销售伪劣产品罪。生产、销售烟草制品均为独立的非法经营行为，只要完成其中一项，就成立非法经营罪既遂，故案例中被告人构成非法经营罪既遂。

当然，案例一被告人为了扩大销售，获取暴利，在无证生产香烟时，又假冒了他人已经注册的“中华”、“红双喜”及“牡丹”等商标，该促销行为又触犯了假冒注册商标罪，与非法经营罪存在方法上的牵连关系。结合案件事实，假冒注册商标罪适用法定刑为3年以上7年以下有期徒刑，而非法经营罪适用法定刑为5年以上有期徒刑。根据牵连犯从一重处断原则，被告人依然成立非法经营罪。

这种意见考虑了非法经营罪与生产、销售伪劣产品罪、假冒注册商标罪的联系与区别，并结合案件事实分析了行为同时触犯这些罪名时的法条选择，是客观的、科学的。

综上，假冒注册商标罪与生产、销售伪劣产品罪、非法经营罪存在一定的交叉，对于行为人在专营专卖物品或者伪劣产品上假冒他人注册商标的情形，要正确定案，必须首先明确这些犯罪之间的界限，然后结合罪名交叉时牵连犯、法条竞合等处罚原则，进行判断，确定罪名。案件事实的确定，是认定这些罪名的基础环节，案件事实某一方面不清楚、不到位，认定的罪名可能发生改变。这要求司法机关在办理这类案件时，不能忽视任何一个环节，必要的鉴定、检测不能忽视，应做到案件事实清楚，案件定性准确。

案例中公诉机关及法院均采纳第二种意见，认定被告人成立假冒注册商标罪，值得商榷。如上所述，案例中被告人假冒他人注册商标是清楚的，无证生产香烟也是清楚的，由于香烟没有鉴定，是否为伪劣产品不清楚，在此情况下，从有利于被告人的原则出发，推定为合格香烟。依此，被告人就同时触犯了假冒注册商标罪及非法经营罪两个罪名，对应490余万元的数额，非法经营罪的处刑比假冒注册商标罪重，故应认定非法经营罪。起诉及判决认定为假冒注册商标罪，应为不妥。

（执笔人：曾国祥）

如何认定假冒他人专利行为，取得授权后，在非约定产品上标记他人专利，是否构成假冒专利罪

一、要旨提示

《刑法》第216条规定，“假冒他人专利，情节严重”，是假冒专利罪。在此，《刑法》用概括性的语言“假冒他人专利”来描述假冒专利罪的客观行为，没有对何为假冒他人专利进一步解释，不利于司法实践的具体操作。因此，要正确处理实践中的专利犯罪案件，必须细化对假冒他人专利行为的理解。

现实中专利授权行为大量存在，有些被授予人为谋取暴利，被许可实施专利后，不改进工艺生产专利产品，而是在自己同种类的非专利产品上直接标注专利，冒充专利产品。如何定性该类行为，关系到行为人罪与非罪的不同境遇。

二、基本案情及处理结果

案例一：2001年7月，被告人历某利用在原单位掌握的YJ6300型水电解氢氧发生器的生产技术及销售业务，私自成立了北京某机电设备有限公司，自行生产、经营原单位所经营的专利产品“YJ6300型水电解氢氧发生器”，并进行专利标记，销往福建某钢铁公司、河南某钢铁公司、陕西某钢铁公司、山西某钢铁公司共计13台，非法获利30余万元人民币。[①]

---

① 被告人虽然成立了公司，但本案不成立单位犯罪。最高人民法院《关于审理单位犯罪案件具体应用法律有关问题的解释》第2条规定：个人为进行违法犯罪活动而设立的公司、企业、事业单位实施犯罪的，或者公司、企业、事业单位设立后，以实施犯罪为主要活动的，不以单位犯罪论处。被告人在本案中以实施假冒专利犯罪为目的设立公司，不以单位犯罪论处。

本案检察机关以假冒专利罪起诉，法院采纳了公诉意见。

案例二：某设计院研制了一种高效节能的机械，获得了国家发明专利。某机械厂获悉后，认为该产品具有很好的市场前景，便要求设计院许可其实施该发明专利。经协商，设计院许可机械厂实施该发明专利及标注专利号，并允许机械厂在广告中使用专利证书。

协议签订后，机械厂发现要实施专利需改进工艺及提高生产人员的技术水平，成本将大为提高。为了节省成本，获取利润，机械厂便不实施所授权专利，而是在自己生产的同种非专利产品直接标上专利号，并进行专利产品的广告宣传。

某化工厂购买机械厂的产品后，发现与之前从设计院购买的产品虽然为同一专利，但在质量及性能等方面存在一定差距，经调查发现了机械厂的弄虚作假行为，要求返还货款。后在化工厂表示要向法院起诉及向媒体披露的压力下，机械厂返还了部分货款，化工厂即没有报案。

三、关键问题及争议

上述两案例的关键问题在于：

如何界定假冒专利的范围？在专利权人已经授权的情况下，没有按约定实施专利，却标注专利号，是否可以构成假冒专利罪？

与上述问题相对应，本案的争议焦点及分歧如下：

第一种意见认为，假冒他人专利就是非专利产品冒充他人专利产品，即使得到专利权人的默认或许可，均不影响假冒专利的成立。因此，案例一及案例二的行为均是假冒他人专利行为。案例一成立假冒专利罪，案例二只要数额达到定罪标准，也成立假冒专利罪。

第二种意见认为，假冒他人专利是指未经许可，冒充他人专利的行为。如果他人已许可实施，则不成立假冒专利。据此，案例一成立假冒专利罪，案例二不可能成立假冒专利罪。

四、评析意见

（一）如何理解假冒他人专利

《刑法》第216条用概括性的语言“假冒他人专利”描述假冒专利罪的客观行为，没有进一步阐述，对于该行为具体包括哪些内容，理论上有如下几种观点：

第一种观点认为，假冒专利是指未经专利权人认可，第三人在其产品或者包装上，标注专利人的专利号或者专利标记，或者在其产品的广告或者说明书中，谎称是某专利号的专利产品，及未经专利权人许可，谎称其使用的方法是专利权人的专利方法；①

第二种观点认为，假冒专利是指非法实施他人专利的行为，即未经专利权人许可，为生产经营目的制造、使用、销售、进口其专利产品，或者使用其专利方法以及使用、销售、进口依照该专利方法直接获得的产品，或者制造、销售、进口其外观设计专利产品；②

第三种观点认为，假冒专利是指冒充他人专利，或者采用欺骗手段，在专利管理机关登记，冒名骗取专利权，或者在专利权已经终止或者被宣告无效后，仍然使用原专利标记或专利号的行为。③

第一种观点严格按照字面意思进行理解，认为只有假冒他人合法取得专利的行为才是刑法中的假冒他人专利行为。第二、第三种观点进行了扩张解释，认为除假冒他人专利行为外，非法实施他人专利行为及冒充专利行为也属于刑法中的假冒他人专利行为。

我们认为，在理解假冒他人专利行为时，应结合如下两点进行：

1. 联系专利违法行为理解假冒他人专利行为

假冒专利罪是行政犯，与一般的专利违法行为具有紧密的联系，一般专利违法行为是假冒专利罪的源头，可结合专利违法行为理解专利犯罪行为。根据《专利法》关于专利保护规定之第57条、第58条、第59条，专利违法有三种情形：第一，专利侵权行为，即未经许可，非法实施他人专利；第二，假冒他人专利行为，即在非专利产品上标记他人专利；第三，冒充专利行为，即非专利产品冒充专利产品、以非专利方法冒充专利方法。其中，对于第一、第三种情形，《专利法》只规定给予行政处罚，而对于第二种情形，《专利法》除规定行政处罚外，还规定构成犯罪的，依法追究刑事责任。从这些规定看，立法者对于专利侵权行为及冒充专利行为，没有提示要给予刑事制裁，表明立法者认为这两类行为危害不大，达不到犯罪的程度，没有实施刑事制裁的必要。而对于假冒他人专利行为，立法者除规定行政处罚外，还提示对于构成犯罪的，

① 赵秉志主编：《侵犯知识产权犯罪研究》，中国方正出版社1999年版，第158页。

② 高铭暄主编：《新编中国刑法学》，中国人民大学出版社1998年版，第658页。

③ 马克昌等主编：《刑法学全书》，上海科学技术文献出版社1993年版，第295页；张明楷：《刑法学》，法律出版社1997年版，第674页。

依法追究刑事责任，表明立法者认为这类专利违法行为可以达到犯罪的程度。出于法律的统一，在理解专利犯罪行为时，应注意专利违法行为的这些规定。上述第二、第三种观点进行扩张解释，不符合《专利法》这些规定的要求。

2. 联系罪刑法定原则理解假冒他人专利行为

罪刑法定原则要求法律规定具有明确性、可预测性。在解释法条内容时，应依照罪刑法定原则的这些要求，根据法条的文字叙述，就文字的通常含义进行解释，从而使人不感到意外。据此，所谓假冒他人专利，从文理上看，应有这样几方面的含义：首先，必须有假冒行为。假冒即冒充，即以别人的名义向第三人展示，使第三人误信自己为被冒充的人。这就将假冒他人专利与非法实施他人专利区别开来。非法实施他人专利，通常为窃取他人专利后，暗自实施，并不进行标记、展示，第三人也不会误信为被窃取人的专利，因而非法实施他人专利不能理解为假冒他人专利。其次，必须有专利存在，即存在假冒的对象，这就将假冒他人专利与假冒（冒充）专利区别开来。以非专利冒充专利，及专利到期后继续标记的行为，由于不存在合法有效的专利，均不能简单地划归假冒他人专利。合法有效的专利，应为依法取得，在保护期限的专利。根据我国《专利法》的规定，发明专利保护期限为20年，实用新型和外观设计专利保护期限为10年，均从申请之日起计算。谈到专利的合法性，有一个问题，就是如果专利是以隐瞒、谎报等手段欺骗专利审批机关所获得的，假冒这样的专利是否能构成假冒专利罪？答案是肯定的，根据行政羁束性原则，一个行政行为在被依法撤销以前，应推定合法有效。因此，即使是违法所获得的专利，在被撤销以前，应视为合法有效的专利，冒充这样的专利是假冒他人专利行为。最后，专利必须是他人的。行为人以非专利产品标记为自己的专利产品，是假冒自己的专利，非假冒他人专利，属于专利违法行为，不能构成假冒专利罪。综合上述几个方面，假冒他人专利应为未经专利权人许可，向他人展示自己拥有他人专利，以误导他人的行为。其具体表现形式可多种多样，如在自己的产品上直接标注他人专利，或者非法获取他人专利技术、专利方法后，生产与他人专利产品相同的产品，进行标记等。

为了明确行政执法领域假冒他人专利的具体内容，便于执法办案，国务院于2001年7月1日实施的《中华人民共和国专利法实施细则》第84条以列举的形式，将假冒他人专利具体化为四种情形：（1）未经许可，在其制造或者销售的产品、产品的包装上标注他人的专利号；（2）未经许可，在广告或者其他宣传材料中使用他人的专利号，使人将所涉及的技术误认为是他人的专利技术；（3）未经许可，在合同中使用他人的专利号，使人将合同涉及的技术误认为是他人的专利技术；（4）伪造或者变造他人的专利证书、专利文件或者专利申请文件。之后，在刑事司法领域，为便于司法操作、统一司法行为，最高人民法院、最高人民检察院于2004年12月22日实施的《关于办理侵犯知识产权刑事案件具体应用法律若干问题的解释》（下称《知识产权解释》）第10条在解释何为《刑法》第216条规定的假冒他人专利行为时，完全吸纳了《专利法实施细则》的意见，重申了假冒他人专利包括上述四种行为。这样，就在司法解释上将假冒他人专利与非法实施他人专利、冒充专利区别开来，明确了假冒他人专利的行为界限，将假冒专利行为具体化。同时，司法解释所界定假冒他人专利行为与《专利法》的界限相互一致，实现了法律上的统一。

案例一中被告人未经许可，在自己生产的产品上标记他人合法有效的专利，是典型的假冒他人专利行为，经营数额达到了定罪标准，成立假冒专利罪。

（二）取得授权后，在非约定产品上标记他人专利，能否成立假冒专利罪

专利取得后，依照《专利法》的规定，专利权人既可以自己实施，也可以许可他人实施。由于专利（特别是发明专利）表现为一定的技术方案，要将这样的方案变为具体的产品，还依赖于一定的设备。同时，产品生产出来后，还需要一定的销路。不具备一定的经济实力和业务基础，这些条件是难以具备的。另一方面，有些厂家具备这些条件，却又缺少专利技术，如果被许可实施专利，凭借专利的技术优势，便可赢得竞争。这样，专利的许可实施，可产生双赢的效果，现实中这种许可就必然大量存在。

然而，被授予专利并不意味着就得到了一种现存利益，专利要变为现实利益，还必须付诸生产经营。这就需要一定的投入，而且，专利作为新技术、新方案，通常比旧技术、旧方案在设备的精度、人员的素质等方面，有更高的要求，这就必然增大生产成本。在利益驱动下，有些厂家为了节省成本，在被许可实施专利及标记后，不在生产中实施专利，而直接在自己的同种非专利产品上标记专利，冒充专利产品，如案例二中机械厂的行为。对于该行为能否构成假冒专利罪，有以下两种观点：

第一种观点认为，该行为不成立假冒专利罪。理由主要有两个方面：第一，行为人得到了许可。根据《知识产权解释》，假冒他人专利，必须是未经许可，在产品或包装上标注他人的专利号。而在此情况下，行为人已得到专利权人授权许可，具备了专利的实施权和标记权，其进行标记是被许可后所实施

的标记，不存在未经许可的情形，不具备假冒他人专利所需的“未经许可”的客观条件。也就是说，是由于“未经许可”的限制性规定，排除行为人成立假冒他人专利的可能。① 第二，行为人不存在假冒他人专利行为。行为人被许可实施专利后，也是专利权的享有人，具有专利实施权和标记权，而且就这两项权利而言，也是专利权人。由于标记权的享有，行为人以非专利产品进行专利标记，等同于专利权人自己以非专利产品标记自己的专利，只能认定为冒充专利行为，而不能认定为假冒他人专利行为。结合这样两个方面，行为人自然不成立假冒专利罪。

第二种观点认为，该行为可以成立假冒专利罪。因为，虽然此时行为人事先得到了专利权人的授权，但是，该授权是有条件的，行为人必须按约定及法律的规定行使所授予的专利权。专利权人确实授予了行为人专利标记权，但是该标记权的行使有一定限制，即只能在专利产品上行使。在非专利产品上进行标记，不能认定为得到了专利权人的许可，这种行为专利权人显然是反对的。因此，第一种观点认定行为得到了专利权人的许可，是断章取义，不符合客观事实。另一方面，专利标记权具有特殊性，其行使只能标记于专利产品，即专利标记代表的是专利产品，而不是生产专利产品的厂家。这一点与商标权截然不同，商标代表的是生产厂家，是生产厂家产品质量、经营声誉的展示，被授予商标使用权，则该商标注册时声明使用范围内的产品均可以标注。由于专利标记只能标注于专利产品，这种专属性决定了专利标记不能标注于非专利产品，专利标记权不包括标记非专利产品的权利。这样，即使专利权人同意或者默认被授权人将专利标记标注于非专利产品，也不能使被授权人取得这种标记权，因为这种权利本来就不存在，授予也无从谈起。结合这样两个方面，可见行为人既没有得到许可，也没有被授予非专利产品标记权，其在非专利产品标记他人专利，实质上是一种假冒他人专利行为，可以构成假冒专利罪。

我们认为，第二种观点更可取。除上述依据外，第二种观点更符合立法意图。假冒专利罪所侵害的客体，包括国家的专利管理制度及专利权人的专利专有权。②《刑法》设置假冒专利罪条款，目的在于打击假冒专利犯罪，保护专利管理制度及专利权人专利专有权。专利管理制度包括专利实施、专利标记等制度，专利专有权包括专利实施与标记、许可他人实施与标记等权利。权利的

① 周详、曹刚：“论‘实质的’假冒专利行为——一起‘专利’产品纠纷引发的法律思考”，载《电子知识产权》2006 年第 3 期。

② 高铭暄、马克昌主编：《刑法学》，北京大学出版社、高等教育出版社 2007 年版，第 495 页。

行使总是有限的，专利权人及被许可人行使专利权，必须按照法律的规定进行。如果行为人被许可实施专利后，不按照《专利法》的要求，在专利产品上进行专利标记，而是在非专利产品上进行标记，这就破坏了专利管理制度，扰乱了市场秩序，侵犯了专利权人的专利权，也侵害了消费者对专利产品的信赖。用刑法制裁这种行为，符合立法的意图。

案例二中机械厂被许可实施专利后，为节省成本，谋取利益，在自己非专利产品标记他人专利，尽管打着被许可实施的幌子，其实质依然是假冒他人专利行为，只要达到数额要求，可成立假冒专利罪。

综上，我们认为，案例一中被告人在自己的非专利产品上标注他人专利，成立假冒专利罪。第一种意见及第二种意见都是正确的，法院判决也采纳了这些意见。案例二的行为实际上也是假冒他人专利行为，只要达到数额要求，可以立案追究。第一种意见正确，第二种意见不正确。

（执笔人：曾国祥）

如何认定侵犯著作权罪中的复制、发行

一、要旨提示

《刑法》第217条规定，以营利为目的，违反《著作权法》的规定，复制、发行、出版他人图书、录音录像、美术等作品，违法所得数额较大或者情节严重的，是侵犯著作权罪。《刑法》第218条规定，以营利为目的，销售明知是侵权复制品，违法所得数额巨大的，是销售侵权复制品罪。从定罪标准看，前者为“较大”，后者为“巨大”；从行为表现看，前者表现为复制、发行等行为，后者表现为销售。由于销售行为有时也是复制、发行的一种，易与复制、发行相混淆。因此，正确理解侵犯著作权罪之复制、发行，对区分侵犯著作权罪与销售侵权复制品罪极为重要，也关系到对行为人的处理。

二、基本案情及处理结果

案例一：2004年5月，被告人夏某、何某经合谋后，各出资人民币5万元，租赁南京市花红园31号104室作为经营场所，贩卖从广州等地购进的盗版光盘，其间雇用唐某、娄某（均另案处理）作为帮工帮助其进行销售。2005年6月20日，执法机关在上述地点将正在贩卖盗版光盘的夏某、何某等人抓获，并当场搜缴各类光盘共计23175张。其中，经江苏省版权局鉴定，侵权复制的音像制品、游戏软件共计20849张（价值人民币51806元）。

另夏某、何某还有贩卖淫秽物品的犯罪事实。

检察机关以侵犯著作权罪（未遂）、贩卖淫秽物品谋利罪起诉被告人夏某、何某。夏某、何某辩解自己不成立侵犯著作权罪，相应的犯罪事实应认定为销售侵权复制品罪。法院认为被告人的辩解不成立，采纳了公诉意见。

案例二：2003年11月3日至2004年7月1日间，被告人顾某在没有取得“音像制品经营许可证”和明知销售的高密度光盘（以下简称DVD）是侵权音像制品的情况下，在其住处采用将电脑与www.threed-ollardvd.com网站联网形式订购并组织销售，被告人吴某、库某、刘某分别采取帮助收发货、联络客户、电脑管理、运输等方法，向境外销售侵权 DVD 共计 13 万余张，销售金额 39.9 万余美元，折合人民币 330 万余元，违法所得人民币 97 万余元。其中，吴某参与销售的违法所得人民币 94 万余元，个人实际获利人民币 1.2 万元；库某参与销售的违法所得人民币 38 万余元，个人实际获利人民币 1.2 万余元；刘某参与销售的违法所得人民币 23 万余元，个人实际获利人民币 5 万元。案发时，公安机关查获非法音像制品 DVD 共计 11.9 万余张。

检察机关以销售侵权复制品罪起诉四被告人，法院采纳了公诉意见，判定四被告人成立销售侵权复制品罪。

三、关键问题及争议

上述两案例的关键问题在于：

如何正确把握侵犯著作权罪的复制、发行行为，及其与销售侵权复制品罪之销售行为的区别?

与该关键问题相对应，上述案例的争议焦点在于罪名的认定：

第一种意见认为两案例被告人均大规模地出售盗版光碟，其行为属于侵犯著作权的复制、发行，成立侵犯著作权罪。

第二种意见认为两案例被告人均只销售了盗版光碟，其行为属于销售侵权复制品罪之销售，不是侵犯著作权罪的复制、发行，不成立侵犯著作权罪，仅成立销售侵权复制品罪。

四、评析意见

（一）如何理解“复制、发行”

《刑法》第 217 条规定了侵犯著作权罪的四种行为：（1）未经著作权人许可，复制发行其文字作品、音乐、电影、电视、录像作品、计算机软件及其他作品；（2）出版他人享有专有出版权的图书；（3）未经录音录像制作者许可，复制发行其制作的录音录像；（4）制作、出售假冒他人署名的美术作品。从中不难发现，尽管侵犯著作权罪的行为对象多种多样，但其行为方式比较统一，均落脚于复制发行（制作、出售、出版）。因此，要正确把握侵犯著作权罪的行为特点，必须正确解读复制发行行为。这种解读包括两个方面：第一，复制发行的行为范围；第二，复制发行的具体内容。

1. 复制发行的行为范围

对于复制发行包括哪几类行为，有两种观点：

一种观点认为，复制发行行为包括复制、发行或者既复制又发行行为三种情况，只要实施了其中一种行为，就可认定为复制发行行为。[①] 另一种观点认为，复制发行行为应理解为既复制又发行的行为。因为，如果将复制行为与发行行为分开，那么就很难区分发行行为与销售行为，销售行为均可以并入发行行为，销售行为就没有存在的余地，这就等同于否定了销售侵权复制品罪的存在，因此，复制发行必须既复制又发行。[②] 按照第一种观点，单纯的销售行为可以成立复制发行，案例一及案例二均可以成立侵犯著作权罪。按照第二种观点，单纯的销售行为不可以成立复制发行，因为不存在复制行为，案例一及案例二均不可能成立侵犯著作权罪，只能成立销售侵权复制品罪。我们认为，认定复制发行的行为范围，应按照用语习惯进行判断。在词语类别上，复制发行属于并列用语（词组），根据汉语语法，并列用语的组成部分均可单独存在，各自有独立的含义，可单独进行评价，也可组合评价。这样，复制发行可分解为复制、发行或者既复制又发行三种情况。另外，从侵犯著作权罪所属的行政性法律——《著作权法》看，也应作此解，《著作权法》第 47 条规定了八类侵权行为，[③] 其中复制、发行始终为并列行为，显然可单独存在也可组合存在。出于法律用语的统一，侵犯著作权罪的复制发行应包括上述三种情形。

司法实践采纳了第一种观点，最高人民法院 1998 年 12 月 23 日实施的《关于审理非法出版物刑事案件具体应用法律若干问题的解释》第 3 条规定：《刑法》第 217 条第（一）项中规定的“复制发行”，是指行为人以营利为目的，未经著作权人许可而实施的复制、发行或者既复制又发行其文字作品、音乐、电影、电视、录像作品、计算机软件及其他作品的行为。最高人民法院、最高人民检察院于 2007 年 4 月 5 日实施的《关于办理侵犯知识产权刑事案件

---

① 张明楷：《刑法学》，法律出版社 2003 年版，第 655 页。

② 王文华：“侵犯著作权罪新问题探讨”，载《人民司法》2004 年第 8 期。

③ 分别为：(1) 未经著作权人许可，复制、发行、表演、放映、广播、汇编、通过信息网络向公众传播其作品的，《著作权法》另有规定的除外；(2) 出版他人享有专有出版权的图书的；(3) 未经表演者许可，复制、发行录有其表演的录音录像制品，或者通过信息网络向公众传播其表演的，《著作权法》另有规定的除外；(4) 未经录音录像制作者许可，复制、发行、通过信息网络向公众传播其制作的录音录像制品的，《著作权法》另有规定的除外；(5) 未经许可，播放或者复制广播、电视的，《著作权法》另有规定的除外；(6) 未经著作权人或者与著作权有关的权利人许可，故意避开或者破坏权利人为其作品、录音录像制品等采取的保护著作权或者与著作权有关的权利的技术措施的，法律、行政法规另有规定的除外；(7) 未经著作权人或者与著作权有关的权利人许可，故意删除或者改变作品、录音录像制品等的权利管理电子信息的，法律、行政法规另有规定的除外；(8) 制作、出售假冒他人署名的作品的。并规定构成犯罪的，依法追究刑事责任。由于刑法所规定的犯罪行为与相应行政性法律所规定的侵权行为具有一致性，我们可以比对一般侵权行为来理解犯罪行为。

具体应用法律若干问题的解释（二）》第2条，又重申了这一观点。这样，在办理具体案件时，对于有复制、发行或者既复制又发行任何一种行为，均应认定为《刑法》第217条规定的侵犯著作权的行为。

2. 复制发行的具体内容

明确了复制发行的范围，还必须进一步明确复制发行具体行为内容。《著作权法》第10条第（五）项规定了复制权，将复制权定义为以印刷、复印、拓印、录音、录像、翻录、翻拍等方式将作品制作一份或者多份的权利；同条第（六）项规定了发行权，将发行权定义为以出售或者赠与方式向公众提供作品的原件或者复制件的权利。据此，复制是以一定的方法仿原作品制作一份或多份作品的行为；发行则是以出售或者赠与的方法向公众提供作品的行为。出于法律用语的统一，如果没有特别规定，刑法中的复制、发行也应以此内容为限。

发行包括出售和赠与行为，与此相关的是出租行为。对于出租行为是否可以认定为发行，经历了从肯定到否定的转变。在《著作权法》修订前，原《著作权法》没有对出租行为进行规定，但其实施细则第5条第（五）项将出租解释为发行的一种，由此，有人认为出租行为为发行行为，[①] 这无疑是正确的。在2001年10月《著作权法》修订后，原《著作权法》及其实施细则不再适用，新的《著作权法》第10条将出租权规定为与复制权、发行权相并列的一种权利，新的实施细则也没有将出租行为解释为发行行为的一种。这样，有人认为出租行为不能再认定为发行行为，[②] 这种观点也是正确的。其理由也相当明确：第一，既然相关行政法律没有将出租纳入发行行为，出于罪刑法定原则的要求及保障行为人权利司法理念，就不应从入罪的角度，将出租行为解释为发行行为。第二，出租行为与发行行为具有实质的区别。发行通常是作品从一主体转移到另一主体，是一种所有权发生转移的行为。而出租是使用权暂时转移的行为，出租行为没有使承租人得到相应作品。出租的实质是一种播放行为，是作品的持有人向特定的承租人的播放行为，不能认定为发行。

案例一及案例二中的被告人均销售了盗版光碟，均实施了销售侵权复制品行为。由于《著作权法》明确规定发行包括出售行为，销售与出售在含义上没有本质的区别，实际就是出售行为。这样，第一种观点将两案例中被告人销售盗版光碟的行为，定性为发行，从而认定被告人成立侵犯著作权罪，具有充

① 冯建平：“侵犯著作权罪若干问题探析”，载《江苏公安专科学校学报》2000年第4期。

② 王文华：“侵犯著作权罪新问题探讨”，载《人民司法》2004年第8期。

分的法律依据。第二种观点认为被告人只是销售行为，不是发行行为，便与法律规定不符。但是，如果将所有的销售行为均认为是出售行为，那么就如上述观点所言，销售侵权复制品罪就形同虚设。这表明，在认定销售行为为发行行为时，应有一定的限制。

（二）销售行为何时属于复制、发行

上已述知，如果将所有的销售行为均归属于复制发行，就排除了销售侵权复制品罪的存在，不符合立法原意。因此，需要探讨销售行为何时属于复制发行，探讨两者之间的界限。在有些情况下，复制发行与一般销售行为的界限是清楚的，如发行表现为赠与行为时，就不可能理解为销售行为，寺庙、教堂赠送经书、圣经，及一些单位内部发行（分发）文本资料，就是如此。当发行表现为出售行为时，由于两者存在交叉，要区别作为发行的销售及一般的销售行为，必须结合复制发行作品的动态过程来分析。一般而言，作品由出版者出版，承印商复制，发行者发行后，才能到市场上销售，在这个过程中，发行与一般销售行为的区别在于：第一，两者的环节不同。出售行为作为发行环节，在销售环节之前。这样，复制者、出版者出售作品，作为作品进入市场的第一环节，即使是出售，也应认定为发行。第二，两者的规模不同。作为发行行为的出售，其规模应比销售大。因为，在出版、发行、销售的过程中，出版商出版后，由经销商发行，经销商再向下级经销商出售，最后到达零售商，由零售商向消费者销售。整个过程参与的主体不断增多，而总量不变，这样，在前端的发行环节的规模比后端销售环节的规模就大。第三，直接面对消费者的零售商的销售行为不应认定为发行。就如第一环节应认定为发行一样，到达消费者的最后一环应认定销售，否则就模糊了整个过程，将发行与销售完全等同起来。当然，也可能存在出版者直接向社会销售作品的情况，此时应认定为发行，即出版者直接向社会发行作品。

上述区分方法是相对的，特别是对处于中间环节的批发商，就难以认定其行为是发行还是销售。对此，我们认为，由于批发商的经营规模较大，不同于一般的销售，其批发销售行为应认定为发行。

为了在司法实践中确定复制发行的含义，相关司法解释多次以列举的方式界定复制发行的内容：最高人民法院、最高人民检察院 2004 年 12 月 22 日实施的《关于办理侵犯知识产权刑事案件具体应用法律若干问题的解释》第 11 条规定，通过信息网络向公众传播他人文字作品、音乐、电影、电视、录像作品、计算机软件及其他作品的行为，应当视为《刑法》第 217 条规定的“复制发行”。最高人民法院、最高人民检察院2005年10月18日实施的《关于办理侵犯著作权刑事案件中涉及录音录像制品有关问题的批复》规定，未经录音录像制作者许可，通过信息网络传播其制作的录音录像制品的行为，应当视为《刑法》第217条第（三）项规定的“复制发行”。如何理解这里的传播？案例二中的网上销售是否属于通过信息网络传播？我们认为，互联网上的传播应理解为网上下载或者网上播放，网上销售行为不宜理解为这种传播。但是，如果为有偿下载或者有偿播放，则与网上销售无本质区别，作不同处理有违法律平等精神。针对网络销售日益增长的客观情况，最高人民法院、最高人民检察院于2007年4月5日实施的《关于办理侵犯知识产权刑事案件具体应用法律若干问题的解释（二）》第2条规定，侵权产品的持有人通过广告、征订等方式推销侵权产品的，属于《刑法》第217条规定的“发行”。网上销售向公众展示产品与报价，属于广告、征订的范畴，可理解为这里的“发行”。

透过上述司法解释，不难发现，大凡向公众传播、提供他人作品的行为，均可列入到复制发行，不管以何种方式，不管是有偿还是无偿。这些内容也体现出发行行为比一般销售行为规模大、涉及面广的特点。或许也正出于此，司法机关对发行作了上述较宽泛的解释。

案例一中被告人虽然雇人销售盗版光碟，但还不足以认定为大规模的批发，其行为应认定为一般的销售行为，即不成立复制发行。案例二中被告人通过网络销售盗版光碟，根据最高人民法院的司法解释，该行为应认定为发行。

综上，我们认为，案例一中被告人的行为应为一般的销售行为，不能理解为复制发行，其行为成立销售侵权复制品罪，第二种意见正确，第一种意见不妥。法院采纳第一种意见，判决被告人成立侵犯著作权罪，应为不妥。案例二中被告人通过网络销售盗版光碟，为发行行为，成立侵犯著作权罪，第一种意见正确，第二种意见不妥。法院采纳第二种意见，判决被告人成立销售侵权复制品罪，不符合最高人民法院、最高人民检察院于2007年4月5日实施的《关于办理侵犯知识产权刑事案件具体应用法律若干问题的解释（二）》的要求。但判决时该司法解释还没有出台，所以判决在当时条件下是正确的。

（执笔人：曾国祥）

如何认定侵权出版物与非法出版物

一、要旨提示

侵权出版物与非法出版物为相邻的两个概念，均属于出版物的范畴，但两者也有较大差别，属于刑法中不同罪名的调整对象，前者由侵犯著作权罪调整，后者由非法经营罪调整。对作品的不同判断，将导致不同的刑法适用后果，因此，正确理解和把握侵权出版物与非法出版物的区别与联系，对司法实践极为重要。

二、基本案情及处理结果

1995 年 6 月至 8 月间，被告人李某通过他人购得刘晓庆的照片 200 余幅，在吉林某出版社购得书号，制作《东方惊艳——刘晓庆映画集》一书，在常州某印刷有限公司印刷 2 万册，每册定价 38.98 元；在江浦县某印刷有限公司印刷 5000 册，每册定价 35 元。后销往北京等地 7000 余册，其余被查封，非法经营额人民币 40 余万元。1993 年 8 月至 10 月间，被告人李某在南京某出版社作者手中购得书号和手稿，在江苏省邳县某印刷厂印刷《中国人的 1997——香港问题面面观》一书 5 万册，每册定价 5.8 元。李某提得 4.878 万册，向外发行 1.7 万余册，低价处理 1 万余册，抵债 2 万册，余书被查封，非法经营额人民币 20 余万元。经鉴定：《东方惊艳——刘晓庆映画集》为非法出版物；《中国人的 1997——香港问题面面观》属有严重政治错误的非法出版物。

检察机关以非法经营罪起诉，法院采纳了公诉意见。①

① 当时新《刑法》还没有制定，旧《刑法》中没有非法经营罪，非法经营罪归属于投机倒把罪。本文为方便阐释，且体现对司法实践的现实指导意义，使用“非法经营罪”进行论述。

三、关键问题及争议

上述案例关键问题在于：

1. 当涉案作品为演绎作品时，其著作权的归属如何？

2. 当涉案出版物为非法出版物或侵权出版物时，案件如何定性？

与上述关键问题相对应，案例的争议焦点在于罪名的认定：

第一种意见认为案例中被告人复制发行的非法出版物也属于侵权出版物，特别是被告人出版映画集没有得到照片制作人的同意，属于出版侵权作品(照片)。故被告人的行为成立侵犯著作权罪。

第二种意见认为案例中被告人复制发行的非法出版物不属于侵权出版物，被告人经营非法出版物，其行为符合非法经营罪的特征，成立非法经营罪。

四、评析意见

（一）如何判断非法出版物、侵权出版物

非法出版物、侵权出版物均属于作品，要认定非法出版物、侵权出版物，必须从作品谈起。作品，是指在文学、艺术、科学领域内，具有独创性，并能以某种有形形式复制的智力成果。① 在《著作权法》范围内，作品为著作权法的保护对象，作品经复制发行，即为出版物。根据《著作权法》第3条的规定，作品包括文学、艺术和自然科学、社会科学、工程技术等类型，形式包括文字作品、音乐作品、美术、电影、摄影、工程图纸、计算机软件等方面，相应地，著作权法范围内的出版物也包括这些类型。照片或者书籍，均属于作品或者出版物的范畴。

作品②与出版物具有一致性，但也有所不同，法律调整也不完全一样。从区别的角度，作品是思想的范畴，是思想的记载，法律不追究思想，所以人们不会因为创作了某种作品而受到法律追究。因此，尽管《著作权法》第4条规定，依法禁止出版、传播的作品，不受著作权法的保护，作者也不会因为这些作品承担法律责任，所以，通常不应讲非法作品。出版物属于行为的范畴，是思想传播的载体，会对社会产生影响，是法律管制的对象。出版发行不符合法律要求的出版物，将受到法律的追究。为了规范出版物的出版发行，国务院

① 党建军主编：《侵犯知识产权罪》，中国人民公安大学出版社2003年版，第96页。

② 与出版物相对而言，这里指的是单纯未出版的作品。

于2002年2月1日实施的《出版管理条例》对出版物的出版者、内容等方面进行了具体规定。该《条例》第9条规定，报纸、期刊、图书、音像制品和电子出版物等应当由出版单位出版；第11条规定，出版单位成立、取得出版资格，需具备一定的条件并经过审批；第26条规定，出版物中不得含有宣扬邪教、迷信，宣扬淫秽、赌博、暴力或者教唆犯罪，以及扰乱社会秩序，破坏社会稳定等内容；第32条规定，作品在出版发行时，必须经过审核许可。另外，该《条例》还规定了未经批准出版出版物，出版物的内容不符合法律要求的法律责任。这些规定表明，出版主体或者出版内容等不符合法律要求的出版物，均属非法出版物，这类出版行为将被追究法律责任。

与非法出版物相邻的是侵权出版物，即侵犯他人著作权的出版物。根据《著作权法》第11条等的规定，著作权的归属有两种情况，当作品为职务作品时，著作权归属于作者所在的单位，当作品为非职务作品时，著作权归属于作者。其他单位和个人没有著作权，要取得著作权，这些单位和个人必须经过作者或职务作品的单位授权许可。如果没有被许可，违法行使著作权，出版发行他人作品，便是侵权行为，出版发行的作品即是侵权出版物。

由上可见，非法出版物与侵权出版物虽然均属于作品，均为出版物，但两者具有本质的区别。第一，两者判断的法律依据不同，非法出版物的判断依照的是《出版管理条例》等法律法规，而侵权出版物判断的依据是《著作权法》；第二，两者危害的对象不同，非法出版物危害的是整个社会，其出版发行将对社会产生消极影响，侵权出版物危害的是著作权的享有人，其出版发行损害了著作权人对作品所享有的专有权。通常情况下，非法出版物与侵权出版物不存在交叉，因为根据《著作权法》第4条的规定，依法禁止出版、传播的作品，不受著作权法的保护，非法出版物禁止出版传播，著作权法不予保护，谈不上侵权，也就不可能成为侵权出版物。但有时也会出现交叉的情况，如作者完成内容合法的作品后，他人未经审批擅自复制、发行，此时的出版物既是侵权出版物，又是非法出版物。因此，《著作权法》第4条所规定的禁止出版、传播的作品，应仅限于内容上禁止出版、传播。

实践中，判断所出版的作品为侵权出版物还是非法出版物，需要专门机构进行鉴定，案件承办人往往没有能力识别。本文案例中，被告人复制发行的出版物经专门机构鉴定，已明确为非法出版物。不过，这还不能判定被告人的行为成立何罪，要判定被告人所涉的罪名，必须分析非法出版物、侵权出版物的犯罪归属。

（二）非法出版物、侵权出版物的犯罪归属

1. 非法出版物、侵权出版物分别归属于非法经营罪与侵犯著作权罪

《刑法》第217条规定：侵犯著作权罪是以营利为目的，违反著作权法的规定，复制、发行、出版他人图书、录音录像、美术等作品，违法所得数额较大或者情节严重的行为。该条具体规定了侵犯著作权罪的四种行为：（1）未经著作权人许可，复制发行其文字作品、音乐、电影、电视、录像作品、计算机软件及其他作品；（2）出版他人享有专有出版权的图书；（3）未经录音录像制作者许可，复制发行其制作的录音录像；（4）制作、出售假冒他人署名的美术作品。该定义及具体规定表明，侵犯著作权罪以违反《著作权法》为条件，其犯罪对象为侵权出版物（复制品）。由于侵犯著作权罪的犯罪对象以侵权出版物为限，对于行为人出版发行非法出版物，侵犯著作权罪便无能为力。

为了弥补上述缺陷，最高人民法院1998年12月23日实施的《关于审理非法出版物刑事案件具体应用法律若干问题的解释》第11条规定，违反国家规定，出版、印刷、复制、发行本解释第1条至第10条规定（其中包括侵犯著作权罪、销售侵权复制品罪等）以外的其他严重危害社会秩序和扰乱市场秩序的非法出版物，情节严重的，依照《刑法》第225条第（三）项［即其他严重扰乱市场秩序的非法经营行为，现为第（四）项——作者注］的规定，以非法经营罪定罪处罚；第15条规定，非法从事出版物的出版、印刷、复制、发行业务，严重扰乱市场秩序，情节特别严重，构成犯罪的，依照《刑法》第225条第（三）项的规定，以非法经营罪定罪处罚。同时第12条、第13条、第14条规定了认定情节严重与情节特别严重的标准。这些规定表明，行为人出版非法出版物，可构成非法经营罪。对于如何理解第11条与第15条的区别，有人认为两者区别在于对象不同，第11条明确规定为“非法出版物”，其对象应为非法出版物；而第15条规定为“出版物”，从相对的角度，其对象应为合法出版物。[①]

对照上述《刑法》第217条的规定及最高人民法院的解释，可知侵权出版物归属于侵犯著作权罪，而非法出版物（与侵权出版物重合的除外）归属于非法经营罪。

---

① 贺平凡、费晔：“顾然地、库迪等人销售侵权复制品案”，载 http：//www. chinalawedu. com/news/2003_ 8/5/1609589663. htm，访问时间：2007年9月18日。

2. 侵犯著作权罪与非法经营罪的界限

通过上述分析，可进一步探讨侵犯著作权罪与非法经营罪的界限：

第一，两者的犯罪客体不同。侵犯著作权罪归属于侵犯知识产权罪，犯罪对象为侵权出版物，侵犯的客体是他人的知识产权（著作权）。非法经营罪归属于扰乱市场秩序罪，犯罪对象为非法出版物，侵犯的客体是国家对出版市场的管理制度。

第二，两者的客观方面不同。侵犯著作权罪的客观方面是未经著作权人许可，出版发行他人享有著作权的作品，具体表现为复制、发行或者既复制又发行。非法经营罪的客观方面是未经国家批准，擅自出版发行非法出版物。其过程可能更为复杂，最高人民检察院政策研究室《关于非法经营行为界定有关问题的复函》认为，……非法经营行为包括一系列环节，经营者购进违法音像制品并存放于仓库等场所的行为属于经营行为的中间环节，对此也可以认为是非法经营行为。对于中间环节是否为独立的非法经营行为，能否成立犯罪既遂，我们认为，可比照侵犯著作权罪的行为进行判断，如果中间行为等同于复制或者发行，成立既遂，反之，则不能认定为既遂。

第三，两者适用的情形相互排斥。由于上述司法解释第 11 条明确规定，只有行为人实施了侵犯著作权罪等以外的非法出版行为，情节严重，才认定为非法经营罪。换言之，如果非法出版行为符合侵犯著作权罪的特征，则成立侵犯著作权罪，反之，才考虑是否成立非法经营罪。这体现了以适用侵犯著作权罪为主，适用非法经营罪为补充的法律适用格局，说明两罪的适用情形相互排斥。

由于以适用侵犯著作权罪为主，适用非法经营罪为补充，本文案例在鉴定涉案出版物为非法出版物的前提下，要确定具体的罪名，还必须分析涉案出版物是否为侵权出版物。

（三）案例中涉案出版物的判断

本文案例中被告人在无出版资格的情况下，出版（销售）《东方惊艳——刘晓庆映画集》及《中国人的 1997——香港问题面面观》两书，不符合《出版管理条例》有关出版者要求的规定，相应出版物为非法出版物。特别是《中国人的 1997——香港问题面面观》，内容上有严重政治错误，更应该认定为非法出版物。案例中的鉴定结果，认定两书为非法出版物，印证了这一判断。

然而，如上所述，认定为非法出版物后，要正确定性本案，需进一步分析涉案出版物是否为侵权出版物。

《中国人的1997——香港问题面面观》一书，由于内容上有严重政治错误，这样的作品禁止出版、传播，著作权法不予保护，作者不享有著作权，该书也就不能成为侵权出版物。尽管其出版经作者同意，也不能排除该书为非法出版物。

《东方惊艳——刘晓庆映画集》属于照片的整理汇编，该映画集在作品类别上为演绎作品。要认定出版该作品是否侵犯原作者的著作权，须分析演绎作品的权利归属。

演绎作品是指经改编、翻译、注释、整理的作品，是作者在已有作品的基础上经过创造性的劳动而派生出来的作品。相对原作品而言，演绎作品虽然是派生作品，但演绎作品不是原作品的简单复制，而是以新的形式、新的方法来表现原作品，要求演绎者在正确理解原作品的基础上，经过创造性劳动而完成。由于凝集了演绎者的创造性劳动，演绎作品已不是原作品，而是独立的新作品。演绎作品的这种特性把那些以演绎为名，将他人作品简单堆积起来，冒充新作品的作品区别开来。这类作品没有新的创造性，实际上是原作品。对于演绎作品权利的归属，《著作权法》第12条规定：改编、翻译、注释、整理已有作品而产生的作品，其著作权由改编、翻译、注释、整理人享有，但行使著作权时不得侵犯原作品的著作权。可见，演绎作品的著作权归演绎者所有，这反映出演绎作品的独立性，但又不能侵害原作品的著作权，反映出演绎作品的依赖性。

作为演绎作品的《东方惊艳——刘晓庆映画集》一书，被告人在制作时，进行整理，赋予了新创造，不同于照片的简单堆积，被告人享有该作品的著作权。至于被告人在出版该作品时，是否侵犯了原作品（照片）的著作权，关键在于被告人购买照片时出卖人是否同意照片结集出版。

如果出卖人同意被告人整理照片出版，被告人便不侵犯照片的著作权，映画集也不是侵权出版物。

如果出卖人不同意被告人整理照片出版，被告人便侵犯照片的著作权。此时，被告人在出版自己享有著作权的演绎作品时，侵害了作品素材的著作权，即一方面在行使著作权；一方面又在侵害他人著作权。此时，映画集是否属于侵权出版物？我们认为，由于此时的作品为映画集，不是单纯的照片，被告人对映画集享有著作权，出版的映画集便不属于侵权出版物。如果将映画集认定为侵权出版物，就将照片与映画集等同起来，割裂了被告人行为的整体性，否定了映画集为演绎作品的事实。当然，映画集出版确实有害于照片著作权的行使，对此可通过要求停止侵害、赔偿损失等民事途径解决。

可见，不管出卖人是否同意被告人出版映画集，映画集均不能认定为侵权出版物。

案例中对于被告人在购买照片时，出卖人是否同意其结集出版，没有明确。但由于出卖人同意与否不影响映画集为非侵权出版物，所以，案例中映画集仅成立非法出版物。

综上，我们认为，由于案例中涉案出版物均为非法出版物，且不属于侵权出版权，根据最高人民法院的解释，被告人的行为成立非法经营罪。第一种意见将演绎作品等同于原作品，将非法出版物等同于侵权出版物，不符合演绎作品的特点，没有正确认识非法出版物与侵权出版物的区别，将案例定性为侵犯著作权罪，不正确。第二种意见将非法出版物与侵权出版物区别开来，没有将演绎作品与原作品简单等同，符合相关法律的规定，正视了演绎作品的特点，将案例定性为非法经营罪，是正确的。法院判决也采纳了第二种观点。

（执笔人：曾国祥）

职工跳槽带走保密技术并使用，能否成立侵犯商业秘密罪，侵犯商业秘密罪之重大损失如何计算

一、要旨提示

根据《刑法》第219条的规定，侵犯商业秘密罪是指违反商业秘密保护法规，侵犯他人商业秘密，给商业秘密权利人造成重大损失的行为。现实中，职工带上原单位保密技术跳槽，进而非法使用所掌握的保密技术的行为较为普遍，对此能否认定为侵犯他人商业秘密。另外，行为人侵犯他人商业秘密后，涉及的损失如何计算，需要探讨一定的方法。在认定侵犯商业秘密罪时，这些问题必须解决。

二、基本案情及处理结果

案例一：1999年3月至4月，被告人侯某任浙江某真空电子有限公司非洁净车间工艺员期间，以需要熟悉车间工艺为名，向公司工艺科借得列为绝密的VID系列荧光屏通用工艺文件，并私下复印保存复印件。同年9月16日，公司与员工签订员工任职保密合同书。2000年7月，被告人侯某辞职离开公司，于当年8月携带上述复印件进入深圳某电气高科技有限公司任制造部部长。在新公司工作期间，被告人侯某先后将上述复印件给新公司的总工程师蔡某、副总经理赵某阅看，并摘抄该文件中的印刷设置、干燥设置、烧成曲线等章节给员工张某在生产中使用。经评估：该系列通用工艺文件价值折合人民币17969640元。

公诉机关以被告人侵犯商业秘密罪，并以工艺文件的全部价值17969640元（未造成特别严重后果）为本案损失起诉，法院判决在罪名上采纳了公诉

意见，但在损失数额上认为公诉机关认定不当，认定只造成了重大损失，[①] 最后判定被告人犯侵犯商业秘密罪，判处有期徒刑1年，并处罚金人民币5万元。

案例二：2001年6月至2002年7月期间，被告人张某在担任某公司法定代表人、董事长期间，以高薪高职为利诱条件将原任上海某新材料实业有限公司工程师的被告人金某招进邦捷公司，安排其全面负责生产。并利用金某掌握原公司生产水性无机富锌涂料的技术及配方，指使被告人金某为公司筹建生产建科牌GWZ—1水性无机富锌涂料（以下简称“GWZ—1涂料”），金某违反与原公司签订的“员工保密规定”及“保密承诺书”，用原公司的生产工艺技术及产品配方，非法生产了与原公司研制开发的高新技术产品“高科牌LS—1水性无机富锌涂料”相同的GWZ—1涂料105346公斤，于2001年8月投放市场。已查证实际销售78150公斤，销售收入达1426478.36元（不含税），实际收到人民币1094427.36元；查扣22096公斤，价值498378元。经审计：原公司生产涂料实际单位毛利9.68元/公斤，给原公司造成直接经济损失人民币756492元。

公诉机关以被告单位及两被告人侵犯商业秘密罪，以给权利人造成损失人民币756492元起诉，一审、二审法院采纳了公诉意见。

三、关键问题及争议

上述两案例的关键问题在于：

1. 职工跳槽带走保密技术并擅自使用，是否为侵犯商业秘密行为，能否成立侵犯商业秘密罪?

2. 行为人披露、使用他人商业秘密后，如何判断由此给权利人所造成的损失?

与上述问题相对应，案件的处理出现下列分歧：

第一种意见认为两案例中被告人离职后披露、使用自己在原单位所掌握的保密技术，是正当使用自己的劳动技能，不是侵犯商业秘密行为。被告人披露、使用保密技术后，对原单位所造成的损失无法计算，案例中所认定的损失数额不准确，计算方法不科学，不能作为定案的依据，故两案例中被告人（及被告单位）不成立侵犯商业秘密罪。

① 损失的具体数额法院判决中没有明确，但从所判1年有期徒刑之主刑可以看出，应为重大损失，即数额在50万元以上不满250万元。

第二种意见认为两案例中被告人离职后披露、使用自己在原单位所掌握的保密技术，不属于正当使用自己的劳动技能，而是侵犯商业秘密行为。被告人披露、使用保密技术后，对原单位所造成的损失，案例中所认定的损失数额计算方法合理，可作为定案的依据，故两案例中被告人（及被告单位）成立侵犯商业秘密罪，损失数额为法院所确定的数额。

四、评析意见

《刑法》第 219 条规定了侵犯商业秘密罪，该罪是 1997 年《刑法》修订时新设罪名，之前有关窃取商业秘密的行为，与其他窃取商业技术的行为一样，均按照盗窃罪进行处理。[①] 1997 年《刑法》第 219 条设立侵犯商业秘密罪之后，最高人民法院在 1998 年 3 月 17 日发布的《关于审理盗窃案件具体应用法律若干问题的解释》第 12 条第（六）项即指出，盗窃技术成果等商业秘密的，不再按盗窃罪处理，而是依照《刑法》第 219 条的规定，以侵犯商业秘密罪定罪处罚。

根据《刑法》第 219 条的规定，侵犯商业秘密罪是指有下列情形之一，给商业秘密的权利人造成重大损失的行为：（1）以盗窃、利诱、胁迫或者其他不正当手段获取权利人的商业秘密的；（2）披露、使用或者允许他人使用以前项手段获取的权利人的商业秘密的；（3）违反约定或者违反权利人有关保守商业秘密的要求，披露、使用或者允许他人使用其所掌握的商业秘密的；（4）明知或者应知前 3 项所列行为，获取、使用或者披露他人的商业秘密的，以侵犯商业秘密论。

司法实践中，职工离职带走保密技术并非法使用的案件较多，分析这类行为是否侵犯商业秘密意义重大。同时，侵犯商业秘密行为所造成的损失的计算非常复杂，正确认定这种损失，也是侵犯商业秘密罪定罪的关键。

（一）职工跳槽带走保密技术并擅自使用，能否成立侵犯商业秘密罪

前已述知，侵犯商业秘密罪包括窃取、披露、使用等四种行为，这四种行

① 相关规定有：（1）1992 年 12 月 11 日最高人民法院、最高人民检察院下发的《关于办理盗窃案件具体应用法律的若干问题的解释》第 1 条第（四）项：盗窃的公私财物，既指有形财物，也包括电力、煤气、天然气、重要技术成果等无形财物。（2）1994 年 6 月 17 日最高人民检察院、国家科委联合发布的《关于办理科技活动中经济犯罪案件的意见》第 5 条：对非法窃取技术秘密，情节严重的，以盗窃罪追究刑事责任。（3）1994 年 9 月 29 日最高人民法院《关于进一步加强知识产权司法保护的通知》第 3 条：对盗窃重要技术成果的，应当以盗窃罪依法追究刑事责任。

为可概括为非法获取、非法披露、非法使用、非法允许他人使用商业秘密。由于商业秘密表现为技术信息或经营信息，劳动者在用人单位劳动时，必然接触到这样一些信息，但劳动者又不可能只在一个单位工作。这样，在认定侵犯商业秘密罪非法披露、非法使用等行为时，罪行的认定可能与劳动者的自由就业权发生冲突。劳动者随着劳动时间的增加、劳动场所的改变，不断积累自己的劳动技能，在甲单位学习甲单位的技术、获取甲单位的信息，在乙单位学习乙单位的技术、获取乙单位的信息。劳动者跳槽时，很可能将原单位所学技术及信息带到新单位，并在新单位应用原单位技术与信息。如果该技术、信息为原单位的商业秘密，劳动者就侵犯了原单位的商业秘密。但是，如果不让劳动者使用原单位技术与信息，劳动者在就业中就没有优势，实际上就限制了劳动者的就业选择权，不利于劳动者权利的保护。要实现用人单位商业秘密保护与劳动者自由就业权之间的平衡，必须探讨劳动者（职工）跳槽时披露、使用原单位技术成立侵犯商业秘密罪的限度。

1. 正确理解侵犯商业秘密罪第三项行为。劳动者侵犯商业秘密主要涉及上述四项侵犯商业秘密罪行的第三项，因为劳动者通常在生产劳动过程中获取用人单位商业秘密，是通过正常途径获得，不符合第一、第二、第四项的要求。按照第三项的规定，劳动者侵犯商业秘密在于违反约定或者违反权利人有关保守商业秘密的要求，披露、使用或者允许他人使用自己所掌握的商业秘密。正确解读第三项行为，要注意把握以下几点：

首先，要有商业秘密的存在。根据《刑法》第 219 条的规定，商业秘密是指不为公众所知悉，能为权利人带来经济利益，具有实用性并经权利人采取保密措施的技术信息和经营信息。据此，商业秘密具有新颖性、实用性、价值性、保密性。[①] 司法实践中，判断商业秘密主要出于新颖性和保密性。新颖性，即不为公众所知，在公共信息渠道无法获取。参照《专利法》第 22 条，判断某项商业秘密是否为公众所知，在于该项商业秘密是否在国内外出版物上公开发表过，在国内公开使用过，或者以公开谈话、公开报告、发言等方式为公众所知。由于商业秘密通常不可能完全由未公知的部分组成，而是由已公知的部分及未公知的部分组成，此时认定商业秘密需要一定的判断。对此，应立足于尚未公知的部分，考察该部分是否是整个商业秘密的关键部分，是否为经营者的优势所在。如果尚未公知的部分是整体方案的关键部分，应该认定为商

① 周光权："侵犯商业秘密罪疑难问题研究"，载《清华大学学报》（哲学社会科学版）2003 年第 5 期。

业秘密，反之，则不能认定为商业秘密。因为，任何方案都由多个环节组成，技术创新也必须建立在已有技术基础之上，要求整体技术或经营方案的各个环节都具有新颖性，过于苛刻。保密性，即相关技术信息或经营信息采取了保密措施。根据国家工商行政管理局1998年修订发布的《关于禁止侵犯商业秘密行为的若干规定》第2条，保密措施包括订立保密协议，建立保密制度及采取其他合理的保密措施。据此，对采取保密措施应作较宽泛的理解，只要经营者采取了适当措施，均应认为已采取保密措施，相关商业秘密具有保密性。通常的措施有：第一，企业制定保守企业技术或信息秘密的有关规定，明确商业秘密的种类、范围、密级、管理职责、违规处罚等；第二，企业与职工签订保密协议，用合同的方式来约束知晓商业秘密的人；第三，在合作技术开发合同、技术转让合同中订立保密条款；第四，通过技术手段进行监控，如设立防盗装置、电子监视系统等。[①] 在具体案例中，有些劳动合同或者保密协议只规定禁止泄露商业秘密，但未详细规定所禁止泄露的具体内容，对此能否认定采取了保密措施。我们认为，应认为权利人已采取了合理的保密措施，因为尽管表面看来只是较笼统的提示性的规定，但用人单位的保密要求及劳动者的保密义务是明确的。

其次，要违反了用人单位保密要求。不管用人单位采取哪种保密措施，通常会约定保密的对象、时间、地域范围等内容。劳动者违反约定泄露商业秘密，为侵犯商业秘密，反之，如果在约定的要求之外披露、使用商业秘密，则不为侵犯商业秘密。

最后，要披露、使用或者允许他人使用了商业秘密。该三项行为为选择性行为，只要具备其中一项，即成立侵犯商业秘密。

2. 劳动者利用在原单位所学习积累的经验继续就业，是否涉及侵犯原单位商业秘密，应视情况而定。在劳动合同中，用人单位通常以设立竞业禁止条款，来保护自己的商业秘密。所谓竞业禁止，是指本单位的雇员在其任职期间和离职后，不得利用用人单位所拥有的商业秘密，开展与雇主竞争的业务或受雇于竞争公司。竞业禁止的实质，是要求劳动者在职及离职期间，不得披露、使用用人单位的商业秘密。但是，上已述及，劳动者享有就业及选择用人单位的权利，如果竞业禁止的要求过于宽泛，则加大了劳动者义务，不利于保护劳动者的合法权益。因此，违反竞业禁止是否构成侵犯商业秘密，应有所限制。

① 周光权："侵犯商业秘密罪疑难问题研究"，载《清华大学学报》（哲学社会科学版）2003年第5期。

我们认为，劳动者在新单位使用原单位的技术或者经营信息，是否构成侵犯商业秘密，关键在于所披露、使用的技术、经营信息是否具有商业秘密的属性。劳动者在用人单位所积累的经验及所掌握的信息可能较广，有的为一般的（公知的）经验和信息，有的为用人单位特有的经验和信息。劳动者利用自己所积累和掌握的一般的知识、经验和信息为新的用人单位服务，由于这些信息没有商业秘密的属性，劳动者的行为不构成侵犯商业秘密，而是正当的劳动就业行为。如果劳动者离职的时候，带走原用人单位特有的经验和信息，在新的用人单位中披露和使用，由于这些信息具有商业秘密的属性，劳动者的行为为侵犯商业秘密。区分一般经验和信息与特有经验和信息的方法，在于是否能通过公众所知的途径获取，这与判断商业秘密的新颖性是一致的。

3. 劳动者将自己在用人单位创造的技术成果及利用用人单位的技术信息创造的技术成果加以披露、使用，是否构成侵犯商业秘密，也应视情况而定。这类技术成果包括两类：一类为职务技术成果，一类为劳动者利用用人单位技术信息自行完成的技术成果。职务技术成果为执行本单位的任务或者主要是利用本单位的物质技术条件所完成的技术成果。根据《专利法》第6条，职务技术成果由用人单位所有。如果用人单位将这类技术成果列为商业秘密，并采取了保密措施，劳动者尽管作为具体的发明创造人，也具有保密的义务，违反规定或约定披露、使用职务技术成果，可以构成侵犯商业秘密罪。对于劳动者利用用人单位的技术信息所完成的技术成果，其中所涉及的用人单位的技术信息，可以视为合理使用。因为，我国法律没有禁止在现有技术上进一步革新，相反鼓励在现有技术上进行创造，劳动者在积累的工作经验基础上自行完成技术成果，为非职务技术成果，归劳动者所有。劳动者对这样的技术成果进行披露、使用，为正当行使权利，也就不构成对商业秘密的侵犯。当然，这里所说的技术成果，应当具有实质性的进步，而不是劳动者从用人单位所获悉的技术信息的翻版。例如，在计算机技术领域，只是将原软件改换文字、画面或者标识，程序的实质部分照搬照抄，不能视为创新；在机械或者建筑领域，只将原方案的比例改变，技术原理不变，也不能视为创新。

根据上述分析，职工（劳动者）跳槽带走保密技术，进而披露、使用，能否成立侵犯商业秘密罪，关键在于该行为是否符合《刑法》第219条关于侵犯商业秘密罪第三项行为的规定，如果符合该项规定，成立侵犯商业秘密罪，反之，不成立侵犯商业秘密罪。案例一、案例二被告人跳槽时所带走的技术为原单位所有，不是劳动者自己创造的，不能从公共渠道获得，具有新颖性，原单位与被告人签订了保密协议，采取保密措施，具有保密性，该技术应属于商业秘密。被告人违反保密协议，披露并允许新单位使用原单位的商业秘密。这样，被告人的行为已符合《刑法》第219条第（三）项行为的规定，是侵犯商业秘密行为。

（二）如何认定重大损失

依照《刑法》第219条的规定，成立侵犯商业秘密罪，除具备侵犯商业秘密行为外，还必须给被害人造成了重大损失。重大损失指何种损失？根据最高人民检察院、公安部2001年4月18日实施的《关于经济犯罪案件追诉标准的规定》第65条的规定，重大损失指给商业秘密权利人造成的直接经济损失，且数额在50万元以上，或者致使权利人破产或者造成其他严重后果。据此，重大损失仅限于直接经济损失。此后，最高人民法院、最高人民检察院2004年12月22日实施的《关于办理侵犯知识产权刑事案件具体应用法律若干问题的解释》第7条规定，给商业秘密权利人造成损失数额在50万元以上的，属于造成重大损失；造成损失数额在250万元以上的，属于造成特别严重后果。这样，重大损失又不限于直接经济损失。根据新法优于旧法的原则，在认定侵犯商业秘密罪之重大损失时，应不限于直接经济损失。

对于重大损失包括哪些方面的损失，有人认为只限于物质损失；[①] 有人认为除物质损失之外，还应当考虑名誉、荣誉等非物质损失。[②] 我们认为，重大损失不应包括非物质损失。因为，第一，这里的重大损失应属于犯罪行为对被害人所造成的损失，按照刑事附带民事诉讼赔偿范围的有关规定，被告人的损失限于物质损失，参照该规定，此时的重大损失应属于物质上的损失。第二，就非物质方面的损失而言，如果不能换算成物质方面的损失，便不能与50万元的数额对应，无法与定罪标准相结合，此时非物质损失显然不属于作为定罪标准的重大损失的范围。如果能换算成物质方面的损失，则事实上已经是物质损失，归入非物质损失已没有意义。不过，非物质损失虽然不能归于重大损失范围，但并非毫无意义，在量刑的时候，可以作为相关情节进行考虑。

重大损失的范围明确后，可进一步探讨重大损失的计算。首先，必须明确，被害人的损失数额通常不等于商业秘密自身的价值。因为商业秘密被非法披露、使用后，权利人一般不会完全失去对商业秘密的控制，只是由独享变成与他人分享，权利人对商业秘密价值占有的成分减少，其损失也就不可能达到

① 刘宪权、吴允锋："侵犯商业秘密罪若干争议问题研究"，载《甘肃政法学院学报》2006年第7期。

② 刘方、单民：《侵犯知识产权罪的定罪与量刑》，人民法院出版社2001年版，第321页。

整个商业秘密的价值。而只有商业秘密被窃取后，权利人不能再使用商业秘密的情况下，此时权利人的损失才等同于商业秘密自身的价值。由于商业秘密自身价值通常不能视为权利人所遭受的损失，权利人到底受到了多大损失，需根据具体案件进行评估、鉴定。通常有下述计算方法：

第一，从商业秘密自身的价值以一定比例进行测算。虽然商业秘密自身的价值一般不等于权利人的损失，但商业秘密的价值却可以作为计算损失的基础。例如，行为人恶意向社会公布他人的商业秘密，或者行为人向其他经营者披露商业秘密，非法获取商业秘密的经营者还没有进行生产，或者生产了一定产品，但还没有出售。在这些情况下，由于使商业秘密权利人遭受损失的具体行为还没有发生，无法通过相关产品抢占市场等途径进行损失的计算。但此时毕竟商业秘密已被披露，并无法挽回，权利人的损失将不可避免，不认定任何损失也不合理。这样，可对商业秘密进行评估，在评估价值的基础上，按一定比例认定权利人的损失。

第二，按侵权人的销售额或权利人业务减少额乘以权利人的利润率进行计算。在侵权人已生产产品投放市场的情况下，由于该产品与权利人的产品是相同产品，其销售量为权利人营业额的减少量，由此所计算出的权利人的利润减少，即为权利人的损失，这应该属于最低限度的损失。权利人由于商业秘密被披露而销售额减少，由此所造成的利润损失，也可以视为权利人的损失。但是，由于市场的波动，即使商业秘密没有被披露，权利人销售额也可能会减少。因此，这种方法计算损失具有一定的局限性，在具体应用时需考虑当时的市场情况。

第三，以商业秘密的许可使用费计算。非法获取他人商业秘密与正当许可使用商业秘密相比，侵权人减少了许可使用费的支出，权利人相应损失了该许可使用费。由此，在权利人已存在许可他人使用商业秘密的情况下，可依照侵权人的生产规模与被许可使用人的生产规模，进行比较，按比例计算出侵权人应该支付的许可使用费，并认定为权利人的损失数额。

案例一中被告人只披露、使用了商业秘密，但新单位还没有经营与原单位相同的产品，还没有从中获利，即不适合用新单位获利或原单位利润受损进行计算。但商业秘密披露后，原单位已无法控制，损失必然发生，在此情况下，根据商业秘密自身价值，以一定比例计算原单位的损失，是合理的。案例二中新单位通过劳动者获取原单位的商业秘密后，已进行生产销售，投放市场，在此情况下，根据新单位的销售量，乘以原单位的利润率，所得出的利润额作为原单位损失，是最低的，也是最确切的损失。

综上，我们认为，两案例中被告人离职后披露、使用在原单位所掌握的保密技术，属于侵犯商业秘密行为，并且已经给原单位造成了重大损失，成立侵犯商业秘密罪。第一种意见认为被告人是正当使用自己的劳动技能，不是侵犯商业秘密行为，并认为被告人对原单位所造成的损失无法计算，不符合法律规定，也不符合重大损失的一般计算方法。第二种意见认为两案例中被告人离职后披露、使用在原单位所掌握的保密技术，是侵犯商业秘密行为，并且已经给原单位造成了重大损失，成立侵犯商业秘密罪，是正确的。法院判决也采纳了第二种意见。

（执笔人：曾国祥）

八　扰乱市场秩序罪

对产品进行虚假宣传，给不特定相对人造成重大损失的行为，应如何定性

一、要旨提示

虚假广告罪，是指广告主、广告经营者、广告发布者违反国家规定，利用广告对商品或者服务作虚假宣传，情节严重的行为。由于广告主体做虚假广告的程度不一，形式多样，目的各异，以致虚假广告罪的认定问题令人困扰。如该罪与其他易混淆的罪名的区分，该罪中“虚假广告”、“情节严重”在司法实践中的认定等。这些问题都需要在司法实践中进一步明确，以准确打击此类犯罪，维护社会主义市场经济秩序。

二、基本案情及处理结果

1999年12月至2002年7月间，扬州市新世纪黑豚特种养殖有限公司法定代表人吕某违反广告法的有关规定，擅自印刷《致富无止境，黑豚伴您行》、《致富——请养中国黑豚》、《珍稀野生动物，黑色保健食品》等印刷品若干份，并在互联网上制作网页对公司的服务及产品“黑豚”进行宣传，其中广告词有：“江苏省扬州市新世纪黑豚特种养殖有限公司在国内首创建立自动化屠宰流水线，本年度出口日本冷冻豚肉20万只”、“并在全国各地有联养户上万家，还有许多联养户分布在欧美、东南亚各地”、“黑豚对胃病、高血压、冠心病等有较明显的食疗作用”、“黑豚血和豚睾丸可通过生物工程生产国际市场紧俏的药用原料”、“黑豚的皮毛是一种很好的裘皮服装和工艺饰品的加工原料”、“雄厚的经济实力让您免除一切后顾之忧”，等等。事实上，“本年度出口日本20万只冷冻黑豚肉”仅是公司与日本一企业签订的一份意向性合同，根本未实际发生；在全国范围内联养户没有上万家，更没有联养户分布在欧美、东南亚等地；“黑豚对胃病、高血压、冠心病等的食疗作用”无任何证明文件；“黑豚血和豚睾丸可通过生物工程生产国际市场紧俏的药用原料”仅

是被告人的凭空想象，无科学依据；“在国内首创自动化屠宰流水线”只是公司的发展目标；公司将黑豚宰杀后将所有的皮毛全都丢弃，并未作为制作高档服装的原料来用；“雄厚的经济实力让您免除一切后顾之忧”也是虚假和无法履行的。在近3年的时间里，吕某为推销其经营的产品“黑豚”，自行印制大量印刷品，对本公司的产品性能、经济实力、经营状况作了虚假宣传，在全国范围内40余个大、中城市进行了散发，时间长、范围广、次数多。2001年12月，吕某因虚假宣传行为受到南京市六合县工商行政管理局行政处罚后，仍继续从事虚假宣传。由于吕某的虚假宣传，造成大量广告受众受到误导，黑豚联养户购买的种豚价值人民币500多万元，因所购种豚无法回收，给养殖户造成直接经济损失达人民币300多万元。

江苏省扬州市邗江区人民检察院以被告人吕某犯虚假广告罪，向江苏省扬州市邗江区人民法院提起公诉。江苏省扬州市邗江区人民法院判决：被告人吕某犯虚假广告罪，判处有期徒刑6个月，并处罚金人民币2万元。

三、关键问题及争议

本案的关键问题在于：

1. 何谓“虚假广告”，它有何特征?

2. 行为人在广告中捏造事实、掩盖事实真相，进而获得财物的行为是构成诈骗罪，还是虚假广告罪?

3. 利用广告对商品或者服务作虚假宣传，只有情节严重的行为才构成犯罪，“情节严重”在司法实践中应如何把握?

围绕以上几个方面的法律问题，本案在处理过程中，主要有以下几种分歧意见：

第一种意见认为，被告人的行为不具有广告性质，也非虚假宣传，不构成犯罪；

第二种意见认为，被告人的行为构成诈骗罪；

第三种意见认为，被告人违反国家规定，利用广告对商品或者服务作虚假宣传，情节严重，其行为已构成虚假广告罪。

四、评析意见

（一）第一种意见及评析

第一种意见认为被告人的行为不具有广告性质，也非虚假宣传，不构成虚假广告罪。因为广告应具有“广而告之”的功能，通过散发自己印制的小册子来宣传自己公司的产品，数量少、范围小，与通过新闻媒体进行的广告宣传有根本的区别，因此，其行为只属于一般的宣传行为，而非广告。另外，从本案吕某宣传的内容来看，也并非漫无目的的虚夸，毫无根据。吕某创立的公司有明确的发展规划，而且与外国公司也签订了意向性合同。据此进行的宣传，虽然与事实不太符合，但也不能认定为虚假宣传。

这种意见似有一定的道理，但其对“广告”、“虚假宣传”的理解与我国法律的规定是不符的。“广告”一词有广义与狭义之分，广义的广告是指为了某种特定需要，通过一定的媒介，公开而广泛地向公众传递信息的一种宣传手段。一切为了沟通信息、促进认知的广告形式都包括在内。[①] 也即商业广告和非商业广告都被包含在内。而狭义的广告仅指商业广告，也就是《中华人民共和国广告法》（以下简称《广告法》）第2条所规定的：商品经营者或者服务提供者承担费用，通过一定的媒介和形式直接或间接地介绍自己推销的商品或者提供的服务的商业广告。刑法意义上的虚假广告一般是指虚假的商业广告，也即采用狭义的广告概念。其一般具有以下几个特征：广告主必须是经营性的或以盈利为目的的商品经营者或服务提供者；广告是一种有偿的宣传，即要付费；广告的直接目的是通过一定的媒介和形式，宣传自己的商品或者服务，而最终目的是将其推销或者提供给消费者。本案中吕某作为“黑豚”这种商品的经营者，系广告主；为了推销其产品，投入一定费用自行制作印刷品，对其公司的经营状况及黑豚的性能、作用等进行宣传、介绍，以达到促销黑豚的目的，其自行制作印刷品具有广告性质。

既然被告人吕某的行为具有广告性质，那么被告人吕某的广告行为是否属于虚假宣传呢？《广告法》第4条规定“广告不得含有虚假的内容，不得欺骗和误导消费者”；第9条规定“广告中对商品的性能、产地、用途、质量、价格、生产者、有效期限、允诺或者对服务的内容、形式、质量、价格、允诺有表示的，应当清楚、明白”。《反不正当竞争法》第9条规定：“经营者不得利用广告或者其他的方法，对商品的质量、制作成分、性能、用途、生产者、有效期限、产地等作引人误解的虚假宣传。”在本案中，吕某宣称“本年度出口日本20万只冷冻黑豚肉”仅是公司与日本一企业签订的一份意向性合同，根本未实际发生；在全国范围内联养户没有上万家，更没有联养户分布在欧美、东南亚等地；“黑豚对胃病、高血压、冠心病等的食疗作用”无任何证明文

① 李海东：《刑法原理入门》，法律出版社1998年版，第321页。

件；“黑豚血和豚睾丸可通过生物工程生产国际市场紧俏的药用原料”仅是被告人吕某的凭空想象，无科学依据；“在国内首创自动化屠宰流水线”只是公司的发展目标；公司将黑豚宰杀后将所有的皮毛全都丢弃，并未作为制作高档服装的原料来用；“雄厚的经济实力让您免除一切后顾之忧”也是虚假和无法履行的。由此可见，吕某发布的广告中对其公司的经营状况、产品的性能、用途、质量、允诺均作了虚假的宣传，应认定吕某的行为系违反国家规定，作虚假宣传。

（二）第二种意见及评析

第二种意见认为吕某的行为构成诈骗罪。本案中，吕某为了达到非法占有他人财物的目的，利用自己制作的小册子对其公司产品性能、经济实力、经营状况作虚假宣传，隐瞒了事实，掩盖了真相，使相对人（即后来的黑豚养殖户）对其承诺信以为真，自愿地将自己的钱财交给吕某，而获得的仅仅是无法回收的黑豚，而吕某则据此占有了养殖户的大量资金。故吕某的行为完全符合诈骗罪的犯罪构成要件，应以诈骗罪追究其刑事责任。

那么，被告人吕某的行为是否符合刑法规定的诈骗罪的犯罪构成要件呢？诈骗罪是以非法占有为目的，用虚构事实、隐瞒真相的方法，骗取数额较大的公私财物的行为。虚假广告罪与诈骗罪在客观方面都表现为虚构某种事实、隐瞒真相的行为，行为人都因为自己虚构事实、隐瞒真相的行为而非法获取了经济利益。但从两罪的犯罪构成来分析，两者的区别则是显而易见的：（1）两者侵犯的客体不同，虚假广告罪的客体是正常的广告管理秩序，消费者的合法权益和正当的竞争秩序。而诈骗罪是单一客体，即公私财产所有权。（2）两者的客观方面不同。在虚假广告罪中尽管行为人是通过欺诈来完成犯罪行为的，但其欺诈行为必须借助广告得到实现，即虚假广告罪只能发生在与广告有密切联系的经济活动中且达到情节严重。而诈骗罪只要求行为人实施了欺诈行为，数额较大即可构成。（3）犯罪主体不同。虚假广告罪的主体为特殊主体，仅限于广告主、广告经营者、广告发布者；而诈骗犯罪的主体为一般主体。（4）犯罪主观方面不同。虚假广告罪在主观方面只能表现为故意，既包括直接故意也包括间接故意，不要求特定的目的；而诈骗罪既要求主观方面为直接故意，同时规定必须具有非法占有他人财物的目的。（5）犯罪的受害对象不同。虚假广告罪的对象为不特定的人；而诈骗犯罪欺骗的对象为特定人，一般都是行为人所精心选择的对象。如果广告主、广告经营者、广告发布者没有真实的商品或者服务而故意编造虚假情况或隐瞒真相，则应以诈骗罪论处。

在本案中，首先，吕某利用自己制作的印刷品和互联网进行虚假宣传，虽有虚构事实、掩盖真相的成分，但吕某并没有非法占有特定相对人财物的目的。吕某的行为给养殖户带来了300多万元的经济损失，但这部分资金并非被吕某占有了；虽然吕某有虚构事实、掩盖真相的行为存在，但也并非子虚乌有。吕某提供的黑豚养殖户的种豚价值人民币500多万元。另外，黑豚确有一定的市场价值，吕某在广告中宣传“本年度出口冷冻黑豚肉20万只”，虽不属实，但却是其公司与日本企业签订的一份意向性合同，表明吕某在进行积极的市场推广，寻找市场。由以上几个方面来看，养殖户所购的种豚无法回收的结果，确也并非吕某所希望看到的。其次，该案中的被害人并非吕某一一精心选择的对象。吕某的公司拥有真实的产品，也承诺进行回收服务。种豚无法回收的后果并非吕某事先希望的。从受害对象来看，本案也不符合诈骗罪的特征。第三，吕某违反国家规定，发布广告进行虚假宣传，扰乱了正常的广告管理秩序，侵害了消费者的合法权益和正当的竞争秩序；其在担任扬州市新世纪黑豚特种养殖有限公司法定代表人期间，自行印制大量印刷品，对公司经营的产品“黑豚”性能与公司经济实力、经营状况作了虚假宣传，在全国范围内40余个大、中城市进行了散发，时间长、范围广、次数多，造成了广告受众受到误导，造成了巨大的经济损失，情节严重，其行为显然符合虚假广告罪的客观特征。因此，吕某的行为构成了虚假广告罪，而非诈骗罪。

（三）第三种意见及评析

第三种意见认为被告人违反国家规定，利用广告对商品或者服务作虚假宣传，情节严重，其行为已构成虚假广告罪。

我们赞同该种意见。由于虚假广告罪是情节犯，即“情节严重”是构成该罪的必备客观要件，缺此要件则不能构成该罪。如前所述，本案吕某的行为具有广告性质，且属于虚假宣传。因此，吕某的行为是否属于“情节严重”，就成为认定其是否构成虚假广告罪的关键点。我们认为，在司法实践中，具备以下情形之一的，可以认定为虚假广告罪中的“情节严重”：（1）多次进行虚假广告宣传的；（2）因为虚假广告宣传使用户和消费者蒙受重大损失的；（3）广告主、广告经营者、广告发布者谋取巨大非法利益的；（4）同类生产经营者蒙受重大损失的；（5）广告主、广告经营者、广告发布者，虽为获取巨大非法利益，但严重扰乱了商品市场交易秩序和正常交易活动的；（6）引起严重的社会后果的；（7）引起民族仇恨的；（8）引起对外贸易重大损失的；（9）严重影响国家声誉的。另外，针对“情节严重”如何界定，在2001年4

月30日颁布施行的最高人民检察院和公安部《关于经济犯罪案件追诉标准的规定》中第67条已经明确规定，涉嫌以下四种情况之一，应予追诉：（1）违法所得在10万元以上的；（2）给消费者造成直接经济损失数额在50万元以上的；（3）虽未达到上述数额，但因利用广告做虚假宣传，受到行政处罚两次以上，有利用广告做虚假宣传的；（4）造成人身伤残或者其他严重后果的。

本案中，吕某从1999年至2002年，在近3年的时间为推销其经营的产品“黑豚”，将自行印刷的对本公司的产品性能、经济实力、经营状况作了虚假宣传的印刷品在全国范围内40余个大、中城市进行了散发，时间长、范围广、次数多；2001年12月，吕某所在扬州市新世纪黑豚特种养殖有限公司因虚假宣传行为受到南京市六合县工商行政管理局行政处罚后，仍继续从事虚假宣传；由于吕某的虚假宣传，造成大量广告受众受到误导，黑豚联养户购买的种豚价值人民币500多万元，因所购种豚无法回收给养殖户造成直接经济损失达人民币300多万元，远远超出50万元的追诉标准；被告人吕某的行为严重扰乱了广告管理秩序和正常公平的市场竞争秩序，应认定为情节严重。

综上，我们认为，江苏省扬州市邗江区人民法院对吕某行为的定罪量刑是正确的。

（执笔人：刘新锋）

以欺诈、暴力、威胁等手段强行收取高额消费款的行为，应如何定性

一、要旨提示

强迫交易罪，是指以暴力、威胁手段强买强卖商品，强迫他人提供服务或者强迫他人接受服务，情节严重的行为。强迫交易罪的客体是自愿、自由、公平的市场交易秩序和公民的人身权利、财产权利；客观方面的“暴力”不应达到轻伤以上的程度。其客观表征与抢劫罪、敲诈勒索罪、故意伤害罪等有不同程度的相似性。在司法实践中，如何区分强迫交易罪与其他犯罪，是正确适用该罪名的关键。

二、基本案情及处理结果

2003年11月14日20时许，王某、张某等14人到某夜总会消费的过程中，通过陪侍小姐点要了该夜总会自制的所谓“五彩霓虹”鸡尾酒17杯。当王某等人问及此酒水的价格时，陪侍小姐按照夜总会的要求谎称10元一杯。结账时，王某等人发现该鸡尾酒实际每杯440元（17杯共计7480元），加上其他消费共计人民币14600元。因数额过高，王某等人拒绝付账。孙某（该夜总会负责人）、李某（该夜总会服务员）为达到迫使王某等人付账的目的，自22时许至次日凌晨1时许，指使该夜总会服务员沈某、盛某、秦某、胡某采取殴打、恐吓等方式限制王某等人的人身自由，并对其中的王某、郑某、张某等多人进行殴打，致王某、郑某轻微伤，并强行迫使王某等人支付14600元。

为了达到让被害人不敢报案的目的，孙某等人还指使李某拿没有装胶卷的照相机给胡某，让胡某给王某、徐某“拍裸照”，并威胁部分被害人写下了姓名、住址、联系电话等。在此期间，盛某、秦某私自采用暴力威胁手段向张某索要人民币200元后，两人平分；盛某私自采用暴力威胁手段向王某索要人民币200元；沈某私自采用暴力威胁手段向王某索要人民币400元。案发后，秦

某所得赃款人民币100元被缴获，其余赃款均被挥霍。

检察机关以孙某等6人犯敲诈勒索罪，盛某、秦某、沈某等3人犯抢劫罪提起公诉。法院以强迫交易罪分别判处孙某、李某、盛某、秦某、沈某、胡某有期徒刑2年6个月、2年、1年6个月、1年6个月、1年6个月、1年。

三、关键问题及争议

本案的关键问题在于：

1. 强迫交易罪的强迫程度与暴力、胁迫手段存续的时间段应如何把握，该罪与抢劫罪、敲诈勒索等罪如何区分？

2. 盛某、秦某、沈某私自索要钱财的行为是否另行构成抢劫罪？

围绕以上两个问题，本案出现了以下几种分歧意见：

第一种意见认为，孙某等6人因王某等14人不支付消费款而将其拦截的行为，属于民法上的自助行为，不构成犯罪；

第二种意见认为，6人采用暴力手段，获取他人钱财，构成抢劫罪；

第三种意见认为，6人采用轻微的暴力及暴力威胁等手段，索取高于合理费用的消费款的行为，构成敲诈勒索罪；而盛某、秦某、沈某以个人非法占有为目的，采用暴力威胁手段获取钱财的行为另行构成抢劫罪；

第四种意见认为，6人的行为，构成强迫交易罪。盛某、秦某、沈某单独索要钱财的行为是上述行为的一种延续，不应另行定罪；

第五种意见认为，6人的行为构成强迫交易罪，盛某、秦某、沈某3人单独索要钱财的行为另行构成抢劫罪。

四、评析意见

（一）强迫交易行为与民法上的“自助行为”应如何区分

民法上的自助行为，是指民事主体在其民事权利受到侵害后，在情势紧迫而来不及请求国家机关予以救助的情况下，依靠自己的力量，对他人的财产或自由施加扣押、拘束或其他相应措施的行为。实施自助行为须具备法定条件，否则不能产生违法的阻却后果。如果在任何时候、任何条件下都允许权利人实施自助行为，那么，法律的安全性就会消失，并且会导致公共秩序的极大危险，导致法律公平的消失，最后，它还会使强权凌驾于法律之上。正是基于此，各国民法都对自助行为的构成要件作出了严格规定，不符合要件的自助行为，不仅不能达到救济自己权利的目的，反而要对自己的违法行为承担责任。

实施民法上的自助行为的首要条件便是须因保护自己之权利。该“权利”为合法、正当权利，具体到交易过程中的“权利”应是平等当事人之间相互自愿提供商品、服务和对价的行为，即交易的一方提供商品或者服务，另一方向对方支付商品或服务的对价。

从本案来看，王某、张某等14人在该夜总会消费所谓“五彩霓虹”鸡尾酒的过程中，该夜总会陪侍小姐谎报了价格，致使交易关系产生于不平等的基础之上，并且违背王某、张某等14人的真实意愿进行交易。这种行为违反民事法律平等、自愿的基本原则，由此产生的“收益”当然不能成为可以采用民法上的自助行为进行救济的“权利”，孙某等6人因王某等14人不支付消费款而将其拦截的行为，也自然不属于民法上的自助行为。

（二）使用暴力手段强迫他人交易得逞并当场实际获得财产利益的行为是构成强迫交易罪，还是抢劫罪

抢劫罪是典型的侵犯人身权利和财产权利的犯罪，规定在《刑法》侵犯财产罪一章中，而强迫交易罪是1997年《刑法》中新增的罪名，侵犯的客体是市场交易秩序，规定在《刑法》第三章破坏社会主义市场经济秩序罪中。抢劫罪是指以非法占有为目的，使用暴力、胁迫或者其他方法，强行将公私财物当场抢走的行为。而强迫交易罪是指以暴力、威胁手段强买强卖商品、强迫他人提供服务或者强迫他人接受服务，情节严重的行为。抢劫罪与强迫交易罪在客观方面都表现为使用了暴力或者威胁的手段，而且在主观方面都有非法占有他人财产的目的，因此，二者的区分有一定的难度。尤其是在使用暴力手段强迫他人交易得逞并当场实际获得财产利益的情况下，二者更容易混淆。在这种情况下，区分抢劫罪和强迫交易罪的关键不在于是否使用了暴力或威胁手段，不在于主观目的是否是为了取得财物，而是在于：（1）主观上，行为人的目的是否是为了达成交易；（2）客观上，行为人之间有无特定的交易存在。另外，暴力、胁迫手段的存续时间段特征，也是区分强迫交易罪与抢劫罪的一个重要参考标准。即强迫交易犯罪中，暴力、胁迫手段既可以伴随在推销或购买产品的过程中，也可以在他人消费其产品或购买他人产品后结算时发生。如果行为人在提供（或购买）产品或服务时即以暴力、胁迫手段以与市场价格悬殊巨大的价格推销（或购买）产品或服务，相对人迫于其暴力或者威胁而不得不购买（或提供）产品或服务，推销（或购买）产品或服务只不过是其借口而已，行为人无异于以暴力、威胁手段当场劫取财物，应认定为抢劫犯罪。若推销（或购买）产品或服务与市场价格悬殊不是太大，则以强迫交易

罪认定则比较合适。行为人在结算时，如果因为相对人拒不支付与成本价格或市场价格过于悬殊的消费款，而采用暴力、胁迫手段强行结算，收取消费款，对这种情况，由于之前相对人购买或者消费皆出于自愿，一般应认定为强迫交易罪，而不能认定为抢劫罪。

在本案中，判断孙某等6人的行为是构成抢劫罪还是强迫交易罪，也应从主观、客观等方面入手来予以分析。首先，应查明孙某等6人的动机是出于非法获取高额利润，还是一种非法占有的目的。因为，区别于那些赤裸裸的不存在任何交易的侵财型犯罪，强迫交易罪惩治的是交易过程中出现的犯罪，其主观目的在于获取交易过程中的高额差价利润。结合本案的案件事实来看，孙某等6人的行为的主观目的显然属于前者，即非法获取高额利润。其次，应查明孙某等6人所在的夜总会与被害人之间在客观上是否有交易行为存在。强迫交易罪中的交易行为存在四种形式：买进商品、卖出商品、提供服务和接受服务。无论是何种交易，都是一方当事人提供商品或服务，另一方当事人给付相应的对价。其中，商品（或服务）和相应的对价是交易的两个基本要素，缺一不可。在实践中，认定有无交易也要从这两个要素入手。行为人逼使交易相对人提供商品（或服务）却不支付对价、或仅在口头上有支付对价的表示，实际上根本不打算支付的，因缺乏对价因素，不能认定为交易；行为人逼使交易相对人支付了对价，却拒不提供所允诺的商品（服务）的，也不能认定为交易。也就是说，行为人与被害人之间有无交易，不仅要看双方有无就特定商品（服务）协商交易的事实，而且还要看行为人有无履行交易内容的诚意和行动。[①] 孙某等6人所在的夜总会提供了商品“五彩霓虹”，相对人就应该支付与商品相应的对价，夜总会与被害人之间确有交易存在。第三，孙某等6人的暴力、胁迫手段发生在结算这一时段。根据暴力、胁迫手段的存续时间段的参考标准，结合本案的案情，孙某等6人的行为更符合强迫交易罪的客观特征。

在本案中，孙某等人所在的夜总会虽然在提供“五彩霓虹”的过程中虚报了价格，但只是违背了交易的诚实信用原则，不能因为与民法上的公平正义原则相悖，而否认“交易”的存在。因此，本案中，孙某等6人主观上是为了在交易中获得高额利润，客观上实施了交易的行为，在交易完毕结算的过程中使用暴力、胁迫手段强行索取消费款，其行为符合强迫交易罪的构成要件，应构成强迫交易罪，而非抢劫罪。

---

① 冯英菊：“强迫交易罪客观要件研究”，载《人民检察》2003年第3期，第17页。

（三）在客观方面相似的情况下，强迫交易罪与敲诈勒索罪应如何区分

敲诈勒索罪是指以非法占有为目的，对使用威胁或者要挟的方法，强索公私财物，数额较大的行为。它与强迫交易罪有一些相似的地方，很容易导致认定上的困难。如两者都要求使用一定的威胁手段等使他人畏惧的方法，而且两者的主观方面都表现出对财产的需求。但这两个罪的区别也是比较明显的：第一，从客观方面讲，虽然二者手段都有“威胁”，但敲诈勒索罪不包括使用“暴力手段”。另外，强迫交易罪是以交易为基础的犯罪，而敲诈勒索罪不以进行交易为基础。第二，从主观方面讲，敲诈勒索罪的主体在主观方面有非法占有他人财物的目的，这种目的是一种无偿占有的目的；而强迫交易罪的主体从主观方面讲虽然有财产目的，但这种目的是通过交易实现的，这种财产目的不是无偿占有的目的。第三，从客体方面讲，强迫交易罪侵犯的客体除了他人的人身权利、财产权利外，还有公平的市场交易秩序，而敲诈勒索罪没有侵犯市场交易秩序。

在本案中，孙某等人还指使李某拿没有装胶卷的照相机给胡某，让胡某给王某、徐某“拍裸照”，并威胁部分被害人写下了姓名、住址、联系电话等，是为了达到让被害人不敢报案的目的，但并非为了日后再行勒索财物，因此，没有证据证明孙某等人有敲诈的主观故意。反过来讲，如果孙某等人以对被害人及其亲属将要实施杀害、伤害等暴力或者将要揭发、张扬其违法行为、隐私相威胁，迫使被害人以极其不合理的高价购买商品、接受服务或者交付财物，则应以敲诈勒索罪定罪处罚。

（四）强迫交易的过程中又采用暴力手段索要额外财物，该行为是否另行构成抢劫罪

我国刑法理论判断罪数的标准是犯罪构成标准说，行为符合一个犯罪构成，是一罪；行为符合数个犯罪构成，是数罪。

本案中，盛某、秦某、沈某在用暴力手段为该夜总会强行收取不合理的高额消费费用后，又以非法占有为目的，采用暴力手段，劫取被害人钱财，据为己有。其前行为与后行为是出于不同的目的、不同的主观故意，客观暴力行为也造成了被害人被“宰”与被抢的不同结果，触犯了不同的罪名，因此，三人应以强迫交易罪与抢劫罪数罪并罚。①

---

① 最高人民检察院法律政策研究室编：《典型疑难案例精析》（2006 年第 2 集），中国检察出版社 2006 年版，第 43～44 页。

（五）强迫交易过程中致多人轻微伤或致人轻伤的，应如何定罪

在司法实践中，对造成轻微伤以下的，应以强迫交易罪论处；造成重伤的，应以故意（过失）伤害罪论处。但对造成轻伤后果的，应认定为强迫交易罪还是故意伤害罪，存在分歧意见。一种意见认为，强迫交易中使用暴力手段造成轻伤的，应按照故意伤害罪处罚；另一种意见认为，强迫交易罪中的暴力行为对人身的伤害程度以轻伤为上限，即造成轻伤的，应按照强迫交易罪处罚。上述分歧的根本原因就在于轻伤既可以构成故意伤害罪，也是强迫交易罪情节严重的表现之一。我们赞同后一种意见。因为，首先从犯罪行为所侵犯的客体角度看，以交易为目的的暴力致人轻伤的行为，以强迫交易罪论处更合理。因为强迫交易罪的客体是复杂客体，即市场交易秩序和交易相对人的人身权，而故意伤害罪的客体是简单客体，即他人的健康权。在为了交易而实施的暴力行为致人轻伤的情况下，受到侵犯的既有交易相对人的健康权、自由交易权，还有公平、自由的市场交易秩序。就是说，以交易为目的的暴力致人轻伤行为所侵犯的社会关系已经超出了故意伤害罪的客体范围；反过来说，以故意伤害罪定罪是不能完全包容这种行为所侵犯的社会关系的。其次，从罪刑相适应的角度看，在立法上，从《刑法》第 226 条和第 234 条第 1 款的规定来看，强迫交易罪和故意伤害罪在造成轻伤情况下的法定刑基本相当；在司法上，从各地判决的情况来看，都认为强迫交易中的暴力程度可以包容轻伤，并依据造成轻伤的情节对被告人判处了相对较重的刑罚，即刑期较长的实刑；而故意伤害案件中，行为人造成他人轻伤的，一般都会判处缓刑。因此，在有轻伤后果的情况下，以强迫交易罪处罚更符合罪刑相适应原则。强迫交易罪的暴力行为以轻伤为上限，对于造成轻伤以上后果的，应以故意伤害罪或故意杀人罪处罚。因为这时暴力行为所侵犯的客体发生了变化，交易相对人的健康权（或生命权）上升为主要客体，而市场正常管理秩序则下降为次要客体。鉴于故意伤害罪、故意杀人罪的犯罪客体都是简单客体，这里的市场管理秩序最终将失去客体地位，而转变为一个酌定的量刑情节。

本案中，孙某、李某为达到迫使王某等人付账的目的，指使该夜总会服务员沈某、盛某、秦某、胡某采取殴打、恐吓等方式限制王某等人的人身自由，并对其中的王某、郑某、张某等多人进行殴打，致王某、郑某轻微伤。鉴于本案仅造成了两人轻微伤，尚不符合故意伤害罪的犯罪构成要件，故不必考虑强迫交易罪与故意伤害罪的区分问题。

综上，我们认为，孙某等 6 人采用欺诈、暴力、威胁等手段强迫被害人接

受高价商品服务，构成强迫交易罪；盛某、秦某、沈某3人单独索要钱财的行为另行构成抢劫罪。而法院判决“盛某、秦某、沈某单独索要钱财的行为是上述行为的一种延续，不应另行定罪”，我们认为这与刑法的犯罪构成理论是相违背的。

（执笔人：刘新锋）

销售盗版光盘的行为，是否构成非法经营罪

一、要旨提示

销售盗版光盘的行为应当如何定性，各地司法实践部门认识不一。有的认为该行为构成销售侵权复制品罪，有的认为该行为构成非法经营罪，还有的认为对该行为构成销售侵权复制品罪和非法经营罪，应当数罪并罚。销售盗版光盘的行为究竟该如何定罪量刑，亟待在司法实践中予以明确。

二、基本案情及处理结果

案例一：被告人杨某自2001年12月起，为获得非法利益从他人处购得盗版计算机光盘，在无经营许可证的情况下，在天津市南开区鞍山西道租用美湖里4-2-10号房屋进行违法销售。在此期间，被告人杨某共销售光盘1300余张，获利人民币300余元。2003年1月29日，公安机关依法对被告人杨某租用的销售地点进行检查，当场查扣盗版计算机光盘29105张，经鉴定均系非法电子出版物，依法予以没收。据此，天津市南开区人民检察院指控被告人杨某的行为构成非法经营罪，请求依法判处。

天津市南开区人民法院认为，被告人杨某明知自己无经营许可证，仍通过非法途径购买违法电子出版物并进行销售谋利，其行为依法构成非法经营罪，判处有期徒刑5年，并处罚金1500元。

判决生效后，被告人杨某向天津市第一中级人民法院提出申诉。天津市第一中级人民法院审查后认为，原审判决适用法律不当，于2003年8月8日，作出决定，指令天津市南开区人民法院另行组成合议庭对本案进行再审。天津市南开区人民检察院，于2003年10月30日，向原审法院天津市南开区人民法院送达撤回起诉决定书。2003年11月12日，天津市南开区人民法院作出刑事裁定，撤销原判决，并准许天津市南开区人民检察院撤回起诉。

案例二：2000年6月开始，被告人肖某在北京市B区太平桥东局106号其暂住地贩卖盗版光盘、淫秽光盘。2000年11月9日，被告人肖某在其暂住

地被民警抓获，并从其随身及赵家营57号（肖某租住地）共起获淫秽光盘2046张，盗版光盘6300张。

B区人民法院依照《刑法》第363条、第225条第1项、第69条第1款、第2款、第56条第1款、第55条第1款、第12条、第53条、第61条之规定，以被告人肖某犯贩卖淫秽物品谋利罪，判处有期徒刑8年，剥夺政治权利1年，并处罚金5000元；犯非法经营罪，判处有期徒刑7年，并处罚金1.5万元；决定执行有期徒刑14年，剥夺政治权利1年，并处罚金2万元。

被告人肖某不服提起上诉。二审人民法院经审理认为，原判认定被告人肖某犯贩卖淫秽物品谋利罪、非法经营罪的事实是正确的，但对其所犯非法经营罪，适用法律有误。据此，依照《刑事诉讼法》第189条第2项、《刑法修正案》第8条及《刑法》第363条第1款、第225条第（四）项、第56条第1款、第55条第1款、第61条、第69条之规定，判决如下：（1）撤销B区人民法院判决；（2）上诉人肖某犯贩卖淫秽物品谋利罪，判处有期徒刑8年，剥夺政治权利1年，罚金人民币5000元；犯非法经营罪，判处有期徒刑3年，罚金人民币1万元；决定执行有期徒刑10年，剥夺政治权利1年，罚金1.5万元。

三、关键问题及争议

上述两个案例涉及的关键问题在于：

1. 非法经营罪与销售侵权复制品罪竞合时应当如何处理？

2. 非法经营罪与贩卖淫秽物品谋利罪竞合时应当如何处理？

具体到上述两个案例，争议的焦点在对被告人罪名的认定上。

关于案例一中杨某的行为分歧意见如下：

第一种意见认为，案例一中杨某的行为构成非法经营罪；

第二种意见认为，案例一中杨某的行为构成销售侵权复制品罪；

第三种意见认为，案例一中杨某的行为不构成犯罪。

关于案例二中肖某的行为分歧意见如下：

第一种意见认为，案例二中肖某的行为构成贩卖淫秽物品谋利罪；

第二种意见认为，案例二中肖某的行为构成贩卖淫秽物品谋利罪、非法经营罪，应数罪并罚。

四、评析意见

(一)销售侵权复制品罪与非法经营罪存在竞合关系时,应如何处理

侵权复制品与违法音像制品之间是一种交叉的关系,即部分违法的音像制品也是侵权复制品,换言之,侵权复制的音像制品也是违法音像制品。销售侵权复制品罪与非法经营罪之间存在竞合关系,销售侵权复制品行为本身也是一种非法经营行为。认定销售侵权复制品的行为是否构成非法经营罪,必须考察该行为是否符合相关司法解释的规定。

1998年12月17日最高人民法院颁布的《关于审理非法出版物刑事案件具体应用法律若干问题的解释》(以下简称《解释》)第11条和第15条规定,以下两种情形属于非法经营罪中的“其他严重扰乱市场秩序的行为”:一是违反国家规定,出版、印刷、复制、发行上述该《解释》第1条至第10条规定以外的其他严重危害社会秩序和扰乱市场秩序的非法出版物,情节严重的行为;二是非法从事出版、印刷、复制、发行业务,严重扰乱市场秩序,情节特别严重的行为。可见,经营非法出版物的行为情节严重就构成犯罪,而非法经营出版物的行为则须情节特别严重始构成犯罪。另外,同样实施了出版、印刷、复制、发行非法出版物的行为,但是由于非法出版物所载内容的不同,在适用法律时也会有所区别。如该《解释》第7条规定:出版刊载歧视、侮辱少数民族内容的作品,情节恶劣,造成严重后果的,依照《刑法》第250条的规定,以出版歧视、侮辱少数民族作品罪定罪处罚。第10条规定:向他人传播淫秽的书刊、影片、音像、图片等出版物达300至600人次以上或者造成恶劣社会影响的,属于“情节严重”,依照《刑法》第364条第1款的规定,以传播淫秽物品罪定罪处罚。由此可见,有关非法出版物的犯罪,会涉及多个罪名之间的选择适用问题。因此,在处理涉及非法出版物的案件时,首先应查清行为人是否具有出版物经营资格。《出版物市场管理规定》第3条规定:国家实行出版物发行许可制度,未经许可,任何单位和个人不得从事出版物发行活动。依法设立的出版物发行单位和经批准从事出版物发行业务的个人可以依法从事出版物发行活动,非依法律规定,任何单位和个人不得干涉。其次,应对非法出版物的内容由权威部门作出鉴定,根据鉴定结论,再依据《解释》的规定,予以定罪处罚。对不属于《解释》第1条至第10条规定的相应种类,则可归入“其他严重危害社会秩序和扰乱市场秩序的非法出版物”,根据《解释》第11条之规定,按非法经营罪定罪处罚。最后,对于那些既没有侵

犯他人著作权，又没有法律、行政法规禁止含有的内容的非法电子出版物，可以依法给予相应的行政处罚。

案例一中杨某销售盗版光盘的行为，其行为既触犯了《刑法》第218条关于销售侵权复制品罪的规定，也触犯了《刑法》第225条关于非法经营罪的规定，一个行为触犯两个法条，属于法条竞合。根据《解释》第4条、第11条之规定，可知销售侵权复制品罪与非法经营罪为特殊与一般的关系。对于销售侵权复制品的行为应以《刑法》第218条的规定认定为销售侵权复制品罪，不再认为是非法经营罪。但是在司法实践中，出现销售侵权复制品的行为，由于违法所得数额达不到标准不构成销售侵权复制品罪，但构成非法经营罪的情形，从而在认定上出现争议。杨某销售盗版光盘1300余张，获利人民币300余元，根据最高人民检察院、公安部《关于经济犯罪案件追诉标准的规定》，杨某的违法所得并未达到数额巨大的标准（10万元），因此杨某的行为不能构成销售侵权复制品罪。而根据《解释》第12条规定，杨某销售盗版光盘3万余张（缴获盗版光盘29105张），达到了非法经营情节特别严重的定罪量刑标准，构成了非法经营罪。杨某销售侵权复制品的行为不构成销售侵权复制品罪，反而构成了非法经营罪，这是否有违法条竞合的一般处断原则呢？

在我国刑法理论中，法条适用的原则有三：（1）特别法优于普通法，即普通法与特别法竞合，特别法优于普通法，不适用普通法；（2）吸收法优于被吸收法，即一法条规定的行为，对他法条规定的行为有吸收关系，即排斥被吸收法的适用；（3）重法优于轻法，即当一种犯罪行为触犯两个以上法条，如依据特别法优于普通法，吸收法优于被吸收法原则适用法律时有悖于罪刑相适应原则，而适用之能够重法优于轻法，又符合罪刑相适应原则时，应适用重法，排斥轻法。[①] 就案例一而言，被告人杨某贩卖盗版光盘达3万余张，如不定罪，则有违罪刑相适应原则。因此，我们认为天津市南开区人民法院根据《刑法》第225条第（三）项、《解释》第11条、第13条第2款第（三）项之规定，以杨某犯非法经营罪，判处有期徒刑5年，并处罚金1500元是正确的。

至于认为杨某的行为不构成犯罪的观点，其理由主要是：依据《解释》第15条规定，只有非法从事出版物的出版、印刷、复制、发行业务，严重扰乱市场秩序，情节特别严重构成犯罪的，才可以依照《刑法》第225条第3项的规定，以非法经营罪定罪处罚。认为只有该规定详细列举的“出版、印

① 陈兴良主编：《刑法疑案研究》，法律出版社2002年版，第106页。

刷、复制、发行”等几种行为方式才能构成非法经营罪。而被告人杨某的行为只是一种销售盗版光盘的行为，不符合上述规定，不能构成非法经营罪。杨某的行为又不能构成销售侵权复制品罪，因此，杨某的行为不构成犯罪。我们认为，上述对《解释》第15条规定的理解过于僵化，是不符合解释本义的。根据《著作权法》的规定，发行权是指以出售或者赠与方式向公众提供作品的原件或者复制件的权利。发行是指为满足公众的合理需求，通过出售、出租等方式向公众提供一定数量的作品复制件。另外，《出版物市场管理规定》第2条规定：本规定所称出版物，是指报纸、期刊、图书、电子出版物等。本规定所称发行，包括总发行、批发、零售以及出租、展销等活动。

案例一中杨某在天津市南开区鞍山西道租用美湖里4-2-10号房屋进行违法销售光盘1300余张，获利人民币300余元。后公安机关依法对被告人杨某租用的销售地点进行检查，当场查扣盗版计算机光盘29105张，经鉴定均系非法电子出版物。根据《出版物市场管理规定》的相关规定，我们可以明确被告人杨某在无经营许可证的情况下，零售盗版光盘的行为亦符合《解释》第15条的规定。因此，认为案例一中杨某的行为不构成非法经营罪的理由是不能成立的。

（二）贩卖淫秽物品谋利罪与非法经营罪竞合时应如何处理

实践中，在销售盗版光盘的活动中经常夹杂着淫秽光盘的贩卖行为，例如案例二中的情况。案例二中肖某的行为是构成一罪，还是数罪，就要正确把握贩卖淫秽物品谋利罪与非法经营罪二者之间的关系。单纯就行为对象而言，淫秽物品也确属非法出版物的范畴，贩卖淫秽物品也具有非法经营的性质。就此来说，贩卖淫秽物品谋利罪与非法经营罪具有法条竞合关系。但是这种竞合关系与非法经营罪和销售侵权复制品罪的竞合关系的性质有所不同。后者是一种包容的竞合，即销售侵权复制品罪概念的外延是非法经营罪概念外延的一部分，二者之间是特殊与一般的关系。而贩卖淫秽物品谋利罪与非法经营罪是交叉竞合的关系，在行为方式和行为对象上具有重合性，但在侵犯的客体上两者之间存在着明显的差异。贩卖淫秽物品谋利罪规定在《刑法》分则第六章妨害社会管理秩序罪中，而非法经营罪规定在《刑法》第三章破坏社会主义市场经济秩序罪中。贩卖淫秽物品谋利罪所侵犯的是国家对文化娱乐制品的管理，其犯罪对象具有特殊性，即淫秽物品；而非法经营罪所侵犯的客体是国家限制买卖物品和经营许可证的市场管理制度。另外，根据《刑法》第363条第1款和第366条的规定，犯制作、复制、出版、贩卖传播淫秽物品谋利罪的，处3年以下有期徒刑、拘役或者管制，并处罚金；情节严重的，处3年以上10年以下有期徒刑，并处罚金；情节特别严重的，处10年以上有期徒刑或者无期徒刑，并处罚金或者没收财产。由此可见，鉴于淫秽物品的特殊社会危害性，对该罪规定了高于非法经营罪的法定刑及量刑幅度。因此，实践中，对于单纯贩卖淫秽物品谋利的行为，不需要考虑本罪与非法经营罪的法条竞合问题，直接判处贩卖传播淫秽物品谋利罪即可达到从一重罪处断的效果。案例二中的肖某，贩卖淫秽光盘2046张，贩卖其他盗版光盘6300张，肖某的行为既侵犯了善良风俗、伦理道德秩序和社会管理秩序，又侵犯了社会主义市场经济管理秩序，既有贩卖淫秽物品谋利的故意和行为，也有销售其他盗版光盘的故意和行为，因此，肖某实际上实施了两个行为，应以贩卖淫秽物品谋利罪和非法经营罪数罪并罚。

综上，我们认为，案例一中杨某虽然实施了销售侵权复制品的行为，但由于非法获利数额未达到追诉标准，不构成销售侵权复制品罪；但杨某销售盗版光盘达3万余张，其行为又符合非法经营罪的犯罪构成要件，构成非法经营罪。以非法经营罪对杨某定罪处罚，不仅符合法条竞合时的特殊处断原则，也与我国罪刑相适应的基本原则相一致。案例二中肖某销售的盗版光盘中包含了淫秽物品，鉴于淫秽物品特殊的社会危害性，《刑法》对涉及淫秽物品的犯罪规定在分则妨害社会管理秩序犯罪一章中，并规定了较重的法定刑，与非法经营罪所侵犯的社会关系截然不同，因此，肖某实际上在两种主观故意支配下，实施了两种行为，侵犯了两种法益，应以贩卖淫秽物品谋利罪、非法经营罪，数罪并罚。

（执笔人：刘新锋）

非法经营罪与非法吸收公众存款罪、集资诈骗罪应如何区分，该罪中的“情节严重”应如何认定

一、要旨提示

非法经营罪是指自然人或者单位，违反国家规定，故意从事非法经营活动，扰乱市场秩序，情节严重的行为。该罪前三种行为比较容易认定；对“其他严重扰乱市场秩序的非法经营行为”，根据近几年的立法与司法解释，也有章可循。但在具体认定过程中，情节严重的传销行为，涉及的被害人众多，涉案金额庞大，而且在外观上与非法吸收公众存款、集资诈骗等犯罪有相似之处，容易导致适用上的困难；另外，非法传销行为的“情节严重”、“情节特别严重”的认定也缺乏统一的标准，司法实践中应如何认定，也常常困扰办案人员。要解决这些问题，关键在于深入理解和把握非法经营罪的犯罪构成要件，以做到定性准确，量刑恰当。

二、基本案情及处理结果

1999年5月，杨某、王某通过他人与上海先利经贸有限公司（以下简称上海先利公司）总经理张某及副总经理赵某相识。经商定，杨某、王某同意在北京筹建上海先利公司，并按照张某提出的“复合式特许加盟经营”模式经营，即凡加盟的群众每人填申报单一份，每份交280元，免费获取宣传产品一份，公司在此后的3个月分别以20元、200元、200元（共420元）付给加盟群众宣传促销费。

1999年8月，杨某以负责人身份，在北京市石景山区工商局注册登记了上海先利公司北京分公司。从1999年6月至2001年3月，杨某、王某招募宣传促销员及代理商，向加盟的宣传促销员每人收取280元加盟费，提供其宣传产品，承诺3个月内返还高额回报420元，并用后加盟者的加盟费支付前加盟者、代理商及分公司的各种费用，代理人按其发展的宣传促销员的份额获得服

务费、代理费。到2000年3月，上海先利公司北京分公司共发展宣传促销员14245人，收取加盟费4689万余元，已返还宣传促销员3436万余元（其中返还加盟费本金2519万余元，本金之外返利916万余元），其余款项中向上海先利公司汇款538万余元，为代理人发放服务费、代理费457万余元，该分公司开销21万余元。余款230万余元由杨某、王某所得。

1999年8月，秦某与上海先利公司北京分公司签订了区域代理协议。秦某先后发展宣传促销员2000人，收取加盟费共789万元，现已返还544万余元。孙某与秦某系夫妻关系，在秦某做区域代理期间，帮助秦某进行宣传、收取加盟费、领取宣传品、在发展宣传员的申报表上帮秦某签字。秦某、孙某两人共获利28万余元。

一审法院判决，杨某、王某、秦某、孙某在国家明令禁止传销和变相传销后，仍从事国家禁止的传销行为，破坏了市场管理秩序，情节特别严重，构成非法经营罪。一审宣判后，杨某以原判认定事实不符，其未在经营中谋利，主观上不具有犯罪故意为由；王某以原判认定事实不符，量刑过重，其不具有犯罪故意为由；秦某、孙某以原判认定事实不符，量刑过重为由，分别提出上诉。二审法院经审理认为，原判决对被告人定罪准确，量刑恰当，适用法律正确，审判程序合法，依法维持原判。

三、关键问题及争议

上述案例中涉及的关键问题在于：

1. 利用发展促销员、收取加盟费的方式积聚大量资金的行为，是构成非法吸收公众存款罪、集资诈骗罪，抑或非法经营罪？

2. 非法经营行为，情节严重抑或情节特别严重，在司法实践中应如何把握？

对杨某等人的定性，在本案的审理过程中，主要存在三种不同的意见：

第一种意见认为，杨某等人的行为构成集资诈骗罪；

第二种意见认为，杨某等人的行为构成非法吸收公众存款罪；

第三种意见认为，杨某等人的行为构成了非法经营罪，且情节特别严重。

四、评析意见

（一）第一种意见及评析

第一种意见认为上海先利公司主要负责人采用复合式加盟特许经营的经营

模式进行非法集资，案发后，上海先利公司负责人张某等人携巨款潜逃，构成集资诈骗罪。而杨某等人作为上海先利公司北京分公司的负责人帮助张某等人非法集资，并致使集资款无法返还，应按集资诈骗犯罪的共犯处理。

这种意见似有一定的道理，但仔细分析杨某等人的行为，完全不符合《刑法》第192条规定的集资诈骗罪的构成要件。所谓集资诈骗罪，是指以非法占有为目的，使用诈骗方法非法集资，数额较大的行为。本罪客观方面必须使用诈骗方法非法集资，并且数额较大。诈骗方法，是指行为人采取虚构资金用途，以虚假的证明文件和高回报率为诱饵，或者其他骗取集资款的手段。非法集资，是指单位或者个人，未经有权机关批准，向社会公众募集资金的行为。非法集资数额较大才成立本罪。本罪主体既可以是已满16周岁，具有辨认控制能力的自然人，也可以是单位。本罪主观方面是故意，即明知自己的行为会发生破坏金融秩序和侵犯他人财产的危害结果，并且希望或者放任这种结果的发生。行为人主观上具有非法占有的目的。这里的非法占有目的，不是暂时的占有、使用的目的，而是指非法占为己有的目的。在司法实践中，认定是否具有非法占有的目的，应当坚持主客观相一致的原则，既要避免单纯根据损失结果客观归罪，也不能仅凭被告人的供述，而应当根据案件的具体情况具体分析。①

本案中，杨某等人没有使用欺诈手段诱使群众缴纳加盟费，加盟者和代理商对其行为的性质和存在的风险是明知的。从1999年6月至2000年3月，杨某、王某等人共收取加盟费4689万余元，返还了3436万余元，其余款项大部分用于向公司本部汇款，为代理人发放服务费、代理费，公司开销等。杨某、王某得到的只是很小一部分。虽然案发后，上海先利公司的主要负责人张某等人携巨款潜逃，致使款项无法返还，但杨某、王某等人虽然客观上实施了帮助张某等人非法集资的行为，但并不了解张某等集资诈骗的真相，不具有集资诈骗的主观故意，因此，认定杨某等人具备“以非法占有为目的”进而构成集资诈骗罪的理由并不充分。同样，本案中赵某、孙某的行为也不构成集资诈骗罪。

（二）第二种意见及评析

第二种意见认为杨某等人以张某所谓的“复合式加盟特许经营”的经营理念，以收取加盟费、返还宣传促销费的方式，在社会上向不特定的人员广泛

① 张明楷：《刑法学》，法律出版社2003年版，第628页。

吸收公众资金，并以高额的回报作为手段来还本付息。这种行为逃避了国家对吸收公众存款的监督管理，扰乱了国家金融秩序，其行为属于变相吸收公众存款，构成了非法吸收公众存款罪。

《刑法》第176条规定的非法吸收公众存款罪，是指非法吸收公众存款或者非法变相吸收公众存款，扰乱金融秩序的行为。本罪的客观方面表现为两种情况：一是非法吸收公众存款，即未经中国人民银行批准，向社会不特定对象吸收资金，出具凭证，承诺在一定期限内还本付息的活动。二是变相吸收公众存款，即未经中国人民银行批准，不以吸收公众存款的名义，向社会不特定对象吸收资金，但承诺履行的义务与吸收公众存款相同，即都是还本付息的活动。[①]“非法”一般表现为主体不合法（主体不具有吸收存款的资格）或者行为方式、内容不合法（如擅自提高利率吸收存款）。“公众”是指不特定对象，包括不特定的个人与不特定的单位。[②]本罪的主体既可以是具有辨认控制能力的自然人，也可以是单位。本罪的主观方面只能是故意，明知自己不具有吸收公众存款的资格或者吸收存款的方式、内容不合法，明知非法吸收或者变相吸收公众存款的行为会发生扰乱金融秩序的结果，并且希望或者放任这种结果的发生。非法吸收或者变相吸收公众存款，要从非法吸收公众存款的数额、范围以及给存款人造成的损失等方面来判断扰乱金融秩序造成危害的程度。

一般来说，非法吸收公众存款的行为人都有将吸收的存款用于信贷的目的，以高额利息吸纳公众资金，然后以更高额利息借贷出去。本案中，杨某等人并未以吸收存款的名义收取加盟费，主观上也不具有非法吸收公众存款的故意。杨某等人收取的加盟费也没有以高息借贷出去，而是返还给宣传促销员，其行为并没有扰乱正常的金融秩序。杨某等人采用特许加盟经营模式，参加者以缴纳加盟费的形式加盟，收益也主要来自加盟者的加盟费，并使用收取的费用支付先参加者的报酬，显然为典型的传销行为。在最高人民法院对传销及变相传销行为的刑事责任有明确司法解释的情况下，杨某等人的行为虽与非法吸收公众存款犯罪有某些相似之处，但杨某等人的行为，在本质上并不符合《刑法》第176条规定的非法吸收公众存款罪的构成要件，不应以非法吸收公众存款罪论处。

① 参见国务院1998年7月13日颁布的《非法金融机构和非法金融业务活动取缔办法》第4条。

② 张明楷：《刑法学》，法律出版社2003年版，第615页。

（三）第三种意见及理由

第三种意见认为杨某等人的行为构成了非法经营罪。2000年8月13日，国务院办公厅转发的《关于严厉打击传销和变相传销等非法经营活动的意见》（国办发〔2000〕55号）第2条列举了6种非法传销与变相传销行为：(1) 经营者通过发展人员、组织网络从事无店铺经营活动。参加者之间上线从下线的营销业绩中提取报酬的；(2) 参加者通过缴纳入门费或以认购商品等变相缴纳入门费的方式，取得加入、介绍或发展他人加入的资格，并以此获取回报的；(3) 先参加者从发展的下线成员所缴纳费用中获取收益，且收益数额由其加入的先后顺序决定；(4) 组织者的收益主要来自参加者缴纳的入门费或以认购商品等方式变相缴纳的费用的；(5) 组织者利用后参加者所交付的部分费用支付先参加者的报酬维持运作的；(6) 其他通过发展人员、组织网络或以高额回报为诱饵招揽人员从事变相传销活动的。而2001年最高人民法院《关于情节严重的传销或者变相传销行为如何定性问题的批复》（法释〔2001〕11号）中指出：对于1998年4月18日国务院《关于禁止传销经营活动的通知》发布以后，仍然从事传销或者变相传销活动，扰乱市场秩序，情节严重的，应当依照《刑法》第225条第（四）项的规定，以非法经营罪定罪处罚。在本案中，杨某等人在国家明令禁止传销和变相传销后，筹建上海先利公司北京分公司，从事国家禁止的传销行为，破坏了市场管理秩序，情节特别严重，构成了非法经营罪。

我们同意该种意见。由于《刑法》第225条对非法经营罪规定了两个量刑档次：违反了国家规定，有下列非法经营行为之一，扰乱市场秩序，情节严重的，处5年以下有期徒刑或者拘役，并处或者单处违法所得1倍以上5倍以下罚金；情节特别严重的，处5年以上有期徒刑，并处违法所得1倍以上5倍以下罚金或者没收财产。情节严重与否不仅影响到非法经营犯罪的罪与非罪问题，而且区分“情节严重”、“情节特别严重”也将直接决定适用不同的量刑幅度。因此，在明确杨某等人的行为为非法经营行为后，还需对其非法经营行为的“情节严重”以及“情节特别严重”作出判断。

我们认为，非法经营的数额、数量、次数、违法所得等能直接反映出扰乱市场秩序程度的因素，在认定情节时，都应予以考虑。对于一些非法经营行为构成非法经营罪的非法经营数额、违法所得的定罪处刑标准，全国人大常委会和最高人民法院分别颁布的一个决定和若干司法解释，可以作为认定非法经营情节的依据：如《关于审理骗购外汇、非法买卖外汇刑事案件具体应用法律若干问题的解释》（法释〔1998〕20号）的第3条规定：在外汇指定银行和中国外汇交易中心及其分中心以外买卖外汇，扰乱金融市场秩序，具有下列情形之一的，按照《刑法》第225条第（三）项[①]的规定定罪处罚：（1）非法买卖外汇20万美元以上的；（2）违法所得5万元人民币以上的。第4条规定：公司、企业或者其他单位，违反有关外贸代理业务的规定，采用非法手段、或者明知是伪造、变造的凭证、商业单据，为他人向外汇指定银行骗购外汇，数额在500万美元以上或者违法所得50万元人民币以上的，按照《刑法》第225条第（三）项[②]的规定定罪处罚。居间介绍骗购外汇100万美元以上或者违法所得10万元人民币以上的，按照《刑法》第225条第（三）项[③]的规定定罪处罚。目前可以参照的还有1998年12月23日颁布的《关于审理非法出版物刑事案件具体应用法律若干问题的解释》、2000年5月24日施行的最高人民法院《关于审理扰乱电信市场管理秩序案件具体应用法律若干问题的解释》、2002年9月13日施行的最高人民检察院《关于办理非法经营食盐刑事案件具体应用法律若干问题的解释》、2003年12月23日下发的最高人民法院、最高人民检察院、公安部、国家烟草局《关于办理假冒伪劣烟草制品等刑事案件适用法律问题座谈会纪要》等有关规定。在这些规定中，对相应的非法经营行为的情节严重的标准都予以了明确。另外，2001年4月30日，最高人民检察院、公安部发布的《关于经济犯罪案件追诉标准的规定》中还规定，从事其他非法经营活动，涉嫌下列情形之一的，应予以追诉：（1）个人非法经营数额在5万元以上，或者违法所得数额在1万元以上的；（2）单位非法经营数额在50万元以上，或者违法所得数额在10万元以上的。

数额是定罪量刑的重要标准而非唯一标准。在司法实践中，对于数额接近“情节严重”标准，具有下列情形之一的，应视为“情节严重”：（1）实施非法经营行为的首要分子；（2）多次实施非法经营行为，经行政处罚后仍不悔改的；（3）组成犯罪集团进行非法经营活动；（4）抗拒检查，冲击市场管理机关或者围攻、殴打管理人员的；（5）销毁或伪造证据，嫁祸于人的；（6）对检举人、揭发人进行报复陷害的；（7）非法经营活动，造成重大损失的。

“情节特别严重”是加重处罚的情节，一般以行为人非法经营数额或者非

① 现应为《刑法》第225条第（四）项。这是因为该解释在《刑法修正案》之前发布所致。

② 现应为《刑法》第225条第（四）项。这是因为该解释在《刑法修正案》之前发布所致。

③ 现应为《刑法》第225条第（四）项。这是因为该解释在《刑法修正案》之前发布所致。

法所得数额为判定基础，并结合其他情节，如造成国家、集体、个人的利益遭受特别重大损失，或者造成特别恶劣的社会影响，造成特别严重的国际影响等。

综上，我们认为，在本案中，杨某、王某等人共发展宣传促销员14245人，收取加盟费4689万余元，已返还宣传促销员3436万余元，致使还有1000多万元资金无法返还，两人则获利200多万元。被告人秦某、孙某先后发展宣传促销员2000人，收取加盟费共789万元，现已返还544万余元，致使200多万元无法返还，两人获利28万余元。该非法传销在社会上造成极大影响，数以万计的人被骗加入该传销公司，涉案金额高达4000多万元，案发后有近2000万元无法返还，给参加者造成了巨大损失，造成了恶劣的社会影响，扰乱了正常的市场秩序，从各个方面予以全面分析，杨某等人的行为构成了非法经营罪，且“情节特别严重”。

（执笔人：刘新锋）

新闻从业人员对特定商品作虚假报道，是否构成损害商品声誉罪

一、要旨提示

损害商业信誉、商品声誉罪是我国1997年修订后的《刑法》新设的罪名，《刑法》第221条规定：捏造并散布虚伪事实，损害他人的商业信誉、商品声誉，给他人造成重大损失或者有其他严重情节的，处2年以下有期徒刑或者拘役，并处或者单处罚金。本罪看似容易把握，但在司法实践中，在罪与非罪、选择性罪名的适用以及构成要件要素的把握上常常引发争议。

二、基本案情及处理结果

訾某，北京电视台生活频道《透明度》栏目临时人员。2007年6月间，他通过查访，在没有发现有人制作、出售肉馅内掺纸的包子的情况下，为了谋取所谓的业绩，化名"胡月"，冒充建筑工地负责人，到北京市朝阳区太阳宫乡十字口村13号院内，对制作早餐的陕西省来京人员卫某等四人谎称需定购大量包子，要求卫某等人为其加工制作。后訾某携带秘拍设备、纸箱和自己购买的面粉、肉馅等再次来到十字口村13号院。訾某以喂狗为由，要求卫某等人将浸泡后的纸箱板剁碎掺入肉馅，制作了20余个"纸箱馅包子"。

与此同时，訾某秘拍了卫某等人制作"纸箱馅包子"的过程。在节目后期制作中，訾某采用剪辑画面、虚假配音等方法，编辑制作了虚假电视专题片《纸做的包子》播出带，对北京电视台隐瞒了事实真相，使该虚假新闻得以于7月8日在北京电视台生活频道《透明度》栏目播出，造成了恶劣影响，严重损害了相关行业商品的声誉。

法院认定，訾某作为北京电视台生活频道《透明度》栏目的临时人员，故意捏造事实，编制虚假新闻，并隐瞒事实真相，使虚假节目得以播出，造成恶劣影响。其捏造并散布虚伪事实的行为，损害了特定食品行业商品的声

誉，情节严重，已构成损害商品声誉罪，依法应予惩处。最终，北京市第二中级人民法院以损害商品声誉罪，一审判处訾某有期徒刑1年，并处罚金1000元。

三、关键问题及争议

本案的关键问题在于：

1. 作为新闻媒体从业人员，在采访、制作新闻的过程中，弄虚作假，对根本不存在的情况作虚假报道的行为，是否构成犯罪？

2. 如果构成犯罪，应构成何罪？

本案的争议焦点主要集中在对被告人訾某罪名的认定上，出现以下分歧意见：

第一种意见认为，訾某制作“假新闻”的行为很难找到合适的“刑法条款”定罪量刑，按照“罪刑法定”的原则，法无明文规定不为罪，法无明文规定不处罚，訾某就不构成犯罪。

第二种意见认为，被告人訾某的行为，既损害了特定食品行业的商品声誉，又损害了特定行业的商业信誉，构成损害商业信誉、商品声誉罪。

第三种意见认为，被告人訾某制作假新闻的行为，损害了特定食品行业商品的声誉，情节严重，已构成损害商品声誉罪，依法应予惩处。

四、评析意见

（一）第一种意见及评析

第一种意见认为訾某的行为不构成犯罪。訾某的行为只属于一般的违法行为，即新闻报道不真实。虽然其行为给经营早餐的摊贩造成了一定的影响，但尚不能构成犯罪。《刑法》第3条规定，法律明文规定为犯罪行为的，依照法律定罪处罚；法律没有明文规定为犯罪行为的，不得定罪处刑。针对訾某的行为，《刑法》上没有相应的规定予以调整，因此对訾某不能定罪处罚。

就本案而言，我们认为“被告人訾某制作传播假新闻的行为，《刑法》没有相关的法条予以规制，因此不构成犯罪”的观点是错误的。对被告人訾某的行为，不能仅仅定位为“假新闻”信息传播这一认识上，而要分析被告人訾某制作传播的假新闻造成了什么样的社会危害和侵害的是何种社会法律关系，即被告人訾某的行为侵害了何种法益。从制作传播“假新闻”的角度来说，《刑法》上没有确切的罪名追究相关责任人的刑事责任。但是，“假新闻”

种类千差万别，有食品方面的、政府管理方面的、司法方面的、文化方面的等种类繁多，法律不可能在每一个方面专门制定一个相关“虚假信息之类”的罪名。本案中，被告人訾某在没有发现有人制作、出售肉馅内掺纸的包子的情况下，携带秘拍设备、纸箱和自己购买的面粉、肉馅等来到北京市朝阳区太阳宫乡十字口村13号院。訾某以喂狗为由，要求卫某等人将浸泡后的纸箱板剁碎掺入肉馅，制作了20余个“纸箱馅包子”。后采用剪辑画面、虚假配音等方法，编辑制作了虚假电视专题片《纸做的包子》播出带，该新闻经电视台播出后造成民众对食品安全的担忧，制作“纸馅包子”的13号院附近多家包子铺停业，京城小包子铺受到很大冲击。由此可见，被告人訾某捏造并散布虚伪事实的行为，损害了特定食品行业（包子行业）商品（包子）的声誉，而且手段恶劣，情节严重，在北京2008年奥运会前夕，这样的“假新闻”无论对北京市的食品安全，还是新闻工作者的形象以及公众的正常生活秩序危害都是严重的，依法应当追究其刑事责任。

在司法实践中，处理此类案件，还应划清因合法的新闻报道而“有损于”某些生产者、经营者的商誉的行为与损害商业信誉、商品声誉罪的界限。在现实生活中，一些消费者通过正常渠道反映生产者、经营者所经营的商品掺杂、低劣等现象，然后新闻机构经过正常采访，如实对一些商誉不好的生产者、经营者予以披露、曝光的；进而国家质量监管部门或有关质量评审机构对相关商品抽检并予以通报，经过这样的合法途径，最后可能会导致“有损于”某种商品的商品声誉、商业信誉，但只要反映、报道客观、实事求是，就属于新闻自由的范畴，是合法的行为。例如2001年中秋前夕，某市进行了月饼质量市场调查，发现一些厂家所生产的月饼质量不合格，特别是某一全国有名的食品厂使用发霉的陈馅制作月饼。随后公布了调查结果。之后，全国各大报刊争相转登。后该厂宣布倒闭。该行为虽然对企业的商誉造成重大影响，但由于其所发布的事实是真实的，有利于社会公众对企业及其产品的正确评价，有利于维护消费者的合法权益，因而不是违法的行为。而本案被告人的行为显然不属于该种情形。

（二）第二种意见及评析

第二种意见认为被告人訾某的行为，既损害了特定行业的商业信誉，又损害了特定食品行业的商品声誉，构成损害商业信誉、商品声誉罪。商业信誉和商品声誉是相互依存、辩证统一的关系。两者不论哪一个方面受到侵害，另一个方面必然受到影响。两者是一荣俱荣、一损俱损。该罪名虽然将两者并列规定，但并非选择性罪名，不能进行选择适用。因此，对訾某的行为的定性不存在罪名选择的困扰。

商品声誉从本质上讲应属于商业信誉的范畴，二者具有交叉竞合关系，但二者也有明显的区别。《刑法》第221条将商业信誉与商品声誉并列规定，也表明二者是相互独立的。商品声誉具有商业信誉所不能涵盖的特殊性内容。从《刑法》第221条的规定来看，本罪罪名是选择性罪名。[①] 这也是刑法学界的共识。所谓商业信誉包括商业信用和商业名誉。商业信用，是指商业行为与经济能力在经济活动中所受到的信赖；商业名誉，是指对社会对他人在商业活动中的价值和地位的客观评价。如信守合同、诚信经营，遵守法律法规和商业道德，资金雄厚，技术过硬，生产能力强等。所谓商品声誉，是指社会对商品的良好称誉。如商品的生产者、经营者在其商品上标识质量认证标志、专利标志、三包标志、产品的选材用料等，帮助社会公众了解自己的产品，树立商品声誉。

就本案而言，罪名的选择和适用与对商业信誉、商品声誉的理解有很大关系。在具体案件中，确定损害商业信誉、商品声誉行为的罪名，应结合案件事实，根据捏造虚伪事实并予以散布的虚伪事实具体侵害的结果确定，即犯罪人侵害的是他人的商业信誉，还是商品声誉，抑或是商业信誉和商品声誉。如果行为人捏造并散布的虚伪事实是关于他人的信守合约或履行合同中的信誉度或者他人的生产力和资金状况方面的情形，一般只是侵害了他人的商业信誉，罪名应当确定为损害商业信誉罪。如果行为人捏造并散布的虚伪事实是关于他人产品的质量、等级、效果、制作方法、价格等方面的内容，因为只侵害了他人的商品声誉，罪名应确定为损害商品声誉罪。如果行为人捏造并散布的虚伪事实既有针对他人商业信誉的内容，又有针对他人商品声誉的内容，既损害了他人的商业信誉，也损害了其商品声誉，那么，罪名就应当确定为损害商业信誉、商品声誉罪。本案中，被告人訾某捏造并散布的虚伪事实显然无关京城包子行业的“信守合约或履行合同中的信誉度或者包子行业的生产力和资金状况”等方面的情形。而“纸馅包子”的虚假新闻，显然是关于京城包子行业所出产的产品——包子的质量、制作方法、价格等方面的内容，所侵害的只是京城包子行业的商品声誉。因此，被告人訾某的行为，构成损害商品声誉罪，而非损害商业信誉、商品声誉罪。

---

① 韩伟：“损害商业信誉、商品声誉罪个案研究”，载陈兴良主编：《刑事法判解》第4卷，第577页。

（三）第三种意见及理由

第三种意见认为被告人訾某制作假新闻的行为，损害了特定食品行业商品的声誉，情节严重，已构成损害商品声誉罪，依法应予惩处。损害商业信誉、商品名誉罪是选择性罪名，对訾某行为的定性，应按照其行为所侵害的具体客体予以具体认定。訾某的行为，既没有使京城包子行业的商业行为与经济能力在经济活动中所受到的信赖受到损害，也没有使公众对京城包子行业的所需的资金、技术、生产能力等方面的认同产生影响。而是对京城包子行业的商品质量产生了冲击，这才是问题的实质。

根据《刑法》第221条之规定，所谓损害商品声誉罪，是指捏造并散布虚伪事实，损害他人商品声誉，给他人造成重大损失或者有其他严重情节的行为。首先，本罪在客观方面表现为捏造并散布虚伪事实，损害他人商品声誉。捏造，是指虚构、编造不符合真相或并不存在的事实；散布，是指致使不特定的人或多数人知悉或可能知悉行为人所捏造的虚伪事实。他人，不仅包括竞争对方，也包括其他生产者与经营者；不仅包括个人，而且包括单位。商品声誉，是指社会对商品的良好称誉。其次，本罪的主体既可以是已满16周岁，具有辨认控制能力的自然人，也可以是单位。再次，本罪的主观方面只能是故意，行为人明知捏造并散布虚伪事实的行为，会损害他人的商品声誉，并且希望或者放任这种结果的发生。最后，成立损害商品声誉罪，还要求给他人造成重大损失或者有其他严重情节。给他人造成重大损失，属于犯罪客观方面的内容，但其他严重情节，则不限于客观方面的内容。对重大损失应从经济的观点进行考察，给他人造成的直接经济损失数额重大，严重妨害了他人正常的生产经营活动或者导致停产、破产，造成恶劣影响等。对于其他情节是否严重，应主要从诽谤的手段、后果、影响、次数等方面进行考察。①

在本案中，首先，被告人訾某有捏造并散布虚伪事实的行为，并严重损害了特定行业的商品声誉。作为北京电视台生活频道《透明度》栏目的临时人员，在没有发现有人制作、出售肉馅内掺纸的包子的情况下，为了谋取所谓的业绩，隐瞒其真实身份和真实目的，要求卫某等人将浸泡后的纸箱板剁碎掺入肉馅，制作了20余个“纸箱馅包子”。并秘拍了卫某等人制作“纸箱馅包子”的过程。在节目后期制作中，訾某采用剪辑画面、虚假配音等方法，编辑制作了虚假电视专题片《纸做的包子》播出带。后其对北京电视台隐瞒了事实真

① 张明楷：《刑法学》，法律出版社2003年版，第660页。

相，使该虚假新闻得以于7月8日在北京电视台生活频道《透明度》栏目播出，致使制作“纸馅包子”的13号院附近多家包子铺停业，包子铺的商品“包子”无人敢买，京城小包子铺受到很大冲击。

其次，被告人訾某具有损害他人商品声誉的目的，系间接故意。司法实践中，行为人具有损害他人商品声誉的目的一般不难认定，特别是在具有同业竞争性质的生产者、经营者之间。但是，也存在一些目的不太分明，需要推定的情况。本案中，訾某的目的表面上看似出于制作新闻、谋取业绩的目的，而不具有损害他人商誉的目的，但从其主观认识和意志内容上来看，其明确认识到自己的行为必然会造成包子行业的商品声誉受到损害，主观上却放任该种损害的发生，应当认定他具有损害他人商品声誉的目的。作为主观内容的犯罪目的不仅仅存在于行为人的头脑之中，还应当从其客观行为之中进行考察。当行为人既实施了捏造行为，又实施了散布行为，只要具备刑事责任能力，不管行为人出于何种动机，其最终目的是什么，都应当推定其具有该犯罪行为的目的。

另外，商品声誉具有特定性，其所归属的所有者，即他人，也应具有特定性。只有危害行为明确指向具体他人时，本罪才能成立。司法实践中，可以根据行为人的客观表现来具体认定“特定的他人”。行为人在捏造并散布虚伪事实时，有时并没有明确指出所损害的对象，没有提及某个生产者、经营者的名称或者其商品的名称。但是相关生产经营者和消费者从其捏造并散布的事实的内容上完全能够推测出是指向某一个或数个生产者、经营者的，也应认定为损害了“特定的他人”的商业信誉和商品声誉。本案中，被告人訾某在其炮制的“纸馅包子”假新闻中宣称，北京市朝阳区太阳宫乡十字口村13号院的老乡大都采用这种方法制作包子予以出售，并讲到有很多制作早餐的陕西省来京人员——报道中制作纸馅包子的摊贩的老乡，分布在京城的大街小巷，制作贩卖着同样的纸馅包子。消费者完全可以从该捏造并散布的虚伪新闻中推定13号院附近的包子铺里的包子以及京城的大街小巷的很多包子铺里的包子均系所谓的“纸馅包子”。而事实也证明了这一点。新闻播出后，致使13号院附近多家包子铺停业，京城小包子铺受到很大冲击。

综上，我们认为，被告人訾某，捏造并散布虚伪事实的行为，损害了特定食品行业商品的声誉，情节严重，已构成损害商品声誉罪。

（执笔人：刘新锋）

合同诈骗罪中的“合同”是否包括“口头合同”，该罪中的“非法占有故意”又应如何认定

一、要旨提示

合同诈骗罪，是指以非法占有为目的，在签订、履行合同的过程中，骗取对方当事人财物，数额较大的行为。在司法实践中，困难之处在于该罪的犯罪构成要件以及构成要件要素的具体把握问题，如“合同”的外延问题，主观故意的认定问题等。因此，有必要深入剖析合同诈骗罪的犯罪构成，以期在司法过程中，正确定罪量刑，维护社会主义市场经济秩序。

二、基本案情及处理结果

案例一：2005年6月20日下午，被告人陈某、王某、徐某经事先合谋，在向宁波某机械部件有限公司收购铝废料的过程中，采用空车过磅时在拖拉机暗箱内装满石子、装货过磅前放掉石子的方法，骗取了宁波某机械部件有限公司价值人民币5265元的390公斤废铝料，后终因被宁波某机械部件有限公司职工识破而未得逞。

2005年9月1日，浙江省余姚市人民法院判决被告人陈某、王某、徐某以非法占有为目的，在履行口头合同的过程中，结伙采用隐瞒真相的方法骗取企业财物，数额较大，其行为均已触犯了《刑法》第224条之规定，构成合同诈骗罪，公诉机关指控的罪名成立。

案例二：2006年3月13日，被告人杨某与韩某签订房屋买卖合同，将其位于余姚市城东新区万丰苑15幢103室的房产以348000元人民币的价格转让给韩某。合同签订后，被告人杨某从韩某处取得房款人民币288000元，将房屋钥匙及购房原始发票交给韩某，并口头约定余款6万元待房产过户后付清。同年10月下旬，被告人杨某因债务所逼，遂产生再次出卖上述房产骗取钱财

的犯意，而后采用购房原始发票已遗失等欺骗手段，从所在村领取了其户下的万丰苑15幢103室的房产证一本，同时又更换了该房屋的门锁。同年11月1日被告人杨某与陈某签订了一份“房屋买卖协议书”，约定“将上述房屋出售给陈某，房屋售价为人民币30万元，款于同日一次性付清。”后双方口头约定房屋售价变更为20万元。之后，被告人杨某在仅取得陈某给付的人民币75000元的情况下，与陈某一起在本市办证中心办理了房产过户手续。同年11月11日韩某向余姚市公安局报警而案发，被告人杨某于同月15日被余姚市公安局民警抓获。韩某支付的288000元购房款已被被告人杨某用于个人赌博、归还赌债及个人挥霍。

2007年4月30日，浙江省余姚市人民法院判决被告人杨某以非法占有为目的，采用隐瞒房屋已被出卖的事实，又就同一标的物利用前房屋买卖合同的方法，骗取对方当事人的钱财，数额巨大，其行为已构成合同诈骗罪。公诉机关指控的罪名成立。公诉机关指控被告人杨某诈骗数额特别巨大不当，应予纠正。

三、关键问题及争议

上述两个案例的关键问题在于：

1. 合同诈骗罪中的合同是否包括口头合同?

2. 合同诈骗罪中，非法占有的故意如何认定?

3. 非法占有的目的是产生在合同签订之前，还是产生于合同签订之后，有无明确的要求?

案例一争议的焦点主要集中在罪名的认定上，存在以下分歧意见：

第一种意见认为，陈某、王某、徐某三人的行为构成诈骗罪；

第二种意见认为，三人的行为构成合同诈骗罪。

案例二争议的焦点则在于合同诈骗罪中非法占有的故意的认定以及非法占有的故意的产生时间的确定上，围绕这两个问题有以下分歧意见：

第一种意见认为，被告人杨某一个房屋卖出两次，属于民法上的合同纠纷，不构成犯罪；

第二种意见认为，被告人杨某的行为构成了合同诈骗罪，被告人杨某骗取了被害人韩某的购房款，诈骗数额巨大；

第三种意见认为，被告人杨某的行为构成了合同诈骗罪，诈骗数额较大。

四、评析意见

（一）合同诈骗罪的“合同”是否包括“口头合同”

合同诈骗罪中的合同是否包括口头合同？对此，《刑法》第224条没有给出明确的答案，刑法学界也有不同的认识。有的认为，从证据的客观可见性要求来说，口头合同不应成为合同诈骗罪中的合同，但随着社会的发展，实践中出现了摄影、录像等合同形式，这些合同属于新的书面合同形式，合同诈骗罪的合同可以表现为这些形式；[①] 有的认为，合同诈骗罪的合同应界定为书面形式，不包括口头形式及其他形式，否则《刑法》第266条规定的诈骗罪就有被架空的危险，而无适用的空间；[②] 有的认为，根据《民法通则》第56条和《合同法》第10条的规定，合同诈骗罪的合同可以是书面形式、口头或其他形式。[③] 我们认为，仅仅因为证据的客观可见性，就将口头合同从合同诈骗罪中予以排除，未免理由不足。从证据角度来看，口头合同证据的客观可见性确实较差，但并非完全无法证实。即便最终不能证实，但那也只是在司法实践中的事实的认定问题，不能以司法实践中存在的证明困难而否定口头的合同样式。而诈骗罪有可能被架空更不能成为排斥口头合同的理由。因为诈骗罪被分解之后，普通诈骗罪其实是成为了诈骗类犯罪的“兜底条款”，是为了防止各类诈骗罪名对现实中丰富多彩的诈骗现象的规制遗漏而设立的。它的适用的多寡，不应该影响口头合同纳入合同诈骗罪的“合同”形式之中。

合同诈骗罪是1997年修订《刑法》时增设的罪名。《刑法》之所以规定本罪，主要是为了保护市场秩序和对方当事人的财产。因为合同是市场活动的重要手段，利用经济合同骗取对方当事人财物的行为，使人们对合同这种手段失去信赖，从而侵犯了市场秩序。与此同时，利用合同诈骗的行为，也侵犯了对方当事人的财产。[④] 很显然，刑法设定合同诈骗罪这一罪名，旨在与利用合同这一市场交易手段进行诈骗犯罪作斗争。而在现实生活中，合同的形式并不仅仅

① 肖中华：“论合同诈骗罪认定中的若干问题”，载高铭暄、赵秉志：《21世纪刑法学新问题研讨》，中国人民公安大学出版社2001年版，第796页。

② 蔡刚毅：“试析合同诈骗罪之合同”，载《刑法问题与争鸣》（第四辑），中国方正出版社1999年版，第404～405页。

③ 邱福军、王德育：“合同诈骗罪若干问题浅析”，载赵长清：《新世纪刑法新观念研究》，人民法院出版社2001年版，第394页。

④ 张明楷：《刑法学》，法律出版社2003年版，第663页。

表现为书面合同，口头合同也与人们的生活密不可分，例如市场中的小额现货交易，大多都是通过口头协商的形式完成的。虽然我国过去有段时间曾把口头合同排除在合同范围之外，但是，1999 年《合同法》正式颁行后，口头合同明确成为了合同的形式之一。既然口头合同也被法律确认为当事人交易的合同形式，《刑法》合同诈骗罪条款中所涉及的合同概念自然也应该随之改变。

在案例一中，陈某、王某、徐某的行为应认定为诈骗罪还是认定为合同诈骗罪，区别的关键点在于三人的行为是否是在签订、履行合同的过程中发生的，即实施暗箱装卸石子，骗取被害单位铝废料，数额较大的行为是否是在履行合同的过程中发生的。对这个问题，上文已经给出了答案。因此，陈某、王某、徐某的行为应认定为合同诈骗罪。

（二）非法占有的故意应如何认定

“一房二卖”的行为在市场交易过程中经常发生，大家普遍认为，该行为仅仅是履行合同过程的违约行为，属于单纯的合同纠纷，一般很难将其与合同诈骗犯罪联系起来，其实不然。在司法实践中，利用合同进行诈骗的犯罪已成常发态势。区分合同诈骗犯罪行为与一般合同纠纷的关键点就在于行为是否具有非法占有的故意。

合同纠纷，是指合同双方当事人在履行合同过程中为行使权利和履行义务所发生的争议。合同纠纷与合同诈骗有许多相似之处：第一，两者都产生于民事交往过程中，都以合同为主要特征；第二，在合同签订之后，合同都没有履行或未完全履行；第三，两者都表现为虚构事实或隐瞒真相的行为，即存在欺诈。尽管合同纠纷与合同诈骗有许多相似之处，但二者之间也有本质的区别。区别的关键在于是否有非法占有对方当事人财物的目的。合同诈骗罪的行为人只想单方面享受合同所规定的权利而不履行合同义务，根本没有履行合同的意思。所以，非法所有或占有对方当事人的钱物是合同诈骗犯罪行为人的目的，其欺骗行为就是在非法占有或所有的目的支配下实施的。而合同当事人是在平等互利、协商一致、等价有偿的原则上签订合同，并希望通过合同履行，互惠互利，实现正当的经济目的，获得合法的经济利益，赚取合法利润。故合同纠纷当事人不具备故意骗取和非法所有、占有的目的和动机。

根据 1996 年 12 月 24 日最高人民法院《关于审理诈骗案件具体应用法律的若干问题的解释》（以下简称《解释》）第 2 条的规定，行为人具有下列情形之一的，应认定为以非法占有为目的，利用经济合同进行诈骗：

1. 明知没有履行合同的能力或者有效的担保，采取下列欺骗手段与他人签订合同，骗取财物数额较大并造成较大损失的：（1）虚构主体；（2）冒用他人名义；（3）使用伪造、变造或者无效的单据、介绍信、印章或者其他证明文件的；（4）隐瞒真相，使用明知不能兑现的票据或者其他结算凭证作为合同履行担保的；（5）隐瞒真相，使用明知不符合担保条件的抵押物、债权文书等作为合同履行担保的；（6）使用其他欺骗手段使对方交付款物的。

2. 合同签订后携带对方当事人交付的货物、货款、预付款或者定金、保证金等担保合同履行的财产逃跑的。

3. 挥霍对方当事人交付的货物、货款、预付款或者定金、保证金等担保合同履行的财产，致使上述款物无法返还的。

4. 使用对方当事人交付的货物、货款、预付款或者定金、保证金等担保合同履行的财产进行违法犯罪活动，致使上述款物无法返还的。

5. 隐匿合同货物、货款、预付款或者定金、保证金等担保合同履行的财产，拒不返还的。

6. 合同签订后，以支付部分货款，开始履行合同为诱饵，骗取全部货物后，在合同规定的期限内或者双方另行约定的付款期限内，无正当理由拒不支付其余货款的。

另外，根据2001年最高人民法院下发的《全国法院审理金融犯罪案件工作座谈会纪要》所确定的规则，在司法实践中，认定是否具有非法占有的目的，应当坚持主客观相一致的原则，既要避免单纯根据损失结果客观归罪，也不能仅凭被告人自己的供述，而应当根据案件具体情况具体分析。在处理具体案件的时候，对于有证据证明行为人不具有非法占有目的的，因不具备签订合同的主体条件而采取了欺骗手段获取对方当事人的财物，案发时有可能履行合同约定义务，或能够归还有关款物，或者案发时不能归还对方当事人的款物是因为意志以外的原因，如因经营不善、市场风险等，不能以合同诈骗罪定罪处罚。

在案例二中，杨某在与韩某签订房屋买卖合同还未办理房屋过户登记时，又将该房屋卖给了陈某并办理了房产过户手续。如果为了获取更高的经济利益，将房屋以更高的价格卖给第三人，在这种情况下，善意第三人取得房屋的所有权，而卖主对另一方合同当事人要承担违约责任，即退还购房款、赔偿其他损失。而案例二中的杨某，“一房二卖”的行为并非为了获取更高的经济利益，而是为了非法占有韩某的财物。杨某在与韩某签订房屋买卖协议后，又对韩某隐瞒事实真相，反而将房屋以较低的价格卖与陈某，而本应承担违约责任返还的购房款也早已被杨某赌博挥霍殆尽。因此，根据《解释》的规定，杨某的行为应认定其行为属于以非法占有为目的，利用经济合同进行诈骗，构成了合同诈骗罪。

（三）非法占有的故意形成于合同签订之时，还是之前，抑或形成于签订合同之后

关于合同诈骗罪非法占有目的的形成时间，存在不同的认识。有人认为，本罪的故意只能产生在签订合同时或之前。如果行为人签订合同时并无非法占有的目的，也无任何欺诈行为，则合同是有效的。此时，行为人依有效合同取得相对人财物实际上是依合同而享有的权利，其取得财物为合法占有，此时，行为人是不可能产生非法占有目的的。如果说有故意，那么它或是民法上不履行债的故意，或是侵占罪的故意，而不可能是诈骗的故意，因而不会构成合同诈骗罪。① 我们认为，将非法占有的目的形成时间局限于合同签订前或者合同签订时，是十分片面的。首先，就《刑法》第 224 条的规定来看，明确了合同诈骗犯罪发生在“签订、履行合同”的过程中，就是说，既可以发生在签订合同的过程中，也可以发生在履行合同的场合。人为限制合同诈骗的主观故意只能发生在签订合同前或者签订合同时，排斥履行合同时的诈骗，是缺乏法律依据的；其次，行为人签订合同时虽然没有非法占有目的，但在合同签订之后，由于种种原因，如货源、销路、市场行情的变化等，致使合同无法履行，从而产生诈骗故意。行为人为了达到侵吞对方财产的目的，采取虚构事实或隐瞒真相的手段欺骗对方，这完全符合合同诈骗罪的主客观特征，没有理由限制行为人的主观目的只能是产生在签订合同前或签订合同时。

合同签订之前在非法占有他人财物故意的支配下，实施诈骗他人财物的行为，行为人的性质比较容易认定。但在合同签订之后，合同的履行过程中产生非法占有故意的情形，对行为性质的认定却常有争议，如前面所论述到的合同纠纷与合同诈骗的区分。在合法取得他人为履行合同而交付的财物以后，不履行相应的合同义务，他人对行为人享有的是相应的合同债权，是否构成合同诈骗罪，应做具体分析：首先，行为人在取得对方财物以后，将该财物用于生产、经营或者其他合理用途的，由于种种原因客观上无法履行自己的合同义务。此时，不论如何都不能构成合同诈骗罪；其次，行为人取得对方当事人的款物以后，有履行合同的能力，但出于非法占有的目的，拒不履行合同。对这种情况也不能一概而论，要具体分析：（1）对方当事人可以通过私力救济手段实现自己债权的，宜作为合同纠纷处理，不构成合同诈骗罪。因为这种情况

① 吴巍、黄河：“合同诈骗罪犯罪故意形式新论”，载《国家检察官学院学报》2000 年第 4 期。

下，行为人先行取得他人财物是合法的，即使行为人主观上产生了非法占有目的，但客观上，行为人没有积极的占有行为，财物并没有灭失，对方当事人仍可以通过私力救济的途径取回自己的财物。（2）行为人在取得对方当事人的款物后，积极实施了使他人债权永久灭失无法实现的行为，应认定为合同诈骗。在此种情况下，行为人不是单纯地不履行合同义务，而是实施了使对方当事人债权不能实现的行为。行为人取得对方当事人财物后，在非法占有目的的支配下，采取种种手段完全排除权利人债权的实现，与直接占有他人财物本质上并没有什么区别。

案例二中的杨某，在与韩某签订购房协议并取得部分购房款后，产生非法占有该购房款的故意，遂采取种种欺骗手段，将房屋又卖给第三人陈某并办理了过户手续，而杨某从韩某处取得的购房款也被其挥霍豪赌一空，使韩某的债权永久灭失无法实现。在这里，我们可以明确的是，杨某诈骗的对象是先前与之签订合同的韩某，而非之后的陈某。

关于杨某诈骗的对象问题，也即杨某诈骗的数额是巨大还是特别巨大的问题，我们也可以用民法上的善意取得制度来予以分析。善意取得是民法意义上的物权制度，是指占有人不法将财物转给第三人，如果第三人在取得该财物时是出于善意，就可以取得该财物的所有权或其他物权。案例二中的杨某，作为具有完全民事行为能力的自然人与具备完全民事能力的第三人陈某，通过合同的方式取得法律允许自由流动的财产——房屋，而且并无证据证明第三人陈某在取得房屋时是出于恶意（即知道该房屋已经卖给了韩某，只是还未办理转移登记），该第三人陈某取得该房屋的所有权。因此，我们认为案例二中的杨某非法占有的是韩某的购房款，而非第三人陈某的购房款，因此，杨某合同诈骗的财物数额是特别巨大，而非巨大。

综上，我们认为，口头合同也是“合同”的应有之义，不应将口头合同排除在合同诈骗罪的“合同”之外。案例一中，陈某、王某、徐某三人在与对方达成口头协议、进而交易的过程中，采用欺骗手段，诈骗对方当事人的财物，同样构成了合同诈骗罪。案例二中，杨某在签订合同之前、之时并无非法占有的故意，但合同诈骗罪并没有限定其主观故意必须产生于合同签订之前或之时，即合同诈骗的故意也可以产生于合同签订之后，结合民法上的善意取得制度，可以判定杨某合同诈骗的对象是韩某，因此，合同诈骗的数额是特别巨大，而非法院判决认定的巨大。

（执笔人：刘新锋）

后　记

在宁波市委、上级检察院的领导和全市广大检察干警的共同努力下，宁波市检察事业蒸蒸日上，业务工作和队伍建设等方面不断取得新的成绩，结合办案实际的司法实务研究蔚然成风。

2006年10月，按照高检院的部署，中国检察出版社策划出版《司法疑难案件法律适用丛书》和《检察业务技能丛书》，作为“十一五”期间全国检察干部培训教材的重要组成部分，并商请由我市检察机关干警承担其中部分研究撰写任务。在我的前任——刘建国检察长（2007年3月调任浙江省人民检察院副检察长）的高度重视和关心支持下，经认真讨论，我们认为，这两套丛书，以提高法律监督能力、服务一线办案干警为宗旨，它的编写出版，对落实中央和高检院的干部培训工作部署具有重要的践行意义。上级把这样的任务交给我们，是对我们司法实务研究能力的一个绝好的锻炼和考验机会，因此，应当认真对待，很好地完成研究撰写任务。经组织部署，我们承担了《司法疑难案件法律适用丛书》中《刑法总则适用》、《破坏社会主义市场经济秩序罪》和《贪污贿赂罪·渎职罪》这3本图书的研究撰写任务。为此，市院成立了研究撰写该3本图书的编辑委员会，确定由刑法博士、副检察长张利兆同志主管抓好此项工作，并负责最后统稿。在撰写人员的选择上，我们根据研究任务的具体要求，从全市两级检察机关擅长办案、擅长司法实务研究的人员中精心挑选了26名同志，分别组成3个撰稿组，有计划地开展查找案例、研究论证和执笔撰写工作。最后几经讨论修改，终于及时报送书稿，如期完成撰写任务。

此本《司法疑难案件法律适用丛书——破坏社会主义市场经济秩序罪》，以精心挑选的实际案例为基础，对刑法第三章破坏社会主义市场经济秩序罪法律适用领域内八个方面共46个疑难问题进行了深入分析研究。从研究问题的选择上看，本书抓住了当前刑事司法实践中有关破坏社会主义市场经济秩序罪法律适用的主要争议问题，如生产、销售伪劣产品罪的犯罪形态应如何认定？

收受贿赂又放纵走私的应当如何定罪？为掩盖其他犯罪事实而故意销毁会计凭证、会计账簿的，是否应数罪并罚？骗取货物后以空头支票付款的行为应如何定性？证券公司职工破解客户资金账户密码后，伙同他人使用骗领的借记卡取走客户资金的行为应如何定性？对“一脚踢”承包人转移财产逃避纳税的行为应如何定性？等等。所研究的每个具体问题都在实践中存在意见分歧，具有很强的现实针对性。从内容上看，对各个问题的分析研究，紧密结合了刑法和司法解释，对所涉的司法实务疑难问题均提出了比较客观而又明确、具体的意见，有很强的实用性。

《司法疑难案件法律适用丛书——破坏社会主义市场经济秩序罪》是我们两级检察机关众多检察人员集体劳动的结晶，应该说，这些独立成篇的问题分析材料，对刑事司法工作有较高的参考价值。对此，我是感到满意的。但由于我们的水平有限，其中必然存在谬误，恳请各位同行、广大读者批评指正。

本书编委会主任　　陈长华
宁波市人民检察院检察长
2008年1月

图书在版编目（CIP）数据

破坏社会主义市场经济秩序罪/张利兆主编. —北京：中国检察出版社，2008.1

（司法疑难案件法律适用丛书）

ISBN 978-7-80185-882-5

Ⅰ. 破… Ⅱ. 张… Ⅲ. 破坏社会经济秩序罪—研究—中国
Ⅳ. D924.334

中国版本图书馆 CIP 数据核字（2007）第 203976 号

破坏社会主义市场经济秩序罪

张利兆　主编

出 版 人：袁其国
出版发行：中国检察出版社
社　　址：北京市石景山区鲁谷西路 5 号（100040）
网　　址：中国检察出版社（www.zgjccbs.com）
电子邮箱：zgjccbs@vip.sina.com
电　　话：（010）68630385（编辑）　68650015（发行）　68650029（邮购）
经　　销：新华书店
印　　刷：三河市燕山印刷有限公司
开　　本：720mm×960mm　16 开
印　　张：21.75 印张　　插页　4
字　　数：392 千字
版　　次：2008年2月第一版　2008年2月第一次印刷
书　　号：ISBN 978-7-80185-882-5/D·1858
定　　价：40.00 元
